Der Platz des Menschen in der Natur und andere Aufsätze

Thomas Henry Huxley

Writat

Diese Ausgabe erschien im Jahr 2023

ISBN: 9789359253992

Herausgegeben von
Writat
E-Mail: info@writat.com

Inhalt

EINFÜHRUNG

Vor vierzig Jahren war die Stellung der wissenschaftlichen Studien noch nicht so fest etabliert wie heute, und um ihre allgemeine Anerkennung zu sichern, war ein Konflikt notwendig. Gegen sie stellten sich die Kräfte des Obskurantismus und des freien Dogmatismus; und genau wie in früheren Jahrhunderten die Astronomie und in neuerer Zeit die Geologie, so musste auch zu unseren Lebzeiten die Biologie eine harte und kämpferische Front bieten, damit ihr Fortschritt nicht durch die aus vorgefassten Meinungen hervorgerufene Feindseligkeit und durch die Bigotterie behindert würde von selbsternannten Hütern konservativer Ansichten.

Der Mann, der im 19. Jahrhundert wahrscheinlich mehr als jeder andere dazu beigetragen hat, den Kampf der Wissenschaft zu führen und den Sieg der freien Forschung und des fortschrittlichen Wissens zu sichern, ist Thomas Henry Huxley; und es ist eine interessante Tatsache, dass es bereits im Laufe der Zeit möglich ist, seine Schriften in billiger Form einer Vielzahl interessierter Leser bekannt zu machen. Die kämpferische Haltung, die vor vierzig Jahren noch angemessen war, ist heute jedoch etwas antik geworden; Der Konflikt ist zwar noch nicht vorbei, aber er hat sich entweder völlig verändert oder wird auf dem alten Schlachtfeld hauptsächlich von Überlebenden und einigen wenigen Mitgliedern der jüngeren Generation, die im alten Geist erzogen wurden, fortgesetzt.

Die Wahrheiten des Materialismus laufen heute nur noch wenig Gefahr, geleugnet oder ignoriert zu werden, sie laufen vielleicht sogar Gefahr, übertrieben zu werden. Sie sind brillant wahrhaftig und erfolgreich auf ihrem eigenen Territorium und werden gelegentlich von begeisterten Schülern über die Grenzlinie in Regionen gedrängt, in denen sie nichts anderes tun können, als zusammenzubrechen. Als ob begeisterte Autoliebhaber, stolz auf ihre Leistung auf den guten Straßen Frankreichs, sie in die Sahara mitnehmen oder auf einer Polarexpedition testen sollten.

Das stellt den Fehler dar, den unvorsichtige Denker in der heutigen Zeit machen. Sie neigen dazu, die materialistischen Aussagen und wissenschaftlichen Lehren eines großen Mannes wie Huxley so zu vertreten, als ob sie mit der gesamten Existenz übereinstimmen würden. Dabei handelt es sich nicht wirklich um eine Ausweitung des materialistischen Aspekts der Dinge, sondern um eine Einengung von allem anderen; es ist ein Versuch, das Universum auf einen seiner Aspekte zu beschränken.

Aber der Fehler wird nicht ausschließlich und auch nicht hauptsächlich von jenen eifrigen Jüngern begangen, die dem trügerischen Schimmer einer materialistischen Philosophie nachjagen – für sie gibt es Hoffnung, – es zu versuchen ist eine gesunde Übung, und sie werden ihren Fehler mit der Zeit herausfinden ; Aber der Fehler wird auch von jenen begangen, die besonders von der spirituellen Seite der Dinge beeindruckt sind und die sich so sehr daran erfreuen, überall Führung und Führung zu sehen, dass sie ihre Augen vor dem eigentlichen Mechanismus verschließen möchten, durch den dies erreicht wird. Sie denken, dass diejenigen, die auf den Mechanismus hinweisen und ihn ernsthaft studieren, die Grundlagen des Glaubens untergraben. Nichts Derartiges. Ein Reisender in der Deckskabine eines Atlantikdampfers mag es vielleicht vorziehen, die Motoren und die Feuerwehrleute sowie all die Maschinen und die Mühe zu ignorieren, die ihn luxuriös über die Wellen in der Sonne treiben; er könnte versuchen, sich vorzustellen, dass er sich auf einem Segelschiff befinde, das allein von der freien Luft des Himmels angetrieben werde; Aber in einem Fall der Schifffahrt werden die Naturkräfte genauso stark zu einem gewünschten Zweck genutzt wie in dem anderen, und jedes Detail des Dampfschiffs, bis hin zum letzten Schweißtropfen am schmutzigen Körper eines Feuerwehrmanns, ist eine unbestreitbare Realität.

Es gibt Menschen, die die Schlussfolgerungen der Biologie über die Stellung des Menschen in der Natur immer noch verärgern und versuchen, ihnen entgegenzuwirken; aber wie der verstorbene Professor Ritchie sagte („Philosophische Studien", Seite 24) –

„Es ist ein Fehler, der in der Vergangenheit immer wieder von denen begangen wurde, denen die geistigen Interessen der Menschheit am Herzen liegen, sich in die Veränderungen einzumischen, die in den wissenschaftlichen Vorstellungen vor sich gehen. Eine solche Einmischung endete immer mit der Niederlage der Anhänger der quasi-wissenschaftlichen Lehren, die die wachsende Wissenschaft der Zeit verworfen hatte. Die Theologie hat sich bei Galilei eingemischt und am Ende durch ihr Eingreifen nichts gewonnen. Astronomie, Geologie, Biologie, Anthropologie und Geschichtskritik haben zu verschiedenen Zeiten in den Köpfen derer, die sich vor einer materialistischen Sicht auf die Natur des Menschen fürchten, Alarm ausgelöst; und mit den allerbesten Absichten haben sie versucht, den vermeintlichen Feind auf seinem eigenen Boden zu bekämpfen, indem sie zum Beispiel jedes Anzeichen einer Meinungsverschiedenheit zwischen Darwinisten und Lamarckianern oder jeden Streit zwischen verschiedenen Schulen historischer Kritiker eifrig begrüßten, als ob der spirituelle Wohlergehen Wesen der Menschheit waren mit den wissenschaftlichen Überzeugungen des siebzehnten oder sogar früheren Jahrhunderts verbunden, als ob es *beispielsweise* in der spirituellen Natur des Menschen einen entscheidenden Unterschied machte, ob er direkt aus anorganischem Staub entstand oder langsam aus niederen organischen Formen aufstieg. Dies sind Fragen, die von Spezialisten geklärt werden müssen. Andererseits liegt philosophische Kritik dann vor, wenn der wissenschaftliche Fachmann beginnt, über das Universum als Ganzes zu dogmatisieren, wenn er zum Beispiel so spricht, als handele es sich um eine genaue Darstellung der verschiedenen Schritte, durch die die niederen Lebensformen in die höheren übergegangen sind war für uns eine ausreichende Erklärung des Geheimnisses der Existenz."

Wir müssen daher verstehen, dass Wissenschaft eine Sache und Philosophie eine andere ist: dass sich die Wissenschaft am besten mit Materie und Bewegung befasst und Phänomene, soweit sie kann, auf Mechanismen reduziert. Je erfolgreicher es das tut, desto mehr erfüllt es seinen Zweck und sein Ziel; aber wenn sie aufgrund dieser Errungenschaft versucht, zu einer Philosophie aufzublühen, wenn sie zu dem Schluss kommt , dass ihr Geltungsbereich vollständig und allumfassend ist, dass im Universum nichts außer dem Mechanismus existiert und dass der Aspekt der Dinge von a Wenn der wissenschaftliche Standpunkt ihr einziger Aspekt ist, dann wird er eng und bigott und verdient Tadel. Eine solche Zurechtweisung erhielt es von Huxley, eine solche Zurechtweisung wird es immer von Wissenschaftlern erhalten, die sich der Größe der Existenz und der enormen Möglichkeiten des Universums richtig bewusst sind.

Unsere Erkundungsmöglichkeiten sind soweit gut, aber nicht umfangreich; wir leben sozusagen im Mörtel eines der Steine der St. Paul's Cathedral; und doch haben wir unsere Fähigkeiten so eifrig kultiviert, dass wir etwas von den Umrissen des gesamten Entwurfs nachzeichnen können und begonnen haben, den Plan des Gebäudes zu verwirklichen – eine überraschende Leistung für Insekten mit begrenzten Fähigkeiten. Und – um das Gleichnis fortzusetzen – sind zwei Denkschulen entstanden: Die eine besagt, dass es im Kopf eines Architekten erdacht und vollständig von ihm entworfen und gebaut wurde, die andere sagt, dass es Stein für Stein in Übereinstimmung mit den Gesetzen von gebaut wurde Mechanik und Physik. Beide Aussagen sind wahr, und diejenigen, die letzteres betonen, leugnen damit nicht die Existenz von Christopher Wren, obwohl es für die unklugen Enthusiasten auf der Seite des Designs so aussehen mag, als würden sie dies tun. Jede Seite sagt die Wahrheit und keine Seite sagt die ganze Wahrheit. Es dürfte uns auch bei all unseren Bemühungen nicht leichtfallen, die ganze Wahrheit erschöpfend darzulegen, selbst über so etwas. Diejenigen, die irgendeine Seite der Wahrheit leugnen, sind insofern Ungläubige, und Huxley war zu Recht empört über diese kurzsichtigen Fanatiker, die gegen diesen Aspekt der göttlichen Wahrheit lästerten, der ihm speziell offenbart worden war. Das ist es, wofür er gelebt hat, zu predigen, und dem ist er bis aufs Äußerste treu geblieben.

Man möge ihn als einen Anhänger der Wahrheit und als Schüler der eher materialistischen Seite der Dinge betrachten, aber niemals als einen philosophischen Materialisten oder als jemanden, der reich an billigen Verneinungen ist.

Der Einwand, den man gegen den Materialismus als Gesamtsystem äußern muss, beruht nicht auf seinen Behauptungen, sondern auf seinen Negationen. Soweit es positive Aussagen macht, die das Ergebnis wissenschaftlicher Entdeckungen und sogar darauf basierender wissenschaftlicher Spekulationen verkörpern, ist daran kein Fehler zu finden; wenn sie sich aber auf dieser Grundlage als eine Philosophie des Universums herausstellt – also allumfassend und eine Reihe von Wahrheiten ausschließt, die sonst wahrgenommen werden, oder die andere Fähigkeiten ansprechen, oder die gleichermaßen wahr sind und nicht Wenn das wirklich im Widerspruch zu berechtigt materialistischen Aussagen steht, dann muss seine Unzulänglichkeit und Beschränktheit zur Schau gestellt werden. Wie Professor Ritchie sagte: „Der ‚legitime Materialismus der Wissenschaften‘ bedeutet einfach eine vorübergehende und bequeme Abstraktion von den kognitiven Bedingungen, unter denen es für uns überhaupt ‚Fakten‘ oder ‚Objekte‘ gibt; Es ist der „dogmatische Materialismus", der eine Metaphysik der schlechten Sorte ist."

Es wird wahrscheinlich lehrreich sein, und es könnte ausreichend sein, wenn ich zeige, dass zwei große Führer des wissenschaftlichen Denkens (einer der größten aller Männer der Wissenschaft, die je gelebt haben), obwohl sie sich durchaus darüber im Klaren sind, was man über das Materialistische positiv sagen könnte Sie waren sehr bereit, den Bereich der Wissenschaft oder des exakten Wissens bis zum Äußersten anzuerkennen oder sogar auszudehnen, waren aber weit davon entfernt, philosophische Materialisten zu sein oder sich vorzustellen, dass dadurch andere Arten der Betrachtung des Universums ausgeschlossen würden.

Tatsächlich sind große Denker nicht daran gewöhnt, die Existenz eng zu betrachten oder anzunehmen, dass eine bestimmte Betrachtungsweise oder eine Reihe von Formeln , die sie ausdrücken, möglicherweise ausreichend und vollständig sein können. Sogar ein Blatt Papier hat zwei Seiten: Ein Erdglobus präsentiert verschiedene Aspekte aus verschiedenen Blickwinkeln; ein Kristall hat eine Vielzahl von Facetten; und die Gesamtheit der Existenz wird wahrscheinlich nicht einfacher sein als alle diese – sie ist wahrscheinlich nicht ohne weiteres in irgendeiner Form von Worten ausdrückbar oder für den menschlichen Geist vollständig begreifbar.

Man sollte sich vielleicht daran erinnern, dass Sir Isaac Newton ein Theist der ausgeprägtesten und gründlichsten Überzeugung war, obwohl er viel mit der Reduzierung des großen Kosmos auf die Mechanik zu tun hatte, *das heißt* mit seiner Erklärung durch die ausgefeilte Maschinerie des Einfachen Kräfte; und er hielt es für möglich, dass dieser Prozess der Reduktion auf die

Mechanik im Verlauf der Wissenschaft so lange andauern würde, bis er nahezu alle Naturphänomene umfasste. (Siehe Auszug unten.) Das ist in der Tat seit jeher die Bemühung der Wissenschaft, und darin liegt die legitime Grundlage für materialistische Aussagen, wenn auch nicht für eine materialistische Philosophie.

Die folgenden fundierten Bemerkungen zu Newton stammen aus Huxleys „Hume", S. 246:—

„Newton zeigte, dass das gesamte Heer des Himmels nur Elemente eines riesigen Mechanismus sind, der durch dieselben Gesetze reguliert wird wie diejenigen, die das Fallen eines Steins auf die Erde ausdrücken. Es gibt eine Passage im Vorwort zur ersten Ausgabe der „Principia", die zeigt, dass Newton ebenso vollständig wie Descartes von der Überzeugung durchdrungen war, dass alle Naturphänomene durch Materie und Bewegung ausgedrückt werden können:

„‚Könnte der Rest der Naturphänomene durch eine ähnliche Argumentation aus mechanischen Prinzipien abgeleitet werden?' Denn viele Umstände lassen mich vermuten, dass alle diese Phänomene von bestimmten Kräften abhängen, aufgrund derer die Körperteilchen aus noch unbekannten Ursachen entweder gegenseitig gegeneinander angetrieben werden und zu regelmäßigen Figuren zusammenwachsen oder sich abstoßen und zurückweichen voneinander; Da diese Kräfte unbekannt sind, haben Philosophen die Natur bisher vergeblich erforscht. Aber ich hoffe, dass die hier dargelegten Prinzipien entweder durch diese Methode des Philosophierens oder durch eine andere und bessere Methode etwas Licht in die Sache bringen können.'"

Hier ist eine vollständige Vorwegnahme einer verständlichen Darstellung des Universums in Bezug auf Materie und Kraft – die wesentliche Grundlage dessen, was kleinere Menschen Materialismus nennen und sich zu dem entwickeln, was sie als materialistische Philosophie betrachten. Es besteht jedoch keine Notwendigkeit für einen solchen Plan; und Professor Huxley selbst, von dem halbinformierte Menschen gemeinhin sprechen, als wäre er ein philosophischer Materialist, war in Wirklichkeit nichts dergleichen; denn obwohl er, wie Newton, völlig von der mechanischen Lehre durchdrungen war und natürlich weitaus besser über die biologischen Aspekte der Natur und die Entdeckungen informiert war, die im letzten Jahrhundert gemacht wurden – und obwohl er dies zu Recht als seine Mission ansah Er vertrat den wissenschaftlichen Standpunkt, der seinen unwissenden Zeitgenossen klar vor Augen stand, und war voller Begeisterung für die Tatsachen, zu denen die Materialisten Stellung beziehen – er sah klar, dass diese allein für eine Philosophie nicht ausreichten. Die folgenden Auszüge aus dem Hume-Band werden zeigen, dass er den Materialismus als ein zufriedenstellendes oder vollständiges philosophisches System völlig ablehnte und dass er besonders hart gegen unbegründete Leugnungen vorging, die sich auf Bereiche richteten, die außerhalb unseres Geltungsbereichs lagen :

„Während es der Gipfel der menschlichen Weisheit ist, die Grenzen unserer Fähigkeiten zu kennen, ist es vielleicht klug, sich daran zu erinnern, dass wir nicht mehr das Recht haben, das zu leugnen als zu bejahen, was jenseits dieser Grenze liegt. Ob Geist oder Materie eine „Substanz" haben oder nicht, ist ein Problem, das wir nicht diskutieren können: und es ist genauso wahrscheinlich, dass die allgemeinen Vorstellungen zu diesem Thema richtig sind wie alle anderen ... „Die gleichen Prinzipien." die auf den ersten Blick zum Skeptizismus führen , bis zu einem gewissen Punkt verfolgt, die Menschen zurück zum gesunden Menschenverstand bringen " (S. 282).

„Darüber hinaus sind die ultimativen Formen der Existenz, die wir in unserem kleinen Fleckchen des Universums unterscheiden, möglicherweise nur zwei von unendlichen Arten der Existenz, nicht nur analog zur Materie und analog zum Geist, sondern auch von Arten, zu denen wir nicht in der Lage sind so etwas wie die Empfängnis – in deren Mitte wir tatsächlich hingesetzt werden könnten, ohne mehr Ahnung von dem zu haben, was um uns herum war, als der Wurm in einem Blumentopf auf einem Londoner Balkon vom Leben der Menschen hat Eine tolle Stadt." (S. 286)

Und noch einmal auf den Seiten 251 und 279:—

„Es ist jede noch so große Mühe wert, ... durch eigenes Wissen die große Wahrheit zu erkennen, ... dass die ehrliche und rigorose Verfolgung des Arguments, das uns zum ‚Materialismus' führt, uns unweigerlich darüber hinausführt."

"Um zusammenzufassen. Wenn der Materialist behauptet, dass das Universum und alle seine Phänomene in Materie und Bewegung auflösbar sind, antwortet Berkeley: Stimmt; aber was Sie Materie und Bewegung nennen, kennen wir nur als Formen des Bewusstseins; ihr Wesen muss man sich vorstellen oder erkennen; und die Existenz eines Bewusstseinszustands außerhalb eines denkenden Geistes ist ein Widerspruch in sich.

„Ich bin der Meinung, dass diese Argumentation unwiderlegbar ist. Und wenn ich daher gezwungen wäre, zwischen absolutem Materialismus und absolutem Idealismus zu wählen, würde ich mich gezwungen fühlen, die letztere Alternative zu akzeptieren."

Der jubelnde, aber ungebildete und vergleichsweise unwissende Amateur-Materialist solle daher auf der Hut sein und zweimal oder sogar dreimal über sich selbst nachdenken, bevor er begreift, dass er das Universum versteht und in der Lage ist, die Intuitionen und Wahrnehmungen großer Männer in für ihn fremden Regionen zu verachten aus Gedanken und Erfahrungen.

Lassen Sie ihn, wenn er kann, erklären, was er unter seiner eigenen Identität oder der Identität eines denkenden oder lebenden Wesens versteht, das zu verschiedenen Zeiten aus einem völlig anderen Satz materieller Teilchen besteht. Es gibt eindeutig etwas, das persönliche Identität verleiht und ein Individuum ausmacht: Es ist eine Eigenschaft, die für jede Lebensform charakteristisch ist, selbst für die bescheidenste; aber es ist noch nicht erklärt oder verstanden, und es ist keine Antwort, grundlos zu behaupten, dass es eine grundlegende Substanz oder materielle Grundlage gibt, von der diese Identität abhängt, ebenso wenig wie es eine Erklärung ist, zu sagen, dass sie von einer Seele abhängt. Dies sind alles Formen von Wörtern. Wie Hume sagt, von Huxley zustimmend zitiert, in dem bereits zitierten Werk, S. 194:—

„Es ist unmöglich, dem Wort ‚Substanz‘ eine eindeutige Bedeutung beizumessen, wenn es für das hypothetische Substrat von Seele und Materie verwendet wird ... Wenn man sagt, dass unsere persönliche Identität die Annahme einer Substanz erfordert, die während der Zeit dieselbe bleibt Wenn sich Wahrnehmungszufälle verschieben und verändern, stellt sich die Frage, was mit persönlicher Identität gemeint ist? ... Eine Pflanze oder ein Tier bleibt im Laufe seiner Existenz, vom Zustand eines Eies oder Samens bis zum Ende seines Lebens, gleich weder in der Form, noch in der Struktur, noch in der Materie, aus der es besteht: Jedes Attribut, das es besitzt, verändert sich ständig, und dennoch sagen wir, dass es immer ein und dasselbe Individuum ist“ (S. 194).

Und in seinem eigenen Vorwort zum Hume-Band drückt sich Huxley eindringlich so aus – ebenso feindselig, wie er es gewohnt war, sowohl dem angeblichen Freund als auch dem angeblichen Feind gegenüber, sobald sie von dem abkamen, was er für den geraden Weg hielt: –

„Was wir vielleicht nicht vergessen sollten, ist, dass der erstmals erwähnte gerichtliche Mord an einem wissenschaftlichen Denker [Sokrates] nicht von einem Despoten oder Priestern begangen und durchgeführt wurde, sondern von beredten Demagogen. ... Klares Wissen darüber, was man nicht weiß, ist genauso wichtig wie zu wissen, was man weiß ...

„Die Entwicklung des exakten Naturwissens in all seinem weiten Bereich, von der Physik bis zur Geschichte und Kritik, ist die Folge der Ausarbeitung des Beschlusses in diesem Bereich, ‚nichts für Wahrheit zu halten, ohne klares Wissen, dass es so ist‘; alle Überzeugungen als kritikwürdig zu betrachten; den Wert der Autorität weder als größer noch als kleiner anzusehen, als nur so viel, wie sie sich als wertvoll erweisen kann. Der moderne Geist ist nicht der Geist, der „immer leugnet“ und sich nur an der Zerstörung erfreut; noch weniger ist es das, was Luftschlösser baut, statt es nicht zu bauen; Es ist dieser Geist, der „ohne Eile und ohne Ruhe“ arbeitet und arbeiten wird , indem er eine Ernte nach der anderen in seinen Scheunen einsammelt und den Irrtum mit unauslöschlichem Feuer verschlingt" (S. VIII).

Die Ernte der Wahrheit ist ein ziemlich sicherer Vorgang, denn wenn versehentlich etwas Falsches zusammen mit dem Getreide geerntet wird , können wir hoffen, dass es, da es weniger robust und zäh ist, bald an seinem verwesenden Geruch erkannt wird ; Aber das Aufspüren und Verschlingen von Irrtümern mit unauslöschlichem Feuer ist insofern ein gefährlicheres Unterfangen, als Flammen dazu neigen, sich außerhalb unserer Kontrolle auszubreiten; und der Mangel an Unfehlbarkeit bei der Auswahl von Fehlern könnte für künftige Generationen schmerzlich offensichtlich werden.

Der Ausdruck steht jedoch für eine gute, gesunde, energetische Stimmung, und in einer Welt, die dazu neigt, von Unkraut überwuchert und von Unrat erstickt zu werden, kann die reinigende Arbeit eines Brandstifters von Zeit zu Zeit eine Notwendigkeit sein, damit der freie Wind des Himmels und der Sonnenlicht kann wieder den fruchtbaren Boden erreichen.

Aber es ist unfair, Huxley schon in jungen Jahren als einen hitzigen Mann zu betrachten, obwohl es wahr ist, dass er gewissermaßen ein Kriegsmann war, und obwohl die wilde und verzehrende Stimmung in seinen frühen Schriften deutlich ausgeprägter ist als in seinen späteren Werken .

Eine kämpferische Haltung war vor vierzig Jahren unvermeidlich, denn damals wurden die Wahrheiten der Biologie mit Feindseligkeit aufgenommen, und die freie Wissenschaft und Philosophie einer späteren Zeit schien kaum eine Chance auf Leben zu haben. Aber die Welt hat sich verändert oder verändert sich jetzt, die heilsamen Einflüsse des Feuers haben ihr Werk getan, und es wäre ein ziemlich barbarischer Anachronismus, die gleiche Wirkung auf die jungen grünen Triebe gesunder Bildung anzuwenden, die auf dem gerodeten Boden sprießen.

OLIVER LODGE.

1906.

Zu den früher veröffentlichten Werken von TH Huxley (1825-1895) und den in diesem Band enthaltenen Aufsätzen gehören: „The Darwinian Hypothesis" erschien erstmals am 26. Dezember 1859 in der *Times ;* „On the Educational Value of the Natural History Sciences" (Ansprache in der St. Martin's Hall) wurde 1854 veröffentlicht; „Time and Life" (*Macmillan's Magazine*), Dezember 1859; „The Origin of Species" (*Westminster Review*), April 1860; „A Lobster: or, The Study of Zoology", 1861. „Geological Contemporaneity and Persistent Types of Life" (Ansprache an die Geological Society), 1862, wurde in „Lay Sermons", Bd. 1, erneut veröffentlicht. viii.; „Six Lectures to Working Men on the Phenomena of Organic Nature", 1863, in „Collected Essays", Bd. vii. „Evidence as to Man's Place in Nature", 1863. Von seinen anderen Werken erschien 1853 die Übersetzung von „ Köllikers Manual of Human Histology" von Huxley und Busk. „Lectures on the Elements of Comparative Anatomy", „Elementary Atlas of Vergleichende Osteologie"; zwei naturwissenschaftliche Vorlesungen, „Die Zirkulation des Blutes" und „Korallen und Korallenriffe" und „Lektionen in elementarer Physiologie" im Jahr 1866. „Einführung in die Klassifizierung von Tieren", 1869. „Laienpredigten, Essays und Rezensionen, 1870. „Critiques and Addresses", 1873. „On Yeast: A Lecture", 1872. „A Manual of the Anatomy of Vertebrated Animals", 1871. „Manual of the Anatomy of Inthirdd Animals", 1877. „American Addresses, „ 1877. „Physiography", 1877. „Hume" in „English Men of Letters", 1878. „The Crayfish: an Introduction to the Study of Zoology", 1880. „Science and Culture, and other Essays", 1881. „ Essays upon some Controverted Questions", 1892. „Evolution and Ethics" (The Romanes Lecture), 1893. Huxley half auch bei der Herausgabe der von den Herren Macmillan herausgegebenen Reihe „Science Primers" und steuerte selbst den Einführungsband bei. Die „Collected Essays", in neun Bänden, die alles enthalten, was er bewahren wollte, 1893. „The Scientific Memoirs of TH Huxley", herausgegeben von Professor Michael Foster und Professor E. Ray Lankester , in fünf Bänden, 1898-1903 . Sein „Life and Letters", herausgegeben von seinem Sohn Leonard Huxley, wurde 1900 veröffentlicht.

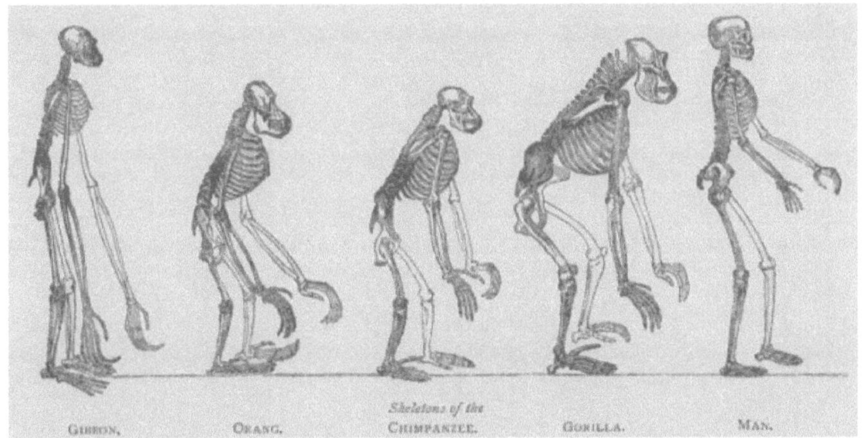

Fotografisch verkleinert aus Diagrammen der natürlichen Größe (mit Ausnahme des Gibbons, der doppelt so groß war wie die Natur), gezeichnet von Herrn Waterhouse Hawkins anhand von Exemplaren im Museum des Royal College of Surgeons .

HUXLEYS AUFSÄTZE

I

ÜBER DIE NATURGESCHICHTE DER MENSCHENAFFEN.

Wenn alte Traditionen durch die strengen Prozesse moderner Forschung auf die Probe gestellt werden, verschwinden sie häufig in bloßen Träumen; doch es ist seltsam, wie oft sich herausstellt, dass es sich bei dem Traum um einen halbwachen Traum handelte, der eine Realität ankündigte. Ovid war ein Vorgeschmack auf die Entdeckungen des Geologen: Atlantis war eine Einbildung, aber Kolumbus fand eine westliche Welt vor, und obwohl die kuriosen Formen der Zentauren und Satyrn nur im Bereich der Kunst existieren, sind es Geschöpfe, die dem Menschen in ihrer wesentlichen Struktur näher kommen als sie selbst , und doch ebenso brutal wie die Ziegen- oder Pferdehälfte des mythischen Komplexes, sind heute nicht nur bekannt, sondern auch berüchtigt.

Ich habe keine frühere Bekanntmachung über einen dieser MENSCHENÄHNLICHEN AFFEN GEFUNDEN ALS DIE, DIE IN Pigafettas „Beschreibung des Königreichs Kongo" [1] enthalten ist , die nach den Aufzeichnungen des portugiesischen Seefahrers Eduardo Lopez erstellt und veröffentlicht wurde im Jahr 1598. Das zehnte Kapitel dieses Werkes trägt den Titel „De Animalibus quæ in hac provincia reperiuntur " und enthält eine kurze Passage mit dem Inhalt, dass „im Songan- Land, an den Ufern des Zaire, Scharen von Affen leben, die den Adligen große Freude bereiten, indem sie menschliche Gesten nachahmen." Da dies auf fast jede Art von Affen zutreffen könnte, hätte ich mir wenig Gedanken darüber gemacht, wenn nicht die Brüder De Bry , deren Stiche das Werk illustrieren, es in ihrem elften „Argumentum" für angebracht gehalten hätten, zwei dieser „ Simiæ magnatum" darzustellen Delikatessen . So viel von der Tafel, die diese Affen enthält, ist im Holzschnitt (Abb. 1) originalgetreu kopiert, und es ist zu erkennen, dass sie keinen Schwanz, lange Arme und große Ohren haben; und etwa so groß wie Schimpansen. Es kann sein, dass diese Affen ebenso ein Produkt der Fantasie der genialen Brüder sind wie der geflügelte, zweibeinige Drache mit Krokodilkopf, der denselben Teller ziert; Andererseits kann es sein, dass die Künstler ihre Zeichnungen auf der Grundlage einer im Wesentlichen getreuen Beschreibung eines Gorillas oder eines Schimpansen konstruiert haben. Und obwohl diese Zahlen in jedem Fall eine flüchtige Beachtung wert sind, stammen die ältesten glaubwürdigen und eindeutigen Berichte über ein Tier dieser Art aus dem 17. Jahrhundert und stammen von einem Engländer.

ABB. 1. – Simiæ magnatum deliciæ . – De Bry , 1598.

Die erste Ausgabe dieses äußerst amüsanten alten Buches, „Purchas his Pilgrimage", wurde 1613 veröffentlicht, und darin finden sich viele Hinweise auf die Aussagen von jemandem, den Purchas „Andrew Battell (mein Neere) " nennt Nachbar , wohnhaft in Leigh in Essex), der unter Manuel Silvera diente Perera , Gouverneur unter dem König von Spanien , in seiner Stadt Saint Paul, und ging mit ihm weit in die Grafschaft Angola"; und wieder: „mein Freund Andrew Battle, der viele Jahre im Königreich Kongo lebte " und der „aufgrund eines Streits zwischen den Portugiesen (unter denen er ein Sergeant einer Bande war) und ihm acht oder neun Monate lebte." im Wald ." Purchas war erstaunt, von diesem wettergegerbten alten Soldaten zu hören, „von einer Art Menschenaffen, wenn man sie so nennen darf, von der Größe eines Mannes, aber doppelt so großen Gliedmaßen , mit proportionaler Kraft und Haaren ." am ganzen Körper, ansonsten in ihrer gesamten Körperform völlig wie Männer und Frauen. [2] Sie ernährten sich von den wilden Früchten, die die Bäume und Wälder hervorbrachten, und wohnten in der Nacht auf den Bäumen."

Dieser Auszug ist jedoch in seinen Aussagen weniger detailliert und klar als eine Passage im dritten Kapitel des zweiten Teils eines anderen Werks – „ Purchas his Pilgrimes ", das 1625 vom selben Autor veröffentlicht wurde – was oft, wenn auch selten, der Fall war immer zu Recht zitiert. Das Kapitel trägt den Titel „Die seltsamen Abenteuer von Andrew Battell aus Leigh in Essex, der von den Portugiesen als Gefangener nach Angola geschickt wurde und dort und in den angrenzenden Regionen in der Nähe lebte." achtzehn Ja." Und der sechste Abschnitt dieses Kapitels trägt die Überschrift : „ Von den Provinzen Bongo, Calongo , Mayombe , Manikesocke , Motimbas : vom Affenmonster Pongo, ihrer Jagd: Götzendienste; und verschiedene andere Beobachtungen."

„Diese Provinz (Calongo) grenzt im Osten an Bongo und im Norden an Mayombe , das neunzehn Meilen von Longo entlang der Küste liegt.

„Diese Provinz Mayombe besteht nur aus Wäldern und Hainen, so überwuchert , dass ein Mann schwere Wehen ertragen muss Zwanzig Tage im Schatten ohne Sonne und Hitze. Hier gibt es weder Corne noch Graine, damit das Volk lebt nur auf Plantanen und Wurzeln aller Art , sehr gut; und Nüsse; noch irgendeine Art von zahmen Rindern oder Hühnern.

„Aber sie haben einen großen Vorrat an Elefantenfleisch, das sie sehr schätzen , und an vielen Arten wilder Tiere; und großer Fischvorrat. Hier ist eine große Sandbucht, zwei Meilen nördlich von Cape Negro, [3] dem Hafen von Mayombe . Manchmal laden die Portugiesen in dieser Bucht Rundholz. Hier ist ein großer Fluss, der Banna heißt . Im Winter hat er keine Barre, weil die allgemeinen Winde ein großes Meer verursachen. Aber wenn die Sonne ihre südliche Neigung hat, dann kann ein Boot hineinfahren ; denn dann ist es wegen des Regens glatt . Dieser Fluss ist sehr groß und hat viele Inseln und Menschen, die darin leben. Die Wälder sind so voller Paviane , Affen , Affen und Papageien, dass es jeden Menschen fürchten wird, sich allein in ihnen zu quälen . Hier gibt es auch zwei Arten von Monstern, die in diesen Wäldern häufig vorkommen und sehr gefährlich sind.

„Das größte dieser beiden Monster heißt in ihrer Sprache Pongo und das kleinere heißt Engeco . Dieser Pongo ähnelt in allen Proportionen einem Mann; aber dass er von der Statur her eher einem Riesen als einem Mann gleicht; denn er ist sehr groß und hat das Gesicht eines Mannes mit hohlen Augen und langen Haaren auf der Stirn . Sein Gesicht und seine Ohren sind unbehaart , und auch seine Hände sind unbehaart. Sein Körper ist voller Haare , aber nicht sehr dicht ; und es ist von einem Dunnish Farbe .

„Er unterscheidet sich von einem Menschen nicht nur durch seine Beine; denn sie haben kein Kalb . Hihi geht Er steht immer auf seinen Beinen und trägt seine Hände im Nacken verschränkt, wenn er auf den Boden geht . Sie schlafen in den Bäumen und bauen Schutz für den Regen . Sie ernähren sich von Früchten, die sie im Wald finden, und von Nüssen, denn sie essen kein Fleisch. Sie können nicht sprechen und haben kein Verständnis mehr als ein Tier. Die Menschen auf dem Land machen , wenn sie im Wald arbeiten , Feuer an dem Ort, an dem sie nachts schlafen . und am Morgen, wenn sie weg sind, werden die Pongoes kommen und am Feuer sitzen, bis es erlischt ; denn sie verstehen es nicht, das Holz zusammenzulegen. Sie gehen viele zusammen und töten viele Neger, die in den Wäldern arbeiten . Oftmals stürzen sie sich auf die Elefanten, die zum Fressen kommen, und schlagen sie mit ihren geballten Fäusten und Holzstücken so sehr, dass sie brüllend vor ihnen davonlaufen . Diese Pongoes werden nie lebend gefangen, weil sie so stark sind, dass zehn Männer keinen von ihnen halten können; Dennoch erbeuten sie viele ihrer Jungen mit vergifteten Pfeilen .

„Der junge Pongo hängt am Bauch seiner Mutter, die Hände fest um sie geschlungen, so dass die Landbewohner, wenn sie eines der Weibchen töten, das Junge nehmen, das fest an seiner Mutter hängt .

„Wenn sie untereinander sterben, bedecken sie die Toten mit großen Haufen von Ästen und Holz, das man häufig im Wald findet." [4]

Es scheint nicht schwierig zu sein, die genaue Region zu identifizieren, von der Battell spricht. Longo ist zweifellos der Name des Ortes, der auf unseren Karten normalerweise Loango geschrieben wird . Mayombe liegt immer noch etwa neunzehn Meilen nördlich von Loango an der Küste. und Cilongo oder Kilonga , Manikesocke und Motimbas sind noch von Geographen registriert. Das Cape Negro von Battell kann jedoch nicht das moderne Cape Negro auf dem 16. südlichen Breitengrad sein, da Loango selbst auf dem 4. südlichen Breitengrad liegt. Andererseits entspricht der „große Fluss namens Banna " sehr gut den „ Camma " und „Fernand Vas" der modernen Geographen, die an diesem Teil der afrikanischen Küste ein großes Delta bilden.

Nun liegt dieses „ Camma "-Land etwa anderthalb Grad südlich des Äquators, während ein paar Meilen nördlich der Linie der Gabun und etwa ein Grad nördlich davon der Money River liegen — beides wohlbekannt modernen Naturforschern als Orte, an denen die größten menschenähnlichen Affen gefunden wurden. Darüber hinaus wird das Wort Engeco oder N'schego heutzutage von den Eingeborenen dieser Regionen für den kleineren der beiden großen Affen verwendet, die dort leben; so dass es keinen rationalen Zweifel daran geben kann, dass Andrew Battell von dem sprach, was er aus eigenem Wissen wusste, oder zumindest durch unmittelbaren Bericht der Eingeborenen Westafrikas. Der „ Engeco " ist jedoch das „andere Monster", dessen Natur Battell „vergaß zu beschreiben", während der Name „Pongo" — der auf das Tier angewendet wird, dessen Charaktere und Gewohnheiten so ausführlich und sorgfältig beschrieben werden — ausgestorben zu sein scheint. zumindest in seiner ursprünglichen Form und Bedeutung. Tatsächlich gibt es Hinweise darauf, dass es nicht nur zu Battells Zeiten, sondern bis in die jüngste Zeit hinein in einem völlig anderen Sinne verwendet wurde als dem, in dem er es verwendet.

Beispielsweise enthält das zweite Kapitel von Purchas' Werk, das ich gerade zitiert habe, „Eine Beschreibung und historische Erklärung des Goldenen Königreichs Guinea usw." &C. Aus dem Niederländischen übersetzt und auch mit dem Lateinischen verglichen", wobei es heißt (S. 986), dass –

"Der Fluss Gabun Liegt etwa fünfzehn Meilen nördlich von Rio de Angra und acht Meilen nördlich von Cape de Lope Gonsalvez (Kap Lopez) und liegt direkt unter der Äquinoktiallinie, etwa fünfzehn Meilen von St. Thomas entfernt, und ist ein großes Land, das gut und leicht zu erreichen ist bekannt sein . An der Mündung des Flusses liegt Sand, drei oder vier Klafter tief , auf den er heftig schlägt mit dem Bach , der aus dem Fluss ins Meer fließt . Dieser Fluss ist an seiner Mündung mindestens vier Meilen breit; aber wenn man sich in der Nähe der Insel namens *Pongo befindet* , ist sie nicht breiter als zwei Meilen.... Auf beiden Seiten des Flusses stehen viele Bäume... Die Insel namens *Pongo* , die einen monströsen hohen Hügel hat."

Die französischen Marineoffiziere, deren Briefe dem verstorbenen M. Isidore Geoff beigefügt sind. In Saint Hilaires ausgezeichnetem Aufsatz über den Gorilla [5] wird in ähnlicher Weise auf die Breite des Gabun hingewiesen , auf die Bäume, die seine Ufer bis zum Wasserrand säumen, und auf die starke Strömung, die aus ihm herausströmt. Sie beschreiben zwei Inseln in seiner Mündung: eine niedrige namens Perroquet; der andere ist hoch und weist drei kegelförmige Hügel auf, die Coniquet genannt werden ; und einer von ihnen, M. Franquet , gibt ausdrücklich an, dass der Häuptling von Coniquet früher *Meni -Pongo* genannt wurde , was damit Herr von *Pongo bedeutet* ; und dass die *N'Pongues* (wie er in Übereinstimmung mit Dr. Savage bestätigt, dass sich die Eingeborenen nennen) die Mündung des Gabuns selbst *N'Pongo nennen* .

Im Umgang mit Wilden ist es so leicht, ihre Anwendung von Wörtern auf Dinge falsch zu verstehen, dass man zunächst geneigt ist, Battell zu verdächtigen , den Namen dieser Region, in der sein „größeres Monster" noch immer wimmelt, mit dem Namen verwechselt zu haben das Tier selbst. Aber in anderen Dingen hat er so recht (einschließlich des Namens des „kleineren Monsters"), dass man den alten Reisenden kaum eines Irrtums verdächtigen kann; und andererseits werden wir feststellen, dass ein hundert Jahre später reisender Mensch von dem Namen „ Boggoe " spricht, der von den Bewohnern eines ganz anderen Teils Afrikas – Sierra Leone – auf einen großen Affen angewendet wurde.

ABB. 2. – Der Orang von Tulpius , 1641.

Reisenden überlassen ; und ich hätte kaum so lange darüber verweilen können, wenn dieses Wort „ *Pongo* " in der späteren Geschichte der menschenähnlichen Affen keine merkwürdige Rolle gespielt hätte.

Die Generation, die auf Battell folgte , sah den ersten menschenähnlichen Affen, der jemals nach Europa gebracht wurde oder dessen Besuch zumindest einen Historiker fand. Im dritten Buch des Tulpius ' „ Observationes Medicæ ", veröffentlicht im Jahr 1641, ist das 56. Kapitel oder der 56. Abschnitt dem gewidmet, was er *Satyrus indicus nennt* , „von den Indianern Orang- autang oder Waldmann und von den Afrikanern Quoias genannt." Morrou ." Er gibt eine sehr gute Abbildung, offensichtlich aus dem Leben, des Exemplars dieses Tieres, „nostra memoria ex Angolâ" . delatum ", übergeben an Friedrich Heinrich Prinz von Oranien. Tulpius sagt, es sei so groß wie ein dreijähriges Kind und so kräftig wie eines von sechs Jahren gewesen, und sein Rücken sei mit schwarzem Haar bedeckt. Es handelt sich eindeutig um einen jungen Schimpansen.

Inzwischen wurde die Existenz weiterer, asiatischer, menschenähnlicher Affen bekannt, allerdings zunächst auf sehr mythische Weise. So liefert Bontius (1658) eine insgesamt fabelhafte und lächerliche Darstellung und Figur eines Tieres, das er „Orang-outang" nennt; und obwohl er sagt: „ vidi Ego cujus effigiem hic exhibeo ", das besagte Bildnis (siehe Abb. 6 für Hoppius ' Kopie davon), ist nichts anderes als eine sehr haarige Frau von ziemlich hübschem Aussehen und mit Proportionen und Füßen, die völlig menschlich sind. Der kluge englische Anatom Tyson sagte zu dieser Beschreibung von Bontius zu Recht : „Ich gestehe, dass ich der gesamten Darstellung misstraue."

Dem letztgenannten Autor und seinem Koadjutor Cowper verdanken wir den ersten Bericht über einen menschenähnlichen Affen, der Anspruch auf wissenschaftliche Genauigkeit und Vollständigkeit erhebt. Die Abhandlung mit dem Titel „ *Orang-outang, sive Homo Sylvestris* ; oder die Anatomie eines Pygmäen im Vergleich zu der eines *Affen* , eines *Affen* und eines *Menschen* ", veröffentlicht von der Royal Society im Jahr 1699, ist in der Tat ein Werk von bemerkenswertem Wert und hat in mancher Hinsicht als Vorbild gedient an spätere Nachfrager. Dieser „ Pygmäe ", erzählt uns Tyson, „wurde aus Angola in Afrika mitgebracht; wurde aber zunächst viel höher im Land gebracht"; sein Haar „war von kohlschwarzer Farbe und glatt", und „als es als Vierbeiner auf allen vieren ging, war es unbeholfen; Er legte seine Handfläche nicht flach auf den Boden, sondern ging auf seinen Knöcheln, wie ich es beobachtete, wenn er schwach war und nicht die Kraft hatte, seinen Körper zu stützen." – „Von der Oberseite des Kopfes bis zum ..." An der Ferse des Fußes maß er in gerader Linie 26 Zoll."

FEIGEN. 3 und 4. – Der „ Pygmäe ", reduziert aus Tysons Figuren 1 und 2, 1699.

Diese Charaktere hätten, auch ohne Tysons gute Figuren (Abb. 3 und 4), ausgereicht, um zu beweisen, dass sein „ Pygmäe " ein junger Schimpanse war. Aber da sich mir völlig unerwartet die Gelegenheit geboten hat, das Skelett genau des von Tyson anatomisierten Tieres zu untersuchen , kann ich unabhängig bezeugen, dass es sich um einen echten *Troglodytes niger handelt* [6] , obwohl er noch sehr jung ist. Obwohl Tyson die Ähnlichkeiten zwischen seinem Pygmäen und dem Menschen voll und ganz erkannte, übersah er keineswegs die Unterschiede zwischen den beiden, und er schließt seine Memoiren ab, indem er zunächst die Punkte zusammenfasst, in denen „der Ourang -outang oder Pygmäen eher einem Menschen ähnelte als Affen und." Affen tun es", unter siebenundvierzig verschiedenen Köpfen; und dann werden in vierunddreißig ähnlichen kurzen Absätzen die Aspekte dargelegt, in denen „der Ourang -Outang oder Pygmäen unterschied sich von einem Mann und ähnelte eher der Art von Affen und Affen."

Nach einer sorgfältigen Untersuchung der zu seiner Zeit vorhandenen Literatur zu diesem Thema kommt unser Autor zu dem Schluss, dass sein „ Pygmäen " weder mit den Orangs von Tulpius und Bontius noch mit den Quoias identisch ist Morrou von Dapper (oder besser gesagt von Tulpius), die Barris von d'Arcos , noch mit dem Pongo von Battell ; aber dass es sich um eine Affenart handelt, die wahrscheinlich mit den Pygmäen der Antike identisch ist, und, sagt Tyson, obwohl sie „in vielen Teilen so sehr *einem Menschen ähnelt* , mehr als jede andere Affenart oder jedes andere Tier in ..." Die Welt, von der ich weiß, betrachte sie doch keineswegs als das Produkt einer *gemischten* Generation – es ist ein *Brute-Tier sui generis* und eine besondere *Affenart* ."

Der Name „Schimpanse", unter dem einer der afrikanischen Affen heute so bekannt ist, scheint in der ersten Hälfte des 18. Jahrhunderts in Gebrauch gekommen zu sein, war aber die einzige wichtige Ergänzung, die wir in dieser Zeit kennengelernt haben Die menschenähnlichen Affen Afrikas sind in „Eine neue Reise nach Guinea" von William Smith enthalten, das das Datum 1744 trägt.

Bei der Beschreibung der Tiere Sierra Leones, S. 51, dieser Autor sagt:—

„Als nächstes werde ich eine seltsame Tierart beschreiben, die von den Weißen in diesem Land Mandrill genannt wird, [7] aber warum es so genannt wird, weiß ich nicht, noch habe ich den Namen jemals zuvor gehört, und diejenigen, die sie so nennen, können es auch nicht sagen, außer dass sie einem menschlichen Geschöpf sehr ähnlich sind, obwohl sie überhaupt nichts mit einem Affen zu tun haben. Wenn sie ausgewachsen sind, haben ihre Körper einen Umfang wie der eines mittelgroßen Mannes – ihre Beine sind viel kürzer und ihre Füße größer; ihre Arme und Hände im richtigen Verhältnis. Der Kopf ist ungeheuer groß und das Gesicht breit und flach, ohne weitere Haare außer den Augenbrauen; die Nase sehr klein, der Mund breit und die Lippen dünn. Das Gesicht, das von einer weißen Haut bedeckt

ist, ist ungeheuer hässlich und voller Altersfalten; die Zähne breit und gelb;
Die Hände haben nicht mehr Haare als das Gesicht, aber die gleiche weiße
Haut, obwohl der ganze Rest des Körpers mit langen schwarzen Haaren
bedeckt ist, wie bei einem Bären. Sie gehen nie wie Affen auf alle Viere; aber
weinen, wenn man verärgert oder gehänselt wird, genau wie Kinder ...

ABB. 5. – Faksimile von William Smiths Figur des „Mandrill", 1744.

„Als ich in Sherbro war , schenkte mir ein gewisser Herr Cummerbus , den
ich später erwähnen werde, eines dieser seltsamen Tiere, die von den
Eingeborenen Boggoe genannt werden : Es war ein sechs Monate altes
Jungtier 'Alter, aber selbst dann größer als ein Pavian. Ich übergab es einem
der Sklaven, der es zu füttern und zu pflegen wusste, da es sich um ein sehr
zartes Tier handelte. aber wann immer ich das Deck verließ, fingen die
Matrosen an, es zu necken – einige liebten es, seine Tränen zu sehen und es
weinen zu hören; andere hassten seine Rotznase; Einer, der es verletzte,
wurde von dem Neger, der sich darum kümmerte, überprüft, sagte dem
Sklaven, dass er seine Landsfrau sehr gern hätte, und fragte ihn, ob er sie
nicht als Frau haben sollte? Darauf antwortete der Sklave sehr bereitwillig:
„Nein, das ist nicht meine Frau; „Das ist eine weiße Frau – diese passende
Frau für dich." Dieser unglückliche Verstand des Negers hat, glaube ich,
seinen Tod beschleunigt, denn am nächsten Morgen wurde er tot unter der
Ankerwinde aufgefunden."

William Smiths „Mandrill" oder „ Boggoe ", wie seine Beschreibung und
Figur bezeugen, war zweifellos ein Schimpanse.

FEIGE. 6. – Die Anthropomorpha von Linné .

Linné wusste aus eigener Beobachtung nichts über die menschenähnlichen Affen Afrikas oder Asiens, außer einer Dissertation seines Schülers Hoppius in den „ Amœnitates" . Academicæ " (VI. „Anthropomorpha") kann als Verkörperung seiner Ansichten über diese Tiere angesehen werden.

Die Dissertation wird durch eine Tafel illustriert, von der der beigefügte Holzschnitt, Abb. 6 , eine verkleinerte Kopie ist. Die Figuren tragen den Titel (von links nach rechts): 1. *Troglodyta Bontii* ; 2. *Luzifer Aldrovandi* ; 3. *Satyrus Tulpii* ; 4. *Pygmäus Edwardi* . Das erste ist eine schlechte Kopie von Bontius ' fiktiver „ Ourang -outang", an deren Existenz Linnaeus jedoch offenbar voll und ganz geglaubt hat; denn in der Standardausgabe des „Systema Naturæ " wird es als zweite Art von Homo aufgezählt; "H. Nacht . *Luzifer Aldrovandi* ist eine Kopie einer Figur in Aldrovandus , „De Quadrupedibus Digitatis viviparis ", Lib. 2, S. 249 (1645) mit dem Titel „Cercopithecus formæ selten *Barbilius* Beruf und Herkunft aus China Ducebat . Hoppius ist der Meinung, dass dies einer dieser Katzenschwanzmenschen sein könnte, von denen Nicolaus Köping bestätigt, dass sie die Besatzung eines Bootes, „Gubernator Navis " und alles andere fressen! Im „Systema Naturæ " nennt Linné es in einer Notiz *Homo caudatus* und scheint geneigt zu sein, es als eine dritte Art des Menschen zu betrachten. Nach Temminck , *Satyrus Tulpii ist eine Kopie der 1738 von* Scotin veröffentlichten Figur eines Schimpansen , die ich nicht gesehen habe. Es ist der *Satyrus indicus* des „Systema Naturæ " und wird von Linné als möglicherweise von *Satyrus sylvestris* verschiedene Art angesehen . Der letzte mit dem Namen *Pygmäus Edwardi* ist der Figur eines jungen „Man of the Woods" oder echten Orang- Utans nachempfunden , die in Edwards „Gleanings of Natural History" (1758) enthalten ist.

Buffon hatte mehr Glück als sein großer Rivale. Er hatte nicht nur die seltene Gelegenheit, einen jungen Schimpansen im lebenden Zustand zu untersuchen, sondern erlangte auch Besitz von einem erwachsenen asiatischen menschenähnlichen Affen – dem ersten und letzten erwachsenen Exemplar eines dieser Tiere, das seit vielen Jahren nach Europa gebracht wurde. Mit der wertvollen Unterstützung von Daubenton lieferte Buffon eine ausgezeichnete Beschreibung dieses Geschöpfs, das er aufgrund seiner einzigartigen Proportionen den langarmigen Affen oder Gibbon nannte. Es handelt sich um den modernen *Hylobates lar*.

Als Buffon 1766 den vierzehnten Band seines großen Werks schrieb, war er persönlich mit den Jungen einer Art afrikanischer menschenähnlicher Affen und mit den Erwachsenen einer asiatischen Art vertraut – dem Orang- Utan und dem Mandrill von Smith waren ihm durch Bericht bekannt. Darüber hinaus hatte der Abbé Prevost in seiner „ Histoire" einen Großteil der Pilgergeschichten von Purchas ins Französische übersetzt générale des Voyages" (1748), und dort fand Buffon eine Version von Andrew Battells Bericht über den Pongo und den Engeco . All diese Daten versucht Buffon in seinem Kapitel „Les Orang-outangs ou le Pongo et le Jocko" zu einer Harmonie zusammenzufügen . Zu diesem Titel ist die folgende Anmerkung beigefügt:

„Orang-Utang ist der Name dieses Tieres in Indien. " orientalisch : Pongo, der Name dieses Tieres in der Provinz Lowando im Kongo.

„Jocko, Enjocko , der Name dieses Tieres im Kongo, das wir kennen adoptiert . *En* Europäische Sommerzeit Der Artikel , den wir haben retranché "

So verwandelte sich Andrew Battells „ Engeco " in „Jocko" und verbreitete sich in dieser Form aufgrund der großen Popularität von Buffons Werken auf der ganzen Welt. Der Abbé Prevost und Buffon haben jedoch Battells nüchterner Darstellung viel mehr entstellt, als „einen Artikel abzuschneiden". Daher Battells Aussage, dass die Pongos „nicht mehr sprechen können und kein Verständnis haben als ein Tier", wird von Buffon mit „ qu'il ne peut " wiedergegeben parler *quoiqu'il Es ist ein Pluspunkt für die anderen Tiere* "; und wiederum lautet die Aussage von Purchas: „Er erzählte mir im Gespräch mit ihm, dass einer dieser Pongos einen Negerjungen von ihm nahm , der einen Monat bei ihnen lebte", in der französischen Version „un pongo lui" . Es war ein kleines Neger , das ein *Jahr* passierte Ganz im Namen der Gesellschaft Tiere .

Nachdem Buffon den Bericht über den großen Pongo zitiert hat, bemerkt er zu Recht, dass alle „Jockos" und „Orangs", die bisher nach Europa gebracht wurden, jung waren; und er vermutet, dass sie im Erwachsenenalter so groß sein könnten wie der Pongo oder „Große Orang"; so dass er die Jockos,

Orangs und Pongos vorläufig als alle einer Art ansah. Und vielleicht war dies auch mehr als der damalige Wissensstand rechtfertigte. Aber wie es dazu kam, dass Buffon die Ähnlichkeit von Smiths „Mandrill" mit seinem eigenen „Jocko" nicht erkannte und ersteren mit einem so völlig anderen Geschöpf wie dem blaugesichtigen Pavian verwechselte, ist nicht so leicht zu verstehen.

Zwanzig Jahre später änderte Buffon seine Meinung [8] und äußerte seine Überzeugung, dass die Orangs eine Gattung mit zwei Arten bildeten – einer großen, dem Pongo von Battell , und einer kleinen, dem Jocko: dass der kleine (Jocko) ist der ostindische Orang; und dass die von ihm und Tulpius beobachteten Jungtiere aus Afrika einfach junge Pongos seien.

In der Zwischenzeit lieferte der niederländische Naturforscher Vosmaer im Jahr 1778 einen sehr guten Bericht und eine sehr gute Figur eines jungen Orangs, der lebendig nach Holland gebracht wurde, und sein Landsmann, der berühmte Anatom Peter Camper, veröffentlichte (1779) einen Aufsatz darüber Orang -Utan von ähnlichem Wert wie Tyson beim Schimpansen. Er sezierte mehrere Weibchen und ein Männchen, von denen er aufgrund des Zustands ihres Skeletts und ihres Gebisses mit Fug und Recht annahm, dass sie jung waren. Wenn man jedoch die Analogie zum Menschen heranzieht, kommt er zu dem Schluss, dass sie im Erwachsenenalter nicht größer als 1,20 m gewesen sein dürfen. Darüber hinaus ist er sich der besonderen Besonderheit des echten ostindischen Orangs sehr bewusst.

„Der Orang", sagt er, „unterscheidet sich vom Pigmy von Tyson und vom Orang von Tulpius nicht nur durch seine besondere Farbe und seine langen Zehen, sondern auch durch seine gesamte äußere Form." Seine Arme, seine Hände und seine Füße sind länger, während die Daumen im Gegenteil viel kürzer und die großen Zehen im Verhältnis viel kleiner sind." [9] Und wiederum: „Der wahre Orang, das heißt der Orang Asiens, der Borneos, ist folglich nicht der Pithecus oder der schwanzlose Affe, den die Griechen und insbesondere Galen beschrieben haben." Es ist weder der Pongo noch der Jocko, noch der Orang von Tulpius , noch der Pigmy von Tyson – *es ist ein Tier einer besonderen Art* , wie ich im Folgenden anhand der Stimmorgane und des Skeletts am deutlichsten beweisen werde Kapitel" (lcp 64).

Einige Jahre später veröffentlichte M. Radermacher , der ein hohes Amt in der Regierung der niederländischen Herrschaftsgebiete in Indien innehatte und aktives Mitglied der Batavian Society of Arts and Sciences war, im zweiten Teil der Transactions of that Society , [10] eine Beschreibung der Insel Borneo, die zwischen 1779 und 1781 verfasst wurde und neben vielen anderen interessanten Dingen einige Anmerkungen zum Orang enthält. Die kleine Art von Orang- Utan , nämlich die von Vosmaer und Edwards, sagt er, kommt nur auf Borneo vor, und zwar hauptsächlich in der Gegend von Banjermassing , Mampauwa und Landak . Von diesen hatte er während seines Aufenthalts in Indien etwa fünfzig gesehen; aber keiner war länger als 2 ½ Fuß . Die größere Art, die oft als Chimæra angesehen wird, fährt Radermacher fort , wäre vielleicht lange so geblieben, wenn nicht die Anstrengungen des Bewohners von Rembang , M. Palm, gewesen wären, der auf seiner Rückkehr von Landak nach Pontiana einen erschoss, und leitete es im Geiste an Batavia weiter, um es nach Europa zu übermitteln.

Palms Brief, in dem er die Gefangennahme beschreibt, lautet wie folgt: „Hiermit sende ich Eurer Exzellenz wider alle Erwartungen (seit langer Zeit habe ich den Eingeborenen mehr als hundert Dukaten für einen Orang- Utan von vier bis fünf Fuß Höhe geboten) einen Orang, den ich Ich habe heute Morgen gegen acht Uhr davon gehört. Lange Zeit taten wir unser Bestes, um das schreckliche Biest im dichten Wald etwa auf halbem Weg nach Landak lebend zu erlegen . Wir vergaßen sogar zu essen, so besorgt waren wir, ihn nicht entkommen zu lassen; aber man musste aufpassen, dass er sich nicht rächte, da er fortwährend schwere Holzstücke und grüne Zweige abbrach und sie auf uns schleuderte. Dieses Spiel dauerte bis vier Uhr nachmittags, als wir beschlossen, ihn zu erschießen; was mir sehr gut gelungen ist, und zwar besser, als ich jemals zuvor von einem Boot aus geschossen habe; denn die Kugel traf gerade die Seite seiner Brust, so dass er keinen großen Schaden davontrug. Wir brachten ihn lebend in den Bug und banden ihn fest, und am nächsten Morgen starb er an seinen Wunden. Ganz Pontiana kam an Bord, um ihn zu sehen, als wir ankamen." Palm gibt seine Körpergröße vom Kopf bis zur Ferse mit 49 Zoll an.

Ein sehr intelligenter deutscher Offizier, Baron von Wurmb , der zu dieser Zeit einen Posten im niederländischen Ostindien-Dienst innehatte und Sekretär der Batavischen Gesellschaft war, studierte dieses Tier und seine sorgfältige Beschreibung mit dem Titel „ Beschrijving van der Groote Borneosche" . Orang-outang of de Oost- Indische Pongo" ist im selben Band der Transaktionen der Batavian Society enthalten. Nachdem von Wurmb seine Beschreibung verfasst hatte, erklärt er in einem Brief vom 18. Februar 1781 in Batavia [11] , dass das Exemplar in Brandy nach Europa geschickt wurde, um es in die Sammlung des Prinzen von Oranien zu bringen; „Leider", fährt er fort, „hört man, dass das Schiff zerstört wurde." Von Wurmb starb im Laufe des Jahres 1781; der Brief, in dem diese Passage vorkommt, war der letzte, den er schrieb; aber in seinen posthumen Aufsätzen, die im vierten Teil der Transactions of the Batavian Society veröffentlicht wurden, gibt es eine kurze Beschreibung mit Maßangaben eines vier Fuß großen weiblichen Pongo.

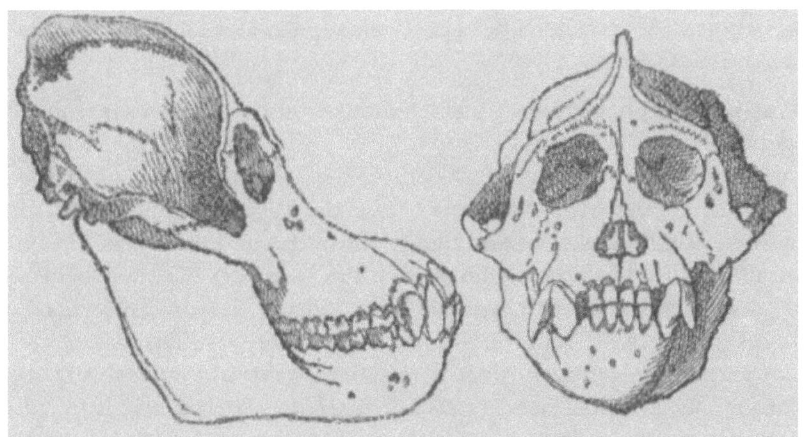

FEIGE. 7. – Der Pongo-Schädel, von Radermacher an Camper geschickt, nach Campers Originalskizzen, reproduziert von Lucæ .

Hat eines dieser Originalexemplare, auf denen Von Wurmbs Beschreibungen basieren, jemals Europa erreicht? Es wird allgemein angenommen, dass sie es getan haben; aber ich bezweifle die Tatsache. Denn im Anhang zu den Memoiren „De l'Ourang -outang" in der Sammelausgabe von Campers Werken, Band 1 , S. 64-66, ist eine Notiz von Camper selbst, die sich auf Von Wurmbs Papiere bezieht und wie folgt fortfährt: — „Bisher war diese Affenart in Europa noch nie bekannt. Radermacher hatte die Freundlichkeit, mir den Schädel eines dieser Tiere zu schicken, der 53 Zoll oder 4 Fuß 5 Zoll groß war. Ich habe einige Skizzen davon an M. Soemmering in Mainz geschickt , die jedoch besser berechnet sind, um eine Vorstellung von der Form als von der tatsächlichen Größe der Teile zu vermitteln."

Diese Skizzen wurden von Fischer und Lucæ reproduziert und tragen das Datum 1783, da Soemmering sie 1784 erhalten hatte. Hätte eines von Wurmbs Exemplaren Holland erreicht, wären sie zu diesem Zeitpunkt kaum unbekannt zu Camper gewesen, der jedoch fortfährt um zu sagen: „Es scheint, dass seitdem noch einige dieser Monster gefangen wurden, nämlich ein ganzes, sehr schlecht konstruiertes Skelett, das an das Museum des Prinzen von Oranien geschickt worden war und das ich erst am … gesehen habe." Der 27. Juni 1784 war mehr als einen Meter hoch. Ich untersuchte dieses Skelett am 19. Dezember 1785 erneut, nachdem es durch den genialen Onymus hervorragend in Ordnung gebracht worden war ."

Wurmbs Pongo genannt wird , nicht das des von ihm beschriebenen Tieres ist, obwohl es in allen wesentlichen Punkten zweifellos ähnlich ist.

Camper geht dann auf einige der wichtigsten Merkmale dieses Skeletts ein; verspricht, es nach und nach ausführlich zu beschreiben; und ist offensichtlich im Zweifel über die Beziehung dieses großen „Pongo" zu seinem „petit Orang".

Die versprochenen weiteren Untersuchungen wurden nie durchgeführt; Und so geschah es, dass der Pongo von Wurmb seinen Platz neben dem Schimpansen, dem Gibbon und dem Orang als vierte und kolossale Art menschenähnlicher Affen einnahm. Und in der Tat konnte nichts den damals bekannten Schimpansen oder Orangs viel weniger ähneln als der Pongo; denn alle Exemplare von Schimpansen und Orangs, die man beobachtet hatte, waren von kleiner Statur, einzigartig menschlich im Aussehen, sanft und fügsam; während Wurmbs Pongo ein Monster war, das fast doppelt so groß war wie sie, von enormer Kraft und Wildheit und sehr brutal im Ausdruck; Seine große, hervorstehende Schnauze ist mit kräftigen Zähnen besetzt und wird durch das Auswachsen der Wangen in fleischige Lappen noch weiter entstellt.

Schließlich wurde das „Pongo"-Skelett gemäß den üblichen Plünderungsgewohnheiten der Revolutionsarmeen von Holland nach Frankreich verschleppt, und es wurden Notizen darüber gemacht, die ausdrücklich seine völlige Unterscheidung vom Orang und seine Verwandtschaft mit den Pavianen demonstrieren sollten geschenkt im Jahr 1798 von Geoffroy St. Hilaire und Cuvier.

Sogar in Cuviers „Tableau Elementaire " und in der ersten Ausgabe seines großen Werks, dem „ Regne- Tier", wird der „Pongo" als Pavianart eingestuft. Es scheint jedoch, dass Cuvier bereits 1818 Grund sah, diese Meinung zu ändern und die einige Jahre zuvor von Blumenbach [12] und nach ihm von Tilesius vertretene Ansicht zu übernehmen , dass der Borneo-Pongo einfach ein erwachsener Orang sei. Im Jahr 1824 zeigte Rudolphi anhand des Zustands des Gebisses umfassender und vollständiger als seine Vorgänger, dass die bis dahin beschriebenen Orangs allesamt junge Tiere waren und dass der Schädel und die Zähne der erwachsenen Tiere dies wahrscheinlich auch sein würden wie sie im Pongo von Wurmb zu sehen sind . In der zweiten Auflage des „ Regne Animal" (1829) schließt Cuvier aus den „Proportionen aller Teile" und „der Anordnung der Foramina und Nähte des Kopfes", dass der Pongo der ausgewachsene Orango ist. Utan , „zumindest eine sehr eng verwandte Art", und diese Schlussfolgerung wurde schließlich durch Professor Owens Memoiren, die 1835 in den „Zoological Transactions" veröffentlicht wurden, und durch Temminck in seinen „Monographies de Mammalogie " außer Zweifel gestellt. Temmincks Memoiren zeichnen sich durch die Vollständigkeit der darin enthaltenen Beweise für die Veränderungen aus, die die Form des Orang je nach Alter und Geschlecht erfährt. Tiedemann veröffentlichte erstmals einen Bericht über das Gehirn des jungen Orangs, während Sandifort , Müller und Schlegel die Muskeln und Eingeweide des Erwachsenen beschrieben und die früheste detaillierte und zuverlässige Geschichte der Gewohnheiten des großen indischen Affen in einem Zustand lieferten Natur; und da spätere Beobachter wichtige Ergänzungen vorgenommen haben, sind wir derzeit mit dem erwachsenen Orang- Utan besser vertraut als mit dem aller anderen größeren menschenähnlichen Affen.

Es ist sicherlich der Pongo von Wurmb ; [13] und es ist sicherlich nicht der Pongo von Battell , da der Orang- Utan vollständig auf die großen asiatischen Inseln Borneo und Sumatra beschränkt ist.

Und während der Fortschritt der Entdeckungen so die Geschichte der Orangs aufklärte, stellte sich auch heraus, dass die einzigen anderen menschenähnlichen Affen in der östlichen Welt die verschiedenen Gibbonarten waren – Affen von kleinerer Statur, die daher weniger Aufmerksamkeit erregten als die Obwohl Orangs über ein weitaus größeres Verbreitungsgebiet verbreitet sind, sind sie für die Beobachtung leichter zugänglich.

Obwohl das geografische Gebiet, in dem die „Pongo" und „ Engeco " von Battell leben , viel näher an Europa liegt als das, in dem Orang und Gibbon vorkommen, verlief unsere Bekanntschaft mit den afrikanischen Affen langsamer; Tatsächlich wurde die wahre Geschichte des alten englischen Abenteurers erst in den letzten Jahren vollständig verständlich. Erst 1835 wurde das Skelett des erwachsenen Schimpansen bekannt, und zwar durch die Veröffentlichung von Professor Owens oben erwähnter sehr ausgezeichneter Abhandlung „Über die Osteologie des Schimpansen und des Orangs" in den Zoological Transactions – eine Abhandlung, die ihrer Genauigkeit nach Seine Beschreibungen, die Sorgfalt seiner Vergleiche und die Qualität seiner Figuren machten eine Epoche in der Geschichte unseres Wissens über den Knochenbau, nicht nur des Schimpansen, sondern aller Menschenaffen.

Durch die hierin ausführlichen Untersuchungen wurde deutlich, dass der alte Schimpanse eine Größe und ein Aussehen annahm, die sich von denen der Jungen, die Tyson, Buffon und Traill kannten , ebenso unterschieden wie die des alten Orangs vom jungen Orang; und die anschließenden sehr wichtigen Forschungen der Herren Savage und Wyman, des amerikanischen Missionars und Anatomen, haben diese Schlussfolgerung nicht nur bestätigt, sondern auch viele neue Details hinzugefügt. [14]

Eine der interessantesten unter den vielen wertvollen Entdeckungen von Dr. Thomas Savage ist die Tatsache, dass die Eingeborenen im Gabunland dem Schimpansen heute einen Namen geben – „ Enché-eko " – der offensichtlich mit „Enché-eko" identisch ist der „ Engeko " von Battell ; eine Entdeckung, die von allen späteren Forschern bestätigt wurde. Da Battells „kleineres Monster" so bewiesen war, dass es tatsächlich existierte, entstand natürlich die starke Vermutung, dass sein „größeres Monster", der „Pongo", früher oder später entdeckt werden würde. Und tatsächlich hatte ein moderner Reisender , Bowdich , im Jahr 1819 unter den Eingeborenen starke Beweise für die Existenz eines zweiten großen Affen namens „ Ingena " gefunden, „fünf Fuß hoch und vier Fuß breit auf den Schultern". der Erbauer eines unhöflichen Hauses, auf dessen Außenseite es schlief.

Im Jahr 1847 hatte Dr. Savage das Glück, unser Wissen über die menschenähnlichen Affen um eine weitere und äußerst wichtige Ergänzung zu erweitern; denn als er unerwartet am Fluss Gaboon festgehalten wurde, sah er im Haus des dort ansässigen Missionars Rev. Mr. Wilson „einen Schädel, den die Eingeborenen für ein affenähnliches Tier hielten, das sich durch seine Größe und Wildheit auszeichnete. und Gewohnheiten." Aufgrund der Kontur des Schädels und der Informationen mehrerer intelligenter Eingeborener „wurde ich zu der Annahme veranlasst", sagt Dr. Savage (unter Verwendung des Begriffs „Orang" in seiner alten allgemeinen Bedeutung), „zu glauben, dass er zu einer neuen Orang-Art gehörte." . Diese Meinung habe ich Herrn Wilson gegenüber geäußert, mit dem Wunsch nach weiteren Untersuchungen; und, wenn möglich, den Punkt durch die Untersuchung eines lebenden oder toten Exemplars zu entscheiden." Das Ergebnis der gemeinsamen Anstrengungen der Herren Savage und Wilson war nicht nur die Erlangung eines sehr vollständigen Berichts über die Gewohnheiten dieser neuen Kreatur, sondern auch ein noch wichtigerer Dienst für die Wissenschaft, der dem bereits erwähnten hervorragenden amerikanischen Anatom Professor Wyman ermöglichte , um anhand umfangreicher Materialien die charakteristischen osteologischen Merkmale der neuen Form zu beschreiben. Dieses Tier wurde von den Eingeborenen Gabuns „ Enge-ena " genannt, ein Name, der offensichtlich mit dem „ Ingena " von Bowdich identisch ist ; und Dr. Savage kam zu der Überzeugung, dass dieser letzte entdeckte aller großen Affen der lange gesuchte „Pongo" von Battell war .

Die Berechtigung dieser Schlussfolgerung steht in der Tat außer Zweifel — denn die „ Enge-ena " stimmt nicht nur mit Battells „größerem Monster" überein, was ihre hohlen Augen, ihre große Statur und ihre braune oder eisengraue Farbe angeht , sondern auch die einzige andere Der menschenähnliche Affe, der in diesen Breiten lebt – der Schimpanse – wird aufgrund seiner geringeren Größe sofort als das „kleinere Monster" identifiziert und aufgrund der Tatsache, dass er schwarz und schwarz ist, von jeder Möglichkeit ausgeschlossen, der „Pongo" zu sein nicht dun , ganz zu schweigen von dem bereits erwähnten wichtigen Umstand, dass es immer noch den Namen „ Engeko " oder „ Enché-eko " trägt, unter dem Battell es kannte.

Bei der Suche nach einem spezifischen Namen für „ Engé-ena " vermied Dr. Savage jedoch klugerweise das oft missbrauchte „Pongo"; Doch als er im antiken Periplus von Hanno das Wort „Gorilla" für bestimmte haarige wilde Menschen entdeckte, die der karthagische Reisende auf einer Insel an der afrikanischen Küste entdeckt hatte, gab er seinem neuen Affen den spezifischen Namen „ *Gorilla* ", *woraus seine Gegenwart entstand* bekannte Appellation. Aber Dr. Savage, vorsichtiger als einige seiner Nachfolger, identifiziert seinen Affen keineswegs mit Hannos „wilden Männern". Er sagt lediglich, dass letztere „wahrscheinlich eine der Orang-Arten" waren; und ich stimme völlig mit M. Brullé überein , dass es keinen Grund gibt, den modernen „Gorilla" mit dem des karthagischen Admirals zu identifizieren.

Seit der Veröffentlichung der Memoiren von Savage und Wyman wurde das Skelett des Gorillas von Professor Owen und dem verstorbenen Professor Duvernoy vom Jardin des Plantes untersucht , wobei letzterer außerdem einen wertvollen Bericht über das Muskelsystem und viele andere lieferte die anderen Weichteile; während afrikanische Missionare und Reisende den ursprünglich gegebenen Bericht über die Gewohnheiten dieses großen menschenähnlichen Affen bestätigt und erweitert haben, der das einzigartige Glück hatte, der erste zu sein, der der breiten Welt bekannt gemacht wurde, und der letzte, der wissenschaftlich untersucht wurde.

Zweieinhalb Jahrhunderte sind vergangen, seit Battell Purchas seine Geschichten über die „größeren" und „kleineren Monster" erzählte, und es hat fast genauso lange gedauert, bis er zu dem klaren Ergebnis kam, dass es vier verschiedene Arten von Anthropoiden gibt – in Ostasien, die Gibbons und Orangs; in Westafrika die Schimpansen und die Gorillas.

Die menschenähnlichen Affen, deren Entdeckungsgeschichte gerade detailliert beschrieben wurde, haben bestimmte Merkmale in Struktur und Verbreitung gemeinsam. Somit haben sie alle die gleiche Anzahl von Zähnen wie der Mensch – vier Schneidezähne, zwei Eckzähne, vier falsche Backenzähne und sechs echte Backenzähne in jedem Kiefer, also insgesamt 32 Zähne im Erwachsenenalter; während das Milchgebiss aus 20 Zähnen besteht – also vier Schneidezähnen, zwei Eckzähnen und vier Backenzähnen in jedem Kiefer. Sie sind sogenannte katarrhinische Affen – das heißt, ihre Nasenlöcher haben eine schmale Trennwand und schauen nach unten; und außerdem sind ihre Arme immer länger als ihre Beine, wobei der Unterschied manchmal größer und manchmal kleiner ist; Wenn also die vier in der Reihenfolge der Länge ihrer Arme im Verhältnis zu der ihrer Beine angeordnet wären, hätten wir diese Reihe: Orang ($1\,^4/_9$–1), Gibbon ($1\,^1/_4$–

1), Gorilla (1 ^{1}/$_5$ –1), Schimpanse (1 ^{1}/$_{16}$ –1). Insgesamt enden die Vorderbeine in Händen, die mit längeren oder kürzeren Daumen versehen sind; während die große Zehe des Fußes, die immer kleiner ist als beim Menschen, viel beweglicher ist als beim Menschen und wie ein Daumen dem Rest des Fußes gegenübergestellt werden kann. Keiner dieser Affen hat einen Schwanz und keiner von ihnen besitzt die bei Affen üblichen Backentaschen. Schließlich sind sie alle Bewohner der alten Welt.

Die Gibbons sind die kleinsten, schlanksten und längsten Menschenaffen mit den längsten Gliedmaßen: Ihre Arme sind im Verhältnis zu ihrem Körper länger als die aller anderen Menschenaffen, so dass sie im aufrechten Zustand den Boden berühren können; ihre Hände sind länger als ihre Füße, und sie sind die einzigen Anthropoiden, die Schwielen wie die niederen Affen besitzen. Sie sind verschiedenfarbig . Die Arme der Orangs reichen in der aufrechten Haltung des Tieres bis zu den Knöcheln; Ihre Daumen und Großzehen sind sehr kurz und ihre Füße sind länger als ihre Hände. Sie sind mit rötlich-braunem Haar bedeckt, und an den Seiten des Gesichts bilden sich bei erwachsenen Männern häufig zwei halbmondförmige, flexible Auswüchse, die wie Fettgeschwülste aussehen . Die Arme der Schimpansen reichen bis unter die Knie; Sie haben große Daumen und große Zehen, ihre Hände sind länger als ihre Füße und ihr Haar ist schwarz, während die Gesichtshaut blass ist. Der Gorilla schließlich hat Arme, die bis zur Mitte der Beine reichen, große Daumen und große Zehen, Füße, die länger als die Hände sind, ein schwarzes Gesicht und dunkelgraues oder braunes Haar.

Für den Zweck, den ich derzeit im Auge habe, ist es unnötig, dass ich auf weitere Einzelheiten bezüglich der besonderen Merkmale der Gattungen und Arten eingehen sollte, in die diese menschenähnlichen Affen von Naturforschern eingeteilt werden. Es genügt zu sagen, dass die Orangs und die Gibbons die verschiedenen Gattungen *Simia* und *Hylobates bilden* ; während die Schimpansen und Gorillas von einigen einfach als verschiedene Arten einer Gattung, *Troglodytes, angesehen werden* ; von anderen als unterschiedliche Gattungen betrachtet – *Troglodytes* ist den Schimpansen und *Gorilla* den Engé-ena oder Pongo vorbehalten.

Fundiertes Wissen über die Gewohnheiten und Lebensweise der menschenähnlichen Affen war noch schwieriger zu erlangen als korrekte Informationen über ihre Struktur.

Einmal in einer Generation kann es vorkommen, dass ein Wallace körperlich, geistig und moralisch in der Lage ist, unversehrt durch die tropische Wildnis Amerikas und Asiens zu wandern; um auf seinen Wanderungen prächtige Sammlungen zu bilden; und darüber hinaus die Schlussfolgerungen, die seine Sammlungen nahelegen, scharfsinnig zu überdenken: Aber für den gewöhnlichen Entdecker oder Sammler stellen die dichten Wälder Äquatorialasiens und Afrikas, die den Lieblingswohnsitz der Orangs, Schimpansen und Gorillas darstellen, Schwierigkeiten dar kein gewöhnliches Ausmaß: und der Mann, der sein Leben riskiert, indem er auch nur einen kurzen Besuch an den Malaria- Küsten dieser Regionen macht, kann durchaus entschuldigt werden, wenn er davor zurückschreckt, sich den Gefahren des Landesinneren zu stellen; wenn er sich damit begnügt, den Fleiß der erfahreneren Eingeborenen anzuregen und die mehr oder weniger mythischen Berichte und Überlieferungen zu sammeln und zusammenzustellen, mit denen sie ihn nur allzu bereitwillig versorgen.

Auf diese Weise entstanden die meisten früheren Berichte über die Gewohnheiten der menschenähnlichen Affen; und selbst jetzt muss man zugeben, dass ein großer Teil dessen, was aktuell ist, kein sehr sicheres Fundament hat. Die besten Informationen, die wir besitzen, basieren fast ausschließlich auf direkten europäischen Aussagen und beziehen sich auf die Gibbons; Der nächstbeste Beweis bezieht sich auf die Orangs. während unser Wissen über die Gewohnheiten des Schimpansen und des Gorillas dringend der Unterstützung und Erweiterung durch zusätzliche Aussagen sachkundiger europäischer Augenzeugen bedarf.

Daher wird es angebracht sein, sich eine Vorstellung davon zu machen, was wir mit Recht über diese Tiere glauben dürfen, und zwar zunächst mit den bekanntesten menschenähnlichen Affen, den Gibbons und Orangs; und die vollkommen zuverlässigen Informationen über sie als eine Art Kriterium für die wahrscheinliche Wahrheit oder Falschheit von Behauptungen über die anderen zu nutzen.

Von den GIBBONS kommen ein halbes Dutzend Arten verstreut auf den asiatischen Inseln, Java, Sumatra, Borneo und in Malakka, Siam, Arrakan und einem unbestimmten Teil Hindostans auf dem asiatischen Festland vor. Die größten erreichen vom Scheitel bis zur Ferse eine Höhe von einigen Zentimetern über einem Meter und sind damit kleiner als die anderen menschenähnlichen Affen; während die Schlankheit ihrer Körper ihre Masse im Verhältnis selbst zu dieser verringerten Höhe weitaus kleiner macht.

Dr. Salomon Müller, ein versierter niederländischer Naturforscher, der viele Jahre im östlichen Archipel gelebt hat und auf dessen persönliche Erfahrung ich häufig Gelegenheit haben werde, zu verweisen, erklärt, dass die Gibbons wahre Bergsteiger sind, die die Hänge und Kanten lieben die Hügel, obwohl sie selten über die Grenze der Feigenbäume hinausragen. Den ganzen Tag über spuken sie in den Wipfeln der hohen Bäume; und obwohl sie gegen Abend in kleinen Truppen auf offenes Gelände hinabsteigen, stürmen sie, sobald sie einen Mann erspähen, die Hügel hinauf und verschwinden in den dunkleren Tälern.

Alle Beobachter bezeugen die erstaunliche Lautstärke der Stimme dieser Tiere. Laut dem Autor, den ich gerade zitiert habe, ist in einem von ihnen, dem Siamang, „die Stimme ernst und durchdringend und ähnelt den Lauten gōek , gōek , gōek , gōek , goek ha ha. " Ha Ha haaāā , und kann leicht aus einer Entfernung von einer halben Meile gehört werden." Während der Schrei ausgesprochen wird, dehnt sich der große Membranbeutel unter der Kehle, der mit dem Stimmorgan in Verbindung steht , der sogenannte „Kehlkopfsack", stark aus und schrumpft wieder, wenn das Tier wieder verstummt.

M. Duvaucel bestätigt ebenfalls, dass der Schrei der Siamang kilometerweit zu hören sei und die Wälder wieder zum Klingen bringen würde. So beschreibt Herr Martin [15] den Schrei des agilen Gibbons als „überwältigend und ohrenbetäubend" in einem Raum und „von seiner Stärke her gut geeignet, durch die weiten Wälder zu hallen". Herr Waterhouse, ein versierter Musiker und Zoologe, sagt: „Die Stimme des Gibbons ist sicherlich viel kraftvoller als die aller Sänger, die ich je gehört habe." Und doch muss man bedenken, dass dieses Tier nicht halb so groß wie ein Mensch und im Verhältnis dazu weitaus weniger massig ist.

Es gibt gute Belege dafür, dass verschiedene Gibbonarten bereitwillig eine aufrechte Haltung einnehmen. Herr George Bennett [16] , ein sehr ausgezeichneter Beobachter, beschreibt die Gewohnheiten eines männlichen *Hylobates syndactylus* , der einige Zeit in seinem Besitz blieb, und sagt: „Auf einer ebenen Fläche geht er stets in aufrechter Haltung; und dann hängen entweder die Arme herab, so dass er sich mit den Knöcheln selbst unterstützen kann; Oder, was noch üblicher ist, er hält seine Arme in einer fast aufrechten Position hoch, die Hände hängend, bereit, ein Seil zu ergreifen und aufzusteigen, wenn Gefahr droht oder Fremde auf ihn zukommen. Er geht ziemlich schnell in aufrechter Haltung, aber mit watschelndem Gang, und wird bald überrannt, wenn er während der Verfolgung keine Möglichkeit hat, durch Klettern zu entkommen ... Wenn er in aufrechter Haltung geht , dreht er Bein und Fuß nach außen, was dazu führt, dass er einen watschelnden Gang hat und krummbeinig wirkt."

Dr. Burrough berichtet von einem anderen Gibbon, dem Horlack oder Hooluk :

„Sie gehen aufrecht; und wenn sie auf den Boden oder auf ein offenes Feld gestellt werden, balancieren sie sich sehr hübsch aus, indem sie die Hände über den Kopf heben und den Arm am Handgelenk und Ellenbogen leicht beugen, und laufen dann ziemlich schnell und schaukeln von einer Seite zur anderen; und wenn sie zu größerer Geschwindigkeit gedrängt werden, lassen sie ihre Hände auf den Boden fallen und helfen sich vorwärts, indem sie eher springen als rennen, wobei sie ihren Körper jedoch immer noch fast aufrecht halten."

Etwas andere Beweise liefert jedoch Dr. Winslow Lewis: [17]

„Sie gingen nur auf ihren hinteren oder unteren Extremitäten, die anderen wurden nach oben gehoben, um ihr Gleichgewicht zu bewahren, so wie Seiltänzer auf Jahrmärkten durch lange Stangen unterstützt werden." Ihr Fortschritt bestand nicht darin, dass sie einen Fuß vor den anderen setzten, sondern indem sie beide gleichzeitig benutzten, wie beim Springen." Dr. Salomon Müller gibt außerdem an, dass die Gibbons sich auf dem Boden durch eine kurze Reihe schwankender Sprünge fortbewegen, die nur durch die Hinterbeine bewirkt werden, wobei der Körper völlig aufrecht gehalten wird.

FEIGE. 8. – Ein Gibbon (*H. pileatus*), nach Wolf.

Aber Herr Martin (lcp 418), der ebenfalls aus direkter Beobachtung spricht, sagt allgemein über die Gibbons:

„Da die Gibbons hervorragend für die Lebensweise auf Bäumen geeignet sind und zwischen den Zweigen eine erstaunliche Aktivität zeigen, fühlen sie sich auf einer ebenen Fläche nicht so unbeholfen oder verlegen, wie man es sich vorstellen könnte. Sie gehen aufrecht, mit watschelndem oder unsicherem Gang, aber in schnellem Tempo; Das Gleichgewicht des Körpers muss aufrechterhalten werden, entweder durch Berühren des Bodens mit den Knöcheln, zuerst auf der einen Seite, dann auf der anderen, oder durch Anheben der Arme, um ihn auszubalancieren. Wie beim Schimpansen wird die gesamte schmale, lange Fußsohle sofort auf den Boden gesetzt und sofort angehoben, ohne dass der Schritt elastisch ist."

Nach dieser Fülle an übereinstimmenden und unabhängigen Zeugenaussagen kann nicht vernünftigerweise daran gezweifelt werden, dass die Gibbons häufig und gewohnheitsmäßig die aufrechte Haltung einnehmen.

Aber ebener Boden ist nicht der Ort, an dem diese Tiere ihre bemerkenswerten und eigentümlichen Bewegungskräfte und jene erstaunliche Aktivität entfalten können, die einen fast dazu verleitet, sie eher zu den fliegenden als zu den gewöhnlichen kletternden Säugetieren zu zählen.

Herr Martin (lcp 430) hat einen so hervorragenden und anschaulichen Bericht über die Bewegungen eines *Hylobates agilis gegeben* , der 1840 im Zoologischen Garten lebte, dass ich ihn vollständig zitieren möchte:

„Es ist fast unmöglich, in Worten eine Vorstellung von der Schnelligkeit und anmutigen Anmut ihrer Bewegungen zu vermitteln: Sie können tatsächlich als luftig bezeichnet werden, da sie bei ihrem Voranschreiten lediglich die Zweige zu berühren scheint, zwischen denen sie ihre Entwicklungen zeigt. Bei diesen Kunststücken sind ihre Hände und Arme die einzigen Fortbewegungsorgane; Ihr Körper hängt wie an einem Seil aufgehängt und wird von einer Hand (z. B. der rechten) gehalten. Mit einer energischen Bewegung stürzt sie sich auf einen entfernten Ast, den sie mit der linken Hand auffängt. aber ihr Halt ist nicht nur vorübergehend: Der Impuls für den nächsten Start wird erlangt: Der dann angestrebte Ast wird von der rechten Hand wieder erreicht und augenblicklich wieder verlassen, und so weiter, abwechselnd nacheinander. Auf diese Weise werden Räume von zwölf bis achtzehn Fuß mit größter Leichtigkeit und ununterbrochen stundenlang geräumt, ohne dass sich der geringste Anschein von Ermüdung zeigt; und es ist offensichtlich, dass, wenn mehr Platz gewährt werden könnte, Entfernungen, die weit über achtzehn Fuß hinausgehen, ebenso leicht überwunden werden könnten; So dass Duvaucels Behauptung, er habe gesehen, wie diese Tiere vierzig Fuß voneinander entfernt von einem Ast zum anderen sprangen, so erschreckend sie auch sein mag, durchaus glaubwürdig ist. Manchmal, wenn sie unterwegs einen Ast ergreift, wirft sie sich mit der Kraft nur eines Arms vollständig um ihn herum, vollführt dabei eine Umdrehung mit einer Geschwindigkeit, die fast das Auge täuscht, und setzt ihren Fortschritt mit unverminderter Geschwindigkeit fort. Es ist merkwürdig zu beobachten, wie plötzlich diese Gibbon anhalten kann, obwohl der durch die Schnelligkeit und Weite ihrer schwingenden Sprünge gegebene Anstoß eine allmähliche Abschwächung ihrer Bewegungen zu erfordern scheint. Mitten in ihrem Flug wird ein Ast gepackt, der Körper hochgehoben, und man sieht, wie sie wie von Geisterhand ruhig darauf sitzt und ihn mit ihren Füßen umklammert. Da stürzt sie sich plötzlich wieder in Aktion.

„Die folgenden Fakten werden einen Eindruck von ihrer Geschicklichkeit und Schnelligkeit vermitteln. Ein lebender Vogel wurde in ihrer Wohnung freigelassen; Sie beobachtete seinen Flug, machte einen langen Schwung zu einem entfernten Ast, fing den Vogel mit einer Hand auf und erreichte den Ast mit der anderen Hand. Ihr Ziel, sowohl auf den Vogel als auch auf den Ast, war so erfolgreich, als ob nur ein einziger Gegenstand ihre Aufmerksamkeit erregt hätte. Es kann hinzugefügt werden, dass sie dem Vogel sofort den Kopf abbissen, seine Federn ausgerissen und ihn dann hingeworfen hat, ohne zu versuchen, ihn zu fressen.

„Bei einer anderen Gelegenheit schwang sich dieses Tier von einer Stange über einen mindestens zwölf Fuß breiten Durchgang gegen ein Fenster, von dem man annahm, dass es sofort zerbrochen werden würde; aber das stimmte nicht; Zur Überraschung aller packte sie den schmalen Rahmen zwischen den Scheiben mit der Hand, erlangte augenblicklich den richtigen Schwung und sprang wieder in den Käfig zurück, den sie verlassen hatte – eine Leistung, die nicht nur große Kraft, sondern auch schönste Präzision erforderte. ”

Die Gibbons scheinen von Natur aus sehr sanft zu sein, aber es gibt sehr gute Beweise dafür, dass sie heftig zubeißen, wenn sie gereizt werden – ein weibliches *Hylobates agilis* hat einen Mann mit seinen langen Eckzähnen so schwer verletzt, dass er starb; während sie andere so sehr verletzt hatte, dass man diese furchtbaren Zähne vorsichtshalber abgefeilt hatte; aber wenn sie bedroht wurde, wandte sie sich immer noch gegen ihren Wächter. Die Gibbons fressen Insekten, scheinen aber im Allgemeinen tierische Nahrung zu meiden. Mr. Bennett sah jedoch, wie ein Siamang eine lebende Eidechse ergriff und gierig verschlang. Sie trinken üblicherweise, indem sie ihre Finger in die Flüssigkeit tauchen und sie dann ablecken. Es wird behauptet, dass sie im Sitzen schlafen.

Duvaucel versichert, er habe gesehen, wie die Weibchen ihre Jungen zum Ufer trugen und sich dort trotz Widerstand und Geschrei das Gesicht wuschen. In der Gefangenschaft sind sie sanft und anhänglich – voller Tricks und Kleinlichkeiten, wie verwöhnte Kinder, und dennoch nicht ohne ein gewisses Gewissen, wie eine Anekdote von Mr. Bennett (lcp 156) zeigt. Es scheint, dass sein Gibbon eine besondere Neigung hatte, Dinge in der Kabine durcheinander zu bringen. Unter diesen Gegenständen fiel ihm vor allem ein Stück Seife auf, für dessen Entfernung er ein- oder zweimal gescholten worden war. „Eines Morgens", sagt Mr. Bennett, „war ich gerade dabei, den Affen in der Hütte zu schreiben, und als ich meinen Blick auf ihn richtete, sah ich, wie der kleine Kerl die Seife nahm." Ich beobachtete ihn, ohne dass er es bemerkte, und gelegentlich warf er einen verstohlenen Blick auf den Platz, an dem ich saß. Ich tat so, als würde ich schreiben; Als er sah, dass ich beschäftigt war, nahm er die Seife und entfernte sich mit ihr in der Pfote. Als er die halbe Hütte durchquert hatte, sprach ich leise, ohne ihn zu erschrecken. Als er bemerkte, dass ich ihn sah, ging er wieder zurück und legte die Seife fast an der gleichen Stelle ab, von der er sie genommen hatte. In dieser Handlung steckte sicherlich mehr als nur Instinkt: Er verriet offensichtlich das Bewusstsein, sowohl durch seine erste als auch durch seine letzte Handlung Unrecht getan zu haben – und was ist Vernunft, wenn das nicht eine Ausübung derselben ist?"

Der ausführlichste Bericht über die Naturgeschichte des ORANG- UTANS ist der im „ Verhandelingen over de Natuurlijke" . Geschiedenis der Nederlandsche überzeesche Bezittingen (1839-45)" von Dr. Salomon Müller und Dr. Schlegel, und ich werde mich bei dem, was ich zu diesem Thema zu sagen habe, fast ausschließlich auf ihre Aussagen stützen und hier und da interessante Einzelheiten aus den Schriften von Brooke hinzufügen , Wallace und andere.

FEIGE. 9. – Ein erwachsener männlicher Orang- Utan , nach Müller und Schlegel.

Der Orang- Utan scheint selten größer als einen Meter zu sein, aber der Körper ist sehr massig und misst im Umfang zwei Drittel seiner Körpergröße. [18]

Der Orang- Utan kommt nur auf Sumatra und Borneo vor und ist auf keiner dieser Inseln verbreitet – auf beiden kommt er immer in niedrigen, flachen Ebenen vor, nie in den Bergen. Er liebt die dichtesten und düstersten Wälder, die sich von der Meeresküste ins Landesinnere erstrecken, und kommt daher nur in der östlichen Hälfte von Sumatra vor, wo nur solche Wälder vorkommen, obwohl er gelegentlich auf die Westseite verirrt.

Andererseits ist es im Allgemeinen auf Borneo verbreitet, außer in den Bergen oder dort, wo die Bevölkerung dicht ist. An günstigen Orten kann der Jäger mit etwas Glück drei oder vier an einem Tag sehen.

Außer zur Paarungszeit leben die alten Männchen meist alleine. Die alten Weibchen und die unreifen Männchen trifft man dagegen oft zu zweit oder zu dritt an; und erstere haben gelegentlich Junge bei sich, obwohl die schwangeren Weibchen sich normalerweise trennen und manchmal getrennt bleiben, nachdem sie ihren Nachwuchs zur Welt gebracht haben. Die jungen Orangs scheinen ungewöhnlich lange unter dem Schutz ihrer Mutter zu bleiben, was wahrscheinlich auf ihr langsames Wachstum zurückzuführen ist. Beim Klettern trägt die Mutter ihr Junges immer an ihrer Brust, wobei das Junge sich an den Haaren seiner Mutter festhält. [19] Zu welchem Zeitpunkt im Leben der Orang- Utan zur Fortpflanzung fähig wird und wie lange die Weibchen mit Jungen leben, ist unbekannt, aber es ist wahrscheinlich, dass sie erst im Alter von zehn oder fünfzehn Jahren erwachsen werden. Ein Weibchen, das fünf Jahre lang in Batavia lebte, hatte nicht ein Drittel der Größe der wilden Weibchen erreicht. Es ist wahrscheinlich, dass sie nach Erreichen des Erwachsenenalters, wenn auch langsam, weiter wachsen und vierzig oder fünfzig Jahre alt werden. Die Dyaks erzählen von alten Orangs, die nicht nur alle Zähne verloren haben, sondern denen das Klettern auch so mühsam ist, dass sie sich von Fallobst und saftigem Gras ernähren.

Der Orang ist träge und zeigt nichts von der wunderbaren Aktivität, die für die Gibbons charakteristisch ist. Allein der Hunger scheint ihn zur Anstrengung anzutreiben, und wenn er gestillt wird, verfällt er wieder in Ruhe. Wenn das Tier sitzt, krümmt es seinen Rücken und neigt seinen Kopf, so dass es direkt auf den Boden blickt; manchmal hält er sich mit seinen Händen an einem höheren Ast fest, manchmal lässt er sie phlegmatisch an seiner Seite herunterhängen – und in diesen Positionen bleibt der Orang stundenlang an derselben Stelle, fast ohne sich zu rühren und nur ab und zu nachzugeben Äußerung zu seiner tiefen, knurrenden Stimme. Tagsüber klettert er normalerweise von einem Baumwipfel zum anderen und steigt nur nachts auf den Boden hinab. Wenn ihm dann Gefahr droht, sucht er Zuflucht im Unterholz. Wenn er nicht gejagt wird, bleibt er lange Zeit am selben Ort und verweilt manchmal mehrere Tage lang am selben Baum – einem festen Platz zwischen seinen Zweigen, der ihm als Bett dient. Es kommt selten vor, dass der Orang die Nacht auf dem Gipfel eines großen Baumes verbringt, wahrscheinlich weil es dort zu windig und zu kalt für ihn ist; aber sobald die Nacht hereinbricht, steigt er von der Höhe herab und sucht sich ein geeignetes Bett im unteren und dunkleren Teil oder in der Blätterkrone eines kleinen Baumes, unter denen er Nibong- Palmen , Pandani oder eine davon bevorzugt parasitäre Orchideen, die den Urwäldern Borneos ein so charakteristisches und markantes Aussehen verleihen. Aber wo immer er sich zum Schlafen entschließt, da bereitet er sich eine Art Nest vor: kleine Zweige und Blätter werden um die ausgewählte Stelle zusammengezogen und kreuzweise übereinander gebogen; Um das Bett weich zu machen, werden große Blätter von Farnen, Orchideen, *Pandanus fascicularis* , *Nipa fruticans* usw. darüber gelegt. Die, die Müller sah, viele von ihnen waren sehr frisch, befanden sich in einer Höhe von zehn bis fünfundzwanzig Fuß über dem Boden und hatten im Durchschnitt einen

Umfang von zwei bis drei Fuß. Einige waren mehrere Zentimeter dick mit *Pandanus -Blättern* gefüllt ; andere waren nur durch die rissigen Zweige bemerkenswert, die, in einem gemeinsamen Zentrum vereint , eine regelmäßige Plattform bildeten. „Die unhöfliche *Hütte* ", sagt Sir James Brooke, „die sie angeblich in den Bäumen bauen sollten, würde man eher als Sitzplatz oder Nest bezeichnen, denn sie hat keinerlei Dach oder Abdeckung. Die Leichtigkeit, mit der sie dieses Nest bilden, ist merkwürdig, und ich hatte die Gelegenheit zu sehen, wie ein verwundetes Weibchen innerhalb einer Minute die Zweige zusammenwebte und sich setzte."

Dyaks zufolge verlässt der Orang selten sein Bett, bevor die Sonne weit über dem Horizont steht und den Nebel verzogen hat. Er steht gegen neun Uhr auf und geht gegen fünf Uhr wieder zu Bett. aber manchmal erst spät in der Dämmerung. Er liegt manchmal auf dem Rücken; oder er dreht sich zur Abwechslung auf die eine oder andere Seite, zieht seine Gliedmaßen an seinen Körper und legt seinen Kopf auf seine Hand. Wenn die Nacht kalt, windig oder regnerisch ist, bedeckt er seinen Körper normalerweise mit einem Haufen *Pandanus-* , *Nipa-* oder Farnblättern, wie denen, aus denen sein Bett gemacht ist, und er achtet besonders darauf, seinen Kopf darin einzuwickeln. Es ist diese Angewohnheit, sich zu verhüllen, die wahrscheinlich zu der Legende geführt hat, dass der Orang Hütten in den Bäumen baut.

Obwohl sich der Orang meist zwischen den Ästen großer Bäume aufhält, sieht man ihn tagsüber nur sehr selten auf einem dicken Ast hocken, wie es bei anderen Affen und insbesondere bei den Gibbons der Fall ist. Der Orang hingegen beschränkt sich auf die schlanken, belaubten Zweige, so dass man ihn ganz oben in den Bäumen sieht, eine Lebensweise, die eng mit der Beschaffenheit seiner Hinterbeine und insbesondere der seiner Hinterbeine zusammenhängt Sitz. Denn dieses ist mit keinen Schwielen ausgestattet, wie sie viele der niederen Affen und sogar die Gibbons besitzen; und jene Knochen des Beckens, die Ischia genannt werden und das feste Gerüst der Oberfläche bilden, auf der der Körper in der Sitzhaltung ruht, sind nicht ausgedehnt wie die Knochen der Affen, die Schwielen besitzen, sondern ähneln eher denen von Affen Mann.

Ein Orang klettert so langsam und vorsichtig, dass er in diesem Akt eher einem Menschen als einem Affen ähnelt und sehr auf seine Füße achtet, so dass Verletzungen an ihnen ihn viel stärker zu treffen scheinen als andere Affen. Im Gegensatz zu den Gibbons, deren Unterarme den größten Teil der Arbeit erledigen, wenn sie von Ast zu Ast schwingen, macht der Orang nie auch nur den kleinsten Sprung. Beim Klettern bewegt er abwechselnd eine Hand und einen Fuß oder zieht, nachdem er sich mit den Händen festgehalten hat, beide Füße gleichzeitig in die Höhe. Beim Übergang von einem Baum zum anderen sucht er immer nach einer Stelle, an der die Zweige beider nahe beieinander liegen oder sich verflechten. Auch wenn er genau verfolgt wird, ist seine Umsicht erstaunlich: Er schüttelt die Äste, um zu sehen, ob sie ihn tragen können, und dann beugt er einen überhängenden Ast nach unten, indem er sein Gewicht allmählich daran entlang wirft, und baut eine Brücke von dem Baum, den er verlassen möchte, zum Baum nächste. [21]

Am Boden bewegt sich der Orang stets mühsam und wackelig auf allen Vieren. Beim Start wird er schneller laufen als ein Mann, auch wenn er bald überholt werden könnte. Die sehr langen Arme, die beim Laufen nur wenig gebeugt sind, heben den Körper des Orangs bemerkenswert an, so dass er fast die Haltung eines sehr alten Mannes einnimmt, der vom Alter her gebeugt ist und sich mit Hilfe eines Menschen seinen Weg bahnt Stock. Beim Gehen ist der Körper im Gegensatz zu den anderen Affen, die mehr oder weniger schräg laufen, normalerweise gerade nach vorne gerichtet; außer den Gibbons, die in dieser wie in so vielen anderen Hinsichten bemerkenswert von ihren Artgenossen abweichen.

Der Orang kann seine Füße nicht flach auf den Boden stellen, sondern stützt sich auf deren Außenkanten ab, wobei die Ferse mehr auf dem Boden ruht, während die gebogenen Zehen teilweise mit der Oberseite ihres ersten Gelenks, den beiden äußersten Zehen, auf dem Boden aufliegen Jeder Fuß ruht vollständig auf dieser Oberfläche. Die Hände werden in entgegengesetzter Weise gehalten, wobei ihre Innenkanten als Hauptstütze dienen. Die Finger werden dann so abgewinkelt, dass ihre vordersten Gelenke, insbesondere die der beiden innersten Finger, mit ihrer Oberseite auf dem Boden aufliegen, während die Spitze des freien und geraden Daumens als zusätzlicher Drehpunkt dient.

Der Orang steht nie auf seinen Hinterbeinen, und alle Bilder, die ihn so darstellen, sind ebenso falsch wie die Behauptung, er verteidige sich mit Stöcken und dergleichen.

Die langen Arme sind von besonderem Nutzen, nicht nur beim Klettern, sondern auch beim Sammeln von Nahrung aus Ästen, denen das Tier sein Gewicht nicht anvertrauen konnte. Feigen, Blüten und junge Blätter verschiedener Art bilden die Hauptnahrung des Orang; Im Magen eines Mannes wurden jedoch zwei bis drei Fuß lange Bambusstreifen gefunden. Es ist nicht bekannt, dass sie lebende Tiere fressen.

Obwohl der Orang- Utan , wenn er jung gefangen wird, bald domestiziert wird und tatsächlich die menschliche Gesellschaft zu umwerben scheint, ist er von Natur aus ein sehr wildes und schüchternes Tier, wenn auch scheinbar träge und melancholisch. Die Dyaks behaupten, dass die alten Männchen, wenn sie nur durch Pfeile verwundet werden, gelegentlich die Bäume verlassen und wütend auf ihre Feinde losgehen, deren einzige Sicherheit in der sofortigen Flucht liegt, da sie mit Sicherheit getötet werden, wenn sie gefangen werden. [22]

Obwohl Orangs über eine enorme Kraft verfügen, versuchen sie nur selten, sich zu verteidigen, insbesondere wenn sie mit Feuerwaffen angegriffen werden. Bei solchen Gelegenheiten versucht er , sich zu verstecken oder entlang der obersten Äste der Bäume zu fliehen, indem er die Zweige abbricht und herunterwirft, während er geht. Wenn er verwundet ist, begibt er sich zum höchsten erreichbaren Punkt des Baumes und stößt einen einzigartigen Schrei aus, der zunächst aus hohen Tönen besteht, die sich schließlich zu einem leisen Brüllen vertiefen, das dem eines Panthers nicht unähnlich ist. Während der Orang die hohen Töne ausgibt, streckt er seine Lippen trichterförmig vor; aber beim Aussprechen der tiefen Töne hält er den Mund weit offen, und gleichzeitig weitet sich der große Kehlsack oder Kehlkopfsack auf.

Laut den Dyaks ist das einzige Tier, an dem der Orang seine Stärke misst, das Krokodil, das ihn bei seinen Besuchen am Wasser gelegentlich ergreift. Aber sie sagen, dass der Orang seinem Feind mehr als gewachsen ist und ihn zu Tode schlägt oder ihm die Kehle aufreißt, indem er die Kiefer auseinanderreißt!

Vieles von dem, was hier gesagt wurde, hat Dr. Müller wahrscheinlich aus den Berichten seiner Dyak- Jäger abgeleitet; aber ein großes, vier Fuß hohes Männchen lebte unter seiner Beobachtung einen Monat lang in Gefangenschaft und erhielt einen sehr schlechten Charakter.

„Er war ein sehr wildes Tier", sagt Müller, „von ungeheurer Stärke und bis ins letzte Maß falsch und böse." Wenn jemand Als er sich näherte, erhob er sich langsam mit einem leisen Knurren, richtete seinen Blick auf die Richtung, in die er seinen Angriff ausführen wollte, schob seine Hand langsam zwischen den Gitterstäben seines Käfigs hindurch, streckte dann seinen langen Arm aus und griff plötzlich zu – normalerweise nach das Gesicht." Er hat nie versucht zu beißen (obwohl Orangs sich gegenseitig beißen), seine großen Angriffs- und Verteidigungswaffen waren seine Hände.

Seine Intelligenz war sehr groß; und Müller bemerkt, dass, obwohl die Fähigkeiten des Orangs zu hoch eingeschätzt wurden, Cuvier, wenn er dieses Exemplar gesehen hätte, seine Intelligenz nicht für etwas höher als die des Hundes gehalten hätte.

Sein Gehör war sehr scharf, aber sein Sehsinn schien weniger perfekt zu sein. Die Unterlippe war das große Tastorgan und spielte beim Trinken eine sehr wichtige Rolle, da sie wie ein Trog ausgestreckt wurde, um entweder den fallenden Regen aufzufangen oder den Inhalt der halben Kokosnussschale voller Wasser aufzunehmen mit dem der Orang versorgt wurde und den er beim Trinken in den so gebildeten Trog goss.

Auf Borneo wird der Orang- Utan der Malaysier unter den Dyaks „ *Mias* " genannt , die mehrere Arten als *Mias* unterscheiden *Pappan* oder *Zimo* , *Mias Kassu* und *Mias Rambi* . Ob es sich hierbei jedoch um verschiedene Arten handelt oder ob es sich lediglich um Rassen handelt, und inwieweit eine von ihnen mit dem Sumatra-Orang identisch ist, wie Mr. Wallace die Mias meint Pappan zu sein, sind Probleme, die derzeit ungelöst sind; und die Variabilität dieser großen Affen ist so groß, dass die Lösung der Frage eine große Schwierigkeit darstellt. Von der Form namens „ Mias Pappan ", bemerkt Wallace [23] , „man erkennt es an seiner Größe und an der seitlichen Ausdehnung des Gesichts in fettige Ausstülpungen oder Wülste über den Schläfenmuskeln, die fälschlicherweise als Schwielen bezeichnet *werden* sind vollkommen weich, glatt und flexibel. Fünf dieser Formen variierten, von mir gemessen, nur zwischen 4 Fuß 1 Zoll und 4 Fuß 2 Zoll in der Höhe, von der Ferse bis zum Scheitel des Kopfes, der Körperumfang zwischen 3 Fuß und 3 Fuß 7 ½ Zoll und die Ausdehnung der ausgestreckten Arme von 7 Fuß 2 Zoll bis 7 Fuß 6 Zoll; die Breite des Gesichts beträgt 10 bis 13 ¼ Zoll. Die Farbe und Länge der Haare variierte bei verschiedenen Individuen und an verschiedenen Stellen desselben Individuums; einige besaßen einen rudimentären Nagel an der großen Zehe, andere überhaupt keinen; aber ansonsten bieten sie keine äußerlichen Unterschiede, anhand derer gleichmäßige Varietäten einer Art festgestellt werden könnten.

„Wenn wir jedoch die Schädel dieser Individuen untersuchen, stellen wir bemerkenswerte Unterschiede in Form, Proportionen und Abmessungen fest, wobei keine zwei genau gleich sind. Die Neigung des Profils und die Projektion der Schnauze bieten zusammen mit der Größe des Schädels ebenso entscheidende Unterschiede wie diejenigen, die zwischen den am stärksten ausgeprägten Formen des kaukasischen und afrikanischen Schädels bei der menschlichen Spezies bestehen. Die Augenhöhlen variieren in Breite und Höhe, die Schädelleiste ist entweder einfach oder doppelt, entweder stark oder wenig entwickelt, und die Jochbeinöffnung variiert erheblich in der Größe. Diese Variation in den Proportionen der Schädel ermöglicht es uns, den deutlichen Unterschied zwischen den einkammigen und doppelkammigen Schädeln zufriedenstellend zu erklären, von denen man annimmt, dass sie die Existenz zweier großer Orang-Arten beweisen. Die äußere Oberfläche des Schädels variiert erheblich in der Größe, ebenso wie die Jochbeinöffnung und der Schläfenmuskel; aber sie stehen in keiner notwendigen Beziehung zueinander, da oft ein kleiner Muskel mit einer großen Schädeloberfläche vorhanden ist *und umgekehrt* . Nun haben die Schädel, die den größten und stärksten Kiefer und die weiteste

Jochbeinöffnung haben, so große Muskeln, dass sie sich auf der Schädeldecke treffen und den knöchernen Grat bilden, der sie trennt und der in dem, der sie hat, am höchsten ist die kleinste Schädeloberfläche. Bei denen, die eine große Oberfläche mit verhältnismäßig schwachen Kiefern und einer kleinen Jochbeinöffnung verbinden, reichen die Muskeln auf jeder Seite nicht bis zum Scheitel, sondern es verbleibt zwischen ihnen ein Raum von 1 bis 2 Zoll, und entlang ihrer Ränder sind kleine Leisten vorhanden gebildet. Es gibt Zwischenformen, bei denen sich die Leisten nur im hinteren Teil des Schädels treffen. Form und Größe der Leisten sind daher unabhängig vom Alter und sind bei weniger alten Tieren manchmal stärker ausgeprägt. Professor Temminck gibt an, dass die Schädelserie im Leidener Museum das gleiche Ergebnis zeigt."

Herr Wallace beobachtete zwei männliche erwachsene Orangs (Mias Kassu von den Dyaks) unterscheidet sich jedoch so sehr von diesen, dass er zu dem Schluss kommt, dass sie spezifisch verschieden sind; Sie waren 3 Fuß 8 1/2 Zoll bzw. 3 Fuß 9 1/2 Zoll hoch und hatten keine Anzeichen von Wangenauswüchsen, ähnelten aber ansonsten den größeren Arten. Der Schädel hat keinen Kamm, sondern zwei Knochenwülste, die 1 3/4 Zoll bis 2 Zoll voneinander entfernt sind, wie bei der *Simia morio* von Professor Owen. Die Zähne sind jedoch riesig und entsprechen denen der anderen Arten oder übertreffen sie sogar. Die Weibchen dieser beiden Arten sind laut Mr. Wallace frei von Auswüchsen und ähneln den kleineren Männchen, sind aber um 1 1/2 bis 3 Zoll kürzer, und ihre Eckzähne sind verhältnismäßig klein, subgestutzt und an der Basis erweitert , wie bei der sogenannten *Simia morio* , bei der es sich aller Wahrscheinlichkeit nach um den Schädel eines Weibchens derselben Art wie die kleineren Männchen handelt. Sowohl Männchen als auch Weibchen dieser kleineren Art sind laut Wallace durch die verhältnismäßig große Größe der mittleren Schneidezähne des Oberkiefers zu unterscheiden.

Soweit mir bekannt ist, hat niemand versucht, die Richtigkeit der Aussagen zu bestreiten, die ich gerade über die Gewohnheiten der beiden asiatischen Menschenaffen zitiert habe; und wenn sie wahr sind, müssen sie als Beweis dafür anerkannt werden, dass ein solcher Affe –

Erstens: Kann sich in aufrechter oder halbaufgerichteter Position und ohne direkte Unterstützung durch seine Arme problemlos über den Boden bewegen.

2. Dass es eine extrem laute Stimme haben kann, so laut, dass man es problemlos ein oder zwei Meilen weit hören kann.

3. Dass es bei Reizung zu großer Bösartigkeit und Gewalt fähig sein kann: und dies gilt insbesondere für erwachsene Männer.

4. Damit es ein Nest zum Schlafen baut.

Da es sich bei den asiatischen Anthropoiden um wohlbekannte Tatsachen handelt, könnte uns allein die Analogie zu der Annahme rechtfertigen, dass die afrikanischen Arten einzeln oder in Kombination ähnliche Besonderheiten aufweisen; oder würden auf jeden Fall die Kraft jedes versuchten *a priori- Arguments gegen solche direkten Aussagen zerstören, die* zugunsten ihrer Existenz angeführt werden könnten . Und wenn nachgewiesen werden könnte, dass die Organisation einer der afrikanischen Affen besser zu ihr passt als die ihrer asiatischen Verbündeten für die aufrechte Haltung und für einen wirksamen Angriff, gäbe es noch weniger Grund, daran zu zweifeln, dass sie gelegentlich die aufrechte Haltung einnimmt aggressives Vorgehen.

Seit der Zeit von Tyson und Tulpius wurde ausführlich über die Gewohnheiten junger SCHIMPANSEN in Gefangenschaft berichtet und kommentiert. Bis zur Veröffentlichung des Artikels von Dr. Savage, auf den ich mich bereits bezogen habe, fehlten jedoch vertrauenswürdige Beweise für die Sitten und Gebräuche erwachsener Anthropoiden dieser Art in ihren heimischen Wäldern; mit Notizen zu den Beobachtungen, die er gemacht hat, und zu den Informationen, die er aus Quellen gesammelt hat, die er während seines Aufenthalts am Kap Palmas, an der nordwestlichen Grenze der Bucht von Benin, für vertrauenswürdig hielt.

Die von Dr. Savage gemessenen erwachsenen Schimpansen waren nie größer als fünf Fuß, obwohl die Männchen fast eine Größe von fünf Fuß erreichen konnten.

„Im Ruhezustand ist die Sitzhaltung die allgemein angenommene. Man sieht sie manchmal stehen und gehen, aber wenn sie entdeckt werden, gehen sie sofort auf alle Viere und fliehen vor der Anwesenheit des Beobachters. Ihre Organisation ist so groß, dass sie nicht aufrecht stehen, sondern sich nach vorne beugen können. Daher sieht man sie im Stehen, wenn die Hände über dem Hinterkopf oder der Lendengegend verschränkt sind, was notwendig erscheint, um das Gleichgewicht zu halten oder die Körperhaltung zu erleichtern.

„Die Zehen des Erwachsenen sind stark gebeugt und nach innen gedreht und können nicht perfekt gestreckt werden. Bei dem Versuch sammelt sich die Haut am Rücken in dicken Falten, was zeigt, dass die volle Ausdehnung des Fußes, wie sie beim Gehen notwendig ist, unnatürlich ist. Die natürliche Position ist auf allen Vieren, wobei der Körper vorne auf den Knöcheln ruht. Diese sind stark vergrößert, wobei die Haut wie die Fußsohle hervorsteht und verdickt ist.

„Sie sind erfahrene Kletterer, wie man von ihrer Organisation erwarten würde. Bei ihren Sprüngen schwingen sie sich über weite Distanzen von Glied zu Glied und springen mit erstaunlicher Beweglichkeit. Es ist nicht ungewöhnlich, die „alten Leute" (in der Sprache eines Beobachters) unter einem Baum sitzen zu sehen, sich mit Früchten zu stärken und sich freundlich zu unterhalten, während ihre „Kinder" um sie herum hüpfen und sich ausgelassen und fröhlich von Baum zu Baum schwingen .

gesellig bezeichnen , da selten mehr als fünf oder höchstens zehn zusammen anzutreffen sind. Es wurde aus sicherer Quelle gesagt, dass sie sich gelegentlich in großer Zahl zu Spielzügen versammeln. Mein Informant behauptet, er habe einmal nicht weniger als fünfzig solcher Verlobten gesehen; Hupen, Schreien und Trommeln mit Stöcken auf alten Baumstämmen, was im letzteren Fall mit gleicher Leichtigkeit von allen vier Extremitäten ausgeführt wird. Sie scheinen nie in der Offensive zu agieren und selten, wenn überhaupt, in der Defensive. Wenn sie kurz vor der Gefangennahme stehen, wehren sie sich, indem sie ihre Arme um ihren Gegner werfen und versuchen, ihn mit ihren Zähnen in Kontakt zu bringen." (Savage, lcp 384.)

In Bezug auf diesen letzten Punkt äußert sich Dr. Savage an anderer Stelle sehr deutlich:

„ *Beißen* ist ihre wichtigste Verteidigungskunst . " Ich habe einen Mann gesehen, der so schwer an den Füßen verletzt worden war.

„Die starke Entwicklung der Eckzähne beim Erwachsenen scheint auf eine Neigung zum Fleischfresser hinzuweisen; aber in keinem Zustand außer dem der Domestizierung manifestieren sie es. Zuerst lehnen sie Fleisch ab, entwickeln aber schnell eine Vorliebe dafür. Die Eckzähne sind früh entwickelt und offensichtlich darauf ausgelegt, die wichtige Rolle der Verteidigungswaffe zu übernehmen . Im Kontakt mit dem Menschen besteht die erste Anstrengung des Tieres fast darin, *zu beißen* .

„Sie meiden die Wohnstätten der Menschen und bauen ihre Behausungen auf Bäumen. Ihre Bauweise ähnelt eher *Nestern* als *Hütten* , wie sie von einigen Naturforschern fälschlicherweise genannt wurden. Sie bauen im Allgemeinen nicht weit über dem Boden. Äste oder Zweige werden gebogen oder teilweise abgebrochen und gekreuzt, und das Ganze wird durch den Körper eines Gliedes oder einer Gabelung gestützt. Manchmal findet man ein Nest am *Ende* eines *starken, belaubten Astes,* zwanzig oder dreißig Fuß über dem Boden. Eines, das ich kürzlich gesehen habe, konnte nicht weniger als vierzig Fuß lang sein, wahrscheinlicher waren es fünfzig. Aber das ist eine ungewöhnliche Höhe.

„Ihr Wohnort ist nicht dauerhaft, sondern verändert sich im Streben nach Nahrung und Einsamkeit, je nach den Umständen. Wir sehen sie häufiger an erhöhten Orten; Dies ergibt sich jedoch aus der Tatsache, dass die niedrigen Gebiete, die für die Reisfarmen der Eingeborenen günstiger sind, häufiger gerodet werden und es ihnen daher fast immer an geeigneten Bäumen für ihre Nester mangelt ... Es kommt selten vor, dass mehr als einer oder es werden zwei Nester auf demselben Baum oder in derselben Nachbarschaft gesehen ; fünf wurden gefunden, aber es war ein ungewöhnlicher Umstand ...

„Sie sind in ihren Gewohnheiten sehr schmutzig... Es ist eine Tradition der hier allgemein lebenden Eingeborenen, dass sie einst Mitglieder ihres eigenen Stammes waren: dass sie wegen ihrer verdorbenen Gewohnheiten aus der gesamten menschlichen Gesellschaft ausgeschlossen wurden, und dass durch eine... Durch die hartnäckige Nachgiebigkeit ihrer abscheulichen Neigungen sind sie zu ihrem gegenwärtigen Zustand und ihrer gegenwärtigen Organisation verkommen. Sie werden jedoch von ihnen gegessen und gelten, wenn sie mit dem Öl und dem Fruchtfleisch der Palmnuss gekocht werden, als äußerst schmackhafter Bissen.

„Sie zeigen ein bemerkenswertes Maß an Intelligenz in ihren Gewohnheiten und seitens der Mutter viel Zuneigung zu ihren Jungen. Das zweite beschriebene Weibchen befand sich bei seiner ersten Entdeckung mit ihrem Partner und zwei Jungen (einem Männchen und einem Weibchen) auf einem Baum. Ihr erster Impuls war, mit großer Geschwindigkeit abzusteigen und sich mit ihrem Partner und ihrem weiblichen Nachwuchs ins Dickicht zu begeben. Der junge Mann blieb zurück und sie kam bald zur Rettung zurück. Sie stieg hinauf und nahm ihn in ihre Arme. In diesem Moment wurde sie erschossen, wobei die Kugel durch den Unterarm des Jungen ging und auf dem Weg zum Herzen der Mutter war ...

„In einem aktuellen Fall blieb die Mutter, als sie entdeckt wurde, mit ihrem Nachwuchs auf dem Baum und beobachtete aufmerksam die Bewegungen des Jägers. Als er zielte, bedeutete sie ihm mit der Hand, genau wie ein Mensch, aufzuhören und zu gehen. Wenn die Wunde sich nicht sofort als tödlich erwies, stoppt man bekanntermaßen den Blutfluss, indem man mit der Hand auf die Wunde drückt, und wenn dies nicht gelingt, legt man Blätter und Gras auf ... Wenn man schießt, geben sie ein Plötzliches Kreischen, nicht unähnlich dem eines Menschen in plötzlicher und akuter Not."

Es wird jedoch bestätigt, dass die gewöhnliche Stimme des Schimpansen heiser, guttural und nicht sehr laut ist, etwa wie „ whoo-whoo " (lcp 365).

Die Analogie des Schimpansen zum Orang ist hinsichtlich seiner Nestbaugewohnheiten und der Art und Weise, wie er sein Nest baut, äußerst interessant; während andererseits die Aktivität dieses Affen und seine

Neigung zum Beißen Einzelheiten sind, in denen er den Gibbons eher ähnelt. Auch hinsichtlich der geografischen Verbreitung erinnern die Schimpansen – die von Sierra Leone bis zum Kongo vorkommen – eher an die Gibbons als an einen der anderen menschenähnlichen Affen; und es scheint nicht unwahrscheinlich, dass es, wie im Fall der Gibbons, mehrere Arten gibt, die über das geografische Gebiet der Gattung verteilt sind.

Derselbe ausgezeichnete Beobachter, von dem ich den vorstehenden Bericht über die Gewohnheiten des erwachsenen Schimpansen übernommen habe, veröffentlichte vor fünfzehn Jahren [24] einen Bericht über den GORILLA, der in seinen wesentlichsten Punkten von späteren Beobachtern bestätigt wurde , und zu dem wirklich so wenig hinzugefügt wurde, dass ich es, um Dr. Savage gerecht zu werden, fast vollständig wiedergebe.

„Man sollte bedenken, dass mein Bericht auf den Aussagen der Ureinwohner dieser Region (Gabun) basiert . In diesem Zusammenhang ist es vielleicht auch angebracht, dass ich anmerke, dass ich mich, nachdem ich mehrere Jahre lang als Missionar tätig war und durch gewohnheitsmäßigen Verkehr den afrikanischen Geist und Charakter studiert habe, dazu bereit fühlte, die Wahrscheinlichkeit ihrer Aussagen zu unterscheiden und zu entscheiden . Da ich außerdem mit der Geschichte und den Gewohnheiten seines interessanten Verwandten (*Trog . niger* , Geoff.) vertraut war, war ich in der Lage, ihre Berichte über die beiden Tiere zu trennen, die, da sie den gleichen Fundort und eine Ähnlichkeit der Gewohnheiten haben, in der Art verwechselt werden Dies gilt insbesondere, da nur wenige – etwa Händler im Landesinneren und Jäger – das betreffende Tier jemals gesehen haben.

„Der Stamm, von dem unser Wissen über das Tier stammt und dessen Territorium seinen Lebensraum bildet, sind die *Mpongwe* , die beide Ufer des Flusses bewohnen Gabun , von seiner Mündung bis etwa fünfzig oder sechzig Meilen aufwärts ...

„Wenn das Wort ‚Pongo‘ afrikanischen Ursprungs ist, handelt es sich wahrscheinlich um eine Verfälschung des Wortes *Mpongwe* , dem Namen des Stammes an den Ufern des Gabun , und wird daher auf die Region angewendet, in der sie leben. Ihr lokaler Name für den Schimpansen ist *Enché-eko* , soweit er anglisiert werden kann, woher wahrscheinlich der gebräuchliche Begriff „Jocko“ stammt. Die Mpongwe-Bezeichnung für seinen neuen Verwandten ist *Engé-ena* , wobei der Klang des ersten Vokals verlängert und der zweite leicht erklingen lässt.

FEIGE. 10. – Der Gorilla (nach Wolff).

„Der Lebensraum des *Engé-ena* ist das Innere von Unterguinea, während der des *Enché-eko* näher an der Küste liegt.

„Seine Höhe beträgt etwa fünf Fuß; Es ist unverhältnismäßig breit auf den Schultern und dicht mit grobem schwarzem Haar bedeckt, das in seiner Anordnung dem des *Enché-eko* ähneln soll . Mit zunehmendem Alter wird es grau, was zu der Meldung geführt hat, dass beide Tiere in unterschiedlichen Farben gesehen werden .

" *Kopf.* – Die hervorstechenden Merkmale des Kopfes sind die große Breite und Längung des Gesichts, die Tiefe der Backenzahnregion, die sehr tiefen und weit nach hinten reichenden Äste des Unterkiefers und die vergleichsweise Kleinheit des Schädelteils; Die Augen sind sehr groß und sollen denen des Enché-eko ähneln , einem hellen Haselnussbraun. Nase breit und flach, zur Wurzel hin leicht erhöht; die Schnauze ist breit und die Lippen und das Kinn sind hervorstehend, mit vereinzelten grauen Haaren; die Unterlippe ist sehr beweglich und in der Lage, sich stark zu dehnen, wenn das Tier wütend ist, und hängt dann über dem Kinn; Die Haut des Gesichts und der Ohren ist nackt und dunkelbraun, fast schwarz.

„Das bemerkenswerteste Merkmal des Kopfes ist ein hoher Kamm oder Haarkamm im Verlauf der Sagittalnaht, der hinten auf einen quer verlaufenden Kamm derselben, aber weniger hervorstehenden Linie trifft, der von der Rückseite eines Ohrs bis nach hinten verläuft das andere. Das Tier hat die Fähigkeit, die Kopfhaut frei nach vorne und hinten zu bewegen, und wenn es wütend ist, soll es sich stark über der Stirn zusammenziehen, wodurch der haarige Kamm gesenkt und das Haar nach vorne gerichtet wird, um so ein unbeschreiblich wildes Aussehen zu vermitteln.

„Hals kurz, dick und behaart; Brust und Schultern sehr breit, angeblich doppelt so groß wie die des Enché-ekos ; Arme sehr lang, bis weit unter das Knie reichend – der Unterarm ist bei weitem der kürzeste; Hände sehr groß, die Daumen viel größer als die Finger....

„Der Gang ist schlurfend; Die Bewegung des Körpers, der nie wie beim Menschen aufrecht, sondern nach vorne gebeugt ist, ist etwas rollend oder von einer Seite zur anderen. Da die Arme länger sind als beim Schimpansen, beugt er sich beim Gehen nicht so stark; Wie dieses Tier macht es Fortschritte, indem es seine Arme nach vorne streckt, die Hände auf dem Boden abstützt und dann den Körper zwischen ihnen halb springend, halb schwingend bewegt. Bei diesem Akt sollen die Finger nicht gebeugt werden, wie es beim Schimpansen der Fall ist, wenn er auf den Knöcheln ruht, sondern dass man sie ausstreckt und so einen Drehpunkt für die Hand bildet. Wenn es die Gehhaltung einnimmt, zu der es angeblich besonders neigt, balanciert es seinen riesigen Körper aus, indem es die Arme nach oben beugt.

„Sie leben in Gruppen, sind aber nicht so zahlreich wie die Schimpansen: Die Weibchen sind im Allgemeinen zahlreicher als das andere Geschlecht. Meine Informanten stimmen alle in der Behauptung überein, dass in einer Bande nur ein einziger erwachsener Mann gesehen wird; dass, wenn die jungen Männer erwachsen werden, ein Kampf um die Vorherrschaft stattfindet und der Stärkste sich durch Tötung und Vertreibung der anderen als Oberhaupt der Gemeinschaft etabliert.“

Dr. Savage weist die Geschichten über die Gorillas zurück, die Frauen entführten und Elefanten besiegten, und fügt dann hinzu:

„Ihre Behausungen, wenn man sie so nennen darf, ähneln denen des Schimpansen und bestehen einfach aus ein paar Stöcken und belaubten Zweigen, die von Baumzweigen und Ästen getragen werden: Sie bieten keinen Schutz und werden nur nachts bewohnt.

FEIGE. 11. – Gorilla beim Gehen (nach Wolff).

„Sie sind äußerst wild und in ihren Gewohnheiten stets anstößig, sie laufen nie vor Menschen davon, wie es der Schimpanse tut. Sie sind für die Eingeborenen ein Schreckensobjekt und werden von ihnen nur in der Defensive angetroffen. Die wenigen Gefangenen wurden von Elefantenjägern und einheimischen Händlern getötet, als sie beim Durchqueren der Wälder plötzlich auf sie stießen.

„Man sagt, dass das Männchen, wenn man es zum ersten Mal sieht, einen schrecklichen Schrei ausstößt, der weit und breit durch den Wald hallt, so etwas wie kh – ah! kh – ah! langanhaltend und schrill. Sein riesiger Kiefer ist bei jeder Ausatmung weit geöffnet, seine Unterlippe hängt über dem Kinn und der haarige Kamm und die Kopfhaut sind auf der Stirn zusammengezogen, was einen Aspekt unbeschreiblicher Wildheit darstellt.

„Die Weibchen und Jungen verschwinden beim ersten Schrei schnell. Dann nähert er sich voller Wut dem Feind und stößt in schneller Folge seine schrecklichen Schreie aus. Der Jäger wartet mit ausgestreckter Waffe auf seine Annäherung: Wenn sein Ziel nicht sicher ist, erlaubt er dem Tier, den Lauf zu ergreifen, und während er ihn an sein Maul führt (was seine Gewohnheit ist), schießt er. Sollte die Waffe nicht losgehen, wird der Lauf (der dünne Lauf einer gewöhnlichen Muskete) zwischen seinen Zähnen zerquetscht, und die Begegnung erweist sich für den Jäger bald als tödlich.

„Im wilden Zustand ähneln ihre Gewohnheiten im Allgemeinen denen der *Troglodytes niger* : Sie bauen ihre Nester lose in Bäumen, ernähren sich von ähnlichen Früchten und wechseln ihren Aufenthaltsort aufgrund der Umstände.“

geographische Verbreitung dieses größten aller menschenähnlichen Affen betrifft , Herr Ford bemerkt:

„Dieses Tier bewohnt die Bergkette, die das Innere Guineas durchzieht, von Kamerun im Norden bis Angola im Süden und etwa 100 Meilen landeinwärts, und wird von den Geographen Kristallberge genannt." Die Grenze, bis zu der sich dieses Tier nach Norden oder Süden erstreckt, kann ich nicht definieren. Aber diese Grenze liegt zweifellos etwas nördlich dieses Flusses [Gabun]. Davon konnte ich mich bei einem späteren Ausflug zum Quellgebiet des Mooney (Danger) River überzeugen, der etwa sechzig Meilen von diesem Ort entfernt ins Meer mündet. Mir wurde (glaubhaft, glaube ich) mitgeteilt, dass sie in den Bergen, in denen dieser Fluss entspringt, und weit nördlich davon zahlreich seien.

„Im Süden kommt diese Art bis zum Kongo vor, wie mir einheimische Händler erzählten, die die Küste zwischen Gabun und diesem Fluss besucht haben. Darüber hinaus bin ich nicht informiert. Dieses Tier wird in den meisten Fällen nur in einer Entfernung von der Küste gefunden und kommt ihm nach meinen besten Informationen nirgends so nahe wie auf der Südseite dieses Flusses, wo es in einer Entfernung von zehn Meilen vom Meer gefunden wurde. Dies ist jedoch erst spät der Fall. Einige der ältesten Mpongwe-Männer haben mir mitgeteilt, dass er früher nur an den Quellen des Flusses gefunden wurde, dass man ihn heute jedoch nur einen halben Tagesmarsch von seiner Mündung entfernt finden kann. Früher lebte er auf dem Gebirgskamm, wo nur Buschmänner lebten, aber jetzt nähert er sich mutig den Mpongwe-Plantagen. Dies ist zweifellos der Grund für den Mangel an Informationen in den vergangenen Jahren, da es nicht an Möglichkeiten gefehlt hat, Wissen über das Tier zu erlangen; Händler, die seit hundert Jahren an diesem Fluss verkehren, und Exemplare, wie sie innerhalb eines Jahres hierher gebracht wurden, hätten nicht ausgestellt werden können, ohne die Aufmerksamkeit der dümmsten zu erregen."

Ein von Herrn Ford untersuchtes Exemplar wog 170 Pfund (ohne Brust- oder Beckeneingeweide) und hatte einen Brustumfang von 4 Fuß 4 Zoll. Dieser Autor beschreibt den Angriff des Gorillas so detailliert und anschaulich – obwohl er keinen Moment vorgibt, Zeuge der Szene gewesen zu sein –, dass ich versucht bin, diesen Teil seines Aufsatzes zum Vergleich mit anderen Erzählungen vollständig wiederzugeben:

„Bei einem Angriff steht er stets auf, nähert sich seinem Gegner jedoch in gebückter Haltung.

„Obwohl er nie auf der Lauer liegt, stößt er, wenn er einen Mann hört, sieht oder wittert, sofort seinen charakteristischen Schrei aus, bereitet sich auf einen Angriff vor und handelt immer in der Offensive. Der Schrei, den er ausstößt, ähnelt eher einem Grunzen als einem Knurren und ähnelt dem

Schrei des Schimpansen, wenn er gereizt ist, aber wesentlich lauter. Es soll aus großer Entfernung hörbar sein. Seine Vorbereitung besteht darin, die Weibchen und Jungtiere, von denen er normalerweise begleitet wird, in einiger Entfernung zu begleiten. Er kehrt jedoch bald zurück, mit aufgerichtetem und nach vorne ragendem Kamm, geweiteten Nasenlöchern und gesenkter Unterlippe; während er gleichzeitig seinen charakteristischen Schrei ausstieß, schien es, als ob er seinen Gegner in Angst und Schrecken versetzen wollte. Wenn er nicht durch einen gezielten Schuss außer Gefecht gesetzt wird, greift er sofort an und schlägt seinen Gegner mit der Handfläche oder packt ihn mit einem Griff, aus dem es kein Entrinnen gibt, und schleudert ihn zu Boden. und zerfleischt ihn mit seinen Stoßzähnen.

„Er soll eine Muskete ergreifen und den Lauf sofort zwischen seinen Zähnen zerquetschen ... Die wilde Natur dieses Tieres wird sehr gut durch die unerbittliche Verzweiflung eines hierher gebrachten Jungen deutlich. Es wurde sehr jung gefangen und vier Monate lang aufbewahrt, und es wurden viele Mittel eingesetzt, um es zu zähmen; aber es war unverbesserlich, so dass es mich eine Stunde vor seinem Tod gebissen hat.“

Herr Ford diskreditiert die Geschichten über den Hausbau und das Treiben von Elefanten und sagt, dass ihnen kein gut informierter Einheimischer glaubt. Es sind Geschichten, die Kindern erzählt werden.

Ich könnte andere Zeugenaussagen mit ähnlicher Wirkung zitieren, die jedoch, wie mir scheint, weniger sorgfältig abgewogen und gesichtet sind, nämlich aus den Briefen von MM. Franquet und Gautier Laboullay , im Anhang zu den Memoiren von MIG St. Hilaire, die ich bereits zitiert habe.

vornherein einer Kritik ausgesetzt zu sein . Die Gibbons nehmen, wie wir gesehen haben, bereitwillig die aufrechte Haltung ein, aber der Gorilla ist aufgrund seiner Organisation weitaus besser für diese Haltung geeignet als die Gibbons: wenn die Kehlkopftaschen der Gibbons, was sehr wahrscheinlich ist, für die Volumengebung wichtig sind Für eine Stimme, die man aus einer halben Meile hören kann, kann der Gorilla, der ähnliche, stärker entwickelte Säcke hat und dessen Körper fünfmal so groß ist wie der eines Gibbons, durchaus aus der doppelten Entfernung hörbar sein. Wenn der Orang mit seinen Händen kämpft, die Gibbons und Schimpansen mit ihren Zähnen, kann der Gorilla wahrscheinlich eines oder beides tun; Es spricht auch nichts dagegen, dass Schimpansen oder Gorillas ein Nest bauen, wenn doch bewiesen ist, dass der Orang- Utan dieses Kunststück gewöhnlich ausführt.

Bei all diesen inzwischen zehn bis fünfzehn Jahre alten Beweisen, die der Welt vorliegen, ist es nicht wenig überraschend, dass die Behauptungen eines kürzlich Reisenden , der, was den Gorilla betrifft, eigentlich kaum mehr tut, als ihn zu wiederholen Meine eigene Autorität, die Aussagen von Savage und

Ford, hätten auf so viel und so erbitterten Widerstand stoßen müssen. Zieht man das bisher Bekannte ab, so ist die Summe und der Kern dessen, was Herr Du Chaillu aufgrund seiner eigenen Beobachtung in Bezug auf den Gorilla bestätigt hat, dass sich das große Tier, wenn es zum Angriff vorrückt, mit Schlägen auf die Brust schlägt seine Fäuste. Ich gestehe, dass ich in dieser Aussage nichts sehr Unwahrscheinliches oder sehr Streitwürdiges sehe.

Bezüglich der anderen menschenähnlichen Affen Afrikas sagt uns Herr Du Chaillu nach seinem eigenen Wissen absolut nichts über den gewöhnlichen Schimpansen; aber er informiert uns über eine kahlköpfige Art oder Varietät, den *Nschiego mbouve* , das sich selbst einen Unterschlupf baut, und von einer anderen seltenen Art mit vergleichsweise kleinem Gesicht, großem Gesichtswinkel und eigenartiger Note, die an „ Koloo “ erinnert.

mit einer rauen Decke aus Blättern schützt und der gewöhnliche Schimpanse laut dem äußerst vertrauenswürdigen Beobachter Dr Es ist nicht offensichtlich, ob diesbezügliche Aussagen getroffen wurden.

Wenn ich darauf verzichtet habe, das Werk von M. Du Chaillu zu zitieren , dann nicht deshalb, weil ich in seinen Behauptungen über die menschenähnlichen Affen irgendeine inhärente Unwahrscheinlichkeit erkenne; noch aus dem Wunsch heraus, seine Wahrhaftigkeit in Frage zu stellen; Sondern weil meines Erachtens, solange seine Erzählung in ihrem gegenwärtigen Zustand ungeklärter und scheinbar unerklärlicher Verwirrung verbleibt, sie keinen Anspruch auf ursprüngliche Autorität in Bezug auf irgendein Thema hat.

Es mag wahr sein, aber es ist kein Beweis.

FUSSNOTEN:

[1] REGNUM KONGO: hoc est VERA DESCRIPTIO REGNI AFRICANI WAS TAM AB INCOLIS QUAM LUSITANER CONGUS APPELLATUR , per Philippum Pigafettam , olim ex Edoardo Lopez acroamatis lingua Italica excerpta, num Latio Predigt Spende ab August. Cassiod . Reinio . Iconibus et imaginibus rerum memorabilium quasi vivis , opera et industria Joan. Theodori und Joan. Israelis de Bry , Fratrum exornata . Francofurti , MDXCVIII .

[2] „Abgesehen davon, dass ihre Beine keine Waden hatten.“ —[Hrsg. 1626.] Und in einer Randbemerkung: „Diese großen Affen werden Pongos genannt.“

[3] *Kaufhinweis* . — Cape Negro liegt 16 Grad südlich der Linie.

[4] Randbemerkung von Purchas, S. 982: — „Der Pongo, ein Riesenaffe. Er erzählte mir im Gespräch mit ihm, dass einer dieser Pongoes nahm einen Negerjungen von ihm, der einen Monat bei ihnen lebte. Denn sie verletzen diejenigen nicht, die sie unvorbereitet überraschen, es sei denn, sie sehen sie

an; worauf er verzichtete . Er sagte, ihre Größe sei wie die eines Mannes ,
aber ihre Größe sei doppelt so groß. Ich habe den Negerjungen gesehen. Was
das andere Monster sein sollte, hat er vergessen zu erzählen; und diese
Papiere gelangten seit seinem Tod in meine Hände, was ich sonst bei meinen
häufigen Konferenzen vielleicht erfahren hätte. Vielleicht meint er die
erwähnten Pigmy-Pongo-Mörder."

[5] Archives du Museum, Band x.

[6] Ich bin Dr. Wright aus Cheltenham zu Dank verpflichtet, dessen
paläontologische Arbeiten so bekannt sind, dass er mir dieses interessante
Relikt zur Kenntnis gebracht hat. Tysons Enkelin heiratete offenbar Dr.
Allardyce, einen angesehenen Arzt in Cheltenham, und brachte als Teil ihrer
Mitgift das Skelett des „ Pygmäen " mit. Dr. Allardyce schenkte es dem
Cheltenham Museum, und durch die guten Dienste meines Freundes Dr.
Wright haben mir die Behörden des Museums erlaubt, das vielleicht
bemerkenswerteste Schmuckstück auszuleihen.

[7] „Mandrill" scheint einen „menschenähnlichen Affen" zu bezeichnen,
wobei das Wort „Drill" oder „ Dril " in der Antike in England zur
Bezeichnung eines Affen oder Pavians verwendet wurde. So finde ich in der
fünften Auflage von Blounts „ Glossographia , or a Dictionary, das die harten
Wörter einer beliebigen Sprache interpretiert, die heute in unserer
verfeinerten englischen Sprache verwendet wird ... sehr nützlich für alle, die
verstehen wollen, was sie lesen", veröffentlicht im Jahr 1681 , „ Dril – ein
Steinmetzwerkzeug, mit dem er kleine Löcher in Marmor bohrt usw." Auch
ein großer, überwucherter Affe und Pavian, so genannt." „Drill" wird in
Charletons „Onomasticon Zoicon " von 1668 im gleichen Sinne verwendet.
Die von Buffon angegebene einzigartige Etymologie des Wortes scheint
kaum wahrscheinlich.

[8] Histoire Naturelle, Suppl. Band 7ème, 1789.

[9] Camper, Œuvres , i . P. 56.

[10] Verhandeling van het Bataviaasch Genootschap . Tweede Deel . Derde
Druk. 1826.

[11] „ Briefe des Herrn v. Wurmb und des H. Baron von Wollzogen . Gotha,
1794."

[12] Vgl. Blumenbach, „ Abbildungen Naturhistorischen Gegenstände ", Nr.
12, 1810; und Tilesius , „ Naturhistoriche Früchte der ersten Kaiserlich-
Russischen Erdumsegelung ", S. 115, 1813.

[13] Im Großen und Ganzen und unbeschadet der Frage, ob es mehr als eine
Orang-Art gibt.

[14] Siehe „Beobachtungen zu den äußeren Charakteren und Gewohnheiten der Troglodytes niger , von Thomas N. Savage, MD, und zu ihrer Organisation, von Jeffries Wyman, MD", Boston Journal of Natural History, vol. IV., 1843-4; und „Externe Charaktere, Gewohnheiten und Osteologie von Troglodytes Gorilla", von denselben Autoren, ebd., Bd. v., 1847.

[15] „Man and Monkies ", S. 423.

[16] „Wanderings in New South Wales", Bd. ii. Kerl. viii., 1834.

[17] Boston Journal of Natural History, Bd. ich ., 1834.

[18] Der größte von Temminck zitierte Orang- Utan maß im aufrechten Zustand 4 Fuß; aber er erwähnt, dass er gerade die Nachricht von der Gefangennahme eines 5 Fuß 3 Zoll hohen Orangs erhalten habe. Schlegel und Müller sagen, dass ihr größtes altes Männchen aufrecht 1,25 niederländische „ el " maß; und vom Scheitel bis zum Ende der Zehen 1,5 el ; Der Körperumfang beträgt etwa 1 El. Das größte alte Weibchen war im Stehen 1,09 el hoch. Das Skelett eines Erwachsenen im Museum des College of Surgeons würde, wenn man es aufrecht aufstellte, von der Krone bis zur Sohle 90 cm hoch sein. Dr. Humphry gibt 3 Fuß 8 Zoll als mittlere Größe zweier Orangs an. Von den siebzehn von Herrn Wallace untersuchten Orangs war der größte von der Ferse bis zum Scheitel des Kopfes 4 Fuß 2 Zoll hoch. Herr Spencer St. John jedoch erzählt uns in seinem „Leben in den Wäldern des Fernen Ostens" von einem Orang mit einer Größe von „5 Fuß 2 Zoll, ziemlich groß vom Kopf bis zur Ferse" und einem Durchmesser von 15 Zoll das Gesicht und 12 Zoll um das Handgelenk. Es scheint jedoch nicht, dass Herr St. John diesen Orang selbst gemessen hat.

[19] Siehe Herrn Wallaces Bericht über einen Säugling „Orang- Utan " in den „Annals of Natural History" von 1856. Herr Wallace versorgte seinen interessanten Schützling mit einer künstlichen Mutter aus Büffelhaut, aber der Betrug war zu erfolgreich . Die gesamte Erfahrung des Säuglings führte dazu, dass er Zitzen mit Haaren in Verbindung brachte, und als er Letzteres spürte, verbrachte es sein ganzes Leben mit vergeblichen Versuchen, Ersteres zu entdecken.

[20] „Sie sind die langsamsten und am wenigsten aktiven aller Affenstämme, und ihre Bewegungen sind überraschend unbeholfen und unhöflich." – Sir James Brooke, in den „Proceedings of the Zoological Society", 1841.

[21] Mr. Wallaces Bericht über die Entwicklung der Orangs stimmt fast genau damit überein.

[22] Sir James Brooke sagt in einem Brief an Mr. Waterhouse, der im Protokoll der Zoological Society für 1841 veröffentlicht wurde: „Über die Gewohnheiten der Orangs, soweit ich sie beobachten konnte, kann ich das

vielleicht." Beachten Sie, dass sie so langweilig und träge sind, wie man es sich nur vorstellen kann, und dass sie sich bei der Verfolgung zu keinem Zeitpunkt so schnell bewegten, dass ich daran gehindert hätte, problemlos mit ihnen durch einen mäßig lichten Wald Schritt zu halten. Und selbst wenn Hindernisse unten (z. B. Waten bis zum Hals) es ihnen ermöglichten, sich ein Stück weit zu entfernen, hielten sie sicher an und erlaubten mir, nach oben zu kommen. Ich habe nie den geringsten Versuch einer Verteidigung beobachtet, und das Holz, das manchmal um unsere Ohren klapperte, wurde durch sein Gewicht zerbrochen und nicht geworfen, wie manche Leute behaupten. Wenn der *Pappan* jedoch bis zum Äußersten getrieben wurde, konnte er nicht anders als furchtbar sein, und ein unglücklicher Mann, der mit einer Gruppe versuchte, einen großen lebenden Fisch zu fangen, verlor zwei seiner Finger und wurde außerdem schwer ins Gesicht gebissen. während das Tier schließlich seine Verfolger abwehrte und entkam."

Herr Wallace hingegen beteuert, dass er sie mehrmals dabei beobachtet habe, wie sie bei der Verfolgung Äste niederwarfen. „Es ist wahr, dass er sie nicht auf eine Person wirft, sondern sie senkrecht nach unten wirft; denn es ist offensichtlich, dass ein Ast nicht weit von der Spitze eines hohen Baumes geworfen werden kann. In einem Fall hielt eine weibliche Mias auf einem Durianbaum mindestens zehn Minuten lang einen ununterbrochenen Regen aus Zweigen und schweren, stacheligen Früchten, so groß wie 32-Pfünder, aufrecht, was uns am effektivsten von dem Baum fernhielt, der sie war An. Man konnte sehen, wie sie sie abbrach und mit jedem Anschein von Wut zu Boden warf, wobei sie in Abständen ein lautes, pumpendes Grunzen von sich gab und offensichtlich Unheil im Sinn hatte." – „ Über die Gewohnheiten des Orang- Utans ", Annals of Nat. Geschichte, 1856. Diese Aussage stimmt, wie man bemerken wird, völlig mit der Aussage überein, die in dem oben zitierten Brief des Resident Palm (S. 16) enthalten ist.

[23] Über den Orang- Utan oder die Mias von Borneo, Annals of Natural History, 1856.

[24] Hinweis auf die äußeren Charaktere und Gewohnheiten von Troglodytes Gorilla. Boston Journal of Natural History, 1847.

II

Über die Beziehungen des Menschen zu den niederen Tieren.

Multis videri Poterit , Majorem esse differentiam Simiæ et Hominis, quam diei et noctis; Verum tamen Hallo, Vergleich instituta inter summos Europa Heroës et Hottentottos ad Caput bonæ spei degentes , difficillime Sibi persuadebunt , has eosdem habere natales ; vel si jungfräulich nobilem aulicam , maxime comtam et humanissimam , conferre Vellent cum homine Sylvestri und Sibi relicto , vix Augurari Possent , hunc et illam ejusdem esse speciei .- Linnæi Amœnitates Acad. „Anthropomorpha."

Die Frage aller Fragen für die Menschheit – das Problem, das allen anderen zugrunde liegt und zutiefst interessant ist als jedes andere – ist die Feststellung des Platzes, den der Mensch in der Natur einnimmt, und seiner Beziehungen zum Universum der Dinge. Woher ist unsere Rasse gekommen? Wo liegen die Grenzen unserer Macht über die Natur und der Macht der Natur über uns? zu welchem Ziel wir tendieren; sind die Probleme, die sich jedem auf der Welt geborenen Menschen neu und mit unvermindertem Interesse stellen. Die meisten von uns schrecken vor den Schwierigkeiten und Gefahren zurück, die den Suchenden nach originellen Antworten auf diese Rätsel drohen, und begnügen sich damit, sie ganz zu ignorieren oder den forschenden Geist unter dem Federbett einer respektierten und respektablen Tradition zu ersticken. Aber in jedem Zeitalter sind ein oder zwei ruhelose Geister, gesegnet mit dem konstruktiven Genie, das nur auf einem sicheren Fundament aufbauen kann, oder mit dem bloßen Geist des Skeptizismus verflucht , nicht in der Lage, dem ausgetretenen und bequemen Pfad ihres Lebens zu folgen Vorväter und Zeitgenossen, ohne Rücksicht auf Dornen und Stolpersteine, gehen ihren eigenen Weg. Die Skeptiker enden in der Ungläubigkeit, die behauptet, das Problem sei unlösbar, oder im Atheismus, der die Existenz eines geordneten Fortschritts und einer Ordnung der Dinge leugnet: Die genialen Männer schlagen Lösungen vor, die zu Systemen der Theologie oder der Philosophie werden oder verschleiert werden Eine musikalische Sprache, die mehr suggeriert als sie behauptet, nimmt die Form der Poesie einer Epoche an.

Jede solche Antwort auf die große Frage, die von den Anhängern ihres Verfassers , wenn nicht von ihm selbst, ausnahmslos als vollständig und endgültig behauptet wird, bleibt in hoher Autorität und Wertschätzung, sei es ein Jahrhundert lang oder zwanzig Jahre lang: aber Wie ausnahmslos beweist die Zeit, dass jede Antwort eine bloße Annäherung an die Wahrheit war – tolerierbar hauptsächlich aufgrund der Unwissenheit derjenigen, von denen sie akzeptiert wurde, und völlig unerträglich, wenn sie durch das umfassendere Wissen ihrer Nachfolger überprüft wurde.

In einer altbekannten Metapher wird eine Parallele zwischen dem Leben des Menschen und der Metamorphose der Raupe zum Schmetterling gezogen; aber der Vergleich könnte ebenso gerechtfertigt und neuartiger sein, wenn wir als früheren Begriff den geistigen Fortschritt der Rasse heranziehen. Die Geschichte zeigt, dass der menschliche Geist, genährt durch ständige Zuwächse an Wissen, in regelmäßigen Abständen zu groß für seine theoretischen Hüllen wird und diese auseinanderbricht, um in neuen Gewändern zu erscheinen, so wie die sich ernährende und wachsende Made von Zeit zu Zeit ihre zu schmale Haut abwirft und annimmt ein anderer, selbst aber vorübergehend. Tatsächlich scheint der Imago-Zustand des Menschen furchtbar weit entfernt zu sein, aber jede Mauser ist ein gewonnener Schritt, und davon gab es viele.

Seit der Wiederbelebung der Gelehrsamkeit, die es den westlichen Völkern Europas ermöglichte, den von den Philosophen Griechenlands begonnenen Fortschritt hin zu wahrem Wissen zu vollziehen, der jedoch in den folgenden langen Zeitaltern intellektueller Stagnation oder bestenfalls Schwankungen fast zum Stillstand kam Die menschliche Larve hat kräftig gefressen und sich entsprechend gemausert . Eine Haut von einiger Dimension wurde im 16. Jahrhundert geformt und eine weitere gegen Ende des 18. Jahrhunderts, während in den letzten fünfzig Jahren das außergewöhnliche Wachstum aller Bereiche der Naturwissenschaften unter uns eine so nahrhafte und anregende geistige Nahrung verbreitet hat Charakter, dass eine neue Ekdysis unmittelbar bevorzustehen scheint. Aber dies ist ein Prozess, der nicht ungewöhnlich von vielen Wehen und einer gewissen Krankheit und Schwäche oder vielleicht auch von schwerwiegenderen Störungen begleitet wird; so dass sich jeder gute Bürger verpflichtet fühlen muss, den Prozess zu erleichtern und, selbst wenn er nur ein Skalpell zur Hand hat , die rissige Haut nach besten Kräften zu lindern.

In dieser Pflicht liegt meine Entschuldigung für die Veröffentlichung dieser Aufsätze. Denn es wird zugegeben, dass eine gewisse Kenntnis der Stellung des Menschen in der belebten Welt eine unabdingbare Voraussetzung für das richtige Verständnis seiner Beziehungen zum Universum ist – und dies führt letztendlich wiederum zu einer Untersuchung der Natur und der Nähe von den Bindungen, die ihn mit jenen einzigartigen Geschöpfen verbinden, deren Geschichte [25] auf den vorhergehenden Seiten skizziert wurde.

Die Bedeutung einer solchen Untersuchung ist tatsächlich intuitiv offensichtlich. Angesichts dieser verschwommenen Kopien seiner selbst verspürt der am wenigsten nachdenkliche Mensch einen gewissen Schock, der vielleicht nicht so sehr auf den Ekel vor dem Anblick einer beleidigenden

Karikatur zurückzuführen ist, sondern vielmehr auf das Erwachen eines plötzlichen Gefühls tiefes Misstrauen gegenüber altehrwürdigen Theorien und tief verwurzelten Vorurteilen hinsichtlich seiner eigenen Stellung in der Natur und seinen Beziehungen zur Unterwelt des Lebens; während das, was für den Undenkenden ein schwacher Verdacht bleibt, für alle, die mit den jüngsten Fortschritten der anatomischen und physiologischen Wissenschaften vertraut sind, zu einem weitreichenden Argument wird, das mit tiefgreifenden Konsequenzen behaftet ist.

Ich schlage nun vor, dieses Argument kurz zu entfalten und in einer Form, die für diejenigen verständlich ist, die keine besondere Kenntnis der anatomischen Wissenschaft haben, die Haupttatsachen darzulegen, auf denen alle Schlussfolgerungen hinsichtlich der Natur und des Ausmaßes der Bindungen basieren, die den Menschen mit der Natur verbinden Ich werde dann die einzige unmittelbare Schlussfolgerung angeben, die meines Erachtens durch diese Tatsachen gerechtfertigt ist, und abschließend die Bedeutung dieser Schlussfolgerung für die Hypothesen diskutieren, die bezüglich des Ursprungs des Menschen aufgestellt wurden.

Die Tatsachen, auf die ich die Aufmerksamkeit des Lesers zunächst lenken möchte, sind, obwohl sie von vielen erklärten Lehrern des öffentlichen Geistes ignoriert werden, leicht zu beweisen und werden von Männern der Wissenschaft allgemein anerkannt; Obwohl ihre Bedeutung so groß ist, wird jeder, der gebührend darüber nachgedacht hat, meiner Meinung nach in den anderen Offenbarungen der Biologie wenig finden, was ihn erschrecken könnte. Ich beziehe mich auf die Tatsachen, die durch das Studium der Entwicklung bekannt geworden sind.

Es ist eine Wahrheit von sehr weitreichender, wenn nicht sogar universeller Gültigkeit, dass jedes Lebewesen seine Existenz in einer anderen und einfacheren Form beginnt als die, die es schließlich annimmt.

Die Eiche ist ein komplexeres Ding als die kleine rudimentäre Pflanze, die in der Eichel enthalten ist; die Raupe ist komplexer als das Ei; der Schmetterling als die Raupe; und jedes dieser Wesen durchläuft beim Übergang von seinem rudimentären zu seinem vollkommenen Zustand eine Reihe von Veränderungen, deren Summe seine Entwicklung genannt wird. Bei den höheren Tieren sind diese Veränderungen äußerst kompliziert; Aber im letzten halben Jahrhundert haben die Arbeiten von Männern wie Von Baer, Rathke , Reichert, Bischof und Remak sie fast vollständig entschlüsselt , so dass die aufeinanderfolgenden Entwicklungsstadien, die beispielsweise ein Hund aufweist, vorliegen Mittlerweile sind dem Embryologen die Schritte der Metamorphose des Seidenspinners dem Schuljungen ebenso bekannt. Es wird nützlich sein, die Art und Reihenfolge der Entwicklungsstadien des

Hundes als Beispiel für den Prozess bei höheren Tieren im Allgemeinen aufmerksam zu betrachten.

Der Hund beginnt seine Existenz wie alle Tiere mit Ausnahme der alleruntersten (und weitere Untersuchungen werden die scheinbare Ausnahme wahrscheinlich nicht beseitigen) als Ei: als Körper, der in jeder Hinsicht ebenso ein Ei ist wie der einer Henne , aber es fehlt die Ansammlung von Nährstoffen, die dem Vogelei seine außergewöhnliche Größe und seinen häuslichen Nutzen verleihen; und will die Schale, die nicht nur für ein Tier, das im Körper seines Elterntiers brütet, nutzlos wäre, sondern es auch vom Zugang zur Nahrungsquelle abschneiden würde, die das junge Geschöpf benötigt, das winzige Ei des Säugetiers jedoch nicht in sich enthalten.

Das Ei des Hundes ist in der Tat ein kleiner kugelförmiger Beutel (Abb. 12), der aus einer zarten durchsichtigen Membran namens *Vitellinmembran besteht* und einen Durchmesser von etwa $^1/_{130}$ bis $^1/_{120}$ Zoll hat. Es enthält eine Masse zähflüssiger Nährstoffe – den „ *Dotter* " –, in dem sich ein zweiter, viel empfindlicherer kugelförmiger Beutel befindet, der als „ Keimbläschen " (*a*) bezeichnet wird. Darin liegt schließlich ein festerer rundlicher Körper, der „ *Keimfleck* " (*b*) genannt wird.

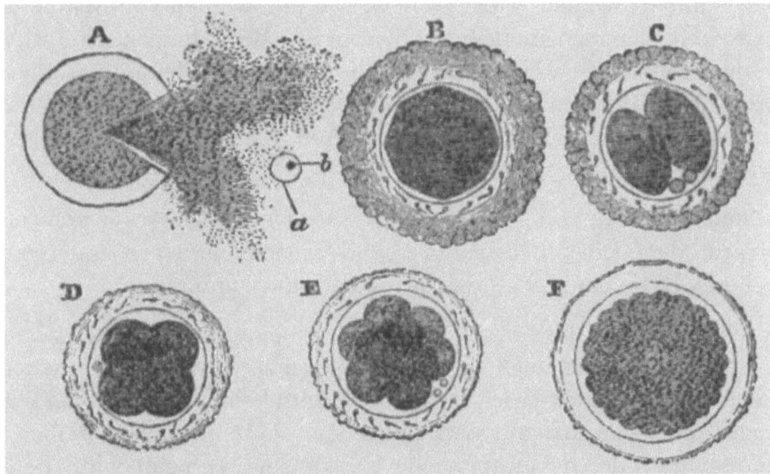

FEIGE. 12.- A. Ei des Hundes, bei dem die Dottermembran geplatzt ist, so dass der Dotter, das Keimbläschen (*a*) und die darin eingeschlossene Stelle (*b*) austreten können.
BCDEF Aufeinanderfolgende Änderungen des im Text angegebenen Eigelbs. Nach Bischoff.

Die Eizelle oder „Ovum" wird ursprünglich in einer Drüse gebildet, von der sie sich zu gegebener Zeit löst und in die Wohnkammer gelangt, die zu ihrem

Schutz und ihrer Erhaltung während des langwierigen Schwangerschaftsprozesses dient. Hier wird dieses winzige und scheinbar unbedeutende Teilchen lebender Materie, wenn es den erforderlichen Bedingungen ausgesetzt wird, zu einer neuen und mysteriösen Aktivität belebt. Das Keimbläschen und der Keimfleck sind nicht mehr erkennbar (ihr genaues Schicksal ist eines der noch ungelösten Probleme der Embryologie), aber der Dotter wird umlaufend eingedrückt, als ob ein unsichtbares Messer darum herum gezogen worden wäre, und erscheint so in zwei Hemisphären geteilt (Abb. 12, C).

Durch die Wiederholung dieses Vorgangs in verschiedenen Ebenen werden diese Hemisphären unterteilt, so dass vier Segmente entstehen (D); und diese teilen sich in gleicher Weise und unterteilen sich wieder, bis der gesamte Eigelb in eine Masse von Körnchen umgewandelt ist, von denen jedes aus einem winzigen Sphäroid aus Eigelbsubstanz besteht, das ein zentrales Teilchen, den sogenannten „ *Kern* ", einschließt (F). Die Natur hat durch diesen Prozess fast das gleiche Ergebnis erzielt wie das, zu dem ein menschlicher Handwerker durch seine Arbeiten auf einem Ziegelfeld gelangt. Sie nimmt das raue Plastikmaterial des Eigelbs und bricht es in wohlgeformte, einigermaßen gleichmäßig große Massen, die sich praktisch für den Einbau in jeden Teil des Wohngebäudes eignen.

Als nächstes erhält die so geformte Masse aus organischen Ziegeln oder „ *Zellen* ", wie sie technisch genannt werden, eine geordnete Anordnung und verwandelt sich in einen hohlen Sphäroiden mit doppelten Wänden. Dann erscheint auf einer Seite dieses Sphäroids eine Verdickung, und nach und nach markiert in der Mitte der Verdickungsfläche eine gerade flache Rille (Abb. 13, A) die Mittellinie des künftigen Gebäudes angehoben, oder anders ausgedrückt, zeigt die Position der Mittellinie des Körpers des zukünftigen Hundes an. Die Substanz, die die Rinne auf beiden Seiten begrenzt, erhebt sich dann zu einer Falte, dem Rudiment der Seitenwand dieser langen Höhle, in der schließlich das Rückenmark und das Gehirn untergebracht werden. und im Boden dieser Kammer erscheint ein fester Zellstrang, der sogenannte „ *Notochord* ". Ein Ende des eingeschlossenen Hohlraums erweitert sich und bildet den Kopf (Abb. 13, B), das andere bleibt schmal und wird schließlich zum Schwanz; die Seitenwände des Körpers sind aus der nach unten gerichteten Fortsetzung der Wände der Nut geformt; Und aus ihnen wachsen nach und nach kleine Knospen, die nach und nach die Form von Gliedmaßen annehmen. Wenn man den Entstehungsprozess Schritt für Schritt beobachtet, wird man unweigerlich an den Modellierer aus Ton erinnert. Jeder Teil, jedes Organ wird zunächst sozusagen grob zusammengekniffen und grob skizziert; dann genauer geformt; und erst am Ende erhält es die Berührungen, die seinen endgültigen Charakter prägen.

So nimmt der junge Welpe schließlich eine solche Form an, wie sie in <u>Abb. 13, C dargestellt ist</u> . In diesem Zustand hat es einen unverhältnismäßig großen Kopf, der dem eines Hundes ebenso unähnlich ist wie die knospenartigen Gliedmaßen von seinen Beinen.

Die Reste des Dotters, die noch nicht für die Ernährung und das Wachstum des Jungtiers verwendet wurden, sind in einem Sack enthalten, der am rudimentären Darm befestigt ist und als Dottersack oder „ *Nabelbläschen* " bezeichnet wird. Aus der Haut und der Unter- und Hinteroberfläche des Körpers wurden zwei Membranbeutel entwickelt, die jeweils dem Schutz und der Ernährung des jungen Lebewesens dienen sollen; Ersteres, das sogenannte „ *Amnion* ", ist ein mit Flüssigkeit gefüllter Beutel, der den gesamten Körper des Embryos umhüllt und für ihn die Rolle einer Art Wasserbett spielt; die andere, „ *Allantois* " genannte, wächst mit Blutgefäßen beladen aus der ventralen Region heraus und legt sich schließlich an die Wände der Höhle, in der sich der sich entwickelnde Organismus befindet, wodurch diese Gefäße zum Durchgangskanal werden Der Nährstoffstrom, der zur Befriedigung der Bedürfnisse des Nachwuchses erforderlich ist, wird ihm vom Elternteil bereitgestellt.

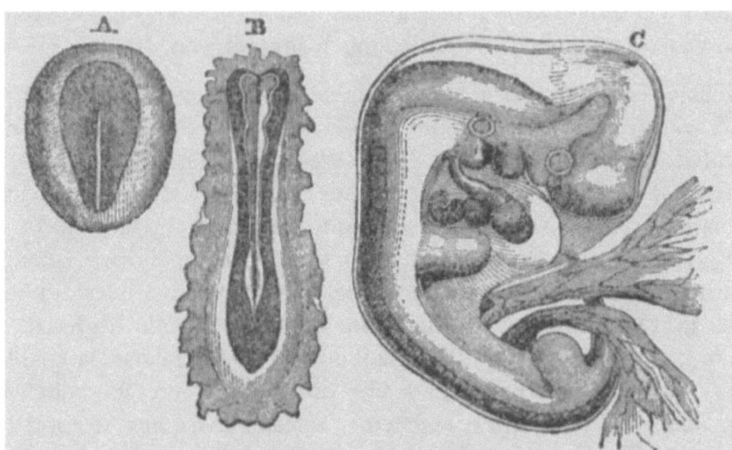

FEIGE. 13.- A. Frühestes Rudiment des Hundes. B. Rudiment weiter fortgeschritten, zeigt die Grundlagen von Kopf, Schwanz und Wirbelsäule. C. Der sehr junge Welpe mit befestigten Enden des Dottersacks und der Allantois und im Amnion angelegt.

Die Struktur, die durch die Verflechtung der Gefäße der Nachkommenschaft mit denen des Elternteils entsteht und durch die erstere in die Lage versetzt wird, Nahrung aufzunehmen und ausgeschiedene Stoffe auszuscheiden, wird „Plazenta" *genannt* .

Es wäre mühsam und für meinen jetzigen Zweck unnötig, den Entwicklungsprozess weiter zu verfolgen; Es genügt zu sagen, dass das hier dargestellte und beschriebene Rudiment durch eine lange und allmähliche Reihe von Veränderungen zu einem Welpen wird, geboren wird und dann in noch langsameren und weniger wahrnehmbaren Schritten zum erwachsenen Hund übergeht.

Es gibt keine große Ähnlichkeit zwischen einem Hühnerflügel und dem Hund, der den Hof beschützt. Dennoch stellt der Entwicklungsforscher nicht nur fest, dass das Küken seine Existenz als Ei beginnt, das im Wesentlichen in allen wesentlichen Aspekten mit dem des Hundes identisch ist, sondern auch, dass der Dotter dieses Eies eine Teilung erfährt – dass die ursprüngliche Furche entsteht und dass die angrenzenden Teile des Keims durch genau ähnliche Methoden zu einem jungen Küken geformt werden, das in einem bestimmten Stadium seiner Existenz dem entstehenden Hund so ähnlich ist, dass eine normale Untersuchung die beiden kaum unterscheiden würde.

Die Entwicklungsgeschichte jedes anderen Wirbeltiers, ob Eidechse, Schlange, Frosch oder Fisch, erzählt die gleiche Geschichte. Es gibt zunächst immer ein Ei mit der gleichen Grundstruktur wie das des Hundes: Der Dotter dieses Eies erfährt immer eine Teilung oder „ *Segmentierung* ", wie es oft genannt wird: Die Endprodukte dieser Segmentierung bilden das Gebäude Materialien für den Körper des Jungtiers; und diese ist um eine primitive Rille herum aufgebaut, in deren Boden sich eine Chorda entwickelt hat. Darüber hinaus gibt es eine Zeit, in der die Jungen aller dieser Tiere einander nicht nur in der äußeren Form, sondern in allen wesentlichen Strukturmerkmalen so ähnlich sind, dass die Unterschiede zwischen ihnen unbeträchtlich sind, während sie in ihrem weiteren Verlauf einander ähneln weichen immer stärker voneinander ab. Und es ist ein allgemeines Gesetz, dass ihre Embryonen einander umso länger und inniger ähneln, je ähnlicher sich Tiere in ihrer erwachsenen Struktur ähneln: So bleiben beispielsweise die Embryonen einer Schlange und einer Eidechse übrig ähneln einander länger als die einer Schlange und eines Vogels; und der Embryo eines Hundes und einer Katze bleiben einander viel länger ähnlich als der Embryo eines Hundes und eines Vogels; oder von einem Hund und einem Opossum; oder sogar als die eines Hundes und eines Affen.

Somit liefert das Studium der Entwicklung einen klaren Test für die Nähe der strukturellen Verwandtschaft, und man wendet sich voller Ungeduld der Frage zu, welche Ergebnisse das Studium der Entwicklung des Menschen liefert. Ist er etwas Besonderes? Hat er seinen Ursprung auf völlig andere Weise als Hund, Vogel, Frosch und Fisch und rechtfertigt damit diejenigen, die behaupten, er habe keinen Platz in der Natur und keine wirkliche Affinität zur niederen Welt des Tierlebens? Oder stammt er aus einem ähnlichen Keim, durchläuft dieselben langsamen und allmählich fortschreitenden Veränderungen, ist auf dieselben Vorrichtungen zum Schutz und zur Ernährung angewiesen und gelangt schließlich mit Hilfe desselben Mechanismus auf die Welt? Die Antwort ist keinen Augenblick zweifelhaft und war auch in diesen dreißig Jahren zu keinem Zeitpunkt zweifelhaft. Ohne Frage sind die Entstehungsart und die frühen Stadien der Entwicklung des Menschen identisch mit denen der Tiere, die ihm auf der Skala unmittelbar untergeordnet sind: Ohne Zweifel steht er in dieser Hinsicht den Affen weit näher als die Affen zum Hund.

Die menschliche Eizelle hat einen Durchmesser von etwa $1/125$ Zoll und könnte mit den gleichen Begriffen beschrieben werden wie die des Hundes, so dass ich mich nur auf die Abbildung (14 A.) zur Veranschaulichung ihrer Struktur beziehen muss. Es verlässt das Organ, in dem es gebildet wird, auf die gleiche Weise und gelangt in die für seine Aufnahme vorbereitete organische Kammer auf die gleiche Weise, wobei die Bedingungen seiner Entwicklung in jeder Hinsicht die gleichen sind. Es war bisher nicht möglich (und nur durch einen seltenen Zufall wird es jemals möglich sein), die menschliche Eizelle in einem so frühen Entwicklungsstadium wie dem der Eigelbteilung zu untersuchen, aber es gibt allen Grund zu der Schlussfolgerung, dass die Veränderungen, die sie durchläuft, identisch sind mit denen, die die Eizellen anderer Wirbeltiere aufweisen; denn die formenden Materialien, aus denen der rudimentäre menschliche Körper besteht, sind in den frühesten Zuständen, in denen er beobachtet wurde, dieselben wie die anderer Tiere. Einige dieser frühesten Stadien werden unten dargestellt und sind, wie man sehen wird, genau mit den sehr frühen Stadien des Hundes vergleichbar; die wunderbare Übereinstimmung zwischen den beiden, die mit fortschreitender Entwicklung auch für einige Zeit aufrechterhalten wird und durch den einfachen Vergleich der Zahlen mit denen auf Seite 58 deutlich wird.

Tatsächlich dauert es sehr lange, bis der Körper des jungen Menschen leicht von dem des jungen Welpen unterschieden werden kann; aber zu einem ziemlich frühen Zeitpunkt werden die beiden durch die unterschiedliche Form ihrer Zusatzstoffe, des Dottersacks und der Allantois, unterscheidbar. Ersteres wird beim Hund lang und spindelförmig, während es beim Menschen kugelförmig bleibt; Letztere erreicht beim Hund eine extrem große Größe, und die Gefäßprozesse, die sich daraus entwickeln und schließlich zur Bildung der Plazenta führen (die sozusagen im elterlichen Organismus Wurzeln schlägt, um Nahrung zu beziehen). (daher, wie die Wurzel eines Baumes es aus dem Boden zieht) sind in einer umlaufenden Zone angeordnet, während beim Menschen die Allantois vergleichsweise klein bleibt und ihre Gefäßwurzeln schließlich auf einen scheibenförmigen Fleck beschränkt sind. Während also die Plazenta des Hundes wie ein Gürtel ist, hat die Plazenta des Menschen die Form eines Kuchens, worauf der Name des Organs hinweist.

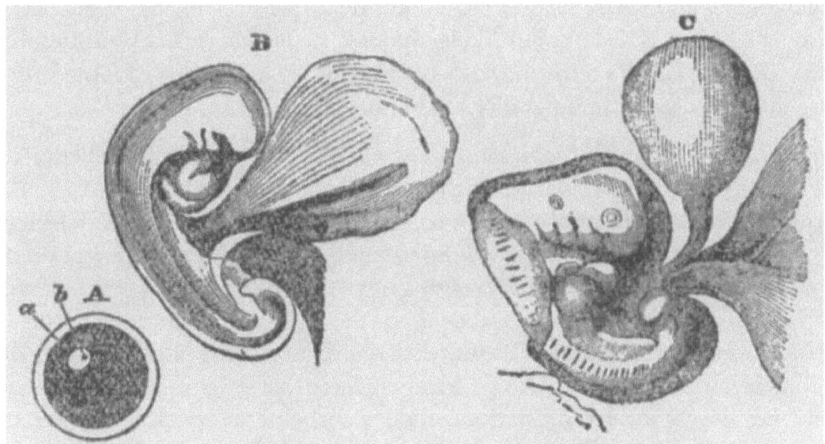

FEIGE. 14.- A. Menschliche Eizelle (nach Kölliker). A. Keimbläschen. B. Keimfleck.
B. Ein sehr früher Zustand des Menschen mit Dottersack, Allantois und Amnion (ursprünglich).
C. Ein fortgeschritteneres Stadium (nach Kölliker), vergleiche ABB. 13 , C.

Aber genau in den Punkten, in denen sich der sich entwickelnde Mensch vom Hund unterscheidet, ähnelt er dem Affen, der wie der Mensch einen kugelförmigen Dottersack und eine scheibenförmige – manchmal teilweise gelappte – Plazenta hat.

So weist der junge Mensch erst in ganz späteren Entwicklungsstadien deutliche Unterschiede zum jungen Affen auf, während dieser sich in seiner Entwicklung ebenso stark vom Hund unterscheidet wie der Mensch.

So verblüffend die letzte Behauptung auch erscheinen mag, sie ist nachweislich wahr, und sie allein scheint mir ausreichend, um die strukturelle Einheit des Menschen mit dem Rest der Tierwelt und insbesondere und enger mit den Affen außer Zweifel zu stellen.

Somit identisch in den physischen Prozessen, durch die er entsteht – identisch in den frühen Stadien seiner Bildung – identisch in der Art seiner Ernährung vor und nach der Geburt, mit den Tieren, die auf der Skala unmittelbar unter ihm liegen – der Mensch, wenn er erwachsen ist und ihre vollkommene Struktur weisen, wie zu erwarten war, im Vergleich zu ihrer Organisation eine wunderbare Ähnlichkeit auf. Er ähnelt ihnen, wie sie einander ähneln – er unterscheidet sich von ihnen, wie sie sich voneinander unterscheiden. – Und obwohl diese Unterschiede und Ähnlichkeiten nicht abgewogen und gemessen werden können, lässt sich ihr Wert leicht abschätzen; der Maßstab oder Maßstab des Urteils, der diesen Wert berührt, wird durch das System der Klassifizierung von Tieren geboten und ausgedrückt, das heute unter Zoologen üblich ist.

Eine sorgfältige Untersuchung der Ähnlichkeiten und Unterschiede, die Tiere aufweisen, hat Naturforscher tatsächlich dazu veranlasst, sie in Gruppen oder Ansammlungen anzuordnen, wobei alle Mitglieder jeder Gruppe ein bestimmtes Maß an definierbarer Ähnlichkeit aufweisen und die Anzahl der Ähnlichkeitspunkte geringer ist je größer *die* Gruppe ist und *umgekehrt* . Somit bilden alle Lebewesen, die sich nur darin einig sind, die wenigen charakteristischen Merkmale der Tierlichkeit aufzuweisen, das „Königreich" ANIMALIA . Die zahlreichen Tiere, die sich nur darin einig sind, dass sie die besonderen Merkmale der Wirbeltiere besitzen, bilden ein „Unterreich" dieses Königreichs. Dann wird das Unterreich VERTEBRATA in die fünf „Klassen" Fische, Amphibien, Reptilien, Vögel und Säugetiere und diese in kleinere Gruppen unterteilt, die „Ordnungen" genannt werden; diese in „Familien" und „Gattungen"; während die letzten schließlich in kleinste Ansammlungen zerlegt werden, die sich durch den Besitz konstanter, nicht-sexueller Charaktere auszeichnen. Diese ultimativen Gruppen sind Arten.

Jedes Jahr führt in der gesamten zoologischen Welt zu einer größeren Einheitlichkeit der Meinungen über die Grenzen und Charaktere dieser großen und kleinen Gruppen. Gegenwärtig hat beispielsweise niemand den geringsten Zweifel an den Charakteren der Klassen Mammalia, Aves oder Reptilia; Es stellt sich auch nicht die Frage, ob ein durchaus bekanntes Tier in die eine oder andere Klasse eingeordnet werden sollte. Auch hier besteht eine sehr allgemeine Übereinstimmung hinsichtlich der Merkmale und Grenzen der Ordnungen der Säugetiere und hinsichtlich der Tiere, die strukturell notwendig sind, um in der einen oder anderen Ordnung einen Platz einzunehmen.

Niemand zweifelt beispielsweise daran, dass das Faultier und der Ameisenfresser, das Känguru und das Opossum, der Tiger und der Dachs, der Tapir und das Nashorn jeweils Mitglieder derselben Ordnung sind. Diese aufeinanderfolgenden Tierpaare können, und manche tun es auch, sich in solchen Dingen wie den Proportionen und der Struktur ihrer Gliedmaßen enorm voneinander unterscheiden; die Anzahl ihrer Rücken- und Lendenwirbel ; die Anpassung ihres Körpers an Klettern, Springen oder Laufen; die Anzahl und Form ihrer Zähne; und die Charaktere ihrer Schädel und des darin enthaltenen Gehirns. Aber trotz all dieser Unterschiede sind sie in allen wichtigeren und grundlegenderen Merkmalen ihrer Organisation so eng miteinander verbunden und durch dieselben Merkmale so deutlich von anderen Tieren getrennt, dass Zoologen es für notwendig halten, sie als Mitglieder einer Ordnung zusammenzufassen . Und wenn ein neues Tier entdeckt würde und sich herausstellen würde, dass es beispielsweise keinen größeren Unterschied zum Känguru und zum Opossum aufweist als diese Tiere voneinander, wäre der Zoologe nicht nur logisch gezwungen, es in derselben Reihenfolge einzustufen diese, aber er würde nicht daran denken, etwas anderes zu tun.

Unter Berücksichtigung dieses offensichtlichen zoologischen Gedankengangs wollen wir uns für einen Moment bemühen , unser denkendes Selbst von der Maske der Menschheit zu lösen; Stellen wir uns, wenn man so will, wissenschaftliche Saturnianer vor, die mit den Tieren, die heute auf der Erde leben, einigermaßen vertraut sind und sich mit der Erörterung der Beziehungen beschäftigen, die sie zu einem neuen und einzigartigen „aufrechten und federlosen Zweibeiner" haben, den ein unternehmungslustiger Reisender überwunden hat von Raum und Schwerkraft, der von diesem fernen Planeten zu unserer Besichtigung mitgebracht wurde, möglicherweise gut erhalten, in einem Fass Rum. Wir sollten uns alle sofort darauf einigen, ihn zu den Wirbeltieren der Säugetiere zu zählen; und sein Unterkiefer, seine Backenzähne und sein Gehirn würden keinen Raum für Zweifel an der systematischen Stellung der neuen Gattung unter den Säugetieren lassen, deren Junge während der Schwangerschaft durch eine Plazenta ernährt werden, oder was man „Plazenta-Säugetiere" nennt. "

Darüber hinaus würde uns die oberflächlichste Untersuchung sofort davon überzeugen, dass es unter den Ordnungen der Plazenta-Säugetiere weder die Wale noch die Huftiere, noch die Faultiere und Ameisenfresser, noch die fleischfressenden Katzen, Hunde und Bären und schon gar nicht die Nagetiere gibt Ratten und Kaninchen, oder die insektenfressenden Maulwürfe und Igel oder die Fledermäuse könnten unseren „ *Homo* " als einen von sich beanspruchen.

Dann bliebe nur noch eine Vergleichsordnung übrig, nämlich die der Affen (wobei dieses Wort im weitesten Sinne verwendet wird), und die zu diskutierende Frage würde sich darauf beschränken: Ist der Mensch so unterschiedlich von einem dieser Affen, dass er eine bilden muss? selbst bestellen? Oder unterscheidet er sich weniger von ihnen, als sie sich voneinander unterscheiden, und muss daher seinen Platz in der gleichen Reihenfolge wie sie einnehmen?

Da wir glücklicherweise frei von jeglichem wirklichen oder eingebildeten persönlichen Interesse an den Ergebnissen der so eingeleiteten Untersuchung sind, sollten wir mit der Abwägung der Argumente auf der einen und der anderen Seite mit so viel richterlicher Ruhe fortfahren, als ob es sich bei der Frage um eine neue Frage handeln würde Beutelratte. Wir sollten uns bemühen , alle Merkmale zu ermitteln, durch die sich unser neues Säugetier von den Affen unterschied, ohne zu versuchen, sie zu vergrößern oder abzuschwächen. und wenn wir herausfanden, dass diese von geringerem strukturellen Wert waren als diejenigen, die bestimmte Mitglieder der Affenordnung von anderen unterscheiden, von denen allgemein anerkannt wird, dass sie derselben Ordnung angehören, würden wir zweifellos die neu entdeckte Gattung Tellur zu ihnen zählen.

letztgenannten Weg einzuschlagen .

Es ist ziemlich sicher, dass der Affe, der dem Menschen in seiner gesamten Organisation am nächsten kommt, entweder der Schimpanse oder der Gorilla ist; und da dies keinen praktischen Unterschied macht, werde ich für die Zwecke meiner vorliegenden Argumentation, die zum Vergleich einerseits mit dem Menschen und andererseits mit dem Rest der Primaten ausgewählt wird, [26] die auswählen letzterer (soweit seine Organisation bekannt ist) – als ein Tier, das heute in Prosa und Versen so berühmt ist, dass alle von ihm gehört und sich eine Vorstellung von seinem Aussehen gemacht haben müssen. Ich werde so viele der wichtigsten Unterschiede zwischen dem Menschen und diesem bemerkenswerten Geschöpf aufgreifen, wie der mir zur Verfügung stehende Raum zu der Diskussion zulässt und die Notwendigkeiten der Argumentation es erfordern; und ich werde den Wert und die Größe dieser Unterschiede untersuchen, wenn man sie denen gegenüberstellt, die den Gorilla von anderen Tieren derselben Ordnung unterscheiden.

In den allgemeinen Proportionen des Körpers und der Gliedmaßen gibt es einen bemerkenswerten Unterschied zwischen Gorilla und Mensch, der sofort ins Auge fällt. Das Gehirngehäuse des Gorillas ist kleiner, sein Rumpf größer, seine unteren Gliedmaßen kürzer und seine oberen Gliedmaßen länger als die des Menschen.

Ich finde, dass die Wirbelsäule eines ausgewachsenen Gorillas im Museum des Royal College of Surgeons entlang ihrer vorderen Krümmung 27 Zoll misst, vom oberen Rand des Atlas oder ersten Halswirbels bis zur unteren Extremität des Kreuzbeins; dass der Arm ohne Hand 31 $^1/_2$ Zoll lang ist; dass das Bein ohne Fuß 26 $^1/_2$ Zoll lang ist; dass die Hand 9 $^3/_4$ Zoll lang ist; der Fuß 11 $^1/_4$ Zoll lang.

Mit anderen Worten, wenn man die Länge der Wirbelsäule mit 100 annimmt, beträgt der Arm 115, das Bein 96, die Hand 36 und der Fuß 41.

Im Skelett eines männlichen Bosjesman in derselben Sammlung betragen die Proportionen der Wirbelsäule, angenommen mit 100, nach demselben Maß: der Arm 78, das Bein 110, die Hand 26 und der Fuß 32. In Bei einer Frau derselben Rasse ist der Arm 83 und das Bein 120, Hand und Fuß bleiben gleich. Bei einem europäischen Skelett finde ich den Arm 80, das Bein 117, die Hand 26, den Fuß 35.

Daher unterscheidet sich das Bein in seinen Proportionen nicht so stark von der Wirbelsäule des Gorillas und des Menschen, wie es auf den ersten Blick aussieht – es ist geringfügig kürzer als die Wirbelsäule des ersteren und zwischen $1/_{10}$ und $1/_5$ länger die Wirbelsäule in letzterem. Der Fuß ist beim Gorilla länger und die Hand viel länger; aber der große Unterschied wird durch die Arme verursacht, die sehr viel länger als die Wirbelsäule des Gorillas und sehr viel kürzer als die Wirbelsäule des Menschen sind.

Es stellt sich nun die Frage, wie die anderen Affen in dieser Hinsicht mit dem Gorilla verwandt sind – wenn man die auf die gleiche Weise gemessene Länge der Wirbelsäule mit 100 annimmt. Bei einem erwachsenen Schimpansen beträgt der Arm nur 96, das Bein 90, die Hand 43, der Fuß 39 – so dass die Hand und das Bein mehr vom menschlichen Verhältnis abweichen und der Arm weniger, während der Fuß ungefähr derselbe ist wie beim Gorilla.

Beim Orang sind die Arme sehr viel länger als beim Gorilla (122), während die Beine kürzer sind (88); Der Fuß ist länger als die Hand (52 und 48), und beide sind im Verhältnis zur Wirbelsäule viel länger.

Bei den anderen menschenähnlichen Affen wiederum, den Gibbons, sind diese Verhältnisse noch weiter verändert; die Länge der Arme beträgt 19 zu 11 zu der Länge der Wirbelsäule; während die Beine auch ein Drittel länger als die Wirbelsäule sind, also länger als beim Menschen, statt kürzer. Die Hand ist halb so lang wie die Wirbelsäule und der Fuß ist kürzer als die Hand und beträgt etwa $5/_{11}$ Tausendstel der Länge der Wirbelsäule.

Hylobates hat also ebenso viel längere Arme als der Gorilla, wie der Gorilla längere Arme hat als der Mensch; während es andererseits in den Beinen ebenso viel länger ist als der Mann, wie der Mann in den Beinen länger ist als der Gorilla, so dass es in sich die extremsten Abweichungen von der durchschnittlichen Länge beider Gliedmaßenpaare enthält (siehe Frontispiz).

Der Mandrill stellt einen mittleren Zustand dar, wobei die Arme und Beine nahezu gleich lang und beide kürzer als die Wirbelsäule sind; während Hand und Fuß nahezu die gleichen Proportionen zueinander und zur Wirbelsäule haben wie beim Menschen.

Beim Klammeraffen (*Ateles*) ist das Bein länger als die Wirbelsäule und der Arm länger als das Bein; und schließlich ist bei dieser bemerkenswerten lemurinen Form, dem Indri (*Lichanotus*), das Bein etwa so lang wie die Wirbelsäule, während der Arm nicht mehr als 11/18 seiner Länge ausmacht; Die Hand hat etwas weniger und der Fuß etwas mehr als ein Drittel der Länge der Wirbelsäule.

Diese Beispiele ließen sich sehr vervielfachen, aber sie genügen, um zu zeigen, dass die anderen Affen, in welchen Proportionen ihrer Gliedmaßen sich auch immer vom Menschen unterscheidet, die anderen Affen noch weiter vom Gorilla abweichen und dass solche Proportionsunterschiede folglich keine Ordnungszahl haben können Wert.

Als nächstes können wir die Unterschiede betrachten, die der Rumpf, der aus der Wirbelsäule oder dem Rückgrat besteht, und die Rippen und das Becken oder das knöcherne Hüftbecken, die damit verbunden sind, beim Menschen bzw. beim Gorilla darstellen.

hat die Wirbelsäule als Ganzes ein elegantes Aussehen, teilweise infolge der Anordnung der Gelenkflächen der Wirbel und größtenteils infolge der elastischen Spannung einiger der Faserbänder oder Bänder, die diese Wirbel miteinander verbinden S-förmige Krümmung, konvex nach vorne im Nacken, konkav im Rücken, konvex in den Lenden oder im Lendenbereich und wiederum konkav im Kreuzbeinbereich; eine Anordnung, die dem gesamten Rückgrat viel Elastizität verleiht und die durch die Fortbewegung in der aufrechten Stellung auf die Wirbelsäule und durch sie auf den Kopf übertragene Erschütterung verringert.

Darüber hinaus hat der Mensch unter normalen Umständen sieben Halswirbel , die als *Halswirbel* bezeichnet werden ; Darauf folgen zwölf, die Rippen tragen und den oberen Teil des Rückens bilden, weshalb sie als *dorsal bezeichnet werden* . fünf liegen in den Lenden, tragen keine deutlichen oder freien Rippen und werden *Lendenrippen genannt* ; Auf diese folgen fünf, die zu einem großen Knochen zusammengefügt, vorne ausgegraben, fest zwischen den Hüftknochen eingeklemmt sind, um die Rückseite des Beckens zu bilden, und unter dem Namen Kreuzbein bekannt *sind* . und schließlich bilden drei oder vier kleine, mehr oder weniger bewegliche Knochen, die so klein sind, dass sie unbedeutend sind, das *Steißbein* oder den rudimentären Schwanz.

Beim Gorilla ist die Wirbelsäule in ähnlicher Weise in Hals-, Rücken-, Lenden-, Kreuzbein- und Steißbeinwirbel unterteilt , und die Gesamtzahl der

Hals- und Rückenwirbel ist zusammengenommen dieselbe wie beim Menschen; aber die Entwicklung eines Rippenpaares bis zum ersten Lendenwirbel, was beim Menschen eine Ausnahmeerscheinung ist, ist beim Gorilla die Regel; und da sich die Lendenwirbel von den Rückenwirbeln nur durch das Vorhandensein oder Fehlen freier Rippen unterscheiden, sind die siebzehn „ dorso -lumbalen" Wirbel des Gorillas in dreizehn Rücken- und vier Lendenwirbel unterteilt, während es beim Menschen zwölf Rücken- und fünf Lendenwirbel sind .

Allerdings besitzt der Mensch nicht nur gelegentlich dreizehn Rippenpaare, [27] sondern auch der Gorilla hat manchmal vierzehn Paare, während ein Orang- Utan- Skelett im Museum des Royal College of Surgeons zwölf Rücken- und fünf Lendenwirbel aufweist , wie in Mann. Cuvier vermerkt die gleiche Zahl in einem *Hylobates* . Andererseits besitzen viele der niederen Affen zwölf Rücken- und sechs oder sieben Lendenwirbel ; Der Douroucouli hat vierzehn Rücken- und acht Lendenwirbel, und ein Lemur (*Stenops tardigradus*) hat fünfzehn Rücken- und neun Lendenwirbel .

Die Wirbelsäule des Gorillas als Ganzes unterscheidet sich von der des Menschen durch den weniger ausgeprägten Charakter ihrer Krümmungen, insbesondere durch die geringere Konvexität der Lendengegend. Dennoch sind die Krümmungen vorhanden und bei jungen Skeletten von Gorillas und Schimpansen, die ohne Entfernung der Bänder präpariert wurden, deutlich zu erkennen. Bei ähnlich erhaltenen jungen Orangs hingegen ist die Wirbelsäule im gesamten Lendenbereich entweder gerade oder sogar nach vorne konkav.

Ob wir nun diese Merkmale annehmen oder so unbedeutende Merkmale wie diejenigen, die sich aus der proportionalen Länge der Stacheln der Halswirbel und dergleichen ableiten lassen, es besteht überhaupt kein Zweifel hinsichtlich des deutlichen Unterschieds zwischen Mensch und Gorilla; aber es gibt ebenso wenig, dass zwischen dem Gorilla und den niederen Affen gleichermaßen deutliche Unterschiede in derselben Größenordnung bestehen.

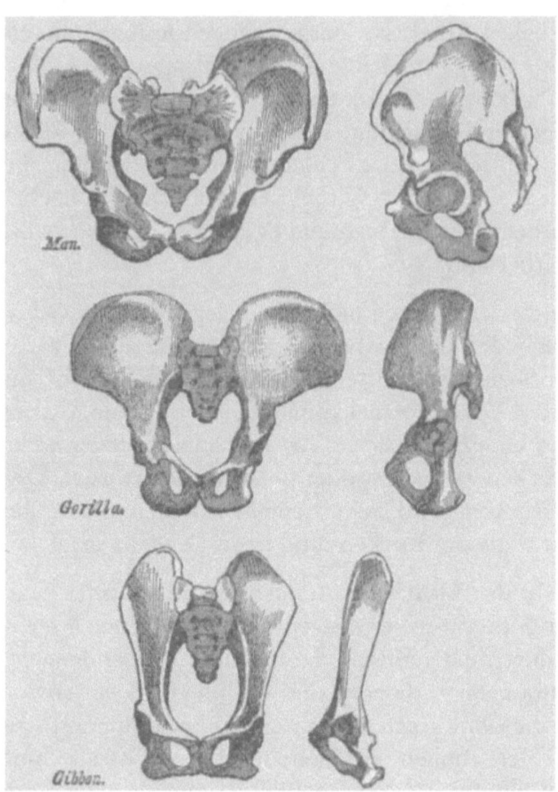

FEIGE. 15. – Vorder- und Seitenansicht des knöchernen Beckens des Menschen, des Gorillas und des Gibbons: reduziert nach Zeichnungen aus der Natur, gleicher absoluter Länge, von Mr. Waterhouse Hawkins.

Das Becken oder der knöcherne Hüftgürtel des Menschen ist ein auffallend menschlicher Teil seiner Organisation; Die erweiterten Gesäßknochen unterstützen seine Eingeweide während seiner gewöhnlich aufrechten Haltung und bieten Raum für den Ansatz der großen Muskeln, die es ihm ermöglichen, diese Haltung einzunehmen und beizubehalten. In dieser Hinsicht unterscheidet sich das Becken des Gorillas ganz erheblich von seinem (Abb. 15). Aber gehen Sie nicht tiefer als zum Gibbon und sehen Sie, wie weit mehr er sich vom Gorilla unterscheidet als dieser vom Menschen, selbst in dieser Struktur. Schauen Sie sich die flachen, schmalen Hüftknochen an – den langen und schmalen Gang – die groben , nach außen gebogenen Sitzbeinvorsprünge, auf denen der Gibbon gewöhnlich ruht und die von den sogenannten „Schwielen", dichten Hautflecken, bedeckt sind, die völlig fehlen beim Gorilla, beim Schimpansen und beim Orang, wie beim Menschen!

Bei den niederen Affen und den Lemuren wird der Unterschied noch deutlicher, da das Becken einen völlig vierbeinigen Charakter annimmt.

Doch wenden wir uns nun einem edleren und charakteristischeren Organ zu – dem, durch das sich der menschliche Körper so stark von allen anderen zu unterscheiden scheint und tatsächlich ist – ich meine den Schädel. Die Unterschiede zwischen dem Schädel eines Gorillas und dem eines Menschen sind wirklich immens (Abb. 16). Bei ersteren überwiegt das Gesicht, das größtenteils aus den massiven Kieferknochen besteht, gegenüber der Gehirnhülle oder dem eigentlichen Schädel; bei letzteren sind die Proportionen der beiden umgekehrt. Beim Mann liegt das Foramen occipitalis, durch das der große Nervenstrang verläuft, der das Gehirn mit den Nerven des Körpers verbindet, direkt hinter der Mitte der Schädelbasis, die dadurch in der aufrechten Haltung gleichmäßig ausgeglichen wird; beim Gorilla liegt es im hinteren Drittel dieser Basis. Beim Menschen ist die Oberfläche des Schädels verhältnismäßig glatt, und die supraciliaren Wülste oder Augenbrauenvorsprünge ragen gewöhnlich nur wenig hervor, während sich beim Gorilla ausgedehnte Kämme auf dem Schädel entwickeln und die Augenbrauenwülste wie große über die Höhlenhöhlen hinausragen Penthäuser.

Abschnitte der Schädel zeigen jedoch, dass einige der offensichtlichen Defekte am Schädel des Gorillas in Wirklichkeit nicht so sehr auf einen Mangel an Gehirnhülle, sondern vielmehr auf eine übermäßige Entwicklung der Gesichtsteile zurückzuführen sind. Die Schädelhöhle ist nicht schlecht geformt, und die Stirn ist nicht wirklich abgeflacht oder sehr zurückweichend, ihre wirklich wohlgeformte Krümmung wird einfach durch die Knochenmasse verdeckt, die sich an ihr aufbaut (Abb. 16).

Aber die Dächer der Augenhöhlen steigen schräger in die Schädelhöhle hinein, wodurch der Platz für den unteren Teil der Vorderlappen des Gehirns verringert wird, und die absolute Kapazität des Schädels ist weitaus geringer als die des Menschen. Soweit mir bekannt ist, wurde noch kein menschlicher Schädel eines erwachsenen Mannes mit einer Kubikkapazität von weniger als 62 Kubikzoll beobachtet, wobei Morton mit 63 Kubikzoll den kleinsten Schädel aller Menschenrassen beobachtete; Andererseits hat der größte bisher gemessene Gorillaschädel einen Inhalt von nicht mehr als $34 \, {}^{1}/_{2}$ Kubikzoll. Nehmen wir der Einfachheit halber an, dass der Schädel des niedrigsten Menschen die doppelte Kapazität hat wie der des höchsten Gorillas. [28]

Zweifellos ist dies ein sehr auffälliger Unterschied, aber er verliert viel von seinem scheinbaren systematischen Wert, wenn er im Lichte bestimmter anderer ebenso unbestreitbarer Tatsachen über die Schädelkapazitäten betrachtet wird.

Die erste davon ist, dass der Unterschied im Volumen der Schädelhöhle verschiedener Rassen der Menschheit absolut viel größer ist als der zwischen dem niedrigsten Menschen und dem höchsten Affen, während er relativ gesehen ungefähr gleich ist. Denn der größte von Morton gemessene menschliche Schädel enthielt 114 Kubikzoll, hatte also fast das Doppelte des Fassungsvermögens des kleinsten; während sein absolutes Übergewicht mit 52 Kubikzoll weitaus größer ist als das, um das der niedrigste erwachsene männliche Menschenschädel den größten der Gorillas übertrifft (62-34 $^1/_2$; = 27 $^{11}/_2$). Zweitens unterscheiden sich die bisher gemessenen erwachsenen Schädel von Gorillas um fast ein Drittel voneinander, wobei die maximale Kapazität 34,5 Kubikzoll beträgt, die minimale 24 Kubikzoll; und drittens fallen die Schädelkapazitäten einiger niedrigerer Affen, wenn man alle gebührenden Größenunterschiede berücksichtigt, fast ebenso weit unter die der höheren Affen, wie diese unter die des Menschen fallen.

Selbst in der wichtigen Frage der Schädelkapazität unterscheiden sich die Menschen daher stärker voneinander als die Affen. während sich die niedrigsten Affen proportional ebenso sehr von den höchsten unterscheiden, wie letztere vom Menschen. Der letzte Satz wird noch besser durch das Studium der Modifikationen veranschaulicht, die andere Teile des Schädels in der Simian-Reihe erfahren.

Es ist die große proportionale Größe der Gesichtsknochen und die große Projektion der Kiefer, die dem Schädel des Gorillas seinen kleinen Gesichtswinkel und seinen brutalen Charakter verleihen.

Wenn wir jedoch nur die proportionale Größe der Gesichtsknochen zum eigentlichen Schädel berücksichtigen, unterscheidet sich der kleine *Chrysothrix* (Abb. 16) sehr stark vom Gorilla, und zwar in der gleichen Weise wie der Mensch; während die Paviane (*Cynocephalus* , Abb. 16) die groben Proportionen der Schnauze des großen Anthropoiden übertreiben, so dass sein Gesicht im Vergleich zu ihrem mild und menschlich aussieht. Der Unterschied
zwischen Gorilla und Pavian ist noch größer, als es auf den ersten Blick scheint; denn die große Gesichtsmasse der ersteren ist größtenteils auf eine nach unten gerichtete Entwicklung der Kiefer zurückzuführen; ein im Wesentlichen menschlicher Charakter, der der fast rein vorwärts gerichteten, im Wesentlichen brutalen Entwicklung derselben Teile hinzugefügt wird, die den Pavian charakterisiert und den Lemur noch bemerkenswerter auszeichnet.

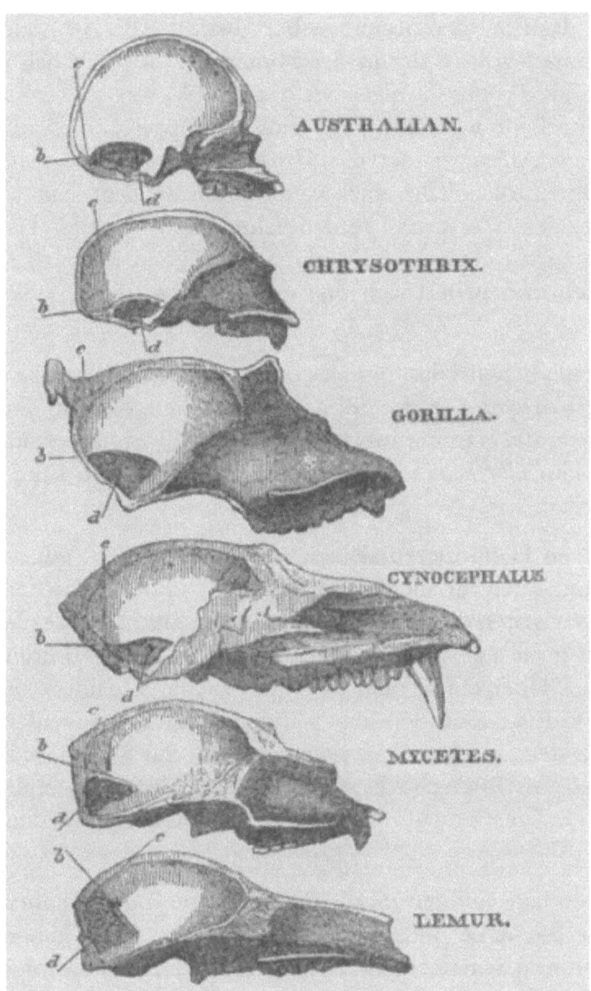

FEIGE. 16. – Abschnitte der Schädel von Menschen und verschiedenen Affen, so gezeichnet, dass die Gehirnhöhle jeweils die gleiche Länge hat und dadurch die unterschiedlichen Proportionen der Gesichtsknochen sichtbar werden. Die Linie *b* gibt die Ebene des Tentoriums an, das das Großhirn vom Kleinhirn trennt; *d*, die Achse des Hinterhauptausgangs des Schädels. Die Ausdehnung der Gehirnhöhle hinter *c*, einer Senkrechten auf *b* an der Stelle, an der das Tentorium hinten ansetzt, gibt den Grad an, in dem das Großhirn das Kleinhirn überlappt – der von ihm eingenommene Raum wird grob durch die dunkle Schattierung angezeigt. Beim Vergleich dieser Diagramme muss berücksichtigt werden, dass Abbildungen in einem so kleinen Maßstab wie diesen lediglich die Aussagen im Text veranschaulichen, deren Beweis in den Objekten selbst zu finden ist.

Ebenso liegt das Foramen occipitalis bei *Mycetes* (Abb. 16) und noch mehr bei den Lemuren vollständig in der Hinterseite des Schädels oder so viel weiter hinten als das des Gorillas, wie das des Gorillas weiter hinten liegt als das des Menschen; während die gleiche Gruppe von Platyrhinen oder amerikanischen Affen, zu der die *Myceten gehören, den Chrysothrix* enthält , dessen Foramen occipitalis viel weiter entfernt liegt, als wollte er die Sinnlosigkeit des Versuchs verdeutlichen, eine breite klassifizierende Unterscheidung auf ein solches Merkmal zu stützen vorwärts als bei jedem anderen Affen und nähert sich fast der Position, die es beim Menschen einnimmt.

Auch hier ist der Schädel des Orangs ebenso frei von übermäßig entwickelten supraciliären Vorsprüngen wie der eines Menschen, obwohl einige Arten an anderer Stelle große Kämme aufweisen (siehe S. 39); und bei einigen Cebine-Affen und beim *Chrysothrix* ist der Schädel so glatt und rund wie der des Menschen selbst.

Was von diesen Hauptmerkmalen des Schädels zutrifft, gilt, wie man sich vorstellen kann, auch für alle Nebenmerkmale; so dass für jeden konstanten Unterschied zwischen dem Schädel des Gorillas und dem des Menschen ein ähnlicher konstanter Unterschied derselben Größenordnung (d. h. bestehend aus Überschuss oder Mangel gleicher Qualität) zwischen dem Schädel des Gorillas und dem eines anderen gefunden werden kann Affe. Daher gilt für den Schädel, nicht weniger als für das Skelett im Allgemeinen, der Satz, dass die Unterschiede zwischen dem Menschen und dem Gorilla von geringerem Wert sind als die zwischen dem Gorilla und einigen anderen Affen.

Im Zusammenhang mit dem Schädel kann ich von den Zähnen sprechen – Organen, die einen besonderen klassifizierenden Wert haben und deren Ähnlichkeiten und Unterschiede in Anzahl, Form und Abfolge als Ganzes normalerweise als vertrauenswürdigere Indikatoren für Verwandtschaft angesehen werden als alle anderen Andere.

Der Mensch verfügt über zwei Zahnreihen: Milchzähne und bleibende Zähne. Erstere bestehen aus vier Schneidezähnen oder Schneidezähnen; zwei Eckzähne oder Eckzähne; und vier Backenzähne oder Schleifer in jedem Kiefer, also insgesamt zwanzig. Letztere (Abb. 17) bestehen aus vier Schneidezähnen, zwei Eckzähnen, vier kleinen Schleifern, Prämolaren oder falschen Molaren genannt, und sechs großen Schleifern oder echten Molaren in jedem Kiefer – also insgesamt zweiunddreißig. Die inneren Schneidezähne sind im Oberkiefer größer als das äußere Paar, im Unterkiefer kleiner als das äußere Paar. Die Kronen der oberen Molaren weisen vier Höcker oder stumpfspitzige Erhebungen auf, und ein Grat durchquert die Krone schräg vom inneren, vorderen Höcker zum äußeren, hinteren Höcker (Abb. 17 *m²*

). Die vorderen unteren Molaren haben fünf Höcker, drei äußere und zwei innere. Die Prämolaren haben zwei Höcker, einen inneren und einen äußeren, von denen der äußere der höhere ist.

In all diesen Hinsichten kann das Gebiss des Gorillas mit den gleichen Begriffen beschrieben werden wie das des Menschen; aber in anderen Dingen weist es viele und wichtige Unterschiede auf (Abb. 17).

Somit bilden die Zähne des Menschen eine regelmäßige und gleichmäßige Reihe – ohne Unterbrechung und ohne deutlichen Vorsprung eines Zahns über das Niveau der anderen; Eine Besonderheit, die, wie Cuvier vor langer Zeit gezeigt hat, kein anderes Säugetier außer einem einzigen – einem Lebewesen, das sich so sehr vom Menschen unterscheidet, wie man es sich vorstellen kann –, nämlich dem längst ausgestorbenen *Anoplotherium* , aufweist . Die Zähne des Gorillas hingegen weisen in beiden Kiefern eine Lücke oder einen Zwischenraum auf, der als *Diastema bezeichnet* wird: vor dem Augenzahn oder zwischen ihm und dem äußeren Schneidezahn im Oberkiefer; hinter dem Augenzahn oder zwischen ihm und dem vorderen falschen Backenzahn im Unterkiefer. In diesen Bruch in der Reihe passt in jedem Kiefer der Eckzahn des gegenüberliegenden Kiefers; Die Größe des Augenzahns beim Gorilla ist so groß, dass er wie ein Stoßzahn weit über die allgemeine Höhe der anderen Zähne hinausragt. Die Wurzeln der falschen Backenzähne des Gorillas sind wiederum komplexer als beim Menschen, und die proportionale Größe der Backenzähne ist anders. Beim Gorilla ist die Krone des hintersten Kiefers des Unterkiefers komplexer und die Reihenfolge des Durchbruchs der bleibenden Zähne ist unterschiedlich; Die bleibenden Eckzähne erscheinen beim Menschen vor dem zweiten und dritten Backenzahn und beim Gorilla danach.

Während also die Zähne des Gorillas denen des Menschen in Anzahl, Art und im allgemeinen Muster ihrer Kronen sehr ähneln, weisen sie in sekundären Aspekten, wie etwa der relativen Größe, der Anzahl der Reißzähne und der Reihenfolge, deutliche Unterschiede zu denen des Menschen auf des Aussehens.

Wenn man jedoch die Zähne des Gorillas mit denen eines Affen vergleicht, der nicht weiter von ihm entfernt ist als ein *Cynocephalus* oder Pavian, wird man feststellen, dass Unterschiede und Ähnlichkeiten derselben Art leicht zu beobachten sind; aber dass der Gorilla in vielen Punkten dem Menschen ähnelt, unterscheidet sich vom Pavian; während verschiedene Aspekte, in denen es sich vom Menschen unterscheidet, im *Cynocephalus übertrieben dargestellt werden* . Die Anzahl und die Art der Zähne bleiben beim Pavian, beim Gorilla und beim Menschen gleich. Aber das Muster der oberen Backenzähne des Pavians unterscheidet sich deutlich von dem oben beschriebenen (Abb. 17), die Eckzähne sind proportional länger und messerartiger; der vordere Prämolar im Unterkiefer ist speziell modifiziert; Der hintere Backenzahn des Unterkiefers ist immer noch größer und komplexer als beim Gorilla.

Wenn wir von den Affen der alten Welt zu denen der neuen Welt übergehen, stoßen wir auf eine Veränderung von viel größerer Bedeutung als alle diese. Bei einer Gattung wie *Cebus* zum Beispiel (Abb. 17) wird man feststellen, dass in einigen sekundären Punkten, wie der Projektion der Eckzähne und dem Diastema, die Ähnlichkeit mit dem Menschenaffen erhalten bleibt; In anderer und wichtiger Hinsicht ist das Gebiss völlig anders. Statt 20 Zähnen in der Milchgarnitur sind es 24; statt 32 Zähnen in der Dauergarnitur sind es 36, wobei die falschen Backenzähne von acht auf zwölf erhöht wurden. Und in ihrer Form ähneln die Kronen der Backenzähne stark denen des Gorillas und weichen weitaus stärker vom menschlichen Muster ab.

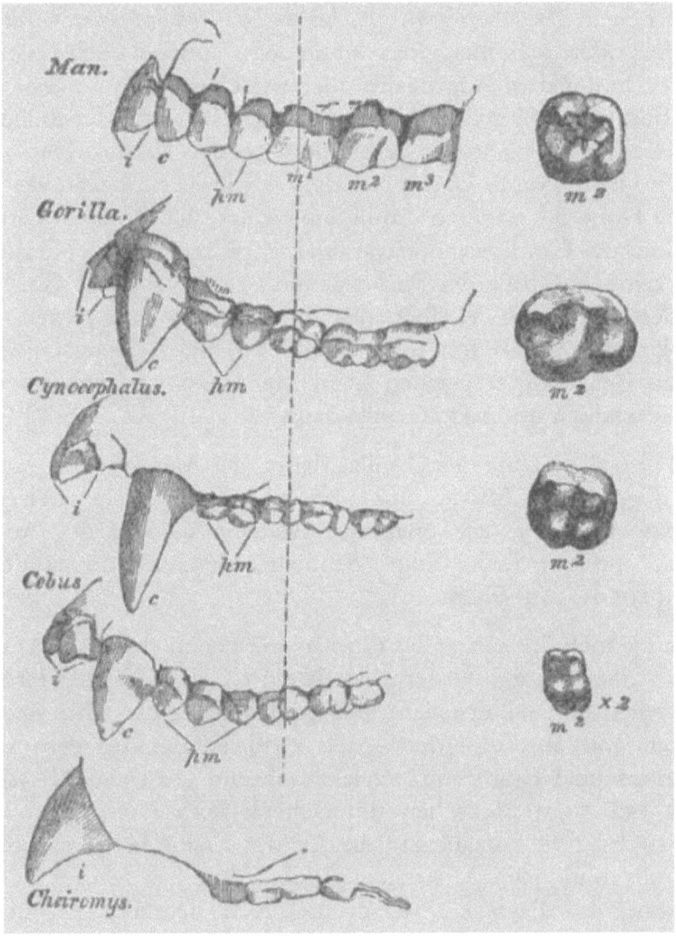

Die Weißbüschelaffen hingegen weisen die gleiche Anzahl Zähne auf wie der Mensch und der Gorilla; aber ungeachtet dessen ist ihr Gebiss sehr unterschiedlich, denn sie haben vier falsche Backenzähne mehr, wie die anderen amerikanischen Affen – aber da sie vier echte Backenzähne weniger haben, bleibt die Gesamtzahl gleich. Und beim Übergang von den amerikanischen Affen zu den Lemuren unterscheidet sich das Gebiss noch vollständiger und wesentlicher von dem des Gorillas. Die Schneidezähne beginnen sowohl in ihrer Anzahl als auch in ihrer Form zu variieren. Die Backenzähne nehmen immer mehr einen vielzackigen, insektenfressenden Charakter an, und bei einer Gattung, den Aye-Aye (*Cheiromys*), verschwinden die Eckzähne und die Zähne ahmen vollständig die eines Nagetiers nach (Abb. 17).

Daher ist es offensichtlich, dass sich das Gebiss des höchsten Affen, so sehr es sich auch von dem des Menschen unterscheidet, weitaus stärker von dem der niederen und niedrigsten Affen unterscheidet.

Welcher Teil des tierischen Gewebes – welche Muskelreihe, welche Eingeweide auch immer zum Vergleich ausgewählt werden –, das Ergebnis wäre das gleiche – die niederen Affen und der Gorilla würden sich stärker unterscheiden als der Gorilla und der Mensch. Ich kann an dieser Stelle nicht versuchen, alle diese Vergleiche im Detail zu verfolgen, und es ist in der Tat unnötig, dass ich dies tun sollte. Es bleiben jedoch bestimmte reale oder vermeintliche strukturelle Unterschiede zwischen Menschen und Affen bestehen, auf die so viel Wert gelegt wurde, dass sie einer sorgfältigen Betrachtung bedürfen, damit den wahren Werten den realen und deren Leere zugeschrieben werden kann diejenigen, die fiktiv sind, können offengelegt werden. Ich beziehe mich auf die Charaktere der Hand, des Fußes und des Gehirns.

Der Mensch wurde als das einzige Tier definiert, das zwei Hände an den Vorderbeinen und zwei Füße an den Hinterbeinen besaß, während gesagt wurde, dass alle Affen vier Hände besitzen; und es wurde bestätigt, dass er sich grundlegend von allen Affen in den Merkmalen seines Gehirns unterscheidet, das allein, wie seltsamerweise immer wieder behauptet wurde, die Strukturen aufweist, die den Anatomen als Hinterlappen, hinteres Cornu des Seitenventrikels bekannt sind und der Hippocampus Minor.

Dass der erstere Vorschlag allgemeine Akzeptanz gefunden hat, ist nicht überraschend – in der Tat spricht auf den ersten Blick alles für ihn; aber was den zweiten betrifft, kann man den überragenden Mut seines Verkünders nur bewundern, da es sich um eine Neuerung handelt Dies steht nicht nur im Widerspruch zu allgemein und zu Recht akzeptierten Lehren, sondern wird auch durch die Aussagen aller ursprünglichen Forscher, die die Angelegenheit speziell untersucht haben, direkt negiert: und dass es weder durch ein einziges anatomisches Präparat gestützt wurde noch gestützt werden kann. Tatsächlich wäre es einer ernsthaften Widerlegung nicht würdig, es sei denn, es gäbe die allgemeine und natürliche Überzeugung, dass bewusste und wiederholte Behauptungen eine gewisse Grundlage haben müssen.

Bevor wir den ersten Punkt sinnvoll diskutieren können, müssen wir die Struktur der menschlichen Hand und die des menschlichen Fußes mit einiger Aufmerksamkeit betrachten und miteinander vergleichen, damit wir klare und klare Vorstellungen davon haben, was eine Hand ausmacht und was eine Fuß.

Die äußere Form der menschlichen Hand ist jedem bekannt genug . Es besteht aus einem kräftigen Handgelenk, gefolgt von einer breiten Handfläche aus Fleisch, Sehnen und Haut, die vier Knochen zusammenhält und sich in vier lange und flexible Finger oder Finger teilt, von denen jeder auf der Rückseite seines letzten Gelenks aufliegt ein breiter und abgeflachter Nagel. Der längste Spalt zwischen zwei Fingern ist etwas weniger als halb so lang wie die Hand. Von der Außenseite der Basis der Handfläche geht ein kräftiger Finger ab, der nur zwei statt drei Gelenke hat; so kurz, dass es nur wenig über die Mitte des ersten Gelenks des nächsten Fingers hinausreicht; und außerdem bemerkenswert durch seine große Beweglichkeit, wodurch es fast im rechten Winkel zum Rest nach außen gerichtet werden kann. Dieser Finger wird „ *Pollex* “ oder Daumen genannt ; und wie die anderen trägt es einen flachen Nagel auf der Rückseite seines Endgelenks. Aufgrund der Proportionen und Beweglichkeit des Daumens wird er als „opponierbar“ bezeichnet; mit anderen Worten, sein Ende kann mit größter Leichtigkeit mit den Enden eines beliebigen Fingers in Kontakt gebracht werden; eine Eigenschaft, von der die Möglichkeit, dass wir die Vorstellungen des Geistes in die Tat umsetzen, weitgehend abhängt .

Die äußere Form des Fußes weicht stark von der der Hand ab; und doch weisen die beiden bei genauerem Vergleich einige einzigartige Ähnlichkeiten auf. Somit korrespondiert der Knöchel in gewisser Weise mit dem

Handgelenk; die Sohle mit der Handfläche; die Zehen mit den Fingern; die große Zehe mit dem Daumen. Aber die Zehen oder Finger des Fußes sind im Verhältnis viel kürzer als die Finger der Hand und weniger beweglich, wobei der Mangel an Beweglichkeit am stärksten bei der großen Zehe auffällt, die wiederum im Verhältnis dazu sehr viel größer ist die anderen Zehen als der Daumen bis zu den Fingern. Bei der Betrachtung dieses Punktes darf jedoch nicht vergessen werden, dass die zivilisierte große Zehe, die von Kindheit an eingeschränkt und verkrampft ist, als sehr benachteiligt angesehen wird und dass sie bei unzivilisierten und barfüßigen Menschen einen großen Teil ihrer Beweglichkeit, wenn nicht sogar einige, behält eine Art Widersprüchlichkeit. Die chinesischen Schiffer sollen mit seiner Hilfe ein Ruder ziehen, die bengalischen Handwerker weben und die Carajas Angelhaken stehlen können; Allerdings muss man sich schließlich daran erinnern, dass die Struktur seiner Gelenke und die Anordnung seiner Knochen zwangsläufig dazu führen, dass seine Greiffunktion weitaus weniger perfekt ist als die des Daumens.

Aber um eine genaue Vorstellung von den Ähnlichkeiten und Unterschieden der Hand und des Fußes und von den besonderen Merkmalen beider zu bekommen, müssen wir unter die Haut schauen und das knöcherne Gerüst und seinen motorischen Apparat bei beiden vergleichen (Abb. 18).

Das Skelett der Hand weist in der Region, die wir Handgelenk nennen und die technisch Carpus genannt wird, zwei *Reihen* eng anliegender, vieleckiger Knochen auf, vier in jeder Reihe, die einigermaßen gleich groß sind. Die Knochen der ersten Reihe bilden zusammen mit den Knochen des Unterarms das Handgelenk und sind nebeneinander angeordnet, sodass keiner den Rest wesentlich überragt oder überlappt.

Die vier Knochen der zweiten Handwurzelreihe tragen die vier Röhrenknochen, die die Handfläche stützen. Der fünfte Knochen gleicher Art ist mit seinem Handwurzelknochen viel freier und beweglicher als die anderen artikuliert und bildet die Basis des Daumens. Diese werden *Mittelhandknochen genannt* und tragen die *Phalangen* oder Fingerknochen, von denen es zwei im Daumen und drei in jedem Finger gibt.

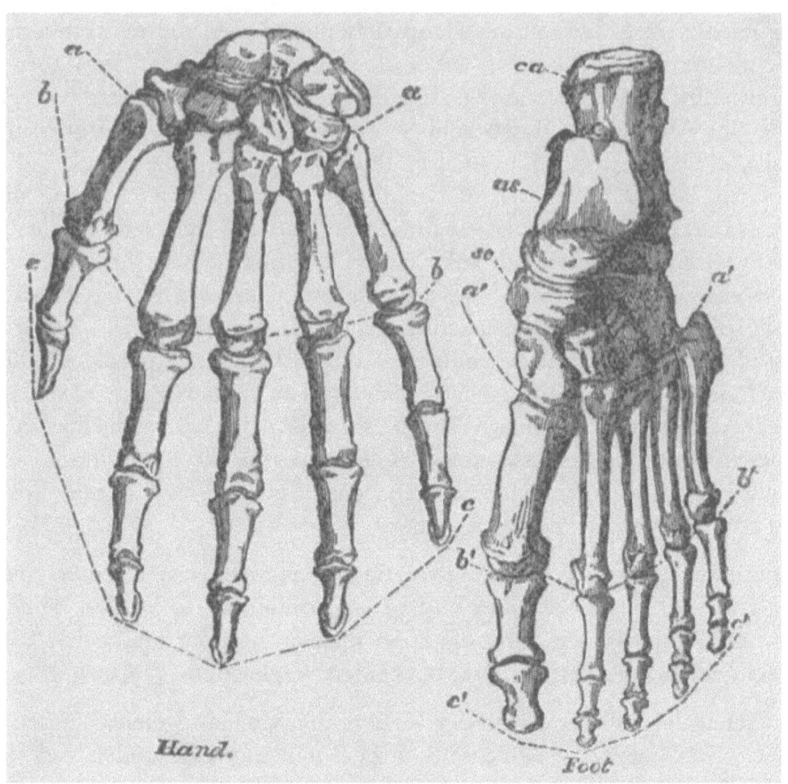

FEIGE. 18. – Das Skelett der Hand und des Fußes des Menschen, reduziert aus Dr. Carters Zeichnungen in Grays „Anatomy". Die Hand ist größer gezeichnet als der Fuß. Die Linie *a a* in der Hand zeigt die Grenze zwischen Handwurzel und Mittelhand an; *b b* das zwischen letzterem und den proximalen Phalangen; *c c* markiert die Enden der Endphalangen. Die Linie *a′ a′* im Fuß markiert die Grenze zwischen Tarsus und Metatarsus; *b′ b′* markiert das zwischen dem Mittelfuß und den proximalen Phalangen; und *c′ c′* begrenzt die Enden der Endphalangen; *ca*, das Kalkaneum; *als*, der Astragalus; *sc*, das Kahnbein im Tarsus.

Das Fußskelett ähnelt in mancher Hinsicht stark dem der Hand. So gibt es in den kleinen Zehen jeweils drei Fingerglieder und in der großen Zehe, die dem Daumen entspricht, nur zwei. Für jeden Finger gibt es einen langen Knochen, den sogenannten *Mittelfußknochen*, der dem Mittelhandknochen entspricht. und der *Tarsus*, der mit der Handwurzel korrespondiert, weist vier kurze, vieleckige Knochen in einer Reihe auf, die sehr genau mit den vier Handwurzelknochen der zweiten Reihe der Hand übereinstimmen. Ansonsten unterscheidet sich der Fuß sehr stark von der Hand. Somit ist der große Zeh der längste Finger bis auf einen; und sein Mittelfußknochen ist weitaus weniger beweglich mit dem Tarsus verbunden als der Mittelhandknochen des Daumens mit der Handwurzel. Ein weitaus wichtigerer Unterschied besteht jedoch darin, dass statt vier weiterer Fußwurzelknochen nur drei vorhanden sind; und dass diese drei nicht nebeneinander oder in einer Reihe angeordnet sind. Einer von ihnen, das *Betriebssystem Calcis* oder Fersenbein (*ca*), liegt außen und sendet die große hervorstehende Ferse zurück; ein anderer, der *Astragalus* (*as*), ruht mit einer Seite darauf und bildet mit der anderen Seite mit den Knochen des Beines das Knöchelgelenk; während eine dritte, nach vorne gerichtete Fläche von den drei inneren Fußwurzelknochen der Reihe neben dem Mittelfußknochen durch einen Knochen namens Kahnbein (sc) *getrennt ist* .

Somit gibt es einen grundlegenden Unterschied in der Struktur des Fußes und der Hand, der sichtbar wird, wenn man Handwurzel und Fußwurzel gegenüberstellt; und es sind Gradunterschiede erkennbar, wenn man die Proportionen und die Beweglichkeit der Mittelhandknochen und Mittelfußknochen mit ihren jeweiligen Fingern miteinander vergleicht.

Dieselben zwei Klassen von Unterschieden werden deutlich, wenn man die Muskeln der Hand mit denen des Fußes vergleicht.

Drei Hauptgruppen von Muskeln, „Beuger" genannt, beugen die Finger und den Daumen, wie beim Ballen der Faust, und drei Gruppen – die Strecker – strecken sie, wie beim Strecken der Finger. Diese Muskeln sind alle „lange Muskeln"; Das heißt, der fleischige Teil jedes Arms liegt in den Knochen des Arms und ist an diesen befestigt. Am anderen Ende setzt er sich in Sehnen oder abgerundeten Strängen fort, die in die Hand übergehen und schließlich an der Hand befestigt werden Knochen, die bewegt werden sollen. Wenn also die Finger gebeugt werden, ziehen sich die fleischigen Teile der Beugemuskeln der Finger, die im Arm liegen, aufgrund ihrer besonderen Begabung als Muskeln zusammen; und durch Ziehen an den Sehnensträngen, die mit ihren Enden verbunden sind, ziehen sie die Fingerknochen nach unten in Richtung der Handfläche.

Die Hauptbeuger der Finger und des Daumens sind nicht nur lange Muskeln, sie bleiben auch über ihre gesamte Länge hinweg deutlich voneinander unterschieden.

Im Fuß gibt es außerdem drei Hauptbeugemuskeln der Finger oder Zehen und drei Hauptstrecker; aber ein Strecker und ein Beuger sind kurze Muskeln; Das heißt, ihre fleischigen Teile befinden sich nicht im Bein (das dem Arm entspricht), sondern im Rücken und in der Fußsohle – Regionen, die dem Rücken und der Handfläche entsprechen.

Auch hier bleiben die Sehnen des langen Beugers der Zehen und des langen Beugers der großen Zehe, wenn sie die Fußsohle erreichen, nicht voneinander getrennt, wie es bei den Beugern in der Handfläche der Fall ist. aber sie verbinden sich und vermischen sich auf eine sehr merkwürdige Weise – während ihre vereinigten Sehnen einen Hilfsmuskel erhalten, der mit dem Fersenbein verbunden ist.

Aber das vielleicht absolut charakteristischste Merkmal der Fußmuskulatur ist das Vorhandensein des sogenannten *Peronæus longus*, eines langen Muskels, der am äußeren Beinknochen befestigt ist und seine Sehne zum äußeren Knöchel sendet, hinter und unter diesem geht vorbei und kreuzt dann schräg den Fuß, um an der Basis der großen Zehe befestigt zu werden. Kein Muskel in der Hand entspricht genau diesem Muskel, bei dem es sich im Wesentlichen um einen Fußmuskel handelt.

Um es noch einmal zusammenzufassen: Der Fuß des Menschen unterscheidet sich von seiner Hand durch die folgenden absoluten anatomischen Unterschiede:

1. Durch die Anordnung der Fußwurzelknochen.

2. Durch einen kurzen Beugemuskel und einen kurzen Streckmuskel der Finger.

3. Durch den Besitz des Muskels *Peronæus longus*.

Und wenn wir feststellen wollen, ob der Endabschnitt eines Gliedes bei anderen Primaten als Fuß oder als Hand zu bezeichnen ist, müssen wir uns an der Anwesenheit oder Abwesenheit dieser Merkmale orientieren und nicht an den bloßen Proportionen und eine größere oder geringere Beweglichkeit der großen Zehe, die unbegrenzt variieren kann, ohne dass sich die Struktur des Fußes grundlegend verändert.

Unter Berücksichtigung dieser Überlegungen wenden wir uns nun den Gliedmaßen des Gorillas zu. Die Endteilung der Vorderbeine stellt keine Schwierigkeit dar – Knochen für Knochen und Muskel für Muskel sind im Wesentlichen wie beim Menschen angeordnet, oder mit geringfügigen Unterschieden, wie sie beim Menschen als Varietäten vorkommen. Die Hand des Gorillas ist ungeschickter, schwerer und hat einen Daumen, der im Verhältnis etwas kürzer ist als der des Menschen; Aber niemand hat jemals daran gezweifelt, dass es sich um eine echte Hand handelt.

Auf den ersten Blick sieht das Ende der Hinterbeine des Gorillas sehr handähnlich aus, und da dies bei vielen niederen Affen noch mehr der Fall ist, ist es nicht verwunderlich, dass die Bezeichnung „ Quadrumana “ oder vierhändige Geschöpfe, Von den älteren Anatomen [29] von Blumenbach übernommen HYPERLINK "https://gutenberg.org/files/40257/40257-h/40257-h.htm" \l "Footnote_29_29" und leider von Cuvier aktuell übernommen, hätte als Name für die Affengruppe eine so breite Akzeptanz finden sollen. Aber die oberflächlichste anatomische Untersuchung beweist sofort, dass die Ähnlichkeit der sogenannten „Hinterhand" mit einer echten Hand nur oberflächlich ist und dass die Hinterhand des Gorillas in allen wesentlichen Aspekten tatsächlich durch diese endet ein Fuß wie der eines Menschen. Die Fußwurzelknochen ähneln in allen wichtigen Punkten ihrer Anzahl, Anordnung und Form denen des Menschen (Abb. 19). Die Mittelfußknochen und Zehen hingegen sind proportional länger und schlanker , während die große Zehe nicht nur proportional kürzer und schwächer ist, sondern ihr Mittelfußknochen durch ein beweglicheres Gelenk mit der Fußwurzel verbunden ist. Gleichzeitig steht der Fuß schräger auf dem Bein als beim Menschen.

Was die Muskeln betrifft, so gibt es einen kurzen Beuger, einen kurzen Strecker und einen *Peronäus longus* , während die Sehnen der langen Beuger der großen Zehe und der anderen Zehen miteinander und durch ein zusätzliches fleischiges Bündel verbunden sind.

Das Hinterbein des Gorillas endet daher in einem echten Fuß mit einer sehr beweglichen großen Zehe. Es ist zwar ein Greiffuß, aber in keiner Weise eine Hand: Es ist ein Fuß, der sich vom menschlichen Fuß nicht in irgendeiner grundlegenden Beschaffenheit unterscheidet, sondern lediglich in den Proportionen, im Grad der Beweglichkeit und in der sekundären Anordnung seines Fußes Teile.

Man darf jedoch nicht annehmen, dass ich ihren Wert unterschätzen möchte, weil ich diese Unterschiede als nicht grundlegend bezeichne. Sie sind auf ihre Weise wichtig genug, da die Struktur des Fußes jeweils in enger Korrelation mit der des übrigen Organismus steht. Es kann auch nicht bezweifelt werden, dass die größere Aufteilung der physiologischen Arbeit beim Menschen, so dass die Stützfunktion vollständig auf das Bein und den Fuß gelegt wird, für ihn einen Fortschritt in der Organisation von sehr großer Bedeutung darstellt; Aber schließlich sind, anatomisch betrachtet, die Ähnlichkeiten zwischen dem Fuß des Menschen und dem Fuß des Gorillas weitaus auffälliger und wichtiger als die Unterschiede.

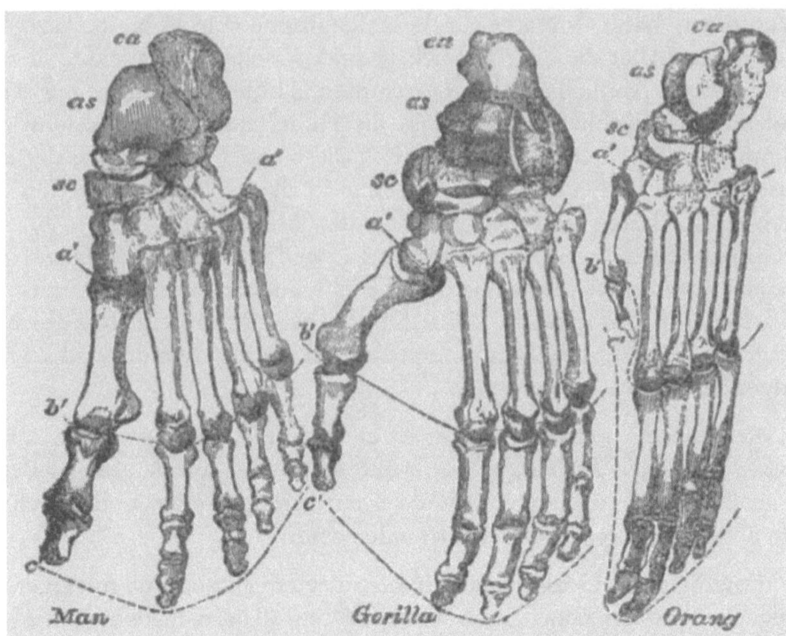

FEIGE. 19. – Fuß von Mensch, Gorilla und Orang- Utan von gleicher absoluter Länge, um die Unterschiede in den Proportionen beider zu zeigen. Buchstaben wie in Abb. 18 . Reduziert nach Originalzeichnungen von Mr. Waterhouse Hawkins.

Ich habe mich ausführlich mit diesem Punkt beschäftigt, weil es sich um einen Punkt handelt, über den viele Täuschungen herrschen; aber ich hätte es vielleicht übergehen lassen, ohne meiner Argumentation geschadet zu haben, die von mir nur verlangt, zu zeigen, dass die Unterschiede zwischen den Händen und Füßen des Menschen und denen des Gorillas, was auch immer sie sein mögen, die Unterschiede zwischen denen des Gorillas und denen des Gorillas sein mögen die niederen Affen sind viel größer.

Um schlüssige Beweise für diesen Punkt zu erhalten, ist es nicht notwendig, tiefer auf der Skala als zum Orang abzusteigen.

Der Daumen des Orangs unterscheidet sich mehr vom Daumen des Gorillas als der Daumen des Gorillas von dem des Menschen, nicht nur durch seine Kürze, sondern auch durch das Fehlen eines besonderen langen Beugemuskels. Der Handwurzelknochen des Orangs enthält, wie der der meisten niederen Menschenaffen, neun Knochen, während es beim Gorilla, wie beim Menschen und beim Schimpansen, nur acht sind.

Der Fuß des Orangs (Abb. 19) ist noch abweichender; Seine sehr langen Zehen und kurzen Fußwurzeln, die kurze große Zehe, die kurze und erhöhte Ferse, die große Gelenkschräge im Bein und das Fehlen einer langen

Beugesehne zur großen Zehe, wodurch sie viel weiter vom Fuß des Gorillas getrennt ist als die Letzteres ist von dem des Menschen getrennt.

Aber bei einigen niederen Affen weichen Hand und Fuß noch stärker von denen des Gorillas ab als beim Orang. Der Daumen ist bei den amerikanischen Affen nicht mehr opponierbar; ist beim Klammeraffen auf ein bloßes, von der Haut bedecktes Rudiment reduziert; und ist nach vorne gerichtet und mit einer gebogenen Klaue bewaffnet, wie die anderen Finger der Weißbüschelaffen – so dass in all diesen Fällen kein Zweifel bestehen kann, dass die Hand stärker von der des Gorillas abweicht als die Hand des Gorillas Männer.

Und was den Fuß betrifft, so ist der große Zeh des Weißbüschelaffen im Verhältnis noch unbedeutender als der des Orangs – während er bei den Lemuren sehr groß und ebenso vollkommen daumenähnlich und gegensätzlich ist wie beim Gorilla –, aber bei diesen Tieren Die zweite Zehe ist oft unregelmäßig modifiziert, und bei einigen Arten auch die beiden Hauptknochen des Tarsus, der *Astragalus* und der *Os calcis* sind so enorm verlängert, dass der Fuß bisher völlig anders ist als der Fuß jedes anderen Säugetiers.

Also im Hinblick auf die Muskulatur. Der kurze Beuger der Zehen des Gorillas unterscheidet sich von dem des Menschen dadurch, dass ein Teil des Muskels nicht am Fersenbein, sondern an den Sehnen der langen Beuger befestigt ist. Die niederen Affen weichen vom Gorilla durch eine Übertreibung desselben Charakters ab, wobei zwei, drei oder mehr Ausrutscher an den langen Beugesehnen befestigt werden – oder durch eine Vervielfachung der Ausrutscher. – Auch hier unterscheidet sich der Gorilla geringfügig vom Menschen in der Art der Verflechtung der langen Beugesehnen: Und die niederen Menschenaffen unterscheiden sich vom Gorilla dadurch, dass sie noch andere, manchmal sehr komplexe Anordnungen derselben Teile aufweisen und gelegentlich das zusätzliche fleischige Bündel fehlen.

Bei all diesen Modifikationen muss berücksichtigt werden, dass der Fuß keines seiner wesentlichen Merkmale verliert. Jeder Affe und Lemur weist die charakteristische Anordnung der Fußwurzelknochen auf, besitzt einen kurzen Beugemuskel und einen kurzen Streckmuskel sowie einen *Peronæus longus* . So unterschiedlich die Proportionen und das Aussehen des Organs auch sein mögen, der Endabschnitt der Hinterbeine bleibt in Grundriss und Konstruktionsprinzip ein Fuß und kann in dieser Hinsicht niemals mit einer Hand verwechselt werden.

Kaum ein Teil des Körperbaus könnte also besser berechnet werden, um die Wahrheit zu veranschaulichen, dass die strukturellen Unterschiede zwischen dem Menschen und dem höchsten Affen von geringerem Wert sind als die zwischen dem höchsten und dem niederen Affen, als die Hand oder der Fuß. und doch gibt es vielleicht ein Organ, dessen Untersuchung die gleiche Schlussfolgerung auf noch eindrucksvollere Weise erzwingt – und das ist das Gehirn.

Doch bevor wir uns mit der genauen Frage nach dem Ausmaß des Unterschieds zwischen dem Gehirn des Affen und dem des Menschen befassen, müssen wir klar verstehen, was einen großen und was einen kleinen Unterschied in der Gehirnstruktur ausmacht ; und wir werden hierzu am besten durch eine kurze Untersuchung der Hauptmodifikationen in der Lage sein, die das Gehirn in der Reihe der Wirbeltiere zeigt.

Das Gehirn eines Fisches ist sehr klein im Vergleich zum Rückenmark, in das es sich fortsetzt, und zu den Nerven, die von ihm ausgehen: aus den Segmenten, aus denen es besteht – den Riechlappen, der Gehirnhälfte und den nachfolgenden Spaltungen – niemand dominiert den Rest so sehr, dass er sie verdunkeln oder verdecken könnte; und die sogenannten Optikuslappen sind häufig die größten Massen von allen. Bei Reptilien nimmt die Masse des Gehirns im Vergleich zum Rückenmark zu und die Gehirnhälften beginnen, gegenüber den anderen Teilen zu dominieren; während dieses Vorherrschen bei Vögeln noch ausgeprägter ist. Das Gehirn der niedrigsten Säugetiere, wie des Entenschnabeltiers sowie der Opossums und Kängurus, weist einen noch deutlicheren Fortschritt in die gleiche Richtung auf. Die Großhirnhemisphären haben inzwischen so stark zugenommen, dass sie mehr oder weniger die Vertreter der Sehlappen verbergen, die verhältnismäßig klein bleiben, so dass sich das Gehirn eines Beuteltiers stark von dem eines Vogels, Reptils oder Fisches unterscheidet . Eine Stufe höher auf der Skala, bei den Plazenta-Säugetieren, erfährt die Struktur des Gehirns eine enorme Veränderung – nicht, dass es äußerlich, bei einer Ratte oder einem Kaninchen, viel anders erscheint als bei einem Beuteltier, noch was die Proportionen angeht Einige seiner Teile sind stark verändert, aber zwischen den Großhirnhemisphären findet sich offenbar eine neue Struktur, die sie miteinander verbindet und als „große Kommissur" oder „Corpus callosum" bezeichnet wird. Das Thema erfordert eine sorgfältige erneute Untersuchung, aber wenn die derzeit erhaltenen Aussagen korrekt sind, ist das Auftreten des „Corpus callosum" bei den Plazenta-Säugetieren die größte und plötzlichste Veränderung, die das Gehirn in der gesamten Reihe von Wirbeltieren zeigt – das ist es der größte Sprung, den die Natur jemals in ihrer Gehirnarbeit gemacht hat. Da die beiden Gehirnhälften einst auf diese Weise miteinander verbunden waren, ist der Fortschritt der Gehirnkomplexität durch eine vollständige Reihe von Schritten vom niedrigsten Nagetier oder Insektenfresser bis zum Menschen nachvollziehbar. und diese Komplexität besteht hauptsächlich in der unverhältnismäßigen Entwicklung der Großhirnhemisphären und des

Kleinhirns, insbesondere aber der ersteren, im Verhältnis zu den anderen Teilen des Gehirns.

Bei den Säugetieren der unteren Plazenta lassen die Großhirnhemisphären die eigentliche obere und hintere Fläche des Kleinhirns vollständig sichtbar, wenn man das Gehirn von oben betrachtet, aber bei den höheren Formen ist der hintere Teil jeder Hemisphäre nur durch das Tentorium getrennt (S. 92) von der Vorderseite des Kleinhirns, neigt sich nach hinten und unten und wächst als sogenannter „Hinterlappen" heraus, um das Kleinhirn schließlich zu überlappen und zu verbergen. Bei allen Säugetieren enthält jede Großhirnhemisphäre einen Hohlraum, der „Ventrikel" genannt wird, und da sich dieser Ventrikel einerseits nach vorne und andererseits nach unten in die Substanz der Hemisphäre hinein verlängert, sagt man, dass er einen Hohlraum hat zwei Hörner oder „ Cornu ", ein „vorderes Cornu " und ein „absteigendes Cornu ". Wenn der hintere Lappen gut entwickelt ist, erstreckt sich eine dritte Verlängerung der Ventrikelhöhle in ihn hinein und wird als „hinteres Cornu " bezeichnet.

Bei den unteren und kleineren Formen plazentaler Säugetiere ist die Oberfläche der Gehirnhälften entweder glatt oder gleichmäßig gerundet oder weist sehr wenige Rillen auf, die technisch als „Sulci" bezeichnet werden und Grate oder „Windungen" der Gehirnsubstanz trennen; und die kleineren Arten aller Ordnungen neigen zu einer ähnlichen Glätte des Gehirns. Aber in den höheren Ordnungen und insbesondere den größeren Mitgliedern dieser Ordnungen werden die Furchen oder Sulci außerordentlich zahlreich und die dazwischenliegenden Windungen in ihren Mäandern verhältnismäßig komplizierter, bis beim Elefanten, dem Tümmler, den höheren Affen, Und beim Menschen erscheint die Gehirnoberfläche als perfektes Labyrinth aus gewundenen Falten .

Wo ein hinterer Lappen vorhanden ist und seinen gewöhnlichen Hohlraum – das hintere Cornu – aufweist, kommt es häufig vor, dass eine bestimmte Furche auf der inneren und unteren Oberfläche des Lappens erscheint, parallel zum und unter dem Boden des Cornu – was sozusagen eine über dem Dach des Sulcus gewölbt. Es ist, als ob die Rille durch Eindrücken des Bodens des Hinterhorns von außen mit einem stumpfen Instrument geformt worden wäre, so dass der Boden als konvexe Erhebung aufsteigen würde. Nun wird diese Eminenz als „Hippocampus Minor" bezeichnet; Der „Hippocampus major" ist eine größere Erhebung im Boden des absteigenden Horns . Welche funktionelle Bedeutung eine dieser Strukturen haben könnte, wissen wir nicht.

Wie um an einem eindrucksvollen Beispiel zu demonstrieren, dass es unmöglich ist, eine Gehirnbarriere zwischen Menschen und Affen zu errichten, hat uns die Natur bei den letzteren Tieren eine fast vollständige Reihe von Abstufungen bereitgestellt, deren Gehirne kaum höher sind als die eines Nagetiers. zu Gehirnen, die kaum niedriger sind als das des Menschen. Und es ist ein bemerkenswerter Umstand, dass es, soweit unser derzeitiges Wissen reicht, zwar einen echten strukturellen Bruch in der Reihe der Formen des Affengehirns *gibt* , diese Lücke jedoch nicht zwischen dem Menschen und den menschenähnlichen Affen liegt, sondern zwischen den niedrigeren und die niedrigsten Affen; oder, mit anderen Worten, zwischen den Alt- und Neuweltaffen und den Lemuren. Tatsächlich ist bei jedem Lemuren, der bisher untersucht wurde, das Kleinhirn teilweise von oben sichtbar und sein Hinterlappen mit dem darin enthaltenen hinteren Cornu und Hippocampus inferior mehr oder weniger rudimentär. Bei jedem Weißbüschelaffen, amerikanischen Affen, Altweltaffen, Pavian oder menschenähnlichen Menschenaffen hingegen ist das Kleinhirn hinten vollständig durch die Großhirnlappen verborgen und es besitzt ein großes hinteres Horn mit einem gut entwickelten kleinen Hippocampus.

Bei vielen dieser Lebewesen, wie zum Beispiel dem Saimiri (*Chrysothrix*), überlappen sich die Großhirnlappen und erstrecken sich im Verhältnis viel weiter hinter das Kleinhirn als beim Menschen (Abb. 16) – und es ist ziemlich sicher, dass insgesamt Das Kleinhirn ist hinten vollständig von gut entwickelten Hinterlappen bedeckt. Diese Tatsache kann von jedem bestätigt werden, der den Schädel eines Affen der alten oder neuen Welt besitzt. Denn da das Gehirn bei allen Säugetieren die Schädelhöhle vollständig ausfüllt, ist es offensichtlich, dass ein Abdruck des Schädelinneren die allgemeine Form des Gehirns auf jeden Fall so genau und für den vorliegenden Zweck vollständig wiedergeben wird unbedeutende Unterschiede, die aus dem Fehlen der umhüllenden Membranen des Gehirns im trockenen Schädel resultieren können. Wenn jedoch ein solcher Abdruck aus Gips angefertigt und mit einem ähnlichen Abguss des Inneren eines menschlichen Schädels verglichen wird, wird es offensichtlich sein, dass der Abguss der Gehirnkammer, die das Großhirn des Affen darstellt, diese vollständig bedeckt und überlappt Abdruck der Kleinhirnkammer, der wie beim Mann das Kleinhirn darstellt (Abb. 20). Ein unvorsichtiger Beobachter, der vergisst, dass eine weiche Struktur wie das Gehirn ihre richtige Form verliert, sobald sie aus dem Schädel entnommen wird, könnte tatsächlich den unbedeckten Zustand des Kleinhirns eines extrahierten und deformierten Gehirns mit den natürlichen Beziehungen der Teile verwechseln; aber sein Irrtum muss selbst für ihn offensichtlich werden, wenn er versucht, das Gehirn
eines Affen zu ersetzen. Dahinter steckt natürlich ein Missverständnis, das nur mit dem eines Menschen vergleichbar ist, der sich vorstellt, dass die

Lunge eines Menschen immer nur einen kleinen Teil der Brusthöhle einnimmt – weil sie dies tun, wenn der Brustkorb geöffnet wird und ihre Elastizität nicht mehr durch den Luftdruck neutralisiert wird.

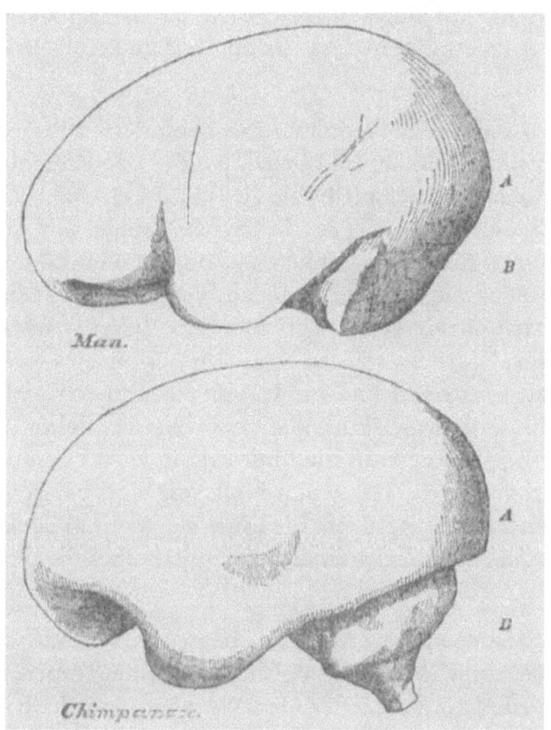

FEIGE. 20.- Zeichnungen der inneren Abgüsse des Schädels eines Menschen und eines Schimpansen, von gleicher absoluter Länge und an entsprechenden Positionen platziert, *A.* Cerebrum; *B.* Kleinhirn. Die erste Zeichnung stammt von einem Abguss im Museum des Royal College of Surgeons, die zweite von der Fotografie des Abgusses eines Schimpansenschädels, die den Artikel von Mr. Marshall „On the Brain of the Chimpanzee" im Natural illustriert Geschichtsrückblick für Juli 1861. Die schärfere Definition des unteren Randes des Gipsabdrucks der Gehirnkammer beim Schimpansen ergibt sich aus dem Umstand, dass das Tentorium in diesem Schädel verblieb und nicht im Schädel des Menschen. Der Abdruck stellt das Gehirn des Schimpansen genauer dar als das des Menschen; Auffallend ist auch die große Rückwärtsprojektion der hinteren Großhirnlappen des ersteren über das Kleinhirn hinaus.

Und der Fehler ist umso weniger entschuldbar, als er jedem klar werden muss, der einen Abschnitt des Schädels eines Affen oberhalb eines Lemuren untersucht, ohne sich die Mühe zu machen, einen Abdruck davon anzufertigen. Denn in jedem solchen Schädel gibt es eine sehr ausgeprägte Rille, wie auch im menschlichen Schädel – die die Befestigungslinie dessen anzeigt, was man Tentorium nennt – eine Art pergamentähnliches Regal oder eine Trennwand, die im jüngsten Zustand so ist Es liegt zwischen Großhirn und Kleinhirn und verhindert, dass Ersteres auf Letzteres drückt (siehe Abb. 16).

Diese Rille zeigt daher die Trennlinie zwischen dem Teil der Schädelhöhle an, der das Großhirn enthält, und dem Teil, der das Kleinhirn enthält; und da das Gehirn genau die Schädelhöhle ausfüllt, ist es offensichtlich, dass die Beziehungen dieser beiden Teile der Schädelhöhle uns sofort über die Beziehungen ihres Inhalts informieren. Nun ist beim Menschen, in der ganzen alten Welt und in der ganzen neuen Welt Simiæ , mit einer Ausnahme, wenn das Gesicht nach vorne gerichtet ist, diese Befestigungslinie des Tentoriums oder Abdrucks für den Sinus lateralis, wie es technisch genannt wird, ist nahezu horizontal und die Großhirnkammer überlappt oder ragt ausnahmslos hinter die Kleinhirnkammer hinaus. Beim Brüllaffen oder *Mycetes* (siehe Abb. 16) verläuft die Linie schräg nach oben und hinten, und die Gehirnüberlappung ist fast gleich Null; während bei den Lemuren, wie auch bei den niederen Säugetieren, die Linie viel mehr in derselben Richtung geneigt ist und die Kleinhirnkammer beträchtlich über die Großhirnkammer hinausragt.

Wenn die schwerwiegendsten Fehler in Bezug auf Punkte, die so leicht zu klären sind wie diese Frage bezüglich der Hinterlappen, mit Autorität vorgebracht werden können, ist es kein Wunder, dass Beobachtungsfragen, die keinen sehr komplexen Charakter haben, aber dennoch ein gewisses Maß an Sorgfalt erfordern, schlechter ergangen sind. Wer den hinteren Lappen im Gehirn eines Affen nicht sehen kann, wird wahrscheinlich keine sehr wertvolle Meinung über das hintere Cornu oder den Hippocampus Minor abgeben . Wenn jemand eine Kirche nicht sehen kann, ist es absurd, seine Meinung über ihr Altarbild oder bemaltes Fenster zu vertreten – so dass ich mich nicht verpflichtet fühle, mich auf eine Diskussion dieser Punkte einzulassen, sondern mich damit begnüge, dem Leser zu versichern, dass dies der Fall ist cornu und der Hippocampus minor wurden nun – normalerweise mindestens so gut entwickelt wie beim Menschen und oft sogar besser – nicht nur beim Schimpansen, Orang und Gibbon, sondern bei allen Gattungen der Altweltpaviane und anderen beobachtet Affen und in den meisten neuen Weltformen, einschließlich der Weißbüschelaffen. [30]

Tatsächlich führen alle zahlreichen und zuverlässigen Beweise (die aus den Ergebnissen sorgfältiger Untersuchungen erfahrener Anatomen zur Klärung genau dieser Fragen bestehen), die wir jetzt besitzen, zu der Überzeugung, dass der hintere Lappen so weit vom hinteren Lappen entfernt ist Cornu und Hippocampus inferior sind dem Menschen eigentümliche und charakteristische Strukturen, wie immer wieder behauptet wurde, selbst nach der Veröffentlichung des klarsten Nachweises des Gegenteils sind es gerade diese Strukturen, die am deutlichsten ausgeprägt sind Gehirnmerkmale, die dem Menschen und den Affen gemeinsam sind. Sie gehören zu den deutlichsten affentypischen Besonderheiten, die der menschliche Organismus aufweist.

Was die Windungen betrifft, so weisen die Gehirne der Affen alle Entwicklungsstadien auf, vom fast glatten Gehirn des Weißbüschelaffen bis zum Orang und Schimpansen , die nur wenig unter dem Menschen liegen. Und es ist höchst bemerkenswert, dass, sobald alle Hauptfurchen erscheinen, das Muster, nach dem sie angeordnet sind, mit dem der entsprechenden Sulci des Menschen identisch ist. Die Oberfläche des Gehirns eines Affen zeigt eine Art Skelettkarte des menschlichen Gehirns, und bei den menschenähnlichen Affen werden die Details immer mehr ausgefüllt, bis sie nur noch in Nebenzeichen zu sehen sind, wie etwa der größeren Aushöhlung der Vorderlappen , das ständige Vorhandensein von Rissen, die normalerweise beim Menschen fehlen, und die unterschiedliche Anordnung und Proportionen einiger Windungen lassen darauf schließen, dass das Gehirn des Schimpansen oder Orangs strukturell vom menschlichen Gehirn unterschieden werden kann.

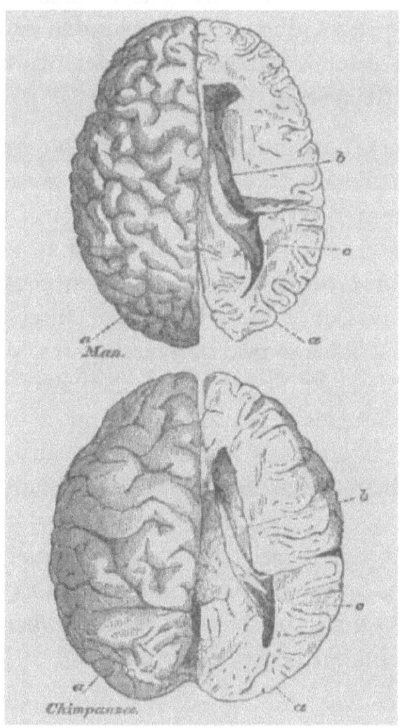

FEIGE. 21. – Zeichnungen der Gehirnhälften eines Menschen und eines Schimpansen von gleicher Länge, um die relativen Proportionen der Teile zu zeigen: Erstere entnommen aus einem Exemplar, das Mr. Flower, Konservator des Museum of the Royal College of Surgeons war gut genug, um es für mich zu sezieren; Letzteres stammt aus dem Foto des Gehirns eines ähnlich sezierten Schimpansen, das in Mr. Marshalls oben erwähnter Arbeit enthalten ist. *a*, Hinterlappen; *b*, seitlicher Ventrikel; *c*, hinteres Cornu ; *x*, der Hippocampus Minor.

Was die Gehirnstruktur betrifft, ist es daher klar, dass der Mensch sich weniger vom Schimpansen oder Orang unterscheidet, als diese es sogar von den Affen tun, und dass der Unterschied zwischen den Gehirnen des Schimpansen und des Menschen im Vergleich fast unbedeutend ist mit dem zwischen dem Gehirn eines Schimpansen und dem eines Lemuren.

Es darf jedoch nicht übersehen werden, dass es einen sehr auffälligen Unterschied in der absoluten Masse und dem Gewicht zwischen dem niedrigsten menschlichen Gehirn und dem des höchsten Affen gibt – ein Unterschied, der umso bemerkenswerter ist, wenn wir uns daran erinnern, dass es sich um einen ausgewachsenen Gorilla handelt wahrscheinlich fast doppelt so schwer wie ein Bosjes- Mann oder so mancher Europäer. Es kann bezweifelt werden, ob das Gehirn eines gesunden erwachsenen Menschen jemals weniger als 31 oder 2 Unzen wog, oder ob das schwerste Gorilla-Gehirn mehr als 20 Unzen wog.

Dies ist ein sehr bemerkenswerter Umstand und wird zweifellos eines Tages dazu beitragen, die große Kluft zu erklären, die zwischen dem niedrigsten Menschen und dem Affen mit der höchsten intellektuellen Leistungsfähigkeit besteht. [31] Aber es hat wenig systematischen Wert, und zwar aus dem einfachen Grund, dass, wie aus dem bereits Gesagten über die Schädelkapazität geschlossen werden kann, der Unterschied im Gewicht des Gehirns zwischen den höchsten und den niedrigsten Männern sowohl relativ als auch weitaus größer ist absolut, als das zwischen dem niedrigsten Menschen und dem höchsten Affen. Letzteres wird, wie wir gesehen haben, durch, sagen wir, zwölf Unzen Gehirnsubstanz absolut oder durch 32:20 relativ ausgedrückt; Da aber das größte aufgezeichnete menschliche Gehirn zwischen 65 und 66 Unzen wog, beträgt der erstere Unterschied mehr als 33 Unzen absolut oder 65 : 32 relativ. Bei systematischer Betrachtung sind die Gehirnunterschiede zwischen Mensch und Affe nur von generischem Wert – seine Familienunterscheidung beruht hauptsächlich auf seinem Gebiss, seinem Becken und seinen unteren Gliedmaßen.

Unabhängig davon, welches Organsystem untersucht werden soll, führt der Vergleich ihrer Modifikationen in der Affenreihe zu ein und demselben Ergebnis: dass die strukturellen Unterschiede, die den Menschen vom Gorilla und dem Schimpansen unterscheiden, nicht so groß sind wie die Unterschiede zwischen dem Gorilla und dem Schimpansen die niederen Affen.

Aber wenn ich diese wichtige Wahrheit zum Ausdruck bringe, muss ich mich vor Missverständnissen hüten, die weit verbreitet sind. Ich bin in der Tat der Meinung, dass diejenigen, die zu lehren versuchen , was die Natur uns in dieser Angelegenheit so deutlich zeigt, Gefahr laufen, dass ihre Meinungen falsch dargestellt und ihre Phraseologie verstümmelt wird, bis sie scheinbar sagen, dass die strukturellen Unterschiede zwischen dem Menschen und sogar den höchsten Affen bestehen sind klein und unbedeutend. Lassen Sie mich diese Gelegenheit nutzen, um im Gegenteil deutlich zu behaupten, dass sie groß und bedeutsam sind; dass jeder Knochen eines Gorillas Merkmale trägt, anhand derer er vom entsprechenden Knochen eines Menschen unterschieden werden könnte; und dass in der gegenwärtigen Schöpfung jedenfalls kein Zwischenglied die Kluft zwischen *Homo* und *Troglodytes* *überbrückt* .

Es wäre nicht weniger falsch als absurd, die Existenz dieser Kluft zu leugnen; aber es ist mindestens ebenso falsch und absurd, seine Größe zu übertreiben und sich auf die anerkannte Tatsache seiner Existenz zu stützen und die Untersuchung zu verweigern, ob es weit oder eng ist. Denken Sie, wenn Sie so wollen, daran, dass zwischen dem Menschen und dem Gorilla keine Verbindung besteht, aber vergessen Sie nicht, dass es zwischen dem Gorilla und dem Orang eine nicht weniger scharfe Grenzlinie, ein nicht weniger völliges Fehlen jeglicher Übergangsform gibt. oder der Orang und der Gibbon. Ich sage, nicht weniger scharf, obwohl es etwas schmaler ist. Die strukturellen Unterschiede zwischen dem Menschen und den menschenähnlichen Affen rechtfertigen es sicherlich, ihn als eine von ihnen getrennte Familie zu betrachten; Da er sich jedoch weniger von ihnen unterscheidet als sie von anderen Familien derselben Ordnung, kann es keine Rechtfertigung dafür geben, ihn einer bestimmten Ordnung zuzuordnen.

Und so wird die kluge Voraussicht des großen Gesetzgebers der systematischen Zoologie, Linné , gerechtfertigt, und ein Jahrhundert anatomischer Forschung bringt uns zurück zu seiner Schlussfolgerung, dass der Mensch ein Mitglied derselben Ordnung ist (für die der linnäische Begriff „ PRIMATEN" gelten sollte). erhalten geblieben) wie die Affen und Lemuren. Diese Ordnung lässt sich nun in sieben Familien von ungefähr gleichem systematischen Wert unterteilen: Die erste, die ANTHROPINI , enthält nur den Menschen; der zweite, der CATARHINI , umfasst die Altweltaffen; der dritte, die PLATYRHINI , alle Neuweltaffen außer den Weißbüschelaffen; der vierte, der ARCTOPITHECINI , enthält die Weißbüschelaffen; die fünfte, die LEMURINI , die Lemuren − von denen *Cheiromys* wahrscheinlich ausgeschlossen werden sollte, um eine sechste eigenständige Familie zu bilden, die CHEIROMYINI ; während der siebte, der GALEOPITHECINI , nur den fliegenden Lemur *Galeopithecus enthält* − eine seltsame Form, die fast an die Fledermäuse erinnert, da die *Cheiromys* ein Nagetierkleid anziehen und die Lemuren Insectivora simulieren .

Vielleicht präsentiert uns keine Ordnung der Säugetiere eine so außergewöhnliche Abfolge von Abstufungen wie diese − sie führt uns unmerklich von der Krone und dem Gipfel der tierischen Schöpfung hinab zu Geschöpfen, von denen es, wie es scheint, nur eine Stufe bis zum niedrigsten, kleinsten gibt und die am wenigsten intelligente der plazentaren Mammalia. Es ist, als hätte die Natur selbst die Arroganz des Menschen vorhergesehen und mit römischer Strenge dafür gesorgt, dass sein Intellekt durch seine Triumphe die Sklaven in den Vordergrund ruft und den Eroberer ermahnt, dass er nur Staub ist.

Dies sind die Hauptfakten und die unmittelbare Schlussfolgerung daraus, auf die ich zu Beginn dieses Aufsatzes hingewiesen habe. Ich glaube, dass die Tatsachen nicht bestritten werden können; und wenn ja, scheint mir die Schlussfolgerung unvermeidlich zu sein.

Aber wenn der Mensch durch keine größere strukturelle Barriere von den Tieren getrennt ist als sie voneinander − dann scheint daraus zu folgen, dass, wenn irgendein Prozess physikalischer Ursache entdeckt werden kann, durch den die Gattungen und Familien gewöhnlicher Tiere hervorgebracht wurden, dieser Prozess Der Kausalzusammenhang reicht völlig aus, um den Ursprung des Menschen zu erklären. Mit anderen Worten, wenn gezeigt werden könnte, dass beispielsweise die Weißbüschelaffen durch allmähliche Modifikation der gewöhnlichen Platyrhini entstanden sind oder dass sowohl Weißbüschelaffen als auch Platyrhini modifizierte Zweige eines primitiven Bestands sind − dann gäbe es keinen rationalen Grund zum Zweifeln dass der Mensch im einen Fall durch die allmähliche Veränderung eines menschenähnlichen Affen entstanden sein könnte; oder, im anderen Fall , als Verzweigung desselben primitiven Stammes wie diese Affen.

Zum gegenwärtigen Zeitpunkt gibt es für einen solchen Prozess physikalischer Kausalität keine Beweise ; oder mit anderen Worten, es gibt nur eine Hypothese über den Ursprung von Tierarten im Allgemeinen, die wissenschaftlich existiert − die von Herrn Darwin aufgestellte. Denn Lamarck, so scharfsinnig viele seiner Ansichten auch waren, vermischte sie mit so viel Grobheit und sogar Absurdität, dass der Nutzen, den seine Originalität hätte bringen können, zunichte gemacht wurde, wenn er ein nüchternerer und vorsichtigerer Denker gewesen wäre; und obwohl ich von der Ankündigung einer Formel gehört habe, die „das geordnete kontinuierliche Werden organischer Formen" betrifft, ist es offensichtlich, dass es die erste Pflicht einer Hypothese ist, verständlich zu sein, und dass ein qua - quâ -versaler Satz dieser Art vorliegt , das mit genau der gleichen Bedeutung rückwärts, vorwärts oder seitwärts gelesen werden kann, existiert nicht wirklich, auch wenn es den Anschein hat.

Im gegenwärtigen Moment löst sich daher die Frage nach der Beziehung des Menschen zu den niederen Tieren letztendlich in die größere Frage der Haltbarkeit oder Unhaltbarkeit von Herrn Darwins Ansichten auf. Aber hier betreten wir schwieriges Terrain und es liegt an uns, unsere genaue Position mit größter Sorgfalt zu definieren.

Ich denke, es kann nicht bezweifelt werden, dass Herr Darwin zufriedenstellend bewiesen hat, dass das, was er Selektion oder selektive Modifikation nennt, in der Natur vorkommen muss und auch vorkommt; und er hat auch überflüssigerweise bewiesen, dass eine solche Selektion in der Lage ist, Formen zu erzeugen, die strukturell so unterschiedlich sind, wie es einige Gattungen sogar sind. Wenn uns die belebte Welt nur strukturelle Unterschiede bieten würde, würde ich ohne zu zögern sagen, dass Herr Darwin die Existenz einer echten physikalischen Ursache nachgewiesen hat, die hinreichend kompetent ist, um die Entstehung lebender Arten und unter anderem des Menschen zu erklären .

Aber zusätzlich zu ihren strukturellen Unterschieden weisen die Tier- und Pflanzenarten, oder zumindest eine große Anzahl von ihnen, physiologische Merkmale auf – sogenannte unterschiedliche Arten, die strukturell zumeist völlig unfähig sind, sich mit ihnen zu vermehren ein anderer; oder wenn sie sich fortpflanzen, ist das resultierende Maultier oder der Hybrid nicht in der Lage, seine Rasse mit einem anderen Hybrid der gleichen Art aufrechtzuerhalten.

Eine wahre physikalische Ursache wird jedoch nur unter einer Bedingung als solche anerkannt – dass sie alle Phänomene erklärt, die in ihren Wirkungsbereich fallen. Wenn es mit einem bestimmten Phänomen unvereinbar ist, muss es abgelehnt werden; Wenn es ein Phänomen nicht erklären kann, ist es insoweit schwach, insoweit nicht zu vermuten; obwohl es durchaus das Recht haben kann, eine vorläufige Annahme zu verlangen.

Nun steht die Hypothese von Herrn Darwin meines Wissens nicht im Widerspruch zu irgendeiner bekannten biologischen Tatsache; im Gegenteil, wenn sie zugelassen werden, werden die Tatsachen der Entwicklung, der vergleichenden Anatomie, der geographischen Verbreitung und der Paläontologie miteinander verbunden und weisen eine Bedeutung auf, wie sie noch nie zuvor besessen waren; und ich für meinen Teil bin völlig davon überzeugt, dass diese Hypothese, wenn sie nicht genau wahr ist, der Wahrheit ebenso nahe kommt wie beispielsweise die kopernikanische Hypothese der wahren Theorie der Planetenbewegungen.

Aber trotz alledem muss unsere Annahme der darwinistischen Hypothese vorläufig sein, solange ein Glied in der Beweiskette fehlt; und solange alle Tiere und Pflanzen, die mit Sicherheit durch selektive Züchtung aus einem gemeinsamen Bestand hervorgegangen sind, fruchtbar sind und ihre Nachkommen untereinander fruchtbar sind, wird diese Verbindung fehlen. Denn so lange wird sich die selektive Züchtung nicht als geeignet erweisen, alles zu tun, was zur Erzeugung natürlicher Arten erforderlich ist.

Ich habe diese Schlussfolgerung dem Leser so deutlich wie möglich dargelegt, denn die letzte Position, in der ich mich befinden möchte, ist die eines Anwalts für Herrn Darwins oder andere Ansichten – wenn mit einem Anwalt jemand gemeint ist, dessen Sache es ist um echte Schwierigkeiten zu glätten und zu überzeugen, wo er nicht überzeugen kann.

Um Herrn Darwin gerecht zu werden, muss man jedoch zugeben, dass die Bedingungen für Fruchtbarkeit und Unfruchtbarkeit sehr schlecht verstanden sind und dass der tägliche Fortschritt des Wissens uns dazu bringt, die Lücke in seinen Beweisen als immer weniger wichtig zu betrachten, wenn sie einmal gesetzt ist gegen die Vielzahl von Tatsachen, die mit seinen Lehren übereinstimmen oder durch sie erklärt werden.

Ich übernehme daher die Hypothese von Herrn Darwin unter der Voraussetzung, dass der Beweis erbracht wird, dass physiologische Arten durch selektive Züchtung hervorgebracht werden können; So wie ein physikalischer Philosoph die Wellentheorie des Lichts akzeptieren kann, sofern der Beweis für die Existenz des hypothetischen Äthers vorliegt; oder wie der Chemiker die Atomtheorie übernimmt, vorbehaltlich des Beweises der Existenz von Atomen; und aus genau den gleichen Gründen, nämlich, dass es eine immense Anscheinswahrscheinlichkeit hat; dass es derzeit das einzige erreichbare Mittel ist, um das Chaos der beobachteten Tatsachen in Ordnung zu bringen; und schließlich, dass es sich um das mächtigste Untersuchungsinstrument handelt, das Naturforschern seit der Erfindung des natürlichen Klassifikationssystems und dem Beginn der systematischen Untersuchung der Embryologie zur Verfügung gestellt wurde.

Aber selbst wenn man Mr. Darwins Ansichten beiseite lässt, liefert die ganze Analogie der natürlichen Vorgänge ein so vollständiges und erdrückendes Argument gegen das Eingreifen anderer als der sogenannten sekundären Ursachen in die Entstehung aller Phänomene des Universums; dass angesichts der engen Beziehungen zwischen dem Menschen und dem Rest der lebenden Welt; und zwischen den Kräften, die diese Kräfte ausüben, und allen anderen Kräften kann ich keinen Grund erkennen, daran zu zweifeln, dass es sich bei allen um koordinierte Begriffe des großen Fortschritts der Natur handelt, vom Formlosen zum Geformten – vom Anorganischen zum Organischen – von blinder Kraft zu bewusster Intellekt und Wille.

Die Wissenschaft hat ihre Aufgabe erfüllt, wenn sie die Wahrheit ermittelt und verkündet hat; Und wenn diese Seiten nur an Männer der Wissenschaft gerichtet wären, würde ich diesen Aufsatz jetzt schließen, wohlwissend, dass meine Kollegen gelernt haben, nichts als Beweise zu respektieren und zu glauben, dass ihre höchste Pflicht darin besteht, sich ihnen zu unterwerfen, wie sehr sie auch im Widerspruch zu ihren Neigungen stehen mögen .

Aber da ich, wie ich es tue, den größeren Kreis der intelligenten Öffentlichkeit erreichen möchte, wäre es unwürdige Feigheit, wenn ich den Widerwillen außer Acht lassen würde, mit dem die Mehrheit meiner Leser wahrscheinlich auf die Schlussfolgerungen stoßen wird, zu denen ich selbst mit größter Sorgfalt und Gewissenhaftigkeit studiere zu dieser Angelegenheit beitragen konnte, hat mich geführt.

Von allen Seiten werde ich den Schrei hören : „ Wir sind Männer und Frauen, nicht nur eine bessere Art von Affen, etwas länger an den Beinen, kompakter an den Füßen und größer im Gehirn als Ihre brutalen Schimpansen und Gorillas.“ Die Macht des Wissens – das Gewissen von Gut und Böse – die erbärmliche Zärtlichkeit menschlicher Zuneigung hebt uns aus jeder wirklichen Gemeinschaft mit den Unmenschen heraus, wie sehr sie uns auch zu nahe kommen scheinen.“

Darauf kann ich nur antworten, dass der Ausruf höchst gerecht wäre und mein ganzes Mitgefühl fände, wenn er nur relevant wäre. Aber ich bin es nicht, der versucht, die Würde des Menschen auf seinem großen Zeh zu begründen oder zu unterstellen, dass wir verloren sind, wenn ein Affe einen kleinen Hippocampus hat. Im Gegenteil, ich habe mein Bestes getan, um diese Eitelkeit hinwegzufegen. Ich habe mich bemüht zu zeigen, dass zwischen der Tierwelt und uns selbst keine absolute strukturelle Demarkationslinie gezogen werden kann, die breiter ist als die zwischen den Tieren, die uns auf der Skala unmittelbar folgen; und ich möchte noch den Ausdruck meines Glaubens hinzufügen, dass der Versuch, eine psychische Unterscheidung zu treffen, ebenso vergeblich ist und dass sogar die höchsten Fähigkeiten des Gefühls und des Intellekts in niederen Lebensformen zu keimen beginnen. [32] Gleichzeitig ist niemand stärker als ich von der enormen Kluft zwischen dem zivilisierten Menschen und den Unmenschen überzeugt; oder er ist sicherer, dass er, ob *von* ihnen oder nicht, ganz gewiss nicht *zu* ihnen gehört. Niemand ist weniger geneigt, leichtfertig an die gegenwärtige Würde des einzigen bewusst intelligenten Bewohners dieser Welt zu denken oder an den zukünftigen Hoffnungen zu verzweifeln.

In der Tat sagen uns diejenigen, die in diesen Angelegenheiten Autorität haben, dass die beiden Meinungen unvereinbar sind und dass der Glaube an die Einheit des Ursprungs von Mensch und Tier mit der Verrohung und Erniedrigung der ersteren einhergeht. Aber ist das wirklich so? Könnte ein vernünftiges Kind nicht mit offensichtlichen Argumenten die oberflächlichen Rhetoriker widerlegen, die uns diese Schlussfolgerung aufzwingen würden? Ist es in der Tat wahr, dass der Dichter, der Philosoph oder der Künstler, dessen Genie der Ruhm seiner Zeit ist, durch die unzweifelhafte historische Wahrscheinlichkeit, um nicht zu sagen Gewissheit, dass er der direkte Nachkomme ist, von seinem hohen Stand herabgestuft wird? von einem nackten und bestialischen Wilden, dessen Intelligenz gerade ausreichte, um ihn ein wenig schlauer als den Fuchs und um so viel gefährlicher als den Tiger zu machen? Oder muss er aufgrund der völlig unbestreitbaren Tatsache, dass er einst ein Ei war, das kein gewöhnliches Unterscheidungsvermögen von dem eines Hundes unterscheiden konnte, auf allen Vieren heulen und kriechen? Oder soll der Philanthrop oder der Heilige seine Bemühungen , ein edles Leben zu führen, aufgeben , weil das einfachste Studium der menschlichen Natur in ihren Grundlagen alle selbstsüchtigen Leidenschaften und wilden Begierden des bloßen Vierbeiners offenbart? Ist Mutterliebe abscheulich, weil eine Henne sie zeigt, oder ist Treue niederträchtig, weil Hunde sie besitzen?

Der gesunde Menschenverstand der Masse der Menschheit wird diese Fragen ohne zu zögern beantworten. Eine gesunde Menschheit, der es schwerfällt, wirklicher Sünde und Erniedrigung zu entkommen, wird das Grübeln über spekulative Verschmutzung den Zynikern und den „übermäßig Gerechten" überlassen, die in allem anderen uneinig sind und sich in blinder Unempfindlichkeit gegenüber der Noblesse der sichtbaren Welt vereinen. und in der Unfähigkeit, die Größe des Platzes zu schätzen, den der Mensch darin einnimmt.

Mehr noch: Nachdenkliche Menschen werden, sobald sie den blendenden Einflüssen traditioneller Vorurteile entkommen sind, in der niedrigen Abstammung, aus der der Mensch hervorgegangen ist, den besten Beweis für die Großartigkeit seiner Fähigkeiten finden; und wird in seinem langen Weg durch die Vergangenheit eine vernünftige Grundlage für den Glauben an das Erreichen einer edleren Zukunft erkennen.

Sie werden sich daran erinnern, dass man, wenn man den zivilisierten Menschen mit der Tierwelt vergleicht, wie der Alpenreisende ist , der die Berge in den Himmel ragen sieht und kaum erkennen kann, wo die tief schattigen Felsen und rosafarbenen Gipfel enden und wo die Wolken des Himmels beginnen. Sicherlich kann es dem ehrfürchtigen Reisenden verzeihen, wenn er sich zunächst weigert, dem Geologen zu glauben, der ihm sagt, dass diese herrlichen Massen schließlich der gehärtete Schlamm urzeitlicher Meere oder die gekühlte Schlacke unterirdischer Öfen seien — und zwar von einem Substanz mit dem trübsten Lehm, aber durch innere Kräfte an den Ort stolzer und scheinbar unzugänglicher Herrlichkeit erhoben.

Aber der Geologe hat recht; und angemessenes Nachdenken über seine Lehren fügt, anstatt unsere Ehrfurcht und unser Staunen zu schmälern, der bloßen ästhetischen Intuition des ungebildeten Betrachters die ganze Kraft intellektueller Erhabenheit hinzu.

Und nachdem Leidenschaft und Vorurteile abgeklungen sind, wird das gleiche Ergebnis die Lehren des Naturforschers über die großen Alpen und Anden der lebenden Welt — den Menschen — begleiten. Unsere Ehrfurcht vor dem Adel der Menschheit wird nicht durch das Wissen gemindert, dass der Mensch seinem Wesen und seiner Struktur nach eins mit den Tieren ist; denn er allein besitzt die wunderbare Begabung einer verständlichen und rationalen Sprache, wodurch er in der weltlichen Periode seiner Existenz langsam die Erfahrung angesammelt und organisiert hat, die mit dem Aufhören jedes individuellen Lebens bei anderen Tieren fast vollständig verloren geht; so dass er jetzt darauf wie auf einem Berggipfel steht, weit über dem Niveau seiner bescheidenen Mitmenschen, und von seiner gröberen Natur verklärt, indem er hier und da einen Strahl aus der unendlichen Quelle der Wahrheit reflektiert.

Eine prägnante Geschichte der Kontroverse um die Gehirnstruktur des Menschen und der Affen

Bis zum Jahr 1857 waren sich alle angesehenen Anatomen, die sich mit der Gehirnstruktur der Affen beschäftigt hatten – Cuvier, Tiedemann, Sandifort , Vrolik , Isidore G. St. Hilaire, Schroeder van der Kolk, Gratiolet – einig, dass das Gehirn von Die Affen besitzen einen HINTERLAPPEN .

Tiedemann hat im Jahr 1825 im Text seiner „ Icones “ die Existenz des POSTERIOR CORNU des Seitenventrikels bei den Affen berücksichtigt und anerkannt, nicht nur unter dem Titel „ Scrobiculus“ . parvus loco cornu posterioris “ – eine Tatsache, die vorgeführt wurde – aber als „ cornu posterius “ (Icones , S. 54), ein Umstand, der ebenso gewissenhaft im Hintergrund gehalten wurde.

Cuvier (Lecons , T. iii. S. 103) sagt: „Die vorderen oder seitlichen Ventrikel besitzen nur beim Menschen und bei den Affen eine digitale Höhle [hinteres Cornu] ... Ihr Vorhandensein hängt von dem der hinteren Lappen ab.“

Schroeder van der Kolk und Vrolik sowie Gratiolet hatten auch das hintere Horn bei verschiedenen Affen dargestellt und beschrieben . Was den

HIPPOCAMPUS MINOR BETRIFFT , hatte Tiedemann fälschlicherweise behauptet, dass er bei den Affen nicht vorhanden sei; aber Schroeder van der Kolk und Vrolik hatten auf die Existenz dessen hingewiesen, was sie für ein rudimentäres Tier beim Schimpansen hielten, und Gratiolet hatte dessen Existenz bei diesen Tieren ausdrücklich bestätigt. Dies war der Stand unserer Informationen zu diesen Themen im Jahr 1856.

Linnæan , weil er diese bekannten Tatsachen entweder nicht kannte oder sie ungerechtfertigterweise unterdrückte Die Gesellschaft veröffentlichte einen Aufsatz „Über die Charaktere, Teilungsprinzipien und Primärgruppen der Klasse Mammalia", der im Journal der Gesellschaft abgedruckt wurde und die folgende Passage enthält: „Beim Menschen stellt das Gehirn einen aufsteigenden Schritt in der Entwicklung dar, höher und stärker ausgeprägt als das, durch das sich die vorhergehende Unterklasse von der darunter liegenden Unterklasse unterschied. Die Großhirnhemisphären überlappen nicht nur die Riechlappen und das Kleinhirn, sie erstrecken sich auch vor dem einen und weiter nach hinten als der andere. Die hintere Entwicklung ist so ausgeprägt, dass Anatomen diesem Teil den Charakter eines dritten Lappens zugeschrieben haben; *es ist eigenartig für die Gattung Homo, und ebenso eigenartig sind das Hinterhorn des Seitenventrikels und der ‚Hippocampus minus‘, die den Hinterlappen jeder Hemisphäre charakterisieren ."* – *Journal of the Proceedings of the Linnæan Society* , Bd. ii. P. 19.

Da der Aufsatz, in dem diese Passage steht, kein weniger ehrgeiziges Ziel hatte als die Neugestaltung der Klassifikation der Mammalia, könnte man davon ausgehen, dass sein Autor in einem besonderen Verantwortungsgefühl geschrieben und die Aussagen mit besonderer Sorgfalt geprüft hat er wagte es zu verkünden. Und selbst wenn es sich dabei um zu hohe Erwartungen, Voreiligkeit oder einen Mangel an Gelegenheit für eine ordnungsgemäße Beratung handelt, kann dies jetzt nicht als Abmilderung etwaiger Mängel geltend gemacht werden; denn die zitierten Thesen wurden zwei Jahre später in der Reade-Vorlesung wiederholt, die 1859 vor einem so bedeutenden Gremium wie der Universität Cambridge gehalten wurde.

Als ich zum ersten Mal auf die Behauptungen aufmerksam wurde, die ich im obigen Auszug kursiv geschrieben habe, war ich nicht wenig erstaunt über den so offensichtlichen Widerspruch zu den Lehren, die unter gebildeten Anatomen verbreitet sind; Da ich aber nicht unnatürlicherweise davon ausging, dass die bewussten Aussagen einer verantwortlichen Person tatsächlich eine gewisse Grundlage haben müssten, hielt ich es für meine Pflicht, das Thema noch einmal zu untersuchen, bevor der Zeitpunkt kam, an dem es meine Aufgabe wäre, darüber einen Vortrag zu halten. Das Ergebnis meiner Nachforschungen war der Beweis, dass die drei Behauptungen von Herrn Owen, dass „der dritte Lappen, das Hinterhorn des Seitenventrikels und der Hippocampus Minor" „für die Gattung *Homo* charakteristisch " seien, im Widerspruch zu den offensichtlichsten Tatsachen stehen . Diese Schlussfolgerung habe ich den Schülern meiner Klasse mitgeteilt; Und da ich dann keine Lust hatte, mich auf eine Kontroverse einzulassen, die der Ehre der britischen Wissenschaft nicht zugute kommen konnte , was auch immer das Thema sein mochte, wandte ich mich sympathischeren Beschäftigungen zu.

Es kam jedoch schnell die Zeit, in der das Beharren auf dieser Zurückhaltung mich in ein unwürdiges Schwanken mit der Wahrheit verwickelt hätte.

Auf der Tagung der British Association in Oxford im Jahr 1860 wiederholte Professor Owen diese Behauptungen in meiner Anwesenheit, und natürlich widersprach ich ihnen sofort direkt und uneingeschränkt und verpflichtete mich, dieses ungewöhnliche Vorgehen an anderer Stelle zu rechtfertigen. Ich löste dieses Versprechen ein, indem ich in der Januarausgabe des *Natural History Review* für 1861 einen Artikel veröffentlichte, in dem die Wahrheit der drei folgenden Thesen vollständig nachgewiesen wurde (lcp 71): –

„1. Dass der dritte Lappen weder eigenartig noch charakteristisch für den Menschen ist, da er in allen höheren Quadrumana existiert ."

„2. Dass das hintere Cornu des lateralen Ventrikels weder eigenartig noch charakteristisch für den Menschen ist, da es auch im oberen Quadrumana existiert ."

"3. Dass der *Hippocampus inferior* weder eigenartig noch charakteristisch für den Menschen ist, wie er in einigen höheren Quadrumana zu finden ist ."

Darüber hinaus enthält dieses Papier den folgenden Absatz (S. 76):

„Und schließlich Schroeder van der Kolk und Vrolik (op. cit. S. 271), obwohl sie insbesondere darauf hinweisen, dass „der Seitenventrikel sich von dem des Menschen durch die sehr fehlerhaften Proportionen des hinteren Horns unterscheidet , in dem nur ein Streifen vorhanden ist." sichtbar als Hinweis auf den Hippocampus inferior;' doch zeigt die Abbildung 4 in ihrer zweiten Tafel, dass dieses hintere Cornu eine völlig deutliche und unverwechselbare Struktur ist, ganz so groß, wie es oft beim Menschen ist. Es ist umso bemerkenswerter, dass Professor Owen die explizite Aussage und Abbildung dieser Autoren übersehen hat, da beim Vergleich der Abbildungen ganz offensichtlich ist, dass sein Holzschnitt des Gehirns eines Schimpansen (lcp 19) eine verkleinerte Kopie davon ist die zweite Figur der ersten Platte der Herren Schroeder van der Kolk und Vrolik .

„Wie M. Gratiolet (lcp 18) jedoch sorgfältig bemerkt: „Leider war das Gehirn, das sie als Modell genommen haben, stark verändert (profondément') . affaissé), weshalb die allgemeine Form des Gehirns auf diesen Tafeln in einer völlig falschen Weise wiedergegeben wird. Tatsächlich ist aus einem Vergleich eines Abschnitts des Schädels des Schimpansen mit diesen Figuren völlig offensichtlich, dass dies der Fall ist; und es ist sehr zu bedauern, dass eine so unzureichende Abbildung als typische Darstellung des Gehirns des Schimpansen angenommen wurde."

Von diesem Zeitpunkt an könnte die Unhaltbarkeit seiner Position für Professor Owen genauso offensichtlich gewesen sein wie für alle anderen; Aber Professor Owen hat die schwerwiegenden Fehler, in die er geraten war, nicht zurückgenommen, sondern beharrt darauf und sie wiederholt; Erstens in einem Vortrag vor der Royal Institution am 19. März 1861, der im „ Athenæum " am 23. desselben Monats genau wiedergegeben worden sein soll, in einem Brief, den Professor Owen am 19. März 1861 an diese Zeitschrift richtete der 30. März. Dem „ Athenæum "-Bericht war ein Diagramm beigefügt, das angeblich das Gehirn eines Gorillas darstellte, in Wirklichkeit jedoch eine so außergewöhnliche Falschdarstellung war, dass Professor Owen sie im fraglichen Brief im Wesentlichen, wenn auch nicht ausdrücklich, zurückzieht. Bei der Berichtigung dieses Fehlers beging Professor Owen jedoch einen weiteren, weitaus schwerwiegenderen Fehler, da seine Mitteilung mit dem folgenden Absatz endet : „Für das wahre Verhältnis, in dem das Großhirn das Kleinhirn bei den höchsten Affen bedeckt, sollte auf die Abbildung verwiesen werden." des nicht sezierten Gehirns des Schimpansen in meiner „Reade's Lecture on the Classification" usw. der Mammalia", S. 25, Abb. 7, 8vo. 1859."

Es wäre unglaubwürdig, wenn es leider nicht wahr wäre, dass diese Zahl, auf die sich die gläubige Öffentlichkeit ohne ein Wort der Einschränkung bezieht, „für das wahre Verhältnis, in dem das Großhirn das Kleinhirn bei den höchsten Affen bedeckt", gilt genau diese unbestätigte Kopie der Figur von Schroeder van der Kolk und Vrolik , auf deren völlige Ungenauigkeit Jahre zuvor Gratiolet hingewiesen hatte und die ich Professor Owen in der oben zitierten Passage meines Artikels in der „Natural History Review" zur Kenntnis gebracht hatte.

Auf diesen Umstand habe ich in meiner Antwort an Professor Owen, veröffentlicht im „ Athenaeum " vom 13. April 1861, noch einmal die öffentliche Aufmerksamkeit gelenkt; aber die explodierte Zahl wurde von Professor Owen noch einmal in den „Annals of Natural History" für Juni 1861 reproduziert, ohne den geringsten Hinweis auf ihre Ungenauigkeit!

Dies erwies sich als zu viel für die Geduld der ursprünglichen Autoren der Figur, der Herren Schroeder van der Kolk und Vrolik , die sich in einer an die Akademie von Amsterdam, deren Mitglieder sie waren, gerichteten Notiz erklärten, wenn auch entschiedene Gegner zu sein alle Formen der Lehre von der fortschreitenden Entwicklung anerkennen, vor allem aber die

Wahrheit lieben, und dass sie es daher für ihre Pflicht hielten, die erste Gelegenheit zu nutzen, um sie öffentlich abzulehnen, auch wenn sie Gefahr laufen mochten, Ansichten zu unterstützen, die ihnen missfielen Professor Owens Missbrauch ihrer Autorität.

In dieser Notiz erkannten sie offen die Berechtigung der oben zitierten Kritik von M. Gratiolet an und illustrierten mit neuen und sorgfältigen Figuren den Hinterlappen, das hintere Cornu und den Hippocampus inferior des Orang. Nachdem sie die Rollen in einer der Sitzungen der Akademie vorgeführt hatten, fügten sie außerdem hinzu: „la présence des Parties contestées ya été. " universelles Element Reconnue par les anatomistes präsentiert à la Séance. Ich weiß es nicht Resté se rapporte au pes Hippocampi minor _ _ était plus prononcé que maintenant ."

Professor Owen wiederholte seine falschen Behauptungen auf der Tagung der British Association im Jahr 1861, und zwar noch einmal, ohne offensichtliche Notwendigkeit und ohne eine einzige neue Tatsache oder ein neues Argument vorzubringen oder in irgendeiner Weise in der Lage zu sein, den erdrückenden Beweisen aus Originalzerlegungen entgegenzutreten zahlreiche Gehirne von Affen, die inzwischen von Prof. Rolleston, [33] FRS, Mr. Marshall, [34] FRS, Mr. Flower, [35] Mr. Turner, [36] und mir vorgebracht wurden, [37] belebte das Thema auf dem Cambridge-Treffen desselben Gremiums im Jahr 1862 wieder. Nicht zufrieden mit der einigermaßen heftigen Ablehnung, die diese beispiellose Verhandlung in Abschnitt D erfuhr, genehmigte Professor Owen die Veröffentlichung einer Version seiner eigenen Aussagen, begleitet von einem seltsamen Meine falsche Darstellung (wie aus dem Vergleich des „Times"-Berichts über die Diskussion hervorgeht) in der „Medical Times" vom 11. Oktober 1862. Ich füge die Schlussfolgerung meiner Antwort in derselben Zeitschrift vom 25. Oktober bei.

„Wenn dies eine Frage der Meinung oder eine Frage der Interpretation von Teilen oder Begriffen wäre – wäre es überhaupt eine Frage der Beobachtung, bei der das Zeugnis meiner eigenen Sinne allein dem einer anderen Person gegenübergestellt würde, würde ich eine sehr klare Meinung vertreten." Ich habe bei der Diskussion dieser Angelegenheit einen anderen Ton gewählt. Ich sollte in aller Bescheidenheit zugeben, dass es wahrscheinlich ist, dass ich mich in meinem Urteil geirrt habe, dass es mir an Wissen mangelte oder dass ich von Vorurteilen geblendet wurde.

„Aber niemand behauptet jetzt, dass es sich bei der Kontroverse um Begriffe oder Meinungen handelt. So neu und ohne Autorität einige der von Professor Owen vorgeschlagenen Definitionen auch gewesen sein mögen, sie könnten akzeptiert werden, ohne die großen Merkmale des Falles zu ändern. Obwohl Dr. Allen Thomson, Dr. Rolleston, Mr. Marshall und Mr. Flower in den letzten zwei Jahren besondere Untersuchungen zu diesen Themen durchgeführt haben, handelt es sich, wie Sie wissen, allesamt um renommierte Anatomen auf diesem Gebiet Land und von den Professoren Schroeder Van der Kolk und Vrolik (die Professor Owen unvorsichtigerweise in seine eigenen Dienste zu drängen versuchte) auf dem Kontinent, alle diese fähigen und gewissenhaften Beobachter haben einstimmig die Richtigkeit meiner Aussagen bezeugt und die völlige Unbegründetheit der Behauptungen von Professor Owen. Sogar der ehrwürdige Rudolph Wagner, dem niemand progressive Neigungen vorwerfen wird, hat seine Stimme auf derselben Seite erhoben; während kein einziger Anatom, ob groß oder klein, Professor Owen unterstützt hat.

„Nun möchte ich nicht vorschlagen, dass wissenschaftliche Differenzen durch allgemeines Wahlrecht beigelegt werden sollten, aber ich bin der Meinung, dass solide Beweise durch mehr als nur leere und nicht unterstützte Behauptungen erbracht werden müssen. Doch in den zwei Jahren, in denen sich diese absurde Kontroverse in die Länge gezogen hat, hat Professor Owen nicht gewagt, auch nur ein einziges Präparat zur Untermauerung seiner oft wiederholten Behauptungen vorzubringen.

„Der Fall stellt sich also wie folgt dar : – Die von mir gemachten Aussagen stehen nicht nur im Einklang mit den Lehren der besten älteren Autoritäten und mit denen aller neueren Forscher, ich bin auch durchaus bereit, sie am ersten Affen zu demonstrieren, der kommt zur Hand; Während Professor Owens Behauptungen nicht nur im diametralen Widerspruch zu alten und neuen Autoritäten stehen, hat er auch keine einzige Vorbereitung vorgelegt, die sie rechtfertigen würde, und ich möchte hinzufügen, dass er auch nicht vorlegen kann.“

Ich verlasse dieses Thema jetzt vorerst. – Um meiner Berufung Ehre zu machen, würde ich mich freuen, von nun an für immer darüber zu schweigen. Aber leider ist dies eine Angelegenheit, bei der nach allem, was geschehen ist, kein Fehler oder keine Verwechslung der Begriffe möglich ist – und indem ich behaupte, dass der hintere Lappen, das hintere Cornu und der Hippocampus inferior bei bestimmten Affen existieren, behaupte ich das entweder das, was wahr ist, oder das, von dem ich wissen muss, dass es falsch ist. Die Frage ist somit zu einer Frage der persönlichen Wahrhaftigkeit geworden. Für mich selbst werde ich keine andere Frage als diese, so schwerwiegend sie auch ist, in der gegenwärtigen Kontroverse akzeptieren.

FUSSNOTEN:

[25] Es versteht sich, dass ich im vorangehenden Essay aus der riesigen Menge an Arbeiten, die über die menschenähnlichen Affen geschrieben wurden, nur diejenigen zur Beachtung ausgewählt habe, die mir von besonderer Bedeutung zu sein scheinen.

[26] Wir sind gegenwärtig mit dem Gehirn des Gorillas nicht gründlich vertraut, und deshalb werde ich bei der Erörterung der Gehirncharaktere das des Schimpansen als meine höchste Bezeichnung unter den Affen nehmen.

[27] „Mehr als einmal", sagt Peter Camper, „sind mir beim Menschen mehr als sechs Lendenwirbel aufgefallen … Einmal fand ich dreizehn Rippen und vier Lendenwirbel . " Fallopius bemerkte dreizehn Rippenpaare und nur vier Lendenwirbel ; und Eustachius fand einst elf Rückenwirbel und sechs Lendenwirbel . – „ Œuvres de Pierre Camper", T. 1, S. 42. Wie Tyson angibt, hatte sein „ Pygmäe " dreizehn Rippenpaare und fünf Lendenwirbel . Die Frage nach den Krümmungen der Wirbelsäule bei Affen bedarf weiterer Untersuchungen.

[28] Es wurde bestätigt, dass Hindu-Schädel manchmal nur 27 Unzen Wasser enthalten, was ein Fassungsvermögen von etwa 46 Kubikzoll ergeben würde. Die oben von mir angenommene Mindestkapazität basiert jedoch auf den wertvollen Tabellen, die Professor R. Wagner in seinen „ Vorstudien" veröffentlicht hat zu einer wissenschaftlich Morphologie und Physiologie des Menschen Gehirne ." Als Ergebnis des sorgfältigen Wiegens von mehr als 900 menschlichen Gehirnen stellte Professor Wagner fest, dass die Hälfte zwischen 1200 und 1400 Gramm wog und dass etwa zwei Neuntel, die zum größten Teil aus männlichen Gehirnen bestehen, über 1400 Gramm wogen. Das leichteste von Wagner aufgezeichnete Gehirn eines erwachsenen Mannes mit gesunden geistigen Fähigkeiten wog 1020 Gramm. Da ein Gramm 15,4 Grains entspricht und ein Kubikzoll Wasser 252,4 Grains enthält, entspricht dies 62 Kubikzoll Wasser; Da das Gehirn also schwerer als Wasser ist, können wir vollkommen sicher sein, nicht auf der Seite der Verkleinerung zu irren, wenn wir davon ausgehen, dass es sich um die kleinste Kapazität eines erwachsenen männlichen menschlichen Gehirns handelt. Das einzige erwachsene männliche Gehirn, das nur 970 Gramm wiegt, ist das eines Idioten; aber das Gehirn einer erwachsenen Frau, gegen deren gesunde Fähigkeiten nichts spricht, wog nur 907 Gramm (55,3 Kubikzoll Wasser); und Reid gibt einer erwachsenen Frau ein Gehirn von noch geringerer Kapazität. Das schwerste Gehirn (1872 Gramm oder etwa 115 Kubikzoll) war jedoch das einer Frau; daneben kommt das Gehirn von Cuvier (1861 Gramm), dann Byron (1807 Gramm) und dann ein Wahnsinniger (1783 Gramm). Das leichteste Gehirn eines Erwachsenen (720 Gramm) stammte von einer idiotischen Frau. Das Gehirn von fünf vierjährigen Kindern wog zwischen 1275 und 992 Gramm. Man kann also mit Sicherheit sagen, dass ein durchschnittliches europäisches Kind im Alter von vier Jahren ein doppelt so großes Gehirn hat wie das eines erwachsenen Gorillas.

[29] Als Tyson vom Fuß seines „ Pygmäen " spricht, bemerkt er, S. 13:- „Aber dieser Teil in der Formation und auch in seiner Funktion ähnelt eher einer

Hand als einem Fuß. Um diese Art von Tieren von anderen zu unterscheiden, habe ich darüber nachgedacht, ob er nicht eher als Quadrumanus als als Quadrupes bezeichnet und bezeichnet werden könnte . *also* eher ein vierhändiges als ein vierfüßiges Tier."

Da diese Passage im Jahr 1699 veröffentlicht wurde, irrt MIG St. Hilaire eindeutig, wenn er Buffon die Erfindung des Begriffs „ quadruman " zuschreibt, obwohl „biman" möglicherweise zu ihm gehört. Tyson verwendet „ Quarumanus " an mehreren Stellen, wie auf S. 91... „Unser *Pygmäe* ist kein Mensch und auch nicht der *gewöhnliche Affe* , sondern eine Art *Tier* zwischen beiden; und obwohl er ein *Zweibeiner ist* , gehört er dennoch zur *Quadrumanus* -Art: Obwohl auch einige *Männer* beobachtet wurden, dass sie ihre *Füße* wie *Hände benutzten* , wie ich mehrere gesehen habe."

[30] Siehe die Anmerkung am Ende dieses Aufsatzes für eine prägnante Geschichte der Kontroverse, auf die hier angespielt wird.

[31] Ich sage *Hilfe* bei der Bereitstellung: denn ich glaube keineswegs, dass es irgendein ursprünglicher Unterschied in der Qualität oder Quantität des Gehirns war, der diese Divergenz zwischen dem menschlichen und dem pithekoiden Steigbügel verursacht hat, die in der gegenwärtigen enormen Kluft zwischen ihnen endete . In gewissem Sinne ist es zweifellos völlig richtig, dass alle Unterschiede in der Funktion das Ergebnis unterschiedlicher Strukturen sind; oder, mit anderen Worten, von einem Unterschied in der Kombination der primären molekularen Kräfte der lebenden Substanz; und ausgehend von diesem unbestreitbaren Axiom argumentieren Gegner gelegentlich und scheinbar sehr plausibel, dass die große intellektuelle Kluft zwischen dem Affen und dem Menschen eine entsprechende strukturelle Kluft in den Organen der intellektuellen Funktionen impliziert; Daher wird gesagt, dass die Nichtentdeckung derart großer Unterschiede nicht beweist, dass sie nicht vorhanden sind, sondern dass die Wissenschaft nicht in der Lage ist, sie zu entdecken. Ich denke jedoch, dass eine kleine Überlegung den Irrtum dieser Argumentation aufzeigen wird. Ihre Gültigkeit hängt von der Annahme ab, dass die intellektuelle Kraft vollständig vom Gehirn abhängt – während das Gehirn nur eine von vielen Bedingungen ist, von denen intellektuelle Manifestationen abhängen; Bei den anderen handelt es sich hauptsächlich um die Sinnesorgane und die motorischen Apparate, insbesondere um diejenigen, die sich mit dem Greifen und der Produktion artikulierter Sprache befassen.

Ein stumm geborener Mann wäre ungeachtet seiner großen Gehirnmasse und seiner Vererbung starker intellektueller Instinkte kaum zu höheren intellektuellen Manifestationen fähig als ein Orang oder ein Schimpanse, wenn er auf die Gesellschaft stummer Gefährten beschränkt wäre. Und doch gibt es möglicherweise nicht den geringsten erkennbaren Unterschied zwischen seinem Gehirn und dem eines hochintelligenten und kultivierten Menschen. Die Stummheit könnte die Folge einer fehlerhaften Struktur des Mundes oder der Zunge oder einer bloß fehlerhaften Innervation dieser Teile sein; oder es könnte die Folge einer angeborenen Taubheit sein, die durch einen winzigen Defekt des Innenohrs verursacht wird, den nur ein sorgfältiger Anatom entdecken kann.

Das Argument, dass, weil zwischen der Intelligenz eines Menschen und der eines Affen ein enormer Unterschied besteht, es daher einen ebenso großen Unterschied zwischen ihren Gehirnen geben muss, scheint mir ungefähr so begründet zu sein wie die Argumentation, mit der man den Beweis anstreben sollte dass es zwischen den beiden Uhren eine große strukturelle Lücke gibt, da zwischen einer Uhr, die die Zeit genau anzeigt, und einer anderen, die überhaupt nicht geht, eine „große Kluft" besteht. Ein Haar in der Unruh, ein wenig Rost an einem Ritzel, eine Biegung in einem Zahn der Hemmung, etwas, das so geringfügig ist, dass nur das geübte Auge des Uhrmachers es entdecken kann, könnte die Ursache für den ganzen Unterschied sein.

Und da ich wie Cuvier davon überzeugt bin, dass der Besitz einer artikulierten Sprache das große Unterscheidungsmerkmal des Menschen ist (sei es ihm absolut eigen oder nicht), fällt es mir sehr leicht zu verstehen, dass es einen ebenso unauffälligen strukturellen Unterschied geben kann waren die Hauptursache für die unermessliche und praktisch unendliche Divergenz des Menschen vom Affen-Stirps.

[32] Es ist für mich eine so seltene Freude, die Meinungen von Professor Owen in völliger Übereinstimmung mit meinen eigenen zu finden, dass ich nicht umhin kann, einen Absatz zu zitieren, der in seinem Essay „On the Characters, &c., of the Class Mammalia" erschien. im „Journal of the Proceedings of the Linnean Society of London" von 1857, wird jedoch aus unerklärlichen Gründen in der zwei Jahre später vor der Universität Cambridge gehaltenen „Reade Lecture" weggelassen, die ansonsten fast ein Nachdruck des betreffenden Aufsatzes ist. Prof. Owen schreibt:

„Nicht in der Lage zu sein, den Unterschied zwischen den psychischen Phänomenen eines Schimpansen und eines Boschismans oder eines Azteken mit gestopptem Gehirnwachstum als so wesentlich zu würdigen oder zu begreifen, dass er einen Vergleich zwischen ihnen ausschließt, oder als vorhanden Abgesehen von einem Gradunterschied kann ich meine Augen nicht vor der Bedeutung dieser alles durchdringenden Ähnlichkeit der Struktur verschließen – jeder Zahn, jeder Knochen ist streng homolog –, die die Bestimmung des Unterschieds zwischen *Homo* und *Pithecus* zur Schwierigkeit des Anatomen macht."

Sicherlich ist es ein wenig seltsam, dass der „Anatom", der es „schwierig" findet, „den Unterschied" zwischen *Homo* und *Pithecus zu bestimmen* , sie dennoch aus anatomischen Gründen in verschiedene Unterklassen einteilt!

[33] Über die Verwandtschaft des Gehirns des Orang. Nat. Hist. Rezension, April 1861.

[34] Über das Gehirn eines jungen Schimpansen. Ebenda, Juli 1861.

[35] Auf den hinteren Lappen des Großhirns der Quadrumana . Philosophische Transaktionen, 1862.

[36] Über die anatomischen Beziehungen der Oberflächen des Tentoriums zum Großhirn und Kleinhirn beim Menschen und den niederen Säugetieren. Proceedings of the Royal Society of Edinburgh, März 1862.

[37] Über das Gehirn von Ateles. Verfahren der Zoological Society, 1861.

III

ÜBER EINIGE FOSSILE ÜBERRESTE DES MENSCHEN.

Ich habe mich im vorangehenden Aufsatz bemüht zu zeigen, dass die ANTHROPINI oder die Menschenfamilie eine sehr genau definierte Gruppe der Primaten bilden, zwischen denen und der unmittelbar folgenden Familie, den CATARHINI , in der existierenden Welt dasselbe existiert völliges Fehlen jeglicher Übergangsform oder Verbindungsverbindung, wie zwischen den CATARHINI und PLATYRHINI .

Es ist jedoch eine allgemein anerkannte Lehre, dass die strukturellen Abstände zwischen den verschiedenen existierenden Modifikationen organischer Wesen verringert oder sogar ausgelöscht werden können, wenn wir die lange und vielfältige Abfolge von Tieren und Pflanzen berücksichtigen, die diesen jetzt lebenden und lebenden Wesen vorausgegangen sind die uns nur durch ihre versteinerten Überreste bekannt sind. Inwieweit diese Doktrin fundiert ist, inwieweit sie andererseits nach unserem derzeitigen Kenntnisstand eine Übertreibung der tatsächlichen Tatsachen des Falles und eine Übertreibung der daraus einigermaßen ableitbaren Schlussfolgerungen darstellt, sind schwerwiegende Punkte Bedeutung, auf deren Erörterung ich mich aber zum jetzigen Zeitpunkt nicht einlassen möchte. Es reicht aus, dass eine solche Ansicht über die Beziehungen ausgestorbener zu lebenden Wesen vertreten wurde, um uns mit Besorgnis zu der Frage zu veranlassen, inwieweit die jüngsten Entdeckungen menschlicher Überreste in fossilem Zustand diese Ansicht bestätigen oder widerlegen.

Ich werde mich bei der Erörterung dieser Frage auf jene fragmentarischen menschlichen Schädel aus den Höhlen von Engis im Tal der Maas in Belgien und aus dem Neandertaler bei Düsseldorf beschränken, deren geologische Beziehungen so sorgfältig untersucht wurden Sir Charles Lyell; Aufgrund dessen hoher Autorität gehe ich davon aus, dass der Engis- Schädel einem Zeitgenossen des Mammuts (*Elephas primigenius*) und des Wollnashorns (*Rhinocerus) gehörte tichorhinus*), mit dessen Knochen es in Verbindung gebracht wurde; und dass der Neandertaler-Schädel von großem, wenn auch ungewissem Alter ist. Wie auch immer das geologische Alter des letztgenannten Schädels sein mag, ich halte es für ziemlich sicher (nach den üblichen Prinzipien paläontologischer Überlegungen), anzunehmen, dass ersterer uns zumindest auf die andere Seite der vagen biologischen Grenze führt, die die Gegenwart trennt geologische Epoche von der unmittelbar vorangegangenen. Und es besteht kein Zweifel daran, dass sich die physische

Geographie Europas wunderbar verändert hat, seit die Knochen von Menschen und Mammuts, Hyänen und Nashörnern durcheinander in die Höhle von Engis gespült wurden .

Der Schädel aus der Höhle von Engis wurde ursprünglich von Professor Schmerling entdeckt und von ihm zusammen mit anderen zur gleichen Zeit ausgegrabenen menschlichen Überresten in seinem wertvollen Werk „ Recherches sur les ossemens " beschrieben Fossilien découverts dans les cavernes de la Province de Liège", veröffentlicht 1833 (S. 59 *ff.*), aus dem die folgenden Absätze entnommen sind, wobei die genauen Aussagen des Autors so weit wie möglich beibehalten wurden.

„Zuerst muss ich anmerken, dass diese menschlichen Überreste, die sich in meinem Besitz befinden, ebenso wie die Tausenden von Knochen, die ich in letzter Zeit ausgegraben habe, durch das Ausmaß der Zersetzung gekennzeichnet sind, die sie erfahren haben, und das ist genau das das gleiche wie bei den ausgestorbenen Arten: alle sind bis auf wenige Ausnahmen gebrochen; einige wenige sind abgerundet, wie es häufig bei fossilen Überresten anderer Arten der Fall ist. Die Brüche verlaufen vertikal oder schräg; keiner von ihnen ist erodiert; Ihre Farbe unterscheidet sich nicht von der anderer fossiler Knochen und variiert von weißlich-gelb bis schwärzlich. Alle sind leichter als frische Knochen, mit Ausnahme derjenigen, die eine Kalkverkrustung aufweisen und deren Hohlräume mit solcher Substanz gefüllt sind.

„Der Schädel, den ich darstellen ließ, Tafel I., Abb. 1, 2, ist das eines alten Menschen. Die Nähte beginnen sich zu lösen: Alle Gesichtsknochen fehlen, und von den Schläfenknochen ist nur ein Fragment der rechten Seite erhalten.

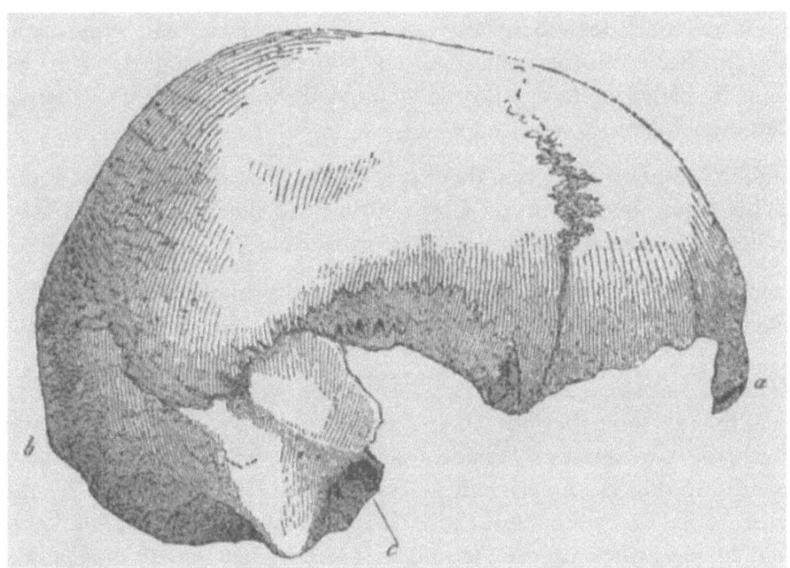

FEIGE. 22. – Der Schädel aus der Höhle von Engis – von rechts gesehen. *a*, Glabella, *b*, Hinterhauptsvorsprung, (*a* bis *b* Glabello - Occipitallinie), *c*, auditorisches Foramen.

„Das Gesicht und die Basis des Schädels waren abgetrennt worden, bevor der Schädel in der Höhle deponiert wurde, denn wir konnten diese Teile nicht finden, obwohl die gesamte Höhle regelmäßig durchsucht wurde. Der Schädel wurde in einer Tiefe von anderthalb Metern [fast fünf Fuß] gefunden , verborgen unter einer knöchernen Brekzie, die aus den Überresten kleiner Tiere bestand und einen Nashornstoßzahn sowie mehrere Zähne von Pferden und Wiederkäuern enthielt. Diese Brekzie, von der oben gesprochen wurde (S. 30), war einen Meter breit und erhob sich bis zu einer Höhe von anderthalb Metern über den Boden der Höhle bis zu den Wänden der Höhle an dem es fest haftete.

„Die Erde, die diesen menschlichen Schädel enthielt, wies keinerlei Spuren von Störungen auf: Zähne von Nashörnern, Pferden, Hyänen und Bären umgaben sie von allen Seiten.

„Der berühmte Blumenbach [38] hat die Aufmerksamkeit auf die Unterschiede gelenkt, die sich durch die Form und die Abmessungen menschlicher Schädel verschiedener Rassen ergeben. Diese wichtige Arbeit hätte uns sehr geholfen, wenn in unserem fossilen Schädel nicht das Gesicht gefehlt hätte, ein Teil, der für die Bestimmung der Rasse mit mehr oder weniger Genauigkeit wesentlich ist.

„Wir sind davon überzeugt, dass selbst wenn der Schädel vollständig gewesen wäre, es nicht möglich gewesen wäre, mit Sicherheit eine Aussage über ein einziges Exemplar zu machen; denn individuelle Variationen sind in den

Schädeln ein und derselben Rasse so zahlreich, dass man, ohne sich der Gefahr großer Irrtümer auszusetzen, keinen Rückschluss aus einem einzelnen Schädelfragment auf die allgemeine Form des Kopfes ziehen kann, auf den es sich bezieht gehörte.

„Trotzdem können wir, um die Form dieses fossilen Schädels nicht zu vernachlässigen, bemerken, dass von Anfang an die längliche und schmale Form der Stirn unsere Aufmerksamkeit erregte.

„Tatsächlich ähneln die leichte Erhebung des Stirnkopfes, seine Enge und die Form der Augenhöhle eher dem Schädel eines Äthiopiers als dem eines Europäers : Die längliche Form und der hervorstehende Hinterkopf sind ebenfalls Merkmale, die wir kennen. " glauben, in unserem fossilen Schädel beobachtbar zu sein; aber um jeden Zweifel an diesem Thema auszuräumen, habe ich die Umrisse des Schädels eines Europäers und eines Äthiopiers zeichnen und die Stirnen darstellen lassen. Tafel II., Abb. 1 und 2, und auf derselben Tafel die Abbn. 3 und 4 machen die Unterschiede leicht erkennbar; und ein einziger Blick auf die Figuren wird lehrreicher sein als eine lange und ermüdende Beschreibung.

„Zu welcher Schlussfolgerung auch immer wir hinsichtlich der Herkunft des Menschen gelangen, von dem dieser fossile Schädel stammt, wir können eine Meinung äußern, ohne uns einer fruchtlosen Kontroverse auszusetzen. Jeder kann die Hypothese annehmen, die ihm am wahrscheinlichsten erscheint: Ich für meinen Teil halte es für erwiesen, dass dieser Schädel einer Person mit begrenzten intellektuellen Fähigkeiten gehört hat, und wir schließen daraus, dass er einem Mann mit niedrigem Grad gehörte der Zivilisation: eine Schlussfolgerung, die durch den Vergleich der Kapazität der Frontalregion mit der der Hinterhauptsregion bestätigt wird.

„Ein weiterer Schädel eines jungen Individuums wurde im Boden der Höhle neben dem Zahn eines Elefanten entdeckt; Als der Schädel gefunden wurde, war er ganz, doch als er angehoben wurde, zerfiel er in Stücke, die ich bis jetzt noch nicht wieder zusammensetzen konnte. Aber ich habe die Knochen des Oberkiefers dargestellt, Tafel I, Abb. 5. Der Zustand der Alveolen und Zähne zeigt, dass die Backenzähne das Zahnfleisch noch nicht durchbohrt hatten. Abgelöste Milchbackenzähne und einige Fragmente eines menschlichen Schädels stammen von derselben Stelle. Die Abbildung 3 stellt einen menschlichen oberen Schneidezahn dar, dessen Größe wirklich bemerkenswert ist. [39]

„Abbildung 4 ist ein Fragment eines oberen Oberkieferknochens, dessen Backenzähne bis zu den Wurzeln abgenutzt sind.

„Ich besitze zwei Wirbel , einen ersten und einen letzten Rückenwirbel.

„Ein Schlüsselbein der linken Seite (siehe Tafel III., Abb. 1); Obwohl er einem jungen Menschen gehörte, zeigt dieser Knochen, dass er von großer Statur gewesen sein muss. [40]

„Zwei schlecht erhaltene Fragmente des Radius weisen nicht darauf hin, dass die Größe des Mannes, dem sie gehörten, mehr als fünfeinhalb Fuß betrug.

„Die Überreste der oberen Extremitäten, die sich in meinem Besitz befinden, bestehen lediglich aus einem Fragment einer Elle und eines Radius (Tafel III., Abb. 5 und 6).

„Abbildung 2, Tafel IV. stellt einen Mittelhandknochen dar, der in der Brekzie enthalten ist, von der wir gesprochen haben; Es wurde im unteren Teil oberhalb des Schädels gefunden: Hinzu kommen einige Mittelhandknochen, die in sehr unterschiedlichen Abständen gefunden wurden, ein halbes Dutzend Mittelfußknochen, drei Fingerglieder der Hand und eines des Fußes .

„Dies ist eine kurze Aufzählung der Überreste menschlicher Knochen, die in der Höhle von Engis gesammelt wurden und die für uns die Überreste von drei Individuen aufbewahrt haben, umgeben von denen des Elefanten, des Nashorns und von Fleischfressern bisher unbekannter Arten Schaffung."

Aus der Höhle von Engihoul , gegenüber der von Engis , am rechten Ufer der Maas, erlangte Schmerling die Überreste von drei weiteren menschlichen Individuen, darunter nur zwei Fragmente von Scheitelknochen, aber viele Knochen der Extremitäten. In einem Fall wurde ein gebrochenes Fragment einer Elle durch Stalagmit mit einem ähnlichen Fragment einer Speiche verlötet, ein Zustand, der häufig bei den Knochen des Höhlenbären (*Ursus spelæus*) beobachtet wird, der in den belgischen Höhlen gefunden wurde.

In der Höhle von Engis fand Professor Schmerling das spitze Knochengerät, das er in Abb. 7 seiner Tafel Belgische Höhlen, die eine Fülle fossiler Knochen enthielten.

Ein kurzer Brief von M. Geoffroy St. Hilaire, veröffentlicht in den Comptes Rendus von der Pariser Akademie der Wissenschaften spricht für den 2. Juli 1838 von einem (anscheinend sehr überstürzten) Besuch in der Sammlung von Professor „ Schermidt " (bei der es sich vermutlich um einen Druckfehler für Schmerling handelt) in Lüttich. Der Autor kritisiert kurz die Zeichnungen, die Schmerlings Werk veranschaulichen, und bekräftigt, dass in Schmerlings Figur „der menschliche Schädel etwas länger ist, als er dargestellt wird". Die einzige andere erwähnenswerte Bemerkung ist diese: „Das Aussehen der menschlichen Knochen unterscheidet sich kaum von dem der Höhlenknochen, mit denen wir vertraut sind und von denen es an derselben Stelle eine beträchtliche Sammlung gibt." Hinsichtlich ihrer besonderen Formen lassen sich im Vergleich mit denen der Varietäten rezenter menschlicher Schädel nur wenige *sichere* Schlussfolgerungen ziehen; denn zwischen den verschiedenen Exemplaren gut charakterisierter Varietäten bestehen viel größere Unterschiede als zwischen dem fossilen Schädel von Lüttich und dem einer dieser Varietäten, die als Vergleichsbegriff ausgewählt wurden."

Wie man feststellen wird, sind Geoffroy St. Hilaires Bemerkungen kaum mehr als ein Echo der philosophischen Zweifel des Beschreibers und Entdeckers der Überreste. Was die Kritik an Schmerlings Figuren anbelangt, so finde ich, dass die von letzterem wiedergegebene Seitenansicht in Wirklichkeit etwa $3/_{10}$ Tausendstel Zoll kürzer als das Original ist und dass die Vorderansicht in etwa im gleichen Maße verkleinert ist. Ansonsten ist die Darstellung keineswegs ungenau, sondern entspricht sehr gut dem in meinem Besitz befindlichen Abguss.

Ein Stück des Hinterhauptbeins, das Schmerling offenbar übersehen hatte, wurde inzwischen von einem erfahrenen Anatomen, Dr. Spring aus Lüttich, an den Rest des Schädels angepasst, unter dessen Leitung ein hervorragender Gipsabdruck für Sir Charles Lyell angefertigt wurde. Auf und von einem Duplikat dieses Abgusses basieren meine eigenen Beobachtungen und die dazugehörigen Figuren, deren Umrisse von sehr genauen Camera-lucida-Zeichnungen meines Freundes Herrn Busk kopiert und auf die Hälfte der natürlichen Größe reduziert wurden gemacht.

Wie Professor Schmerling feststellt, ist die Schädelbasis zerstört und die Gesichtsknochen fehlen vollständig; aber das Dach des Schädels, das aus den Stirn-, Scheitel- und dem größten Teil der Hinterhauptknochen besteht, ist bis zur Mitte des Foramen occipitalis ganz oder fast vollständig. Das linke Schläfenbein fehlt. Vom rechten Schläfenbein sind die Teile in unmittelbarer Nähe des Foramen auditory, der Warzenfortsatz und ein beträchtlicher Teil des Plattenepithels des Schläfenbeins gut erhalten (Abb. 22).

Die Bruchlinien, die zwischen den zusammenpassenden Teilen des Schädels verbleiben und in Schmerlings Figur getreu dargestellt sind, sind im Abdruck leicht zu verfolgen. Die Nähte sind ebenfalls erkennbar, aber die komplexe Anordnung ihrer Zacken, die in der Abbildung gezeigt wird, ist im Gips nicht offensichtlich. Auch wenn die Wülste, die die Befestigung der Muskeln ermöglichen, nicht übermäßig ausgeprägt sind, sind sie doch gut ausgeprägt, und zusammen mit den scheinbar gut entwickelten Stirnhöhlen und dem Zustand der Nähte lassen sie für mich keinen Zweifel daran, dass es sich um den Schädel eines Erwachsenen handelt , wenn nicht ein Mann mittleren Alters.

Die maximale Länge des Schädels beträgt 7,7 Zoll. Seine äußerste Breite, die fast dem Abstand zwischen den Scheitelvorsprüngen entspricht, beträgt nicht mehr als 5,4 Zoll. Das Verhältnis der Länge zur Breite beträgt daher nahezu 100 zu 70. Wenn eine Linie von dem Punkt gezogen wird, an dem sich die Braue zur Nasenwurzel hin krümmt und der „Glabella" (a) genannt wird, (Abb. 22) bis zum Hinterhauptsvorsprung (b) und der Abstand zum höchsten Punkt des Schädelbogens, der senkrecht von dieser Linie gemessen wird, beträgt 4,75 Zoll. Von oben gesehen, Abb. 23, A , weist die Stirn eine gleichmäßig abgerundete Kurve auf und geht in die Kontur der Seiten und der Rückseite des Schädels über, die eine einigermaßen regelmäßige elliptische Kurve beschreibt.

Die Vorderansicht (Abb. 23, B) zeigt, dass das Schädeldach in Querrichtung sehr regelmäßig und elegant gewölbt war und dass der Querdurchmesser unterhalb der Scheitelvorsprünge etwas geringer war als oberhalb. Die Stirn kann im Verhältnis zum übrigen Schädel nicht als schmal bezeichnet werden, auch nicht als zurückweichende Stirn; im Gegenteil, die antero-posteriore Kontur des Schädels ist gut gewölbt, so dass der Abstand entlang dieser Kontur, von der Nasenhöhle bis zum Hinterhauptsvorsprung, etwa 13,75 Zoll beträgt. Der Querbogen des Schädels, gemessen von einem Gehörgang zum anderen, über die Mitte der Sagittalnaht, beträgt etwa 13 Zoll. Die Sagittalnaht selbst ist 5,5 Zoll lang.

Die suprakiliären Vorsprünge oder Augenbrauenkämme (auf jeder Seite von a , Abb. 22) sind gut, aber nicht übermäßig entwickelt und durch eine mittlere Vertiefung getrennt. Ihre Haupterhebung ist so schräg angeordnet, dass ich vermute, dass sie auf große Stirnhöhlen zurückzuführen sind.

Wenn eine Linie, die die Glabella und den Hinterhauptsvorsprung verbindet (a , b , Abb. 22), horizontal gemacht wird, ragt kein Teil der Hinterhauptsregion mehr als $1/10$ Zoll hinter das hintere Ende dieser Linie und die Oberkante hinaus des Foramen auditory (c) berührt fast eine Linie, die parallel dazu auf der Außenfläche des Schädels verläuft.

Eine Querlinie, die von einem Foramen auditory zum anderen verläuft, verläuft wie üblich durch den vorderen Teil des Foramen occipitalis. Das Fassungsvermögen des Inneren dieses fragmentarischen Schädels wurde nicht ermittelt.

FEIGE. 23. – Der Engis- Schädel von oben (*A*) und von vorne (*B*) gesehen .

Die Geschichte der menschlichen Überreste aus der Höhle im Neandertaler lässt sich am besten mit den Worten ihres ursprünglichen Beschreibers, Dr. Schaaffhausen , [41] wiedergeben , übersetzt von Herrn Busk.

„Anfang des Jahres 1857 wurde in einer Kalksteinhöhle im Neandertal, in der Nähe von Hochdal , zwischen Düsseldorf und Elberfeld, ein menschliches Skelett entdeckt. Davon konnte ich jedoch nicht mehr als einen in Elberfeld angefertigten Gipsabdruck des Schädels beschaffen, aus dem ich einen Bericht über seine bemerkenswerte Konformation erstellte, der erstmals am 4. Februar verlesen wurde. 1857, auf der Tagung der Niederrheinischen Medizin- und Naturhistorischen Gesellschaft in Bonn. [42] Anschließend brachte Dr. Fuhlrott , dem die Wissenschaft die Erhaltung dieser zunächst nicht als menschlich angesehenen Knochen zu verdanken hat und in dessen Besitz sie später gelangten, den Schädel von Elberfeld nach Bonn und vertraute ihn mir an für eine genauere anatomische Untersuchung. Auf der Generalversammlung der Naturhistorischen Gesellschaft des

Preußischen Rheinlands und Westfalens am 2. Juni 1857 in Bonn [43] gab Dr. Fuhlrott selbst einen ausführlichen Bericht über den Fundort und die Umstände, unter denen die Entdeckung stattfand gemacht. Er war der Meinung, dass die Knochen als Fossilien angesehen werden könnten; und als er zu dieser Schlussfolgerung kam, legte er besonderen Wert auf die Existenz dendritischer Ablagerungen, mit denen ihre Oberfläche bedeckt war und die Professor Mayer zuerst an ihnen bemerkte. Dieser Mitteilung habe ich einen kurzen Bericht über die Ergebnisse meiner anatomischen Untersuchung der Knochen beigefügt. Die Schlussfolgerungen, zu denen ich kam, waren: 1. Dass die außergewöhnliche Form des Schädels auf einer natürlichen Konformation beruhte, von der man bisher nicht einmal wusste, dass sie existierte, nicht einmal bei den barbarischsten Rassen. 2. Dass diese bemerkenswerten menschlichen Überreste einer Zeit vor der Zeit der Kelten und Germanen angehörten und aller Wahrscheinlichkeit nach von einer der wilden Rassen Nordwesteuropas abstammten, von der lateinische Schriftsteller sprechen; und die den deutschen Einwanderern als Autochthone begegneten. Und drittens. Dass es keinen Zweifel daran gab, dass diese menschlichen Relikte auf eine Zeit zurückzuführen waren, in der die jüngsten Tiere des Diluviums noch existierten; aber dass die Umstände, unter denen die Knochen entdeckt wurden, keinen Beweis für diese Annahme und folglich auch für ihren sogenannten *fossilen* Zustand lieferten."

Da Dr. Fuhlrott seine Beschreibung dieser Umstände noch nicht veröffentlicht hat, entnehme ich den folgenden Bericht darüber einem seiner Briefe. „Eine kleine Höhle oder Grotte, hoch genug, um einen Mann aufzunehmen, und etwa 15 Fuß tief vom Eingang entfernt, die 7 bis 8 Fuß breit ist, existiert in der Südwand der Schlucht des Neandertalers, wie sie genannt wird, bei a Entfernung von etwa 100 Fuß von der Düssel und etwa 60 Fuß über der Talsohle. In ihrem früheren und unbeschädigten Zustand öffnete sich diese Höhle auf ein schmales Plateau, das vor ihr lag und von dem aus die Felswand fast senkrecht in den Fluss abfiel. Von oben war es, wenn auch mühsam, zu erreichen. Der unebene Boden war bis zu einer Dicke von 4 bis 5 Fuß mit einer Schlammablagerung bedeckt, die sparsam mit abgerundeten Hornsteinfragmenten vermischt war. Bei der Entfernung dieser Ablagerung wurden die Knochen entdeckt. Zuerst fiel der Schädel auf, der am nächsten zum Eingang der Höhle platziert war; und weiter innen liegen die anderen Knochen in derselben horizontalen Ebene. Dies wurde mir von zwei Arbeitern , die mit der Räumung der Grotte beschäftigt waren und von mir an Ort und Stelle befragt wurden, in den positivsten Worten versichert . Zunächst hatte man keine Ahnung, dass es sich bei den Knochen um Menschen handelte; und erst mehrere Wochen nach ihrer Entdeckung wurden sie von mir als solche erkannt und in Sicherheit gebracht. Da jedoch die Bedeutung der Entdeckung zu diesem Zeitpunkt noch nicht erkannt wurde, waren die Arbeiter beim Sammeln sehr nachlässig und sicherten hauptsächlich nur die größeren Knochen; und diesem Umstand ist zuzuschreiben, dass lediglich Fragmente des vermutlich vollkommenen Skeletts in meinen Besitz gelangten."

Meine anatomische Untersuchung dieser Knochen ergab folgende Ergebnisse:

Der Schädel ist ungewöhnlich groß und hat eine lange elliptische Form. Eine höchst bemerkenswerte Eigentümlichkeit wird sofort in der außergewöhnlichen Entwicklung der Stirnhöhlen deutlich, wodurch die Augenbrauenwülste, die in der Mitte vollständig zusammenwachsen, so hervortreten, dass das Stirnbein oben oder vielmehr eine beträchtliche Vertiefung oder Vertiefung aufweist hinter ihnen, während sich auch im Bereich der Nasenwurzel eine tiefe Vertiefung bildet. Die Stirn ist schmal und niedrig, obwohl die mittleren und hinteren Teile des Schädelbogens gut entwickelt sind. Leider besteht das erhaltene Schädelfragment nur aus dem über dem Dach der Augenhöhlen liegenden Teil und den oberen Hinterhauptleisten, die stark entwickelt und fast so verbunden sind, dass sie eine horizontale Erhebung bilden. Es umfasst fast das gesamte Stirnbein, beide Scheitelbeine, einen kleinen Teil des Plattenepithels und das obere Drittel des Hinterhauptsbeins. Die kürzlich gebrochenen Oberflächen zeigen, dass der Schädel zum Zeitpunkt seiner Ausgrabung gebrochen war. Der Hohlraum fasst 16.876 Körner Wasser, weshalb sein Kubikinhalt auf 57,64 Zoll oder 1033,24 Kubikzentimeter geschätzt werden kann . Bei dieser Schätzung wird davon ausgegangen, dass das Wasser auf gleicher Höhe mit der Augenhöhlenplatte des Stirnbeins, mit der tiefsten Kerbe im Plattenepithelrand des Scheitelbeins und mit den oberen halbkreisförmigen Leisten des Hinterhauptsbeins steht. In getrockneten Hirsesamen geschätzt, entsprach der Inhalt 31 Unzen, dem Gewicht preußischer Apotheker. Die halbkreisförmige Linie, die die obere Grenze des Ansatzes des Schläfenmuskels anzeigt, ist zwar nicht sehr stark ausgeprägt, steigt aber dennoch auf mehr als die halbe Höhe des Scheitelbeins an. Auf dem rechten Augenbrauenkamm ist eine schräge Furche oder Vertiefung zu erkennen, die auf eine im Laufe des Lebens erlittene Verletzung hinweist. [44] Die koronalen und sagittalen Nähte sind außen fast geschlossen und innen so vollständig verknöchert, dass sie überhaupt keine Spuren hinterlassen haben, während die Lambdoidalnähte ganz offen bleiben. Die Vertiefungen der Pacchionischen Drüsen sind tief und zahlreich; und es gibt eine ungewöhnlich tiefe Gefäßrinne unmittelbar hinter der Koronarnaht, die, da sie in einem Foramen endet, zweifellos eine *Vena emissaria übertrug* . Der Verlauf der Frontalnaht ist äußerlich durch einen leichten Grat gekennzeichnet; und dort, wo er sich mit dem Koronal verbindet, erhebt sich dieser Grat zu einer kleinen Ausstülpung. Der Verlauf der Sagittalnaht ist gefurcht und oberhalb des Winkels des Hinterhauptbeins sind die Scheitelnaht eingedrückt.

	mm. [45]		
Die Länge des Schädels vom Nasenfortsatz des Stirnbeins über den Scheitelpunkt bis zu den oberen Halbkreislinien des Hinterhauptbeins misst	303 (300)	=	12,0".
Umfang über den Augenhöhlenleisten und den oberen Halbkreislinien des Hinterhaupts	590 (590)	=	23,37" oder 23".
Breite der Frontallinie von der Mitte der Schläfenlinie auf einer Seite bis zur			
Gleicher Punkt im Gegenteil	104 (114)	=	4,1"- 4,5".
Länge des Frontalbereichs vom Nasenfortsatz bis zur Koronarnaht	133 (125)	=	5,25"- 5".
Extreme Breite der Stirnhöhlen	25 (23)	=	1,0"- 0,9".
Vertikale Höhe über einer Linie, die die tiefsten Kerben im Plattenepithelrand der Scheitelbeine verbindet	70	=	2,75".
Breite des hinteren Teils des Schädels von einem Scheitelvorsprung zum anderen	138 (150)	=	5,4"- 5,9".
Abstand vom oberen Hinterhauptswinkel bis zu den oberen Halbkreislinien	51 (60)	=	1,9"- 2,4".

Dicke des Knochens am Scheitelvorsprung	8.	
—— im Winkel des Hinterhaupts	9.	
—— an der oberen Halbkreislinie des Hinterhaupts	10	= 0,3".

Außer dem Schädel wurden folgende Knochen gesichert:

1. Beide Oberschenkelknochen, perfekt. Diese zeichnen sich wie der Schädel und alle anderen Knochen durch ihre ungewöhnliche Dicke und die große Entwicklung aller Erhebungen und Vertiefungen für den Muskelansatz aus. Im Anatomischen Museum zu Bonn befinden sich unter der Bezeichnung „Riesenknochen" einige neuere Oberschenkelknochen, deren Dicke den oben genannten nahezu entspricht , obwohl sie kürzer sind.

		Knochen des Riesen.		Fossile Knochen.	
		mm.		mm.	
Länge		542	= 21,4"	438	= 17,4"
Durchmesser	des Femurkopfes	54	= 2,14"	53	= 2,0"
„	des unteren Gelenkendes, von				
von einem Kondylus zum anderen		89	= 3,5"	87	= 3,4"
Durchmesser	des Femurs in der Mitte	33	= 1,2"	30	= 1,1"

2. Ein perfekter rechter Humerus, dessen Größe zeigt, dass er zu den Oberschenkelknochen gehört.

	mm.	
Länge	312	= 12,3"
Dicke in der Mitte	26	= 1,0"
Durchmesser des Kopfes	49	= 1,9"

Außerdem ein perfekter rechter Radius mit entsprechenden Abmessungen und das obere Drittel einer rechten Elle, das dem Humerus und dem Radius entspricht.

3. Ein linker Oberarmknochen, dem das obere Drittel fehlt und der so viel schlanker als der rechte ist, dass er offenbar zu einem bestimmten Individuum gehört; eine linke *Elle*, die zwar vollständig, aber pathologisch deformiert ist, da der Processus coronoideus durch Knochenwachstum so stark vergrößert ist, dass eine Beugung des Ellenbogens über einen rechten Winkel hinaus unmöglich gewesen sein muss; Auch die vordere Schädelgrube des Oberarmknochens zur Aufnahme des Processus coronoideus ist mit einem ähnlichen knöchernen Wachstum ausgefüllt. Gleichzeitig ist das Olecranon stark nach unten gekrümmt. Da der Knochen keine Anzeichen einer rachitischen Degeneration aufweist, kann davon ausgegangen werden, dass eine im Laufe des Lebens erlittene Verletzung die Ursache für die Ankylose war. Wenn man die linke Elle mit dem rechten Radius vergleicht, könnte man auf den ersten Blick schlussfolgern, dass die Knochen jeweils zu unterschiedlichen Individuen gehörten, da die Elle mehr als einen halben Zoll zu kurz für eine Artikulation mit einem entsprechenden Radius war. Es ist jedoch klar, dass sowohl diese Verkürzung als auch die Schwächung des linken Oberarmknochens eine Folge des oben beschriebenen pathologischen Zustands sind.

4. Ein linkes *Ilium*, fast perfekt und zum Femur gehörend; ein Fragment des rechten *Schulterblatts*; das vordere Ende einer Rippe auf der rechten Seite; und derselbe Teil einer Rippe der linken Seite; der hintere Teil einer Rippe auf der rechten Seite; und schließlich zwei hintere Teile und ein mittlerer Teil der Rippen, die aufgrund ihrer ungewöhnlich runden Form und abrupten Krümmung eher den Rippen eines fleischfressenden Tieres als denen eines Menschen ähneln. Dr. H. v. Meyer jedoch, dessen Urteil ich vertraue, wird es nicht wagen, sie für Rippen irgendeines Tieres zu erklären; und es bleibt nur die Vermutung, dass dieser abnormale Zustand auf eine ungewöhnlich kräftige Entwicklung der Brustmuskulatur zurückzuführen ist.

Die Knochen haften fest an der Zunge, obwohl, wie durch die Verwendung von Salzsäure nachgewiesen wurde, der größte Teil des Knorpels noch in ihnen erhalten bleibt, der jedoch offenbar die von V. beobachtete Umwandlung in Gelatine erfahren hat. Bibra in fossilen Knochen. Die Oberfläche aller Knochen ist an vielen Stellen mit winzigen schwarzen Flecken bedeckt, die, besonders unter einer Linse, aus sehr zarten *Dendriten* bestehen. Diese Ablagerungen, die erstmals von Dr. Meyer an den Knochen beobachtet wurden, sind am deutlichsten an der Innenfläche der Schädelknochen zu erkennen. Sie bestehen aus einer eisenhaltigen Verbindung und aufgrund ihrer schwarzen Farbe könnte man davon ausgehen, dass sie Mangan enthalten. Ähnliche dendritische Formationen kommen nicht selten auch auf laminierten Gesteinen vor und sind meist in winzigen Spalten und Rissen zu finden. Auf der Sitzung der Niederrheinischen Gesellschaft in Bonn am 1. April 1857 erklärte Prof. Meyer, er habe im Museum von Poppelsdorf ähnliche dendritische Kristallisationen an mehreren fossilen Tierknochen, insbesondere an denen von *Ursus spelæus* , bemerkt noch reichlicher und schöner dargestellt sind die fossilen Knochen und Zähne von *Equus adamiticus* , *Elephas primigenius* usw. aus den Höhlen von Bolve und Sundwig . In einem römischen Schädel aus Siegburg waren schwache Hinweise auf ähnliche *Dendriten sichtbar* ; während andere alte Schädel, die jahrhundertelang in der Erde gelegen hatten, keine Spur von ihnen zeigten. [46] Ich bin H. v. Meyer für die folgenden Bemerkungen zu diesem Thema zu Dank verpflichtet:

„Interessant ist die beginnende Bildung dendritischer Ablagerungen, die früher als Zeichen eines rein fossilen Zustands galten. Es wurde sogar angenommen, dass das Vorhandensein von *Dendriten in den Ablagerungen des Diluvials* ein gewisses Unterscheidungsmerkmal zwischen Knochen, die zu einem etwas späteren Zeitpunkt mit dem Diluvium vermischt wurden, und den echten Relikten des Diluviums darstellte, zu denen allein diese Ablagerungen vermutlich gehörten beschränkt. Aber ich bin seit langem davon überzeugt, dass das Fehlen von *Dendriten weder* als Hinweis auf ein jüngeres Alter angesehen werden kann, noch dass ihr Vorhandensein als ausreichend gilt, um das hohe Alter der Objekte, auf denen sie vorkommen, zu beweisen. Ich selbst habe auf Papier, das kaum älter als ein Jahr sein konnte, dendritische Ablagerungen bemerkt, die von denen auf fossilen Knochen nicht zu unterscheiden waren. So besitze ich einen Hundeschädel aus der benachbarten römischen Kolonie Heddersheim , *Castrum Hadrianum* , das in keiner Weise von den fossilen Knochen aus den fränkischen Höhlen zu unterscheiden ist; es weist die gleiche Farbe auf und haftet genau wie sie auf der Zunge; so dass auch diese Figur, die bei einem früheren Treffen deutscher Naturforscher in Bonn Anlass zu amüsanten Szenen zwischen Buckland und Schmerling gab, keinen Wert mehr hat. In umstrittenen Fällen kann daher der Zustand des Knochens kaum die Möglichkeit bieten, mit Sicherheit zu bestimmen, ob es sich um ein Fossil handelt, das heißt, ob es der geologischen Antike oder der historischen Periode angehört.“

Da wir die Urwelt heute nicht mehr als einen völlig anderen Zustand der Dinge betrachten können, von dem aus es keinen Übergang zum organischen Leben der Gegenwart gibt, hat die Bezeichnung „Fossil“ , *wenn sie auf einen Knochen* angewendet wird , nicht mehr den Sinn, den sie vermittelt zur Zeit Cuviers. Es gibt genügend Gründe für die Annahme, dass der Mensch mit den im *Diluvium vorkommenden Tieren koexistierte* ; und manche barbarische Rasse könnte vor aller historischen Zeit zusammen mit den Tieren der antiken Welt verschwunden sein, während die Rassen, deren

Organisation sich verbessert hat, die Gattung fortgeführt haben. Die Knochen, die den Gegenstand dieser Arbeit bilden, weisen Merkmale auf, die zwar nicht entscheidend für eine geologische Epoche sind, aber dennoch auf ein sehr hohes Alter hinweisen. Es kann auch bemerkt werden, dass, so häufig das Vorkommen von diluvialen Tierknochen in den schlammigen Ablagerungen von Höhlen ist, solche Überreste in den Höhlen des Neandertalers bisher nicht gefunden wurden; und dass die Knochen, die von einer nicht mehr als vier bis fünf Fuß dicken Schlammablagerung bedeckt waren und keine schützende Stalagmitenhülle aufwiesen, den größten Teil ihrer organischen Substanz behalten haben.

Diese Umstände könnten gegen die Wahrscheinlichkeit eines geologischen Altertums angeführt werden. Wir haben auch nicht das Recht, die Schädelform als vielleicht den wildesten Urtypus der menschlichen Rasse darzustellen, da es bei lebenden Wilden Schädel gibt, die, obwohl sie keine so bemerkenswerte Form der Stirn aufweisen, dem Schädel ein gewisses Aussehen verleihen In anderer Hinsicht weisen die kammartigen, hervortretenden Schläfenwülste und eine im Allgemeinen weniger geräumige Schädelhöhle einen ebenso niedrigen Entwicklungsstand auf wie der der großen Affen, beispielsweise in der größeren Tiefe der Schläfengruben . Es gibt keinen Grund anzunehmen, dass die tiefe Stirnhöhle auf eine künstliche Abflachung zurückzuführen ist, wie sie von barbarischen Nationen in der Alten und Neuen Welt auf verschiedene Weise praktiziert wird. Der Schädel ist ziemlich symmetrisch und zeigt keine Anzeichen von Gegendruck am Hinterkopf, während Morton zufolge bei den Flachköpfen der Columbia die Stirn- und Scheitelknochen immer unsymmetrisch sind. Seine Konformation zeigt die schonende Entwicklung des vorderen Teils des Kopfes, die so oft bei sehr alten Schädeln beobachtet wurde, und liefert einen der eindrucksvollsten Beweise für den Einfluss von Kultur und Zivilisation auf die Form des menschlichen Schädels.

In einer nachfolgenden Passage bemerkt Dr. Schaaffhausen :

„Es gibt überhaupt keinen Grund, die ungewöhnliche Entwicklung der Stirnhöhlen in dem bemerkenswerten Schädel des Neandertalers als individuelle oder pathologische Deformität zu betrachten; Es ist zweifellos ein typisches Rassenmerkmal und hängt physiologisch mit der ungewöhnlichen Dicke der anderen Knochen des Skeletts zusammen, die etwa die Hälfte der üblichen Maße übersteigt. Diese Ausdehnung der Stirnhöhlen, die Anhängsel der Luftwege sind, weist auch auf eine ungewöhnliche Kraft und Ausdauer in den Bewegungen des Körpers hin, wie aus der Größe aller Wülste und Fortsätze zur Befestigung der Stirnhöhlen geschlossen werden kann Muskeln oder Knochen. Dass diese

Schlussfolgerung aus der Existenz großer Stirnhöhlen und einer Hervorhebung der unteren Stirnhöhle gezogen werden kann, wird durch andere Beobachtungen in vielerlei Hinsicht bestätigt. Durch dieselben Merkmale unterscheidet sich nach Pallas das wilde Pferd vom domestizierten, nach Cuvier der fossile Höhlenbär von jeder neueren Bärenart, während nach Roulin das Schwein, das in den letzten Jahren wild geworden ist Amerika, das eine Ähnlichkeit mit dem Wildschwein wiedererlangt hat, unterscheidet sich somit von demselben Tier im domestizierten Zustand, wie die Gämse von der Ziege; und schließlich die Bulldogge, die sich durch ihre großen Knochen und stark entwickelten Muskeln von allen anderen Hundearten unterscheidet . Die Schätzung des Gesichtswinkels, dessen Bestimmung laut Professor Owen auch bei den großen Affen aufgrund der sehr ausgeprägten supraorbitalen Leisten schwierig ist, wird im vorliegenden Fall durch das Fehlen beider noch schwieriger Gehöröffnung und der Nasenwirbelsäule. Nimmt man jedoch die richtige horizontale Position des Schädels anhand der übrigen Teile der Augenhöhlenplatten und berührt die aufsteigende Linie die Oberfläche des Stirnbeins hinter den hervorstehenden supraorbitalen Leisten, so ergibt sich, dass der Gesichtswinkel 56° nicht überschreitet °. [47] Leider sind keine Teile der Gesichtsknochen erhalten geblieben, deren Beschaffenheit für die Form und den Ausdruck des Kopfes so entscheidend ist. Die Schädelkapazität scheint im Vergleich zur ungewöhnlichen Stärke des Körperbaus auf eine geringe Gehirnentwicklung hinzuweisen. Der Schädel enthält so wie er ist etwa 31 Unzen Hirsesamen; und da aufgrund der proportionalen Größe der fehlenden Knochen der gesamten Schädelhöhle etwa 6 Unzen mehr hinzugefügt werden müssten, könnte der Inhalt, wenn er perfekt wäre, mit 37 Unzen angenommen werden. Tiedemann gibt als Schädelinhalt beim Neger 40, 38 und 35 Unzen an. Der Schädel fasst etwas mehr als 36 Unzen Wasser, was einem Fassungsvermögen von 1033,24 Kubikzentimetern entspricht . Huschke schätzt den Schädelinhalt einer Negerin auf 1127 Kubikzentimeter ; eines alten Negers mit 1146 Kubikzentimetern . Das Fassungsvermögen der malaysischen Schädel betrug, gemessen mit Wasser, 36 , 33 Unzen, während es bei den winzigen Hindus auf nur 27 Unzen absinkt.“

Nach einem Vergleich des Neandertaler-Schädels mit vielen anderen antiken und modernen Schädeln kommt Professor Schaaffhausen zu folgendem Schluss :

„Aber die menschlichen Knochen und Schädel des Neandertalers übertreffen alle anderen in jenen Besonderheiten der Konformation, die auf die Zugehörigkeit zu einer barbarischen und wilden Rasse schließen lassen. Ob die Höhle, in der sie gefunden wurden, ohne jede Spur menschlicher Kunst, der Ort ihrer Beisetzung war oder ob sie, wie die Knochen ausgestorbener Tiere anderswo, dort hineingespült wurden, sie können immer noch als die am meisten angesehenen angesehen werden altes Denkmal der frühen Bewohner Europas.“

Herr Busk, der Übersetzer von Dr. Schaaffhausens Aufsatz, hat es uns ermöglicht, uns eine sehr anschauliche Vorstellung vom degradierten Charakter des Neandertaler-Schädels zu machen, indem er neben seinen Umriss den des Schädels eines Schimpansen stellte, der von ihm angezogen wurde gleiche absolute Größe.

Einige Zeit nach der Veröffentlichung der Übersetzung von Professor Schaaffhausens Memoiren sah ich mich veranlasst, den Abguss des Neandertaler-Schädels mit größerer Aufmerksamkeit zu studieren, als ich ihm zuvor gewidmet hatte, da ich Sir Charles Lyell ein Diagramm zur Verfügung stellen wollte, das dies zeigt Besonderheiten dieses Schädels im Vergleich zu anderen menschlichen Schädeln. Dazu war es notwendig, genau die Punkte in den verglichenen Schädeln zu identifizieren, die anatomisch übereinstimmen. Von diesen Punkten war die Glabella offensichtlich genug; Als ich jedoch einen anderen unterschieden hatte, der durch den Hinterhauptsvorsprung und die obere Halbkreislinie definiert war, und den Umriss des Neandertaler-Schädels dem des Engis- Schädels gegenübergestellt hatte, und zwar in einer solchen Position, dass die Glabella und der Hinterhauptsvorsprung beider von derselben geschnitten wurden Der Unterschied war so groß und die Abflachung des Neandertaler-Schädels so erstaunlich (vergleiche Abb. 22 und 24, A), dass ich zunächst glaubte, ich müsse einem Irrtum verfallen sein. Und ich war umso mehr geneigt, dies zu vermuten, als bei gewöhnlichen menschlichen Schädeln der Hinterhauptsvorsprung und die obere halbkreisförmige gekrümmte Linie an der Außenseite des Hinterhaupts ziemlich genau mit den „seitlichen Nebenhöhlen“ und der Befestigungslinie des Tentoriums im Inneren übereinstimmen. Aber auf dem Tentorium ruht, wie ich im vorangegangenen Aufsatz gesagt habe, der hintere Hirnlappen; und daher zeigen der Hinterhauptsvorsprung und die fragliche gekrümmte Linie ungefähr die unteren Grenzen dieses Lappens an. War es für einen Menschen möglich, dass das Gehirn derart abgeflacht und deprimiert war? Oder hatten sich andererseits die Muskelwülste verändert? Um diese Zweifel auszuräumen und die Frage zu entscheiden, ob die großen suprakiliären Projektionen aus der Entwicklung der Stirnhöhlen entstanden sind oder nicht, bat ich Sir Charles Lyell um die Güte, mir von Dr. Fuhlrott etwas zu besorgen , dem Besitzer des Schädels, Antworten auf bestimmte Fragen und, wenn möglich , einen Abguss oder zumindest Zeichnungen oder Fotografien des Inneren des Schädels.

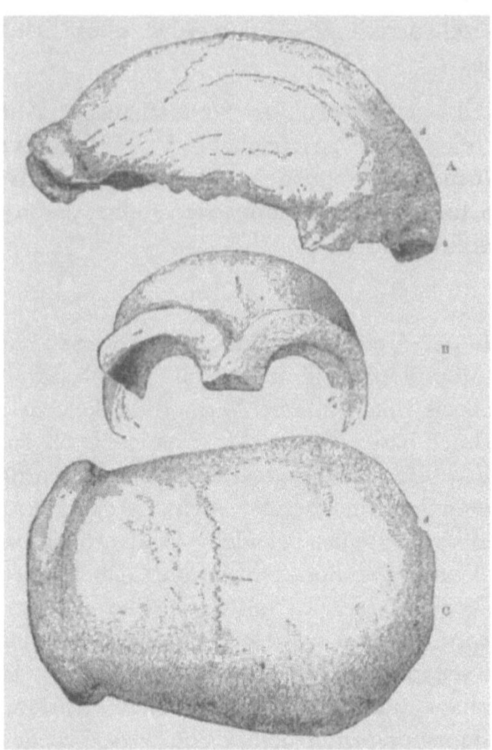

FEIGE. 24. – Der Schädel aus der Neandertaler-Höhle. A. Seitenansicht, B. Vorderansicht und C. Draufsicht. Ein Drittel der natürlichen Größe. Die Umrisse aus Camera-Lucida-Zeichnungen, halb so groß wie in natürlicher Größe, von Herrn Busk: die Details aus der Besetzung und aus Dr. Fuhlrotts Fotografien. _a_, Glabella; _b_, Hinterhauptsausstülpung; _d_, lambdoidale Naht.

Dr. Fuhlrott beantwortete meine Anfragen mit einer Höflichkeit und Bereitschaft, für die ich ihm unendlich dankbar bin, und schickte außerdem drei ausgezeichnete Fotos. Eine davon zeigt eine Seitenansicht des Schädels und daraus Abb. 24, A. wurde beschattet. Die zweite (Abb. 25, A.) zeigt die breiten Öffnungen der Stirnhöhlen an der unteren Oberfläche des vorderen Teils des Schädels, in die, wie Dr. Fuhlrott schreibt, „eine Sonde bis zu einer Tiefe von einem Zoll eingeführt werden kann." " und zeigt die große Ausdehnung der verdickten suprakiliären Leisten über die Gehirnhöhle hinaus. Das dritte schließlich (Abb. 25, B.) zeigt den Rand und das Innere des hinteren oder okzipitalen Teils des Schädels und zeigt sehr deutlich die beiden Vertiefungen für die seitlichen Nebenhöhlen, die nach innen zur Mittellinie hin verlaufen das Dach des Schädels, um den Längssinus zu bilden. Es war daher klar, dass ich mich in meiner Interpretation nicht geirrt hatte und dass der hintere Hirnlappen des

Neandertalers genauso stark abgeflacht gewesen sein musste, wie ich vermutet hatte.

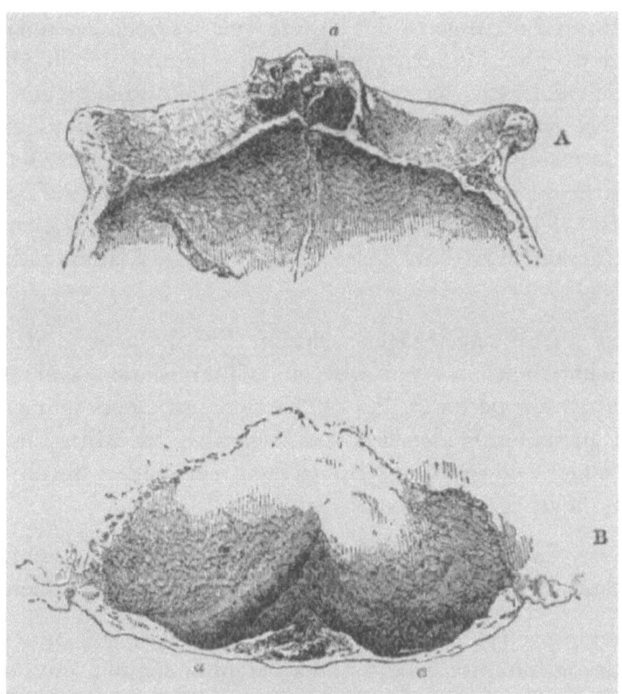

FEIGE. 25. – Zeichnungen aus Dr. Fuhlrotts Fotografien von Teilen des Inneren des Neandertaler-Schädels. A. Ansicht der Unter- und Innenfläche der Frontalregion mit Darstellung der unteren Öffnungen der Stirnhöhlen (*a*). B. entsprechende Ansicht der Hinterhauptregion des Schädels, die die Abdrücke der seitlichen Nebenhöhlen zeigt (*a A*).

Tatsächlich hat der Neandertaler-Schädel äußerst außergewöhnliche Charaktere. Es hat eine extreme Länge von 8 Zoll, während seine Breite nur 5,75 Zoll beträgt, oder mit anderen Worten, das Verhältnis von Länge zu Breite beträgt 100 : 72. Es ist außerordentlich niedergedrückt und misst nur etwa 3,4 Zoll von der Glabello -Occipital-Linie zum Scheitelpunkt. Der Längsbogen, gemessen auf die gleiche Weise wie beim Engis- Schädel, beträgt 12 Zoll; Der Querbogen kann infolge des Fehlens der Schläfenbeine nicht genau bestimmt werden, war aber wahrscheinlich ungefähr gleich und überschritt mit Sicherheit 10 ¼ Zoll . Der horizontale Umfang beträgt 23 Zoll. Aber dieser große Umfang ergibt sich größtenteils aus der ausgedehnten Entwicklung der supraciliaren Leisten, obwohl der Umfang des Gehirngehäuses selbst nicht klein ist. Die großen suprakiliären Wülste verleihen der Stirn ein viel zurückhaltenderes Aussehen, als es ihre Innenkontur vermuten lässt.

Für ein anatomisches Auge ist der hintere Teil des Schädels noch auffälliger als der vordere. Der Hinterhauptsvorsprung nimmt das äußerste hintere Ende des Schädels ein, wenn die Glabello -Hinterhauptslinie horizontal verläuft, und so weit entfernt von irgendeinem darüber hinausgehenden Teil der Hinterhauptsregion, neigt sich diese Region des Schädels schräg nach oben und vorne, so dass die Die Lambdoidalnaht liegt gut auf der Oberseite des Schädels. Gleichzeitig ist die Sagittalnaht trotz der großen Länge des Schädels bemerkenswert kurz (4 $^1/_2$ Zoll) und die Plattenepithelnaht sehr gerade.

Als Antwort auf meine Fragen schreibt Dr. Fuhlrott , dass sich der Hinterhauptsknochen „bis zur oberen Halbkreislinie in einem Zustand perfekter Erhaltung befindet, bei der es sich um einen sehr starken Grat handelt, der an seinen Enden linear ist, sich aber zur Mitte hin vergrößert, wo er sich bildet." zwei Grate (Bourrelets), verbunden durch eine lineare Fortsetzung, die in der Mitte leicht vertieft ist."

„Unterhalb des linken Kamms weist der Knochen eine schräg geneigte Oberfläche auf, sechs Linien (französisch) lang und zwölf Linien breit."

Letzteres muss die Fläche sein, deren Kontur in Abb. 24, A , unten *b dargestellt ist* . Es ist besonders interessant, da es darauf hindeutet, dass die hinteren Gehirnlappen ungeachtet des abgeflachten Zustands des Hinterhaupts erheblich über das Kleinhirn hinausragten, und da es einen von mehreren Ähnlichkeitspunkten zwischen dem Neandertaler-Schädel und bestimmten australischen Schädeln darstellt.

Dies sind die beiden bekanntesten Formen menschlicher Schädel, die in einem Zustand gefunden wurden, den man durchaus als Fossil bezeichnen kann. Kann nachgewiesen werden, dass die strukturelle Lücke, die zwischen dem Menschen und den menschenähnlichen Affen besteht, in nennenswertem Ausmaß ausgefüllt oder verringert wird? Oder weicht andererseits keiner von beiden stärker von der durchschnittlichen Struktur des menschlichen Schädels ab, als man heute von normal geformten Schädeln von Menschen weiß?

Es ist unmöglich, sich zu diesen Fragen eine Meinung zu bilden, ohne zuvor mit der Variationsbreite der menschlichen Struktur im Allgemeinen vertraut zu sein – ein Thema, das nur unvollkommen untersucht wurde, obwohl meine Grenzen es selbst bei dem, was bekannt ist, zwangsläufig zulassen werden Geben Sie nur eine sehr unvollkommene Skizze.

Der Student der Anatomie ist sich vollkommen darüber im Klaren, dass es kein einziges Organ des menschlichen Körpers gibt, dessen Struktur sich bei verschiedenen Individuen nicht mehr oder weniger stark unterscheidet. Das Skelett variiert in den Proportionen und bis zu einem gewissen Grad sogar in den Verbindungen seiner Knochenbestandteile. Die Muskeln, die die Knochen bewegen, unterscheiden sich stark in ihren Befestigungen. Die verschiedenen Arten der Arterienverteilung werden sorgfältig klassifiziert, da die Kenntnis ihrer Verschiebungen für den Chirurgen von praktischer Bedeutung ist. Die Merkmale des Gehirns variieren immens, nichts ist weniger beständig als die Form und Größe der Gehirnhälften und der Reichtum der Windungen auf ihrer Oberfläche, während die veränderlichsten Strukturen im menschlichen Gehirn genau diejenigen sind, auf denen die Es wurde ein unkluger Versuch unternommen, die besonderen Charaktere der Menschheit zu begründen, nämlich das hintere Cornu des Seitenventrikels, der Hippocampus inferior und der Grad der Projektion des Hinterlappens über das Kleinhirn hinaus. Schließlich können, wie alle Welt weiß, Haare und Haut des Menschen die außergewöhnlichsten Unterschiede in Farbe und Textur aufweisen.

Nach unserem derzeitigen Wissensstand sind die meisten strukturellen Varietäten, auf die hier Bezug genommen wird, individueller Natur. Es ist nicht bekannt , dass die affenähnliche Anordnung bestimmter Muskeln, die gelegentlich bei den weißen Rassen der Menschheit anzutreffen ist ‹ bei Negern oder Australiern häufiger vorkommt, und auch nicht, weil das Gehirn der Hottentotten-Venus glatter war Sind die Windungen des Gehirns symmetrischer angeordnet und insofern affenähnlicher als bei gewöhnlichen Europäern? Sind wir berechtigt zu schließen, dass ein ähnlicher Zustand des Gehirns allgemein bei den niederen Rassen der Menschheit vorherrscht, so wahrscheinlich diese Schlussfolgerung auch sein mag? Sei.

Tatsächlich mangelt es uns leider an Informationen über die Beschaffenheit der weichen und zerstörbaren Organe jeder Rasse der Menschheit außer unserer eigenen; Und selbst beim Skelett weisen unsere Museen in allen Teilen bis auf den Schädel beklagenswerte Mängel auf. Es gibt genug Schädel, und seit Blumenbach und Camper erstmals auf die ausgeprägten und einzigartigen Unterschiede aufmerksam machten, die sie aufweisen, ist das Sammeln und Vermessen von Schädeln ein eifrig betriebener Zweig der Naturgeschichte, und die erzielten Ergebnisse wurden geordnet und klassifiziert von verschiedenen Schriftstellern, unter denen der verstorbene aktive und fähige Retzius immer als erster genannt werden muss.

Es wurde festgestellt, dass sich menschliche Schädel nicht nur in ihrer absoluten Größe und in der absoluten Kapazität der Gehirnhülle voneinander unterscheiden, sondern auch in den Verhältnissen, in denen die Durchmesser der letzteren zueinander stehen. in der relativen Größe der

Gesichtsknochen (und insbesondere der Kiefer und Zähne) im Vergleich zu denen des Schädels; in dem Ausmaß, in dem der Oberkiefer (auf den natürlich der Unterkiefer folgt) nach hinten und unten unter den vorderen Teil der Hirnschale oder nach vorne und oben vor und darüber hinaus geworfen wird. Sie unterscheiden sich weiter im Verhältnis des durch die Wangenknochen verlaufenden Querdurchmessers des Gesichts zum Querdurchmesser des Schädels; in der runderen oder giebelartigeren Form des Schädeldachs und in dem Grad, in dem der hintere Teil des Schädels abgeflacht ist oder über den Kamm hinausragt, in den und unter den die Nackenmuskulatur eingesetzt wird.

Bei einigen Schädeln kann man sagen, dass die Gehirnhülle „ *rund* " ist, wobei die extreme Länge die extreme Breite nicht um mehr als 100 zu 80 überschreitet, während der Unterschied viel geringer sein kann. [49] Männer, die solche Schädel besaßen, wurden von Retzius als „ *brachyzephale* " bezeichnet, und der Schädel eines Calmucks, von dem eine Vorder- und Seitenansicht (verkleinerte Umrisskopien davon sind in Abbildung 26 dargestellt) von Von Baer in seinem hervorragenden „ Crania selecta" liefert ein sehr bewundernswertes Beispiel für diese Art von Schädel. Andere Schädel, wie der eines Negers, der in Abb. 27 aus Mr. Busks „Crania typica" kopiert wurde, haben eine ganz andere, stark verlängerte Form und können als „ *länglich* " bezeichnet werden. Bei diesem Schädel beträgt die extreme Länge zur extremen Breite 100 bis nicht mehr als 67, und der Querdurchmesser des menschlichen Schädels kann sogar unter dieses Verhältnis fallen. Menschen mit solchen Schädeln wurden von Retzius „ *dolichocephal* "genannt .

Ein flüchtiger Blick auf die Seitenansichten dieser beiden Schädel wird genügen, um zu beweisen, dass sie sich in anderer Hinsicht in einem sehr auffälligen Ausmaß unterscheiden. Das Gesichtsprofil des Calmuck ist fast vertikal, die Gesichtsknochen sind nach unten und unter den vorderen Teil des Schädels geneigt. Das Gesichtsprofil des Negers hingegen ist einzigartig geneigt, wobei der vordere Teil des Kiefers weit nach vorne über die Höhe des vorderen Teils des Schädels hinausragt. Im ersteren Fall wird der Schädel als „ *orthognath* " oder mit geradem Kiefer bezeichnet; im letzteren wird es „ *prognath* "genannt, ein Begriff, der mit mehr Kraft als Eleganz durch das sächsische Äquivalent „ snouty " wiedergegeben wurde .

Es wurden verschiedene Methoden entwickelt, um den Grad der Prognathie oder Orthognathie eines bestimmten Schädels einigermaßen genau auszudrücken. Die meisten dieser Methoden sind im Wesentlichen Modifikationen der von Peter Camper entwickelten Methode, um das zu erreichen, was er den „Gesichtswinkel" nannte.

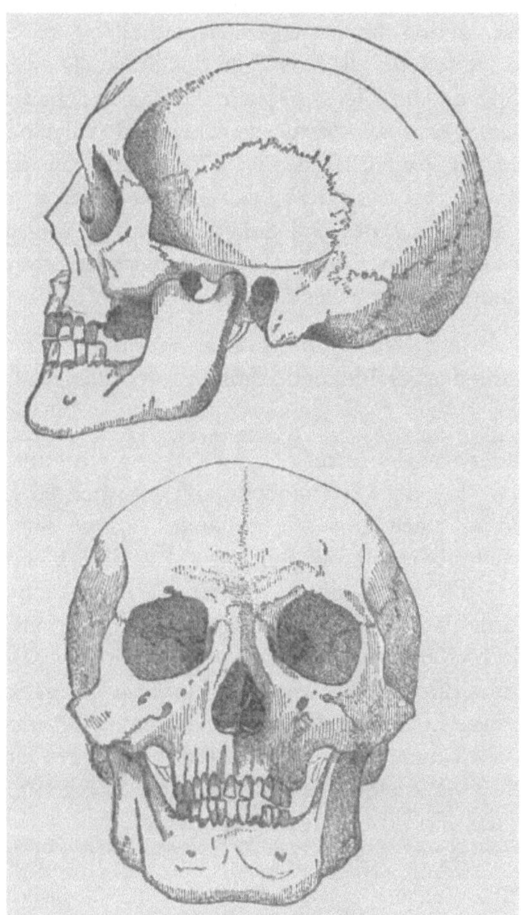

FEIGE. 26. – Seiten- und Vorderansicht des runden und orthognathen Schädels eines Calmucks nach Von Baer. Ein Drittel der natürlichen Größe.

Aber eine kleine Überlegung wird zeigen, dass jeder „Gesichtswinkel", der entwickelt wurde, geeignet sein kann, die strukturellen Veränderungen auszudrücken, die mit Prognathie einhergehen Orthognathie , nur grob und allgemein. Denn die Linien, deren Schnittpunkt den Gesichtswinkel bildet, werden durch Punkte des Schädels gezogen, deren Lage durch eine Reihe von Umständen verändert wird, so dass der erhaltene Winkel ein komplexes Ergebnis aller dieser Umstände ist ist nicht der Ausdruck einer bestimmten organischen Beziehung der Schädelteile.

Ich bin zu der Überzeugung gelangt, dass kein Schädelvergleich viel wert ist und dass er nicht auf der Festlegung einer relativ festen Basislinie basiert, auf die sich die Messungen in allen Fällen beziehen müssen. Ich denke auch nicht, dass es eine sehr schwierige Angelegenheit ist, zu entscheiden, wie diese Grundlinie aussehen soll. Die Teile des Schädels entwickeln sich wie die des übrigen Skeletts des Tieres nacheinander: Die Schädelbasis bildet sich vor den Seiten und dem Dach; es wird früher und vollständiger in Knorpel umgewandelt als die Seiten und das Dach; und die knorpelige Basis verknöchert und wird lange vor dem Dach zu einem Stück verlötet. Ich stelle mir daher vor, dass die Basis des Schädels entwicklungsgeschichtlich als dessen relativ feststehender Teil nachgewiesen werden kann, während das Dach und die Seiten relativ beweglich sind.

Die gleiche Wahrheit wird durch das Studium der Veränderungen veranschaulicht, die der Schädel beim Aufstieg von den niederen Tieren zum Menschen erfährt.

Bei einem Säugetier wie dem Biber (Abb. 28) ist eine durch die Knochen gezogene Linie (*a* . *b* .), die als Basioccipital, Basisphenoid und Präsphenoid bezeichnet wird, im Verhältnis zur äußersten Länge der Höhle, die das Gehirn enthält, sehr lang Halbkugeln (*g* . *h* .). Die Ebene des Foramen occipitalis (*b* . *c* .) bildet mit dieser „Basikranialachse" einen leicht spitzen Winkel, während die Ebene des Tentoriums (*i* . *T.*) um etwas mehr als 90° zur „Basikranialachse" geneigt ist. ; und ebenso die Ebene der perforierten Platte (*a* . *d* .), durch die die Filamente des Riechnervs den Schädel verlassen. Auch hier bildet eine Linie, die durch die Achse des Gesichts zwischen den als Siebbein und Vomer bezeichneten Knochen gezogen wird – die „ Basifazialachse " (*f* . *e* .) – einen äußerst stumpfen Winkel, bei dem sie, wenn sie erzeugt wird, die „Basikranialachse" schneidet.

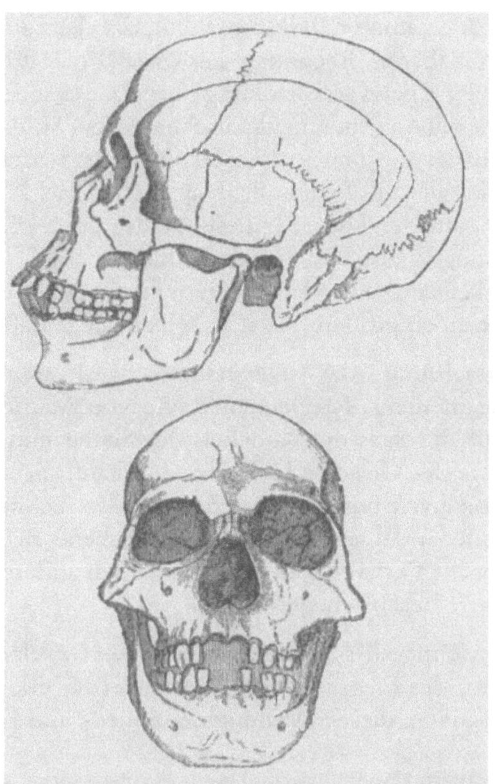

FEIGE. 27. – Länglicher und prognathischer Schädel eines Negers; Seiten- und Vorderansichten. Ein Drittel der natürlichen Größe.

b gebildete Winkel . *C* . mit *einem* . *b* ., *wird* als „Occipitalwinkel" bezeichnet , und der Winkel, den die Linie *a bildet* . *D* . mit *einem* . *B* . als „Geruchswinkel" bezeichnet werden, und zwar von *i* . *T* . mit *einem* . *B* . der „Tentorialwinkel", dann sind alle diese bei dem betreffenden Säugetier nahezu rechte Winkel und variieren zwischen 80° und 110°. Der Winkel *e* . *F* . *b* ., oder derjenige, der vom Schädel mit der Gesichtsachse gebildet wird und der als „kranio-fazialer Winkel" bezeichnet werden kann, ist äußerst stumpf und beträgt im Fall des Bibers mindestens 150°.

Wenn man jedoch eine Reihe von Abschnitten von Säugetierschädeln untersucht, die zwischen einem Nagetier und einem Menschen liegen (Abb. 28), stellt man fest, dass in den höheren Schädeln die Basisschädelachse im Verhältnis zur Gehirnlänge kürzer wird; dass der „Riechwinkel" und der „Hinterhauptwinkel" stumpfer werden; und dass der „kranio-faziale Winkel" durch das gewissermaßen nach unten gerichtete Abknicken der Gesichtsachse gegenüber der Schädelachse spitzer wird. Gleichzeitig wird das Dach des Schädels immer stärker gewölbt, um der zunehmenden Höhe der Großhirnhemisphären Rechnung zu tragen, die für den Menschen typisch ist, sowie der Rückwärtsstreckung über das Kleinhirn hinaus, die ihr Maximum erreicht bei den südamerikanischen Affen. So dass schließlich im menschlichen Schädel (Abb. 29) die Gehirnlänge zwischen doppelt und dreimal so groß ist wie die Länge der Hauptschädelachse; die Riechebene liegt 20° oder 30° auf der *Unterseite* dieser Achse ; der Hinterhauptswinkel beträgt nicht weniger als 90°, sondern bis zu 150° oder 160°; Der kraniofaziale Winkel kann 90° oder weniger betragen und die vertikale Höhe des Schädels kann einen großen Anteil an seiner Länge haben.

Aus einer Betrachtung der Diagramme wird deutlich, dass die Basisschädelachse in der aufsteigenden Reihe von Mammalia eine relativ feste Linie ist, auf der sich die Knochen der Seiten und des Daches der Schädelhöhle sowie des Gesichts befinden Man kann sagen, dass sie sich je nach ihrer Position nach unten und vorwärts oder rückwärts drehen. Der von einem Knochen oder einer Ebene beschriebene Bogen steht jedoch keineswegs immer im Verhältnis zu dem von einem anderen Knochen oder einer anderen Ebene beschriebenen Bogen.

Jetzt kommt die wichtige Frage: Können wir zwischen der niedrigsten und der höchsten Form des menschlichen Schädels etwas erkennen, das, wenn auch in geringem Maße, dieser Drehung der Seiten- und Dachknochen des Schädels
um die Grundschädelachse entspricht, die bei so großem Ausmaß beobachtet wird? eine Skala in der Säugetierreihe? Zahlreiche Beobachtungen lassen mich glauben, dass wir diese Frage bejahen müssen.

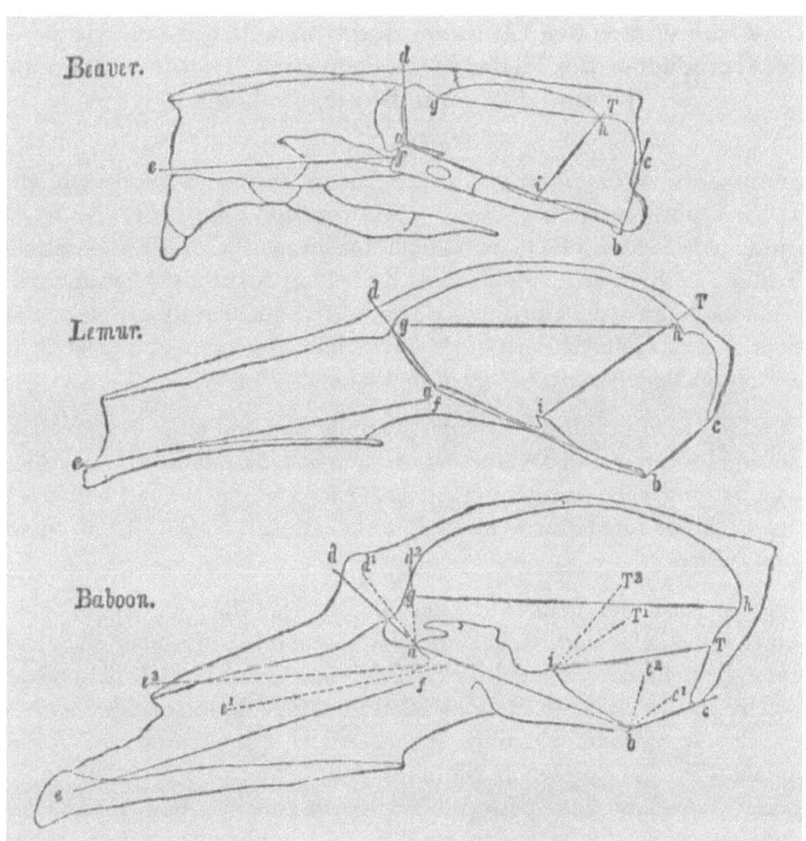

ABB. 28. – Längs- und Vertikalschnitte der Schädel eines Bibers (*Castor Canadensis*), eines Lemuren (*L. Catta*) und eines Pavians (*Cynocephalus Papio*), *ab* , die Basisachse; *bc* , die Hinterhauptsebene; *i T* , die Tentorialebene; *ad* , die Geruchsebene; *fe* , die basifaziale Achse; *cba* , Hinterhauptswinkel; *T i a* , Tentorialwinkel; *tupfen* , Geruchswinkel; *efb* , kraniofazialer Winkel; *gh* , extreme Länge des Hohlraums, der die Großhirnhemisphären beherbergt, oder „Großhirnlänge". Die Länge der Basisachse in Bezug auf diese Länge, oder mit anderen Worten, die proportionale Länge der Linie *gh* zu der von *ab* , angenommen als 100, in den drei Schädeln, ist wie folgt: – Biber 70 bis 100; Lemur 119 bis 100; Pavian 144 bis 100. Bei einem erwachsenen männlichen Gorilla beträgt die Gehirnlänge 170 bis 100 zur Hauptschädelachse, beim Neger (Abb. 29) 236 bis 100. Beim Konstantinopel-Schädel (Abb. 29) 266 bis 100 Der Schädelunterschied zwischen dem höchsten Affenschädel und dem niedrigsten Menschenschädel wird daher durch diese Messungen sehr deutlich hervorgehoben.
Im Diagramm des Pavianschädels geben die gestrichelten Linien *d¹*

d^2 usw. die Winkel des Lemuren- und Biberschädels an, wie sie auf der Grundachse des Pavians festgelegt sind. Die Linie *ab* hat in jedem Diagramm die gleiche Länge.

Die Diagramme in Abbildung 29 stammen aus sehr sorgfältig angefertigten Diagrammen von Schnitten von vier Schädeln, zwei rund und orthognath, zwei lang und prognath, längs und vertikal durch die Mitte. Die Schnittdiagramme wurden dann so übereinandergelegt, dass die Basalachsen der Schädel an ihren vorderen Enden und in ihrer Richtung zusammenfallen. Die Abweichungen der übrigen Konturen (die nur das Innere der Schädel darstellen) zeigen die Unterschiede der Schädel untereinander, wenn man diese Achsen als relativ feste Linien betrachtet.

Die dunklen Konturen sind die eines australischen und eines Negerschädels; die hellen Konturen sind die eines tatarischen Schädels im Museum des Royal College of Surgeons; und von einem gut entwickelten runden Schädel von einem Friedhof in Konstantinopel, unbekannter Herkunft, in meinem eigenen Besitz.

Aus diesen Ansichten geht sofort hervor, dass sich die prognathen Schädel, soweit es ihre Kiefer betrifft, in Wirklichkeit von den orthognathen Schädeln in ganz derselben Weise unterscheiden wie die Schädel der niederen Säugetiere, wenn auch in weit geringerem Maße unterscheiden sich von denen des Menschen. Darüber hinaus bildet die Ebene des Foramen occipitalis (*bc*) bei diesen bestimmten prognathen Schädeln einen etwas kleineren Winkel mit der Achse als bei den orthognathen; und Ähnliches mag in gewissem Maße auf die perforierte Platte des Siebbeins zutreffen — obwohl dieser Punkt nicht so klar ist. Es ist jedoch merkwürdig, zu bemerken, dass die prognathen Schädel in anderer Hinsicht weniger affenähnlich sind als die orthognathen Schädel, da die Gehirnhöhle bei den prognathen Schädeln deutlich mehr über das vordere Ende der Achse hinausragt als bei den orthognathen Schädeln.

Es ist zu beobachten, dass diese Diagramme eine enorme Variationsbreite in der Kapazität und im relativen Verhältnis zur Schädelachse der verschiedenen Regionen der Höhle, die das Gehirn enthält, in den verschiedenen Schädeln offenbaren. Auch der Unterschied im Ausmaß der Überlappung des Großhirns mit der Kleinhirnhöhle ist nicht weniger auffällig. Ein runder Schädel (Abb. 29 , *Konst.*) kann einen größeren hinteren Gehirnvorsprung haben als ein langer (Abb. 29 , *Neger*).

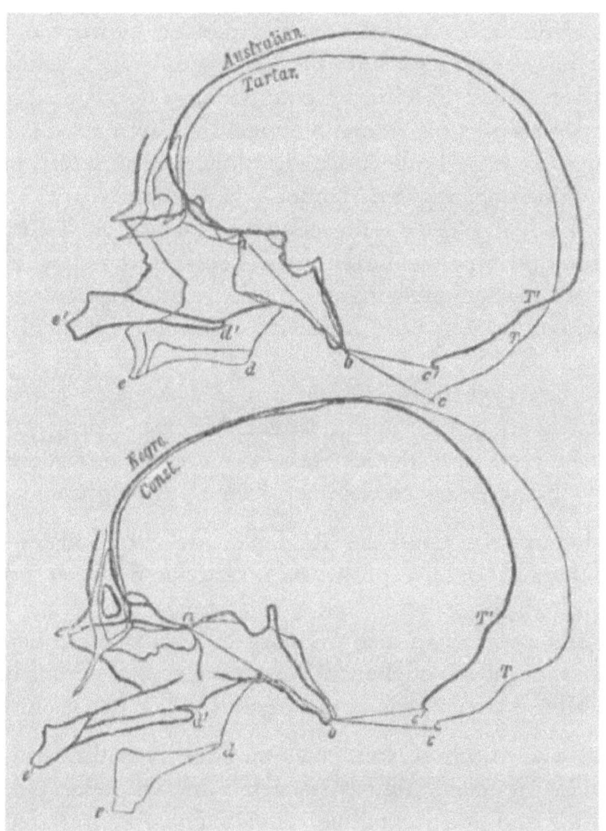

FEIGE. 29. – Abschnitte von orthognathen (helle Kontur) und prognathen (dunkle Kontur) Schädeln, ein Drittel der natürlichen Größe. *ab*, Basicranial-Achse; *bc*, *b'c'*, Ebene des Foramen occipitalis; *d d '*, hinteres Ende des Gaumenbeins; *e e '*, vorderes Ende des Oberkiefers; *TT'*, Einfügung des Tentoriums.

Bis menschliche Schädel weitgehend auf ähnliche Weise wie hier vorgeschlagen herausgearbeitet wurden – bis es für eine ethnologische Sammlung eine Schande sein wird, einen einzigen Schädel zu besitzen, der nicht in Längsrichtung halbiert ist – bis die hier erwähnten Winkel und Maße zusammen mit einer Zahl vorliegen Obwohl die Tatsache, dass andere, über die ich an dieser Stelle nicht sprechen kann, unter Bezugnahme auf die grundlegende Schädelachse als Einheit bestimmt und tabellarisch aufgeführt sind, für eine große Anzahl von Schädeln der verschiedenen Rassen der Menschheit glaube ich nicht, dass wir dafür eine sehr sichere Grundlage haben werden Ethnologische Kraniologie, die danach strebt, die anatomischen Merkmale der Schädel der verschiedenen Rassen der Menschheit zu ermitteln.

Im Moment glaube ich, dass sich die allgemeinen Umrisse dessen, was zu diesem Thema sicher gesagt werden kann, in wenigen Worten zusammenfassen lassen. Zeichnen Sie auf einem Globus eine Linie von der Goldküste in Westafrika bis zu den Steppen der Tataren. Am südlichen und westlichen Ende dieser Linie leben die dolichozephalsten, prognathsten, lockigsten und dunkelhäutigsten Männer – die wahren Neger. Am nördlichen und östlichen Ende derselben Linie leben die brachyzephalen, orthognathen, glatthaarigen und gelbhäutigen Menschen – die Tataren und Calmucks . Die beiden Enden dieser imaginären Linie sind tatsächlich sozusagen ethnologische Antipoden. Eine Linie, die im rechten Winkel oder fast im rechten Winkel zu dieser Polarlinie durch Europa und Südasien nach Hindustan gezogen wird, würde uns eine Art Äquator ergeben, um den rundköpfige, ovalköpfige und länglichköpfige, prognathische und orthognathische Helle und dunkle Rassen – aber keine mit den übermäßig ausgeprägten Charakteren von Calmuck oder Neger – gruppieren sich.

Es ist erwähnenswert, dass die Regionen der antipodalen Rassen ein antipodales Klima haben. Der größte Kontrast, den die Welt möglicherweise bietet, besteht zwischen den feuchten, heißen, dampfenden Schwemmlandküstenebenen der Westküste Afrikas und den trockenen, erhöhten Steppen und Hochebenen Zentralasiens, im Winter bitterkalt und so weit vom Meer entfernt, wie es nur irgendein Teil der Welt sein kann.

Von Zentralasien nach Osten bis zu den pazifischen Inseln und Subkontinenten einerseits und bis nach Amerika andererseits nehmen Brachyzephalie und Orthognathie allmählich ab und werden durch Dolichozephalie und Prognathie ersetzt, allerdings weniger auf dem amerikanischen Kontinent (über die gesamte Länge). in der ein runder Schädeltyp weitgehend, aber nicht ausschließlich vorherrscht) [50] als in der pazifischen Region, wo schließlich auf dem australischen Kontinent und auf den angrenzenden Inseln der längliche Schädel, die hervorstehenden Kiefer und die dunkle Haut wieder zum Vorschein kommen ; wobei sie in anderer Hinsicht so stark vom Negertyp abweichen, dass Ethnologen diesen Menschen den besonderen Titel „Negritoes" geben.

Der australische Schädel zeichnet sich durch seine Schmalheit und die Dicke seiner Wände aus, insbesondere im Bereich des Supraciliarkamms, der häufig, wenn auch keineswegs immer, durchgehend solide ist und die Stirnhöhlen unentwickelt bleiben. Die Nasensenkung wiederum erfolgt äußerst plötzlich, so dass die Brauen überhängen und dem Gesicht einen besonders gesenkten, bedrohlichen Ausdruck verleihen. Auch die Hinterhauptregion des Schädels wird nicht selten weniger hervortretend; so dass es nicht nur nicht gelingt, über eine Linie hinauszuragen, die senkrecht zum hinteren Ende der Glabello -Occipitallinie verläuft, sondern in manchen Fällen sogar fast sofort beginnt, sich davon nach vorne zu entfernen. Infolge dieses Umstandes bilden die oberhalb und unterhalb der Tuberositas liegenden Teile des Hinterhauptbeins einen viel spitzeren Winkel miteinander als üblich, wodurch der hintere Teil der Schädelbasis schräg abgestumpft erscheint. Viele australische Schädel haben eine beträchtliche Höhe, die der durchschnittlichen Höhe jeder anderen Rasse durchaus entspricht, aber es gibt andere, bei denen das Schädeldach merklich abgesenkt wird und sich der Schädel gleichzeitig so sehr verlängert, dass er wahrscheinlich seine Kapazität verliert wird nicht gemindert. Die meisten Schädel mit diesen Merkmalen, die ich gesehen habe, stammen aus der Umgebung von Port Adelaide in Südaustralien und wurden von den Eingeborenen als Wassergefäße verwendet; Zu diesem Zweck wurde das Gesicht weggeschlagen und eine Schnur durch die Lücke und das Foramen occipitalis geführt, so dass der Schädel am größten Teil seiner Basis aufgehängt wurde.

Abbildung 30 zeigt die Kontur eines Schädels dieser Art aus Western Port mit befestigtem Kiefer und des Neandertaler-Schädels, beide auf ein Drittel der natürlichen Größe reduziert. Eine kleine zusätzliche Abflachung und Verlängerung mit einer entsprechenden Vergrößerung des Supraciliarkamms würde die australische Gehirnhülle in eine Form umwandeln, die mit der des abweichenden Fossils identisch ist.

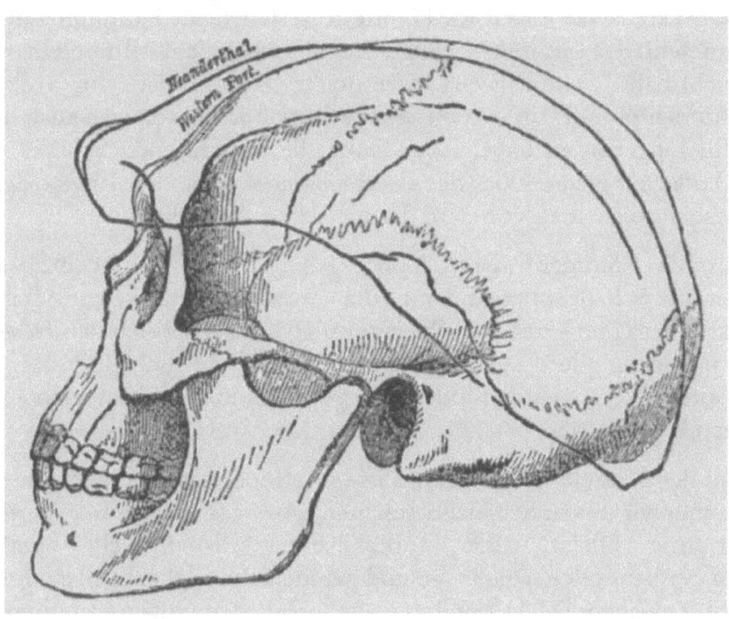

Und nun zurück zu den fossilen Schädeln und zu dem Rang, den sie innerhalb dieser existierenden Arten von Schädelformationen oder darüber hinaus einnehmen. Zunächst muss ich anmerken, dass, wie Professor Schmerling in seinem Kommentar zum Engis- Schädel gut bemerkte (*siehe oben* , *S. 114)* , die Bildung eines sicheren Urteils über die Frage durch das Fehlen der Kiefer an beiden stark behindert wird die Crania, so dass es keine Möglichkeit gibt, mit Sicherheit zu entscheiden, ob sie mehr oder weniger prognath waren als die niedrigeren existierenden Rassen der Menschheit. Und doch unterscheiden sich menschliche Schädel , wie wir gesehen haben, in dieser Hinsicht mehr als in jeder anderen Hinsicht vom brutalen Typ und unterscheiden sich deutlich weniger von dem eines Negers , als seine Kiefer. In Ermangelung der Kiefer muss daher jedes Urteil über die Beziehungen der fossilen Schädel zu neueren Rassen mit einem gewissen Vorbehalt akzeptiert werden.

Wenn ich jedoch die aktuellen Beweise betrachte und mich zunächst dem Engis- Schädel zuwende, muss ich gestehen, dass ich in den Überresten dieses Schädels keine Hinweise finden kann, die, wenn es sich um einen neueren Schädel handelte, irgendeinen zuverlässigen Hinweis auf die Rasse geben würden, zu der er gehörte könnte zutreffen. Seine Konturen und Maße stimmen sehr gut mit denen einiger australischer Schädel überein, die ich untersucht habe – und es weist insbesondere eine Tendenz zur Abflachung des Hinterhaupts auf, auf deren starkes Ausmaß ich bei einigen australischen Schädeln hingewiesen habe. Aber nicht alle australischen Schädel weisen diese Abflachung auf, und der suprakiliäre Kamm des Engis- Schädels unterscheidet sich stark von dem der typischen Australier.

Andererseits stimmen seine Maße genauso gut mit denen einiger europäischer Schädel überein. Und ganz gewiss gibt es an keinem Teil seiner Struktur Anzeichen einer Verschlechterung. Tatsächlich handelt es sich um einen hübschen durchschnittlichen menschlichen Schädel, der einem Philosophen hätte gehören oder das gedankenlose Gehirn eines Wilden enthalten können.

Der Fall des Neandertaler-Schädels ist ganz anders. Unter welchem Aspekt auch immer wir diesen Schädel betrachten, ob wir seine vertikale Vertiefung, die enorme Dicke seiner suprakiliären Leisten, sein abfallendes Hinterhauptbein oder seine lange und gerade Schuppennaht betrachten, wir treffen auf affenähnliche Charaktere, die ihn als den pithekoidsten von allen bezeichnen menschlicher Schädel noch nicht entdeckt. Aber Professor Schaaffhausen gibt an (*siehe oben* , S. 122), dass der Schädel in seinem gegenwärtigen Zustand 1033,24 Kubikzentimeter Wasser oder etwa 63 Kubikzoll fasst, und wie der gesamte Schädel kaum weniger als weitere 12 Kubikzoll hätte fassen können , seine Kapazität kann auf etwa 75 Kubikzoll geschätzt werden, was der durchschnittlichen Kapazität entspricht, die Morton für polynesische und hottentottische Schädel angibt.

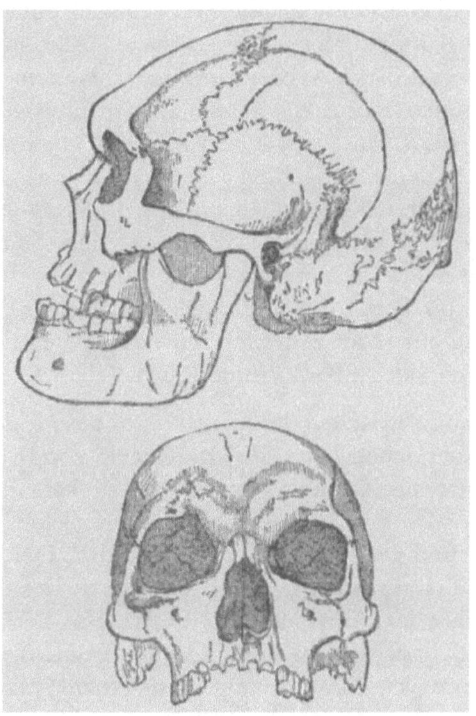

FEIGE. 31. – Alter dänischer Schädel aus einem Tumulus in Borreby ; ein Drittel der natürlichen Größe. Aus einer Camera-Lucida-Zeichnung von Herrn Busk.

Eine so große Gehirnmasse wie dieser würde allein darauf hindeuten, dass die pithekoiden Tendenzen, auf die dieser Schädel hinweist, sich nicht tief in die Organisation hinein erstreckten; und diese Schlussfolgerung wird durch die von Professor Schaaffhausen angegebenen Abmessungen der anderen Knochen des Skeletts bestätigt , die zeigen, dass die absolute Größe und die relativen Proportionen der Gliedmaßen denen eines Europäers mittlerer Statur durchaus entsprachen. Die Knochen sind tatsächlich kräftiger, aber dies und die von Dr. Schaaffhausen festgestellte starke Entwicklung der Muskelkämme sind Merkmale, die bei Wilden zu erwarten sind. Die Patagonier, die ohne Obdach oder Schutz einem Klima ausgesetzt waren, das dem Europa zur Zeit des Neandertalers möglicherweise nicht sehr unähnlich war, zeichnen sich durch die Festigkeit ihrer Gliedmaßenknochen aus.

In keiner Weise können die Neandertalerknochen als Überreste eines Menschen zwischen Menschen und Affen angesehen werden. Sie beweisen höchstens die Existenz eines Menschen, dessen Schädel sich etwas in Richtung des Pithecoid- Typs zurückbildet – so wie ein Carrier, ein Pouter oder ein Tumbler manchmal das Gefieder seines Urstamms, der *Columba livia, anzieht* . Und tatsächlich ist der Neandertaler-Schädel, obwohl er wirklich der pithekoidste aller bekannten menschlichen Schädel ist, keineswegs so isoliert, wie er auf den ersten Blick scheint, sondern bildet in Wirklichkeit den äußersten Begriff einer Reihe, die allmählich von ihm zum höchsten und höchsten Punkt führt am besten entwickelter menschlicher Schädel. Einerseits kommt es den abgeflachten australischen Schädeln, von denen ich gesprochen habe, sehr nahe, von denen uns andere australische Formen allmählich zu Schädeln führen, die dem Typ des Engis- Schädels sehr ähnlich sind. Und andererseits ist es sogar noch enger mit den Schädeln bestimmter alter Menschen verbunden, die während der „Steinzeit" in Dänemark lebten und wahrscheinlich entweder zeitgleich mit oder später als die Erbauer der „Müllhaufen" waren. oder „ Kjokkenmöddings " dieses Landes.

Die Übereinstimmung zwischen der Längskontur des Neandertaler-Schädels und der einiger dieser Schädel aus den Grabhügeln von Borreby , von denen Herr Busk sehr genaue Zeichnungen angefertigt hat, ist sehr nahe. Der Hinterkopf ist genauso zurückgezogen, die suprakiliären Leisten sind fast ebenso ausgeprägt und der Schädel ist ebenso niedrig. Darüber hinaus ähnelt der Borreby- Schädel aufgrund der viel schnelleren Retrozession der Stirn stärker der Neandertaler-Form als alle australischen Schädel. Andererseits sind die Borreby- Schädel alle im Verhältnis zu ihrer Länge etwas breiter als die Neandertaler-Schädel, während einige das Verhältnis von Breite zu Länge (80 : 100) erreichen, das eine Brachyzephalie darstellt.

Abschließend möchte ich sagen, dass die bisher entdeckten fossilen Überreste des Menschen uns meiner Meinung nach dieser unteren Pithecoidform, durch deren Modifikation er wahrscheinlich zu dem geworden ist, was er ist, nicht nennenswert näher zu bringen scheinen . Und wenn man bedenkt, was heute über die ältesten Menschenrassen bekannt ist; Denn sie stellten Feuersteinäxte, Feuersteinmesser und Knochenspieße her, die im Großen und Ganzen dem gleichen Muster entsprachen wie diejenigen, die heutzutage von den niedrigsten Wilden hergestellt werden, und wir haben allen Grund, an die Gewohnheiten und Lebensweisen dieser Menschen zu glauben Da die Ergebnisse seit der Zeit des Mammuts und des Tichorin-Nashorns bis heute gleich geblieben sind, weiß ich nicht, ob dieses Ergebnis anders ist als erwartet.

Urmenschen suchen ? War der älteste *Homo sapiens* Pliozän oder Miozän oder noch älter? Warten in noch älteren Schichten die versteinerten Knochen eines Affen, der anthropoider ist, oder eines Menschen, der pithecoider ist , als alle bisher bekannten, auf die Forschung eines ungeborenen Paläontologen?

Die Zeit wird es zeigen. Wenn aber in der Zwischenzeit irgendeine Form der Lehre von der fortschreitenden Entwicklung richtig ist, müssen wir die liberalste Schätzung, die bisher über das Alter des Menschen vorgenommen wurde, um lange Epochen erweitern.

FUSSNOTEN:

[38] Jahrzehnte Sammlung suæ kraniorum diversarum gentium illustrata . Göttingen , 1790-1820.

[39] In einer späteren Passage bemerkt Schmerling das Vorkommen eines Schneidezahns „von enormer Größe" aus den Höhlen von Engihoul . Der abgebildete Zahn ist etwas lang, aber seine Abmessungen erscheinen mir ansonsten nicht bemerkenswert.

[40] Die Form dieses Schlüsselbeins misst von Ende zu Ende in einer geraden Linie 5 Zoll – so dass der Knochen eher klein als groß ist.

[41] ÜBER DIE CRANIA DER ÄLTESTEN MENSCHENRASSEN. Von Professor D. Schaaffhausen , Bonn. (Aus Müllers Archiv , 1858, S. 453.) Mit Anmerkungen und Originalfiguren, entnommen aus einem Abguss des Neandertaler-Schädels. Von George Busk, FRS usw. Natural History Review, April 1861.

[42] Verhandl . D. Naturhistoriker . Vereins der Preuß . Rheinlande und Westphalens ., xiv. Bonn, 1857.

[43] Ib. Korrespondenzblatt . Nr. 2.

[44] Dies ist, wie Herr Busk betont hat, wahrscheinlich die Kerbe für den Frontalnerv.

[45] Die Zahlen in Klammern sind diejenigen, die ich den verschiedenen Maßen zuordnen sollte, wie sie dem Gipsabdruck entnommen wurden. – GB

[46] Verh . des Naturhisten . Vereine in Bonn, xiv. 1857.

[47] Wenn ich den Gesichtswinkel auf die vorgeschlagene Weise abschätze, sollte ich ihn auf dem Gips bei 64° bis 67 ° ansetzen. – GB

[48] Siehe einen ausgezeichneten Aufsatz von Mr. Church über die Myologie der Orangs im Natural History Review aus dem Jahr 1861.

[49] In keinem normalen menschlichen Schädel ist die Breite der Gehirnhülle größer als ihre Länge.

[50] Siehe Dr. D. Wilsons wertvolle Arbeit „Über die angebliche Prävalenz eines Schädeltyps bei den amerikanischen Aborigines." – Canadian Journal, Bd. ii., 1857.

IV.

DER GEGENWÄRTIGE ZUSTAND DER ORGANISCHEN NATUR.

Als es meine Pflicht war, zu überlegen, welches Thema ich für die sechs Vorträge auswählen würde, die ich nun das Vergnügen haben werde, Ihnen zu halten, kam mir der Gedanke, dass ich nichts Besseres tun konnte, als mich zu bemühen , es Ihnen in einem wahren Licht darzustellen, oder in dem, was ich vielleicht etwas bescheidener nennen würde, das, was ich für das wahre Licht halte, die Position eines Buches, das vielleicht mehr gelobt und missbraucht wurde als jedes andere Buch, das seit einigen Jahren erschienen ist; – ich meine Herrn Darwins Werk über die „Entstehung der Arten". Ich bezweifle nicht, dass viele von Ihnen dieses Werk gelesen haben; denn ich kenne den forschenden Geist, der unter euch weit verbreitet ist. Auf jeden Fall werden Sie alle davon gehört haben – einige durch einen Bericht, andere durch einen anderen Bericht; Die Aufmerksamkeit aller und die Neugier aller wurden wahrscheinlich mehr oder weniger auf das Thema dieser Arbeit gelenkt. Alles, was ich tun kann und alles, was ich versuchen werde, ist, Ihnen die Art von Urteil vorzulegen, das von einem Mann gefällt wurde, der natürlich dazu neigt, falsch zu urteilen; aber auf jeden Fall von jemandem, dessen Geschäft und Beruf darin besteht, über Fragen dieser Art Urteile zu fällen.

Und hier, wie es immer der Fall sein wird, wenn es um ein umfangreiches Thema geht, muss der größte Teil meines Kurses – wenn überhaupt eine so kleine Anzahl von Vorlesungen überhaupt als Kurs bezeichnet werden kann – vorbereitenden Themen gewidmet sein, oder vielmehr einem Darstellung der Tatsachen und Prinzipien, auf denen sich das Werk selbst konzentriert und die uns mehr oder weniger direkt vor Augen führt. Ich habe kein Recht anzunehmen, dass Sie alle oder einige von Ihnen Naturforscher sind; Und selbst wenn Sie es wären, würden die Missverständnisse und Missverständnisse, die selbst unter Naturforschern in diesen Fragen vorherrschen, es wünschenswert machen, dass ich den Weg einschlage, den ich jetzt einzuschlagen beabsichtige – dass ich von vorne beginne – dass ich mich bemühen sollte, darauf hinzuweisen Wie ist der gegenwärtige Zustand der organischen Welt – dass ich auf ihren früheren Zustand hinweisen sollte – dass ich darlegen sollte, was die genaue Natur des Unternehmens ist, das Herr Darwin in die Hand genommen hat; dass ich mich bemühen sollte, Ihnen zu zeigen, mit welchen Methoden dieses Unternehmen nur zur Lösung gebracht werden kann, und Ihnen aufzuzeigen, inwieweit der Autor des betreffenden Werks diese Bedingungen erfüllt hat und inwieweit er sie nicht erfüllt hat , inwieweit sie für den Menschen erfüllbar sind und inwieweit sie für den Menschen nicht erfüllbar sind.

Wenn ich heute Abend den ersten Teil der Frage aufgreife, werde ich versuchen , Ihnen eine Art grobe Vorstellung von unserem Wissen über den Zustand der lebenden Welt zu vermitteln. Es gibt viele Möglichkeiten, dies zu tun. Ich könnte es bildlich und grafisch aufarbeiten. Dem Beispiel von Humboldt in seinen „Aspekten der Natur" folgend, könnte ich versuchen , die unendliche Vielfalt des organischen Lebens in jeder Art seiner Existenz unter Bezugnahme auf die Variationen des Klimas und dergleichen aufzuzeigen; und ein solcher Versuch wäre für uns alle von großem Interesse; Aber angesichts des vor uns liegenden Themas wäre ein solcher Kurs nicht besonders geeignet, uns weiterzuhelfen. Bei einem Argument dieser Art müssen wir weiter gehen und tiefer in die Materie eintauchen; wir müssen uns bemühen , die Grundlagen der lebendigen Natur zu erforschen, wenn ich das so sagen darf, und die Prinzipien zu entdecken , die in einigen ihrer geheimsten Vorgänge involviert sind. Ich schlage daher vor, zunächst ein gewöhnliches Tier zu nehmen, mit dem Sie alle vertraut sind, und anhand leicht verständlicher und offensichtlicher Beispiele zu zeigen, welche Art von Problemen Lebewesen im Allgemeinen vor uns haben ; und ich werde Ihnen dann zeigen, dass uns alle Arten von Lebewesen vor die gleichen Probleme stellen. Aber lassen Sie mich zunächst sagen, in welchem Sinne ich die Worte „organische Natur" verwendet habe. Wenn ich von den Ursachen spreche, die zu unserem heutigen Wissen über die organische Natur führen, habe ich es fast als Äquivalent des Wortes „lebendig" verwendet, und zwar aus dem Grund, dass man bei fast allen Lebewesen mehrere verschiedene, voneinander getrennte Teile unterscheiden kann bestimmte Dinge tun und auf eine bestimmte Art und Weise arbeiten. Diese werden „Organe" genannt, und das Ganze zusammen wird „organisch" genannt. Und da es für sie allgemein charakteristisch ist, wurde der Begriff „organisch" sehr bequem verwendet, um die gesamte lebende Natur zu bezeichnen – die gesamte Pflanzenwelt und die gesamte Tierwelt.

Es gibt kaum ein Tier, das Ihnen bekannter sein dürfte als das, dessen Skelett in unserem Diagramm dargestellt ist. Sie brauchen sich nicht mit dem darunter geschriebenen „*Equus caballus*" *zu befassen;* das ist nur der lateinische Name und macht es nicht besser. Es bedeutet einfach das gewöhnliche Pferd. Angenommen, wir möchten alles über das Pferd verstehen. Unser erstes Ziel muss es sein, die Struktur des Tieres zu studieren. Sein ganzer Körper ist von einer Haut umgeben , die mit Haaren bedeckt ist. und wenn diese Haut oder Haut entfernt wird, finden wir eine große Masse Fleisch oder das, was man technisch Muskeln nennt, die Substanz, die es dem Tier durch seine Kontraktionskraft ermöglicht, sich zu bewegen. Diese Muskeln bewegen die harten Teile aufeinander und verleihen so die Kraft und Bewegungskraft, die das Pferd für uns bei der Ausführung der Dienste, für die wir es einsetzen, so nützlich macht.

Und wenn man dann die gesamte Haut und das Fleisch trennt und entfernt, hat man eine große Reihe von Knochen, harten Strukturen, die durch Bänder zusammengebunden sind und das hier dargestellte Skelett bilden.

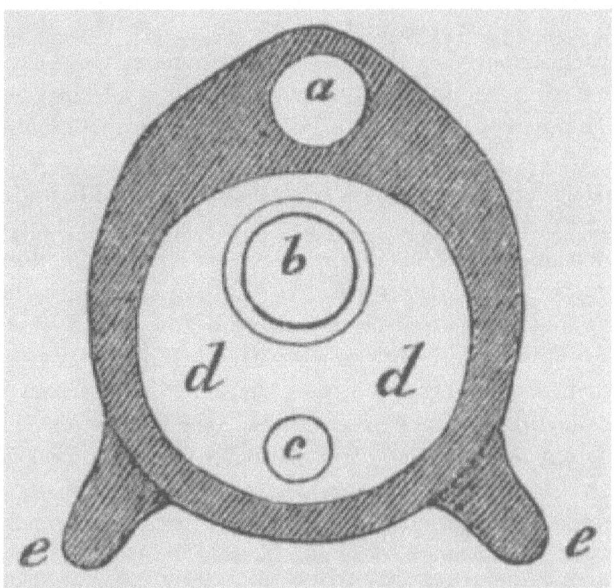

ABB. 32.

In diesem Skelett sind mehrere Teile zu erkennen. Die lange Reihe von Knochen, die am Schädel beginnt und im Schwanz endet, wird als Wirbelsäule bezeichnet, und die davor liegenden Knochen sind die Rippen; und dann gibt es zwei Gliedmaßenpaare, eines vorne und eines hinten; und es gibt das, was wir alle als Vorderbeine und Hinterbeine kennen. Wenn wir unsere Forschungen im Inneren dieses Tieres fortsetzen, finden wir im Rahmen des Skeletts einen großen Hohlraum, oder besser gesagt, zwei große Hohlräume – einen Hohlraum, der im Schädel beginnt und durch die Halsknochen verläuft. Sie verläuft entlang der Wirbelsäule und endet im Schwanz. Sie enthält das Gehirn und das Rückenmark, äußerst wichtige Organe. Die zweite große Höhle, die mit dem Mund beginnt, enthält die Speiseröhre, den Magen, den Langdarm und alle übrigen inneren Apparate, die für die Verdauung wichtig sind; und dann sind in derselben großen Höhle das Herz und alle großen Gefäße untergebracht, die von ihm ausgehen; und außerdem die Atmungsorgane – die Lunge; und dann die Nieren und die Fortpflanzungsorgane und so weiter. Versuchen wir nun, diese Vorstellung von einem Pferd, die wir jetzt haben, auf einen einfachen Ausdruck zu reduzieren, der sofort und ohne Schwierigkeiten im Gedächtnis behalten werden kann, abgesehen von allen kleinen Details. Wenn ich einen Querschnitt mache, das heißt, wenn ich ein totes Pferd quer durchsägen würde, würde ich feststellen, dass, wenn ich die Details weglasse und angenommen, ich würde meinen Schnitt durch die vordere Region und durch die Vorderbeine machen, Ich hätte hier einen solchen Körperabschnitt (Abb. 32). Hier wäre der obere Teil des Tieres – die große Knochenmasse, die wir als Wirbelsäule bezeichneten (*a* , Abb. 32). Hier müsste ich den Verdauungskanal haben (*b* , Abb. 32). Hier sollte ich das Herz haben (*c* , Abb. 32); Und dann, sehen Sie, gäbe es eine Art Doppelrohr, das alles in der Haut eingeschlossen wäre; Das Rückenmark würde in der oberen Röhre platziert werden (*a* , Abb. 32), und in der unteren Röhre (*d d* , Abb. 32) würden sich der Verdauungskanal (*b*) und das Herz (*c*) befinden. und hier werde ich die Beine haben, die von jeder Seite ausgehen. Der Einfachheit halber stelle ich sie lediglich als Stümpfe dar (*e e* , Abb. 32). Nun, das ist ein Pferd – wie Mathematiker sagen würden – auf seinen einfachsten Ausdruck reduziert. Behalten Sie das bitte als vereinfachte Vorstellung von der Struktur des Pferdes im Kopf. Die Überlegungen, die ich Ihnen jetzt vorgelegt habe, gehören zu dem, was wir technisch als „Anatomie" des Pferdes bezeichnen. Nehmen wir nun an, wir machen uns an die Arbeit an diesen verschiedenen Teilen – Fleisch und Haar, Haut und Knochen – und legen diese verschiedenen Organe mit unseren Skalpellen auf, untersuchen sie mit unseren Vergrößerungsgläsern und sehen, was wir daraus machen können ihnen. Wir werden feststellen, dass das Fleisch aus Bündeln starker Fasern besteht . Auch das Gehirn und die Nerven bestehen, wie wir feststellen werden, aus Fasern und diesen seltsam aussehenden Dingern, die Ganglienkörperchen genannt werden. Wenn wir ein Stück des Knochens nehmen und es untersuchen, werden wir feststellen, dass es diesem Diagramm eines Abschnitts des Knochens eines Straußes sehr ähnlich ist, obwohl es sich natürlich in einigen Details unterscheidet; und wenn wir irgendeinen Teil des Gewebes nehmen und ihn untersuchen, werden wir feststellen, dass alles eine winzige Struktur hat, die nur unter dem Mikroskop sichtbar ist. Alle diese Teile bilden die mikroskopische Anatomie oder „Histologie". Diese Teile werden ständig verändert; Jeder Teil wächst, verfällt und wird im Laufe des Lebens des Tieres ständig ersetzt. Das Gewebe wird ständig durch neues Material ersetzt; Und wenn Sie im Fall von Muskeln, im Fall von Haut oder einem der von mir erwähnten Organe auf den jungen Zustand des Gewebes zurückgreifen, werden Sie feststellen, dass sie alle in demselben Zustand sind. Jedes dieser mikroskopisch kleinen Fäden und Fasern (ich spreche jetzt nur vom allgemeinen Charakter des gesamten Prozesses) – jeder dieser Teile – könnte auf eine Modifikation eines Gewebes zurückgeführt werden, das leicht in kleine Partikel fleischiger Materie zerteilt werden kann , einer Substanz, die aus den chemischen Elementen Kohlenstoff, Wasserstoff, Sauerstoff und Stickstoff besteht und eine solche

Form hat (Abb. 33). Diese Partikel, in die alle primitiven Gewebe zerfallen, werden Zellen genannt. Wenn ich ein Stück Haut meiner Hand schneiden würde, würde ich feststellen, dass es aus diesen Zellen besteht. Wenn ich die Fasern untersuche , die die verschiedenen Organe aller lebenden Tiere bilden, würde ich feststellen, dass sie alle zu der einen oder anderen Zeit aus einer Substanz gebildet wurden, die aus ähnlichen Elementen bestand; Sie sehen also, so wie wir den gesamten Körper im Groben auf die Art von einfachem Ausdruck reduziert haben, der in Abb. 32 dargestellt ist , so können wir auch die Gesamtheit der mikroskopischen Strukturelemente auf eine Form von noch größerer Einfachheit reduzieren; So wie der Grundriss des gesamten Körpers in gewisser Weise dargestellt werden kann (Abb. 32), so kann die Primärstruktur jedes Gewebes durch eine Masse von Zellen dargestellt werden (Abb. 33).

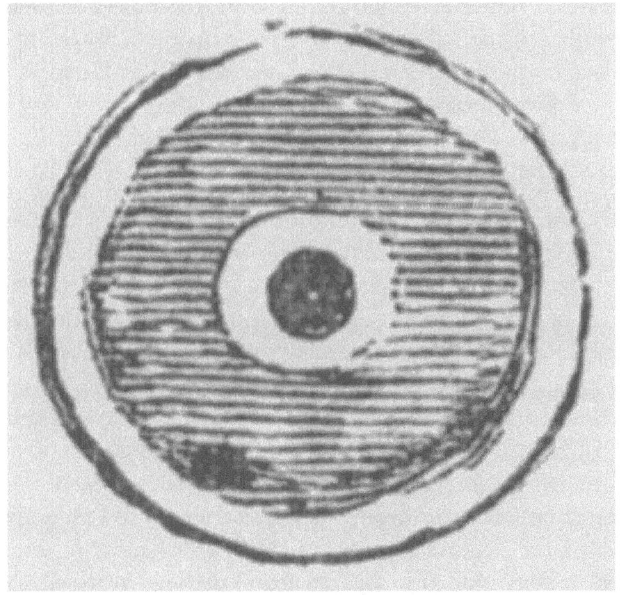

ABB. 33.

Nachdem ich Ihnen auf diese Art und Weise allgemein skizziert habe , was ich vielleicht die Architektur des Pferdekörpers nennen möchte (was wir technisch als seine Morphologie bezeichnen), muss ich mich nun einem anderen Aspekt zuwenden. Ein Pferd ist kein bloß totes Gebilde: Es ist eine aktive, lebendige Arbeitsmaschine. Bisher haben wir sozusagen eine Dampfmaschine mit ausgeschaltetem Feuer und nichts im Kessel gesehen; Aber der Körper des lebenden Tieres ist eine schön geformte, aktive Maschine, und jeder Teil hat seine unterschiedliche Aufgabe bei der Arbeit dieser Maschine, die wir ihr Leben nennen. Das Pferd, wenn Sie es nach getaner Arbeit sehen, mäht das Gras auf den Feldern oder frisst den Hafer in seinem Stall. Was macht er? Seine Backen arbeiten wie eine Mühle – und zwar eine sehr komplexe Mühle –, die den Mais mahlt oder das Gras zu Brei zerkleinert. Sobald dieser Vorgang stattgefunden hat, wird die Nahrung in den Magen geleitet und dort mit der chemischen Flüssigkeit namens Magensaft vermischt, einer Substanz, die die besondere Eigenschaft hat, die darin enthaltenen Nährstoffe löslich zu machen und aufzulösen Gras, und die Teile zurücklassen, die nicht nahrhaft sind; so dass man zuerst die Mühle hat, dann eine Art chemischen Kocher; und dann wird die so teilweise aufgelöste Nahrung durch die Muskelkontraktionen des Darms in die hinteren Teile des Körpers zurückgetragen, während die löslichen Teile in das Blut aufgenommen werden. Das Blut ist in einem riesigen Rohrsystem enthalten, das sich durch den ganzen Körper erstreckt und mit einer Kraftpumpe – dem Herzen – verbunden ist, das durch seine Position und die Kontraktionen seiner Klappen dafür sorgt, dass das Blut ständig in eine Richtung zirkuliert , niemals zulassen, dass es ruht; Und dann entzieht die Haut, das Fleisch, die Haare und jeder andere Teil des Körpers durch diese Zirkulation des Blutes, das mit den Produkten der Verdauung beladen ist, alles, was es braucht, und zwar alles Diese Organe beziehen die Materialien, die sie für ihre Arbeit benötigen.

Die Tätigkeit jedes dieser Organe, die Erfüllung jeder dieser verschiedenen Aufgaben erfordert bei ihrer Funktion eine kontinuierliche Aufnahme der zu ihrer Unterstützung notwendigen Stoffe aus dem Blut und eine ständige Bildung von Abfallprodukten, die in das Blut zurückgeführt werden , und von dort an die Lunge und die Nieren weitergeleitet, die Organe sind, denen die Aufgabe zukommt, diese Abfallprodukte zu extrahieren, zu trennen und loszuwerden; und so wird die allgemeine Ernährung, Arbeit und Reparatur der gesamten Maschine mit Ordnung und Regelmäßigkeit aufrechterhalten. Aber es ist nicht nur eine Maschine, die die für ihre Existenz notwendige Nahrung füttert und sich zu ihrem eigenen Lebensunterhalt aneignet – es ist auch ein Motor für Lokomotivzwecke. Das Pferd möchte von einem Ort zum anderen gehen; Und um dies zu ermöglichen, verfügt es über starke kontraktile Muskelbündel, die an den Knochen seiner Gliedmaßen befestigt sind und durch eine Art Telegraphenapparat in Bewegung gesetzt werden, der aus dem Gehirn und dem großen Rückenmark besteht, das durch die Wirbelsäule verläuft oder Rückgrat; und an diesem Rückenmark sind eine Reihe von Fasern befestigt , die als Nerven bezeichnet werden und zu allen Teilen der Struktur verlaufen. Dadurch übermitteln Augen, Nase, Zunge und Haut – alle Wahrnehmungsorgane – Eindrücke oder Empfindungen an das Gehirn, das als eine Art großes zentrales Telegrafenamt fungiert, Eindrücke empfängt und Nachrichten an alle Teile des Gehirns sendet Körper und setzt die Muskeln in Bewegung, die notwendig sind, um jede gewünschte Bewegung auszuführen. Es handelt sich hier also um eine äußerst komplexe und schön proportionierte Maschine, bei der alle Teile harmonisch auf ein gemeinsames Ziel hinarbeiten: die Erhaltung des Lebens des Tieres.

Beachten Sie Folgendes: Das Pferd gleicht seinen Abfall durch Fressen aus, und seine Nahrung besteht aus Gras oder Hafer oder vielleicht anderen pflanzlichen Produkten; Daher liegt die Quelle all dieser komplexen Maschinerie auf lange Sicht im Pflanzenreich. Aber woher bekommt das Gras, der Hafer oder eine andere Pflanze dieses nahrhafte, nahrungsproduzierende Material? Zuerst ist es ein kleiner Samen, der bald beginnt, aus der Erde und der umgebenden Luft Stoffe in sich aufzunehmen, die an sich keinerlei lebenswichtige Eigenschaften enthalten; es nimmt Wasser, einen anorganischen Körper, in seine eigene Substanz auf; es zieht in seine Substanz Kohlensäure ein, eine anorganische Substanz; und Ammoniak, ein weiterer anorganischer Stoff, der in der Luft vorkommt; Und dann verbindet er sie durch einen wunderbaren chemischen Prozess, dessen Einzelheiten die Chemiker noch nicht verstehen, obwohl sie sie beinahe ahnen, zu einer Substanz, die uns als „Protein" bekannt ist, einer komplexen Verbindung aus Kohlenstoff und Wasserstoff, Sauerstoff und Stickstoff, die allein die Eigenschaft besitzen, Vitalität zu manifestieren und das tierische Leben dauerhaft zu unterstützen. Sie sehen also, dass die Abfallprodukte der Tierwirtschaft, die ausgelaugten Materialien, die von allen Lebewesen ständig in Form organischer Stoffe abgeworfen werden, ständig durch Vorräte an notwendigen Reparatur- und Wiederaufbaumaterialien aus der Tierhaltung ersetzt werden Pflanzen, die sie wiederum sozusagen durch eine mysteriöse Kombination derselben anorganischen Materialien herstellen.

Lassen Sie uns die Geschichte des Pferdes in einer anderen Richtung verfolgen. Nach einer gewissen Zeit stirbt das Tier früher oder später als Folge einer Krankheit, eines Unfalls oder als Folge des Alters. Die vielfältigen Vorgänge dieses schönen Mechanismus lassen in ihrer Leistung nach, das Pferd verliert seine Kraft , und nachdem es die merkwürdige Reihe von Veränderungen durchlaufen hat, die in seiner Bildung und Erhaltung enthalten sind, verfällt es schließlich und beendet sein Leben, indem es in diese anorganische Welt zurückkehrt aus dem bis auf einen unwesentlichen Bruchteil seiner Substanz alles abgeleitet wurde. Seine Knochen werden zu bloßem Karbonat und Phosphat von Kalk; Die Substanz seines Fleisches und seiner anderen Teile wird auf lange Sicht in Kohlensäure, in Wasser und in Ammoniak umgewandelt. Sie werden jetzt vielleicht die merkwürdige Beziehung des Tieres zur Pflanze, des Organischen zur anorganischen Welt verstehen, die in diesem Diagramm dargestellt ist.

Die Pflanze sammelt diese anorganischen Materialien und verarbeitet sie zu ihrer eigenen Substanz. Das Tier frisst die Pflanze und eignet sich die nährstoffreichen Teile für seine eigene Ernährung an, lehnt die nutzlosen Stoffe ab und entledigt sich; und schließlich stirbt das Tier selbst, und sein ganzer Körper wird zersetzt und in die anorganische Welt zurückgeführt. Es gibt also eine ständige Zirkulation von einem zum anderen, eine ständige Bildung organischen Lebens aus anorganischen Stoffen und eine ebenso ständige Rückkehr der Materie lebender Körper in die anorganische Welt; so dass die Materialien, aus denen unser Körper besteht, aller Wahrscheinlichkeit nach größtenteils die Substanzen sind, die den Stoff längst ausgestorbener Schöpfungen bildeten, die aber in der Zwischenzeit einen Teil der anorganischen Welt bildeten.

ANORGANISCHE WELT.

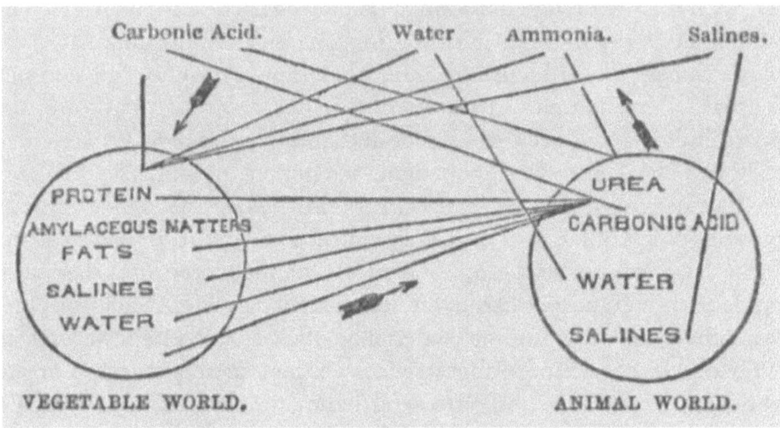

ABB. 34.

So kommen wir zu dem auf den ersten Blick seltsamen Schluss, dass die MATERIE, aus der die lebende Welt besteht, mit der identisch ist, aus der die anorganische Welt besteht. Und nicht weniger wahr ist es, dass, so bemerkenswert die Kräfte oder, mit anderen Worten, wie die KRÄFTE sind, die von Lebewesen ausgeübt werden, alle diese Kräfte entweder mit denen identisch sind, die in der anorganischen Welt existieren, oder dass sie umwandelbar sind in sie; Ich meine damit im gleichen Sinne, wie die Forschungen physikalischer Philosophen gezeigt haben, dass Wärme in Elektrizität umgewandelt werden kann, dass Elektrizität in Magnetismus, Magnetismus in mechanische Kraft oder chemische Kraft umgewandelt werden kann, und zwar beides miteinander, wobei jedes davon messbar ist Begriffe des anderen – dennoch sage ich, dass dieses große Gesetz auf die lebende Welt anwendbar ist. Überlegen Sie, warum das Skelett dieses Pferdes in der Lage ist, die Fleischmassen und die verschiedenen Organe zu tragen, aus denen der lebende Körper besteht, wenn es nicht auf die Wirkung derselben Kohäsionskräfte zurückzuführen ist, die die Materieteilchen, aus denen dieses Stück Kreide besteht, miteinander verbinden? Was gibt es in der Muskelkontraktionskraft des Tieres anderes als die Kraft, die ausgedrückt und in gewissem Sinne in die Schwerkraft umgewandelt werden kann, die es überwindet? Oder, wenn Sie auf verborgenere Prozesse eingehen: Worin unterscheidet sich der Verdauungsprozess von den Prozessen, die im Labor des Chemikers ablaufen? Selbst wenn wir die kompliziertesten und kompliziertesten Vorgänge des tierischen Lebens betrachten – die des Nervensystems, haben sich diese in den letzten Jahren als – ich sage nicht, in irgendeiner Weise identisch mit den elektrischen Vorgängen – erwiesen, aber das hat sich gezeigt. dass sie in irgendeiner Weise mit ihnen verbunden sind; Das heißt, dass jedes Maß an Nerventätigkeit von einem gewissen Ausmaß an elektrischer Störung in den Nervenpartikeln begleitet wird, in denen diese Nerventätigkeit ausgeübt wird. Auf diese Weise steht die Nerventätigkeit in derselben Beziehung zur Elektrizität wie die Wärme zur Elektrizität; und die gleiche Art von Argumentation, die zeigt, dass die beiden letzteren miteinander in Beziehung stehen, zeigt, dass die Nervenkräfte mit der Elektrizität korreliert sind; denn die Experimente von M. Dubois Reymond und anderen haben gezeigt, dass immer dann, wenn sich ein Nerv in einem Zustand der Erregung befindet, eine Nachricht an die Muskeln sendet oder ein Eindruck an das Gehirn übermittelt, eine Störung des elektrischen Zustands dieses Nervs vorliegt, der dies tut zu anderen Zeiten nicht existieren; und es gibt eine Reihe anderer Tatsachen und Phänomene dieser Art; so dass wir zu dem allgemeinen Schluss kommen, dass nicht nur hinsichtlich der lebenden Materie selbst, sondern auch hinsichtlich der Kräfte, die die Materie ausübt, eine enge Beziehung zwischen der organischen und der anorganischen Welt besteht – der Unterschied zwischen ihnen ergibt sich aus der vielfältigen Kombination und Anordnung soweit wir sehen können, aus identischen Kräften und nicht aus einer primären Vielfalt.

Ich sagte gerade, dass das Pferd schließlich starb und sich in dieselben anorganischen Substanzen verwandelte, aus denen nachweislich bis auf einen unwesentlichen Bruchteil seiner Substanz alles stammte, so dass die tatsächlichen Wanderungen der Materie ebenso bemerkenswert sind wie die Seelenwanderungen, von denen die indische Tradition erzählt . Aber bevor der Tod eingetreten ist, sind bei dem einen oder anderen Geschlecht, und tatsächlich bei beiden, bestimmte Produkte oder Teile des Organismus freigesetzt worden, sind bestimmte Teile der Organismen beider Geschlechter miteinander in Kontakt gekommen, und Aus dieser Verbindung, aus dieser Vereinigung, die dann stattfindet, entsteht die Bildung eines neuen Wesens. Zu bestimmten Zeitpunkten scheidet die Stute aus einem bestimmten Teil ihres Körperinneren, dem sogenannten Eierstock, ein winziges Materieteilchen aus, das in allen wesentlichen Aspekten mit dem vergleichbar ist, was wir vor einiger Zeit Zelle genannt haben und das eine Zelle enthält Art Kern in seinem Zentrum , umgeben von einem klaren Raum und einer zähflüssigen Masse aus Eiweißsubstanz (

Abb. 33); Und obwohl es anders aussieht als die Eier, die wir am häufigsten kennen, ist es in Wirklichkeit ein Ei. Nach einiger Zeit erfährt dieses winzige Materieteilchen, das möglicherweise nur einen kleinen Bruchteil eines Korns wiegt, eine Reihe wunderbarer, komplexer Veränderungen . Schließlich wird auf seiner Oberfläche eine kleine Erhebung geformt, die später geteilt und durch eine Rille markiert wird. Die seitlichen Begrenzungen der Rinne erstrecken sich nach oben und unten und bilden schließlich eine Doppelröhre. Im oberen und kleineren Rohr werden das Rückenmark und das Gehirn gebildet; im unteren Bereich der Verdauungskanal und das Herz; und schließlich schießen an den Seiten des Körpers zwei Knospenpaare hervor, die die Rudimente der Gliedmaßen darstellen. Tatsächlich würde eine echte Zeichnung eines Abschnitts des Embryos in diesem Zustand in allen wesentlichen Aspekten dem auf seinen einfachsten Ausdruck reduzierten Diagramm eines Pferdes ähneln, das ich Ihnen zuerst vorgelegt habe (Abb . 32).

Langsam und allmählich vollziehen sich diese Veränderungen. Der gesamte Körper kann zunächst in „Zellen“ zerlegt werden, die sich an einer Stelle in Muskeln verwandeln, an einer anderen Stelle in Knorpel und Knochen, an einer anderen Stelle in faseriges Gewebe und an einer anderen in Haare ; Jeder Teil wird allmählich und langsam geformt, als ob in jeder dieser komplexen Strukturen, die ich erwähnt habe, ein Künstler am Werk wäre. Dieser so genannte Embryo geht dann in andere Zustände über. Ich sollte Ihnen sagen, dass es eine Zeit gibt, in der sich die Embryonen von Hunden, Pferden, Schweinswalen, Affen und Menschen nicht durch irgendein wesentliches Merkmal voneinander unterscheiden lassen. Es gibt eine Zeit, in der sie alle dem Hund ähneln. Aber mit fortschreitender Entwicklung erhalten alle Teile ihre Spezialität , bis sich der Embryo schließlich in die Form des Elternteils verwandelt hat, von dem er stammt. Sie sehen also, dass dieses lebende Tier, dieses Pferd, seine Existenz als winziges Teilchen stickstoffhaltiger Materie beginnt, das, versorgt mit Nährstoffen (die, wie ich gezeigt habe, aus der anorganischen Welt stammt), entsprechend dem Besonderen heranwächst Art und Aufbau seiner Eltern, arbeitet und erfährt einen ständigen Abfall, und dieser Abfall wird durch Nährstoffe aus der anorganischen Welt ersetzt; Der so freigesetzte Abfall gelangt direkt in die anorganische Welt. Schließlich stirbt das Tier selbst, und durch den Zersetzungsprozess wird sein gesamter Körper in den Zustand der anorganischen Materie zurückversetzt, aus dem seine Substanz stammt.

Dies gilt also für jede lebende Form, von der niedrigsten Pflanze bis zum höchsten Tier – bis hin zum Menschen selbst. Man könnte das Leben jedes Einzelnen mit genau den gleichen Begriffen definieren, die ich jetzt verwendet habe; Der Unterschied zwischen dem Höchsten und dem Niedrigsten besteht einfach in der Komplexität der

Entwicklungsveränderungen, der Vielfalt der Strukturformen und der Vielfalt der physiologischen Funktionen, die von jedem ausgeübt werden.

Wenn ich eine Eiche als Exemplar der Pflanzenwelt nehmen würde, würde ich feststellen, dass sie aus einer Eichel stammt, die ebenfalls aus einer Zelle stammt; Die Eichel wird in die Erde gelegt, und sie beginnt sehr schnell, die von mir genannten anorganischen Stoffe zu absorbieren, vergrößert ihr Volumen enorm, und wir können sehen, wie sie sich Jahr für Jahr nach oben und unten ausdehnt, anorganisches anzieht und sich aneignet Materialien, die es belebt und schließlich, wenn es reift, seine eigenen Eicheln abgibt, die wieder den gleichen Weg gehen. Aber ich brauche die Beispiele nicht zu vervielfachen – vom höchsten bis zum niedrigsten sind die wesentlichen Merkmale des Lebens dieselben, wie ich in jedem dieser Fälle beschrieben habe.

Soviel also zu diesen besonderen Merkmalen der organischen Welt, die Sie verstehen und begreifen können, solange Sie sich auf eine Art Lebewesen beschränken und nur diese studieren.

Aber wie Sie wissen, sind Pferde nicht die einzigen Lebewesen auf der Welt; Und wiederum haben Pferde, wie alle anderen Tiere auch, bestimmte Grenzen – sie sind auf einen bestimmten Bereich auf der Erdoberfläche beschränkt, auf dem wir leben – und da das die einfachere Sache ist, möchte ich das zuerst nehmen. In seinem wilden Zustand und vor der Entdeckung Amerikas, als die Spanier in den natürlichen Zustand der Dinge eingriffen, war das Pferd nur in Teilen der Erde zu finden, die den Geographen als Alte Welt bekannt sind; das heißt, Sie könnten Pferde in Europa, Asien oder Afrika treffen; aber in Australien gab es keine, und auf dem gesamten amerikanischen Kontinent, von Labrador bis Kap Hoorn, gab es überhaupt keine. Dies ist eine empirische Tatsache, und es ist das, was man, wie ich es Ihnen dargelegt habe, die „geografische Verteilung" des Pferdes nennt.

Warum es Pferde in Europa, Asien und Afrika und nicht in Amerika gibt, ist nicht offensichtlich; die Erklärung, dass die Lebensbedingungen in Amerika für ihre Existenz ungünstig seien und sie daher dort nicht geschaffen worden seien, trifft offensichtlich nicht zu; Denn als die einfallenden Spanier oder unsere eigenen Freibauern Pferde zum eigenen Gebrauch in diese Länder brachten, gedeihen sie gut und vermehren sich sehr schnell; und viele laufen in diesen Ländern auch jetzt noch wild umher, und zwar in einem völlig natürlichen Zustand. Nehmen wir nun an, wir würden für jedes Tier das tun, was wir hier für das Pferd getan haben , nämlich den besonderen Bezirk oder die Region, zu der jedes Tier gehörte, abgrenzen und unterscheiden; Und wenn wir alle diese Ergebnisse tabellarisch zusammenfassen würden, würde man das als „geografische Verteilung der Tiere" bezeichnen, während eine entsprechende Untersuchung von Pflanzen als Ergebnis die „geografische Verteilung der Pflanzen" ergeben würde.

Ich verzichte nun darauf, da ich Ihnen lediglich erklären wollte, was ich mit der Verwendung des Begriffs „geografische Verteilung" meine. Wie gesagt, es gibt noch einen weiteren Aspekt, und zwar einen viel wichtigeren, nämlich die Beziehungen der verschiedenen Tiere zueinander. Das Pferd ist eine sehr klar definierte, sachliche Tierart, und wir alle sind mit seiner Struktur ziemlich vertraut. Ich wage zu behaupten, dass es Ihnen vielleicht aufgefallen ist, dass es kaum einem anderen Mitglied des Tierreichs ähnelt, außer vielleicht dem Zebra oder dem Esel. Aber ich möchte Sie bitten, einen Blick auf diese Diagramme zu werfen. Hier ist das Skelett des Pferdes und hier das Skelett des Hundes. Sie werden feststellen, dass wir beim Pferd einen Schädel, ein Rückgrat und Rippen, Schulterblätter und Keulenknochen haben. In der Vorderextremität befinden sich ein Oberarmknochen, zwei Vorderarmknochen, ein Handgelenksknochen (fälschlicherweise Knie genannt) und ein Mittelhandknochen, die in den drei Fingerknochen enden, von denen der letzte in der Scheide steckt Hornhuf des Vorderfußes: im Hinterbein ein Oberschenkelknochen, zwei Beinknochen, Knöchelknochen und Mittelfußknochen, endend in den drei Zehenknochen, von denen der letzte umhüllt ist der Huf des Hinterfußes. Wenden Sie sich nun dem Skelett des Hundes zu. Wir finden identisch die gleichen Knochen, aber mehr davon, es gibt mehr Zehen in jedem Fuß und daher mehr Zehenknochen.

Nun, das ist eine sehr merkwürdige Sache! Tatsache ist, dass der Hund und das Pferd – wenn man sie ohne die äußerlichen Hindernisse der Haut betrachtet – auf die gleiche Art und Weise hergestellt sind. Und wenn ich einen Querschnitt des Hundes machen würde, würde ich dieselben Organe finden, die ich Ihnen bereits als Teile des Pferdes gezeigt habe. Nun, hier ist ein weiteres Skelett – das einer Art Lemur – Sie sehen, er hat genau die gleichen Knochen; und wenn ich einen Querschnitt davon machen würde, wäre es wieder genau dasselbe. Drehen Sie ihn vor Ihrem geistigen Auge um, sodass sein Rückgrat schräg nach oben und vorne geneigt ist, genau wie in den nächsten drei Diagrammen, die die Skelette eines Orangs , eines Schimpansen und eines Gorillas darstellen, und Sie finden Sie keine Probleme haben, die Knochen überall zu identifizieren; Und schließlich wenden wir uns dem Ende der Serie zu, dem Diagramm, das das Skelett eines Mannes darstellt, und Sie finden immer noch keine großen strukturellen Merkmale, die wesentlich verändert wurden. Es gibt die gleichen Knochen in den gleichen Beziehungen. Vom Pferd aus gehen wir mit allmählichen Schritten immer weiter, bis wir schließlich zu den höchsten bekannten Formen gelangen. Nehmen Sie andererseits die andere Diagrammlinie und gehen Sie vom Pferd in der Skala nach unten zu diesem Fisch; Und selbst wenn die Änderungen weitaus umfangreicher sind, bleibt das Grundgerüst der Organisation unverändert. Hier ist zum Beispiel ein Schweinswal; hier ist sein starkes Rückgrat, durch das der Hohlraum verläuft, der das Rückenmark enthält; hier sind die Rippen, hier das Schulterblatt; Hier ist der kleine kurze Oberarmknochen, hier sind die beiden Unterarmknochen, der Handgelenksknochen und die Fingerknochen.

Seltsam, ist es nicht, dass der Schweinswal in dieser seltsam aussehenden Angelegenheit – seiner Klappe (wie er genannt wird) – dieselben Grundelemente haben sollte wie das Vorderbein des Pferdes oder des Hundes oder des Affen oder des Menschen; Und hier werden Sie etwas sehr Merkwürdiges bemerken : Die Hinterbeine fehlen. Machen wir nun einen weiteren Sprung. Gehen wir zum Kabeljau: Hier sehen Sie den Unterarm in dieser großen Brustflosse – die Ihr geistiges Auge von der Flosse des Schweinswals weiterführt. Und hier haben Sie die Hinterbeine in Form dieser Bauchflossen wiederhergestellt. Wenn ich davon einen Querschnitt machen würde, würde ich genau die gleichen Organe finden, die wir zuvor bemerkt haben. Wie Sie sehen, ergibt sich als Ergebnis unserer Untersuchungen die seltsame Schlussfolgerung, dass das Pferd, wenn man es untersucht und mit anderen Tieren vergleicht, keineswegs allein in der Natur steht; aber dass es eine enorme Anzahl anderer Geschöpfe gibt, deren Rückgrat, Rippen, Beine und andere Teile in der gleichen allgemeinen Weise angeordnet sind und die in ihrer gesamten Formation die gleichen allgemeinen Besonderheiten aufweisen.

Ich bin mir sicher, dass Sie mir selbst bei dieser äußerst elementaren Darlegung der strukturellen Beziehungen der Tiere nicht gefolgt sein können, ohne gesehen zu haben, was ich überhaupt durchgemacht habe, nämlich Ihnen zu zeigen, dass Naturforscher Schritt für Schritt zum Verständnis gekommen sind Idee einer Einheit des Plans oder einer Konformität der Konstruktion zwischen Tieren, die auf den ersten Blick äußerst unähnlich zu sein schienen.

Und hier haben Sie Beweise für eine solche Einheit des Plans bei allen Tieren, die ein Rückgrat haben und die wir technisch *Vertebrata nennen* . Aber es gibt eine Vielzahl anderer Tiere wie Krabben, Hummer, Spinnen usw., die wir *Annulosa nennen* . In diesen konnte ich Ihnen nicht die Teile aufzeigen, die denen des Pferdes entsprechen – zum Beispiel das Rückgrat –, da sie auf einem ganz anderen Prinzip aufgebaut sind, das auch allen gemeinsam ist ; Das heißt, der Hummer, die Spinne und der Tausendfüßler haben einen gemeinsamen Plan, der sich durch ihre gesamte Anordnung zieht, genauso wie das Pferd, der Hund und der Schweinswal sich einander anpassen.

Noch andere Lebewesen – Wellhornschnecken, Tintenfische, Austern, Schnecken und ihr gesamter Stamm (*Mollusken*) – ähneln einander in gleicher Weise, unterscheiden sich jedoch sowohl von *Vertebrata* als auch von

Annulosa ; und Ähnliches gilt für die Tiere namens *Cœlenterata* (Polypen) und *Protozoa* (Tiere und Schwämme).

Durch die Verfolgung dieser Art von Vergleich sind Naturforscher nun zu der Überzeugung gelangt, dass es – einige denken fünf, andere sieben –, aber sicherlich nicht mehr als die letztgenannte Zahl – und vielleicht ist es einfacher, fünf anzunehmen – unterschiedliche Pläne oder Bauwerke in der gesamten Tierwelt; und dass die Hunderttausenden Arten von Lebewesen auf der Erdoberfläche alle auf diese fünf oder höchstens sieben Organisationspläne reduzierbar sind.

Aber können wir nicht weiter gehen? Wenn man so weit gekommen ist, ist man versucht, einen Schritt weiterzugehen und zu fragen, ob wir nicht noch weiter zurückgehen und das Ganze auf Modifikationen einer ursprünglichen Einheit reduzieren können. Der Anatom kann das nicht; aber wenn er das Studium der Entwicklung zu seiner Hilfe heranzieht , kann er es schaffen. Denn wir werden feststellen, dass, so unterschiedlich diese Pläne auch sind, ob es sich nun um einen Schweinswal oder einen Menschen oder einen Hummer oder eine der anderen von mir erwähnten Arten handelt, jeder seine Existenz mit ein und derselben ursprünglichen Form beginnt – der des Ei, das, wie wir gesehen haben, aus einer stickstoffhaltigen Substanz besteht und in der Mitte ein kleines Teilchen oder einen kleinen Kern enthält . Darüber hinaus sind die früheren Änderungen jeweils im Wesentlichen gleich. Und darin liegt die wahre „Organisationseinheit“ des Tierreichs, die seit vielen Jahren vermutet und eingebildet wird; Es wurde jedoch bis heute überlassen, dies durch sorgfältiges Studium der Entwicklung zu beweisen. Aber ist es möglich, noch einen Schritt weiter zu gehen und zu zeigen, dass die gesamte organische Welt auf die gleiche Weise auf einen primitiven Formzustand reduziert werden kann? Gibt es bei den Pflanzen dieselbe primitive Organisationsform und ist diese mit der des Tierreichs identisch? Auch die Antwort auf diese Frage ist weder unsicher noch zweifelhaft. Es ist nun bewiesen, dass jede Pflanze ihre Existenz in derselben Form beginnt; das heißt, in dem einer Zelle – einem Teilchen stickstoffhaltiger Materie, das im Wesentlichen die gleichen Bedingungen aufweist. Wenn Sie also die Eiche bis zu ihrem ersten Keim zurückverfolgen, oder einen Menschen, ein Pferd, einen Hummer, eine Auster oder ein anderes Tier, das Sie benennen möchten, werden Sie feststellen, dass jedes einzelne dieser Tiere seine Existenz im Wesentlichen in Formen beginnt einander ähnlich: und darüber hinaus sind die ersten Wachstumsprozesse und viele der nachfolgenden Modifikationen im Prinzip bei fast allen im Wesentlichen gleich.

Lassen Sie mich abschließend noch einmal in wenigen Worten die von mir dargelegten Standpunkte zusammenfassen. Und Sie müssen verstehen, dass ich nicht nur über Theorie gesprochen habe; Ich habe von Dingen gesprochen, die ebenso eindeutig beweisbar sind wie die häufigsten Sätze von

Euklid – von Tatsachen, die die Grundlage aller Spekulationen und Überzeugungen in der biologischen Wissenschaft bilden müssen. Wir haben nach und nach alle organischen Formen aufgespürt, oder mit anderen Worten, wir haben den gegenwärtigen Zustand der belebten Natur analysiert, bis wir herausgefunden haben, dass jede Art ihren Ursprung in einer Form hatte, die derjenigen ähnelte, unter der alle anderen ihre Existenz begannen. Wir haben die Gesamtheit der riesigen Vielfalt lebender Formen, von denen wir umgeben sind, gefunden, die ständig wachsen, wachsen, verfallen und verschwinden; Das Tier zieht ständig die Materie des Pflanzenreichs an, verändert sie und wendet sie für seinen Lebensunterhalt an, die ihren Lebensunterhalt aus der Absorption und Umwandlung anorganischer Materie bezieht. Und diese Absorption, Verschwendung und Reproduktion ist so beständig und universell, dass man mit absoluter Sicherheit sagen kann, dass in keinem unserer Körper im gegenwärtigen Moment ein Millionstel der Materie übrig ist, aus der er ursprünglich bestand! Wir haben wiederum gesehen, dass nicht nur die lebende Materie aus der anorganischen Welt stammt, sondern dass die Kräfte dieser Materie auch alle mit denen der anorganischen Natur korrelieren und in diese umgewandelt werden können.

Dies ist für unsere gegenwärtigen Zwecke der beste Überblick über den gegenwärtigen Zustand der organischen Natur, den ich Ihnen vorlegen kann: Er gibt Ihnen die großen Umrisse eines riesigen Bildes, das Sie durch Ihr eigenes Studium ergänzen müssen.

In der nächsten Vorlesung werde ich versuchen, auf die gleiche Weise in die Vergangenheit zurückzukehren und auf die gleiche umfassende Weise die Geschichte des Lebens in den Epochen vor unserer eigenen zu skizzieren.

V

DER VERGANGENHEITLICHE ZUSTAND DER ORGANISCHEN NATUR.

In der Vorlesung, die ich letzten Montagabend gehalten habe, habe ich versucht , in sehr kurzer Form, aber soweit es die mir zur Verfügung stehende Zeit erlaubte, den gegenwärtigen Zustand der organischen Natur zu skizzieren, wobei ich mit diesem großen Titel lediglich einen Hinweis auf das Große meinte , breite und allgemeine Prinzipien, die von denen entdeckt werden müssen, die die Phänomene der organischen Natur, wie sie gegenwärtig sichtbar sind, aufmerksam betrachten. Das allgemeine Ergebnis unserer Untersuchungen könnte wie folgt zusammengefasst werden: Wir fanden heraus, dass die Vielfalt der Formen des tierischen Lebens, so groß sie auch sein mag, auf verhältnismäßig wenige primitive Pläne oder Bauarten reduziert werden kann; dass eine weitere Untersuchung der Entwicklung dieser verschiedenen Formen uns zeigte, dass sie wieder reduzierbar waren, bis wir schließlich die unendliche Vielfalt des tierischen und sogar pflanzlichen Lebens auf die ursprüngliche Form einer einzelnen Zelle reduzierten.

Wir fanden heraus, dass unsere Analyse der organischen Welt, ob Tiere oder Pflanzen, auf lange Sicht zeigte, dass beide auf die gleichen Bestandteile reduziert werden könnten und tatsächlich aus denselben Bestandteilen zusammengesetzt seien. Und wir sahen, dass die Pflanze die Stoffe, aus denen ihre Substanz besteht, durch eine besondere Kombination von Stoffen erhielt, die vollständig zur anorganischen Welt gehören; dass das Tier also ständig die stickstoffhaltigen Stoffe der Pflanze für seine eigene Ernährung aneignete und sie in dem, was wir als seinen Abfall bezeichneten, an die anorganische Welt zurückgab; und dass schließlich, als das Tier aufhörte zu existieren, die Bestandteile seines Körpers aufgelöst und in die anorganische Welt übertragen wurden, aus der sie zunächst extrahiert worden waren. So sahen wir sowohl im Grashalm als auch im Pferd die gleichen Elemente, jedoch unterschiedlich kombiniert und angeordnet. Wir entdeckten, dass ein kontinuierlicher Kreislauf im Gange ist – die Pflanze nimmt die Elemente der anorganischen Natur auf und kombiniert sie zu Nahrung für die tierische Schöpfung; Das Tier entlehnt der Pflanze die Materie für seinen eigenen Lebensunterhalt und gibt im Laufe seines Lebens Produkte ab, die sofort in die anorganische Welt zurückkehrten. und dass schließlich die Bestandteile der gesamten Struktur von Tieren und Pflanzen auf diese Weise zu ihrem ursprünglichen Ursprung zurückgeführt wurden: Es gab einen ständigen Übergang von einem Existenzzustand in einen anderen und eine Rückkehr wieder zurück.

Als wir schließlich versuchten, uns eine Vorstellung von der Natur der Kräfte zu machen, die von Lebewesen ausgeübt werden, entdeckten wir, dass sie – wenn sie nicht der gleichen genauen Analyse unterzogen werden konnten wie die Bestandteile dieser Wesen selbst –, dass sie korrelierten mit – dass sie die Äquivalente der Kräfte der anorganischen Natur seien – dass sie in dem Sinne, in dem der Begriff heute verwendet wird, mit ihnen umwandelbar seien. Das war unser allgemeines Ergebnis.

Und nun, wenn ich die Gegenwart verlasse, muss ich mich auf die gleiche Weise bemühen, Ihnen die Tatsachen vorzustellen, die es in der vergangenen Geschichte der lebenden Welt, in den vergangenen Zuständen der organischen Natur, zu entdecken gilt. Wir müssen uns heute Abend mit den Fakten dieser Geschichte befassen – einer Geschichte, die Zeiträume umfasst, vor denen unsere rein menschlichen Aufzeichnungen in völlige Bedeutungslosigkeit versinken – einer Geschichte, deren Vielfalt und physische Größe der Ereignisse nicht einmal durch die Geschichte vorhergesagt werden können des menschlichen Lebens und menschlicher Phänomene – eine Geschichte höchst vielfältiger und komplexer Natur.

Wir müssen uns also in erster Linie mit der Geschichte befassen, wie wir uns mit allen anderen Geschichten befassen sollten. Der Geschichtsstudent weiß, dass seine erste Aufgabe darin bestehen sollte, die Gültigkeit seiner Beweise und die Art der Aufzeichnungen, in denen die Beweise enthalten sind, zu untersuchen, damit er in der Lage sein kann, die Richtigkeit der Schlussfolgerungen richtig einzuschätzen wurden aus diesen Beweisen gezogen. Hier müssen wir also zunächst mit der Betrachtung einer Angelegenheit beginnen, die für die hier diskutierte Frage fremd zu sein scheint. Wir müssen uns mit der Art der Aufzeichnungen und der Glaubwürdigkeit der darin enthaltenen Beweise befassen; Wir müssen auf die Vollständigkeit oder Unvollständigkeit dieser Aufzeichnungen selbst achten, bevor wir uns dem zuwenden, was sie enthalten und offenbaren. Die Frage nach der Glaubwürdigkeit der Geschichte wird – zum Glück für uns – keiner großen Überlegung bedürfen, denn in dieser Geschichte kann es im Gegensatz zu denen menschlichen Ursprungs keine Kritik und keine Meinungsverschiedenheiten hinsichtlich der Realität und Wahrheit der Tatsachen geben es ist ausgedacht; Die Fakten sprechen für sich und liegen uns klar dargelegt.

Doch obwohl eine der größten Schwierigkeiten des Geschichtsforschers aus unserem Weg geräumt ist, gibt es noch andere Schwierigkeiten – Schwierigkeiten bei der richtigen Interpretation der Fakten, wie sie uns präsentiert werden –, die mit den größten Schwierigkeiten aller anderen Arten verglichen werden können historische Studie.

Was ist diese Aufzeichnung der vergangenen Geschichte des Globus, und welche Fragen sind bei der Untersuchung ihrer Vollständigkeit oder Unvollständigkeit mit im Spiel? Diese Aufzeichnung besteht aus Schlamm; und die Frage, die wir heute Abend untersuchen müssen, löst sich in einer Frage der Schlammbildung auf. Sie denken vielleicht, dass dies ein gewaltiger Schritt ist – vom Erhabenen zum Lächerlichen – von der Betrachtung der Geschichte der vergangenen Zeitalter der Weltgeschichte zur Betrachtung der Geschichte der Schlammbildung! Aber in der Natur gibt es nichts Gemeines und Unwürdiges; in keinem ihrer Werke ist etwas Lächerliches oder Verächtliches; und diese Untersuchung führt uns, wie Sie hoffentlich bald sehen werden, zu den Wurzeln und Grundlagen unseres Themas.

Wie entsteht dann Schlamm? Immer, mit einer unbedeutenden Ausnahme, die ich jetzt nicht näher betrachten muss – immer, als Ergebnis der Wirkung von Wasser, das die Oberfläche der Erde und der Steine, mit denen es in Kontakt kommt, zermürbt und auflöst, sie zerstampft und zermahlt, und Die Partikel werden an Orte transportiert, an denen sie nicht mehr durch diese mechanische Einwirkung gestört werden und an denen sie nachlassen und ruhen können. Denn wie wir wissen, wäscht der Ozean, angetrieben von den Winden, einen langen Küstenabschnitt, und jede Welle, die mit Sand- und Kiespartikeln beladen ist und an der Küste bricht, trägt etwas zum Zerfallsprozess bei. Und so werden die härtesten Gesteine langsam aber sicher zu einer pulverigen Substanz zermahlen; und der so gebildete Schlamm, je nach Fall gröber oder feiner, wird durch den Ansturm der Gezeiten oder Strömungen getragen, bis er die verhältnismäßig tieferen Teile des Ozeans erreicht, in denen er auf den Grund sinken kann , bis zu Teilen, wo es eine Tiefe von etwa vierzehn oder fünfzehn Faden gibt, eine Tiefe, in der das Wasser normalerweise fast bewegungslos ist und in der natürlich die feineren Partikel dieses Detritus oder Schlamms, wie wir es nennen, versinken zum Boden.

Oder, noch einmal, wenn man einen Fluss nimmt, der von seinen Gebirgsquellen herabströmt, sich über die Steine und Felsen streitet, die seinen Weg kreuzen, und dabei die Kieselsteine und leichteren Stoffe von seinen Ufern lockert, entfernt und in seinem Abwärtslauf mit sich reißt, er zermalmt und zermalmt die Felsen und die Erde auf genau die gleiche Weise wie die Abnutzungswirkung der Meereswellen. Die die Ablagerung bildenden Stoffe werden vom Berghang gerissen und ungestüm ins Tal gewirbelt, langsamer über die Ebene, von dort in die Flussmündung, und von der Flussmündung aus werden sie ins Meer geschwemmt. Offensichtlich werden die gröberen und schwereren Teilchen zuerst abgelagert, d tieferer und ruhiger Teil des Ozeans.

Daraus folgt eindeutig, dass Schlamm uns eine Chronologie liefert; Denn es ist offensichtlich, dass man annimmt, dass es sich bei dem, was ich jetzt skizziere, um den Meeresboden handelt und dass es sich dabei um eine Küstenlinie handelt; Durch die Waschwirkung des Meeres auf das Gestein, die es abnutzt und zu einem Schlammsediment zermahlt, wird der Schlamm nach unten getragen und schließlich in den tieferen Teilen dieses Meeresbodens abgelagert, wo er eine Schicht bildet ; und dann, während diese erste Schicht aushärtet, wird natürlich anderer Schlamm, der aus derselben Quelle stammt, an denselben Ort getragen; und da es für ihn völlig unmöglich ist, unter die bereits vorhandene Schicht zu gelangen, lagert er sich darüber ab und bildet eine weitere Schicht, und auf diese Weise entsteht nach und nach eine Schlammschicht, die sich ständig übereinander bildet und verhärtet und einen Schlamm transportiert Aufzeichnung der Zeit.

Es ist ein notwendiges Ergebnis der Wirkung des Gravitationsgesetzes, dass die oberste Schicht die jüngste und die unterste die älteste ist und dass die verschiedenen Schichten an jedem bestimmten Punkt oder Ort genau im Verhältnis ihrer Tiefe von der Erdoberfläche älter sein müssen Oberfläche. Wenn sie also später angehoben würden und man eine Reihe dieser verschiedenen Schlammschichten hätte, die je nach Fall in Sandstein oder Kalkstein umgewandelt würden, könnte man sicher sein, dass die untere Schicht zuerst abgelagert wurde und dann die oberen Schichten wurden danach gebildet. Hier ist, sehen Sie, der erste Schritt in der Geschichte – diese Schlammschichten geben uns eine Vorstellung von der Zeit.

Die gesamte Erdoberfläche – ich spreche weit gefasst und lasse kleinere Einzelheiten weg – besteht aus solchen Schlammschichten, von denen die meisten so hart sind, dass wir sie Gestein nennen, sei es Kalkstein oder Sandstein oder andere Sorten aus Fels. Und wenn man bedenkt, dass jeder Teil der Erdkruste auf diese Weise aufgebaut ist, könnte man meinen, dass die Bestimmung der Chronologie, die Festlegung der Zeit, die zur Bildung dieser Kruste benötigt wurde, eine vergleichsweise einfache Angelegenheit sei. Nehmen Sie einen groben Durchschnitt und stellen Sie fest, wie schnell sich der Schlamm auf dem Meeresgrund oder in den Mündungen von Flüssen ablagert. Nehmen Sie an, dass es ein Zoll oder zwei oder drei Zoll pro Jahr sind, oder wie auch immer Sie es grob schätzen mögen; Nehmen Sie dann die Gesamtdicke der gesamten Reihe geschichteter Gesteine, die Geologen auf zwölf oder dreizehn Meilen oder etwa siebzigtausend Fuß schätzen, bilden Sie in kurzer Division eine Summe, dividieren Sie die Gesamtdicke durch die in einem Jahr abgelagerte Menge und Das Ergebnis gibt Ihnen natürlich die Anzahl der Jahre an, die für die Bildung der Kruste gedauert haben.

Das sieht wirklich nach einem sehr einfachen Vorgang aus! Dies wäre der Fall, wenn es nicht gewisse Schwierigkeiten gäbe. Die allererste besteht darin, herauszufinden, wie schnell Sedimente abgelagert werden. Aber die Hauptschwierigkeit – eine Schwierigkeit, die jede sichere Berechnung einer solchen Angelegenheit unmöglich macht – besteht darin, dass sich der Meeresboden, auf dem die Ablagerung stattfindet, ständig verschiebt.

Anstatt dass die Erdoberfläche das stabile, feste Ding ist, für das sie im Volksmund allgemein gehalten wird, und im allgemeinen Sprachgebrauch das eigentliche Sinnbild der Festigkeit selbst ist, ist sie unaufhörlich in Bewegung und tatsächlich genauso instabil wie die Oberfläche des Meeres, nur dass seine Wellen unendlich langsamer und enorm höher und tiefer sind.

Welche Auswirkung hat nun diese Schwingung? Nehmen Sie den Fall, den ich zuvor angesprochen habe. Die feineren oder gröberen Sedimente, die von der Flussströmung nach unten getragen werden, werden nur über eine gewisse Distanz transportiert und lagern sich schließlich, wie wir bereits gesehen haben, beim Erreichen des ruhigeren Teils des Ozeans am Boden ab.

Sei C y (Abb. 35) der Meeresboden, y D das Ufer, $x\,y$ der Meeresspiegel, dann sinkt die gröbere Ablagerung über der Region B, die feinere über A, während es jenseits von A keine Ablagerung gibt überhaupt; und folglich werden keine Aufzeichnungen geführt, einfach weil keine Einzahlung erfolgt. Nehmen wir nun an, dass das gesamte Land C, D, das wir als stationär betrachtet haben, sinkt. Dabei entfernen sich sowohl A als auch B weiter vom Ufer, das bei y^1, x^1 liegt y^1, der neue Meeresspiegel. Die Folge wird sein, dass die Schlammschicht (A), die jetzt zum größten Teil weiter entfernt ist, als die Kraft der Strömung stark genug ist, um selbst die feinsten *Trümmer zu transportieren* , natürlich keine weiteren Ablagerungen mehr aufnehmen wird eine bestimmte Dicke erreicht hat, wird nun nicht mehr dicker.

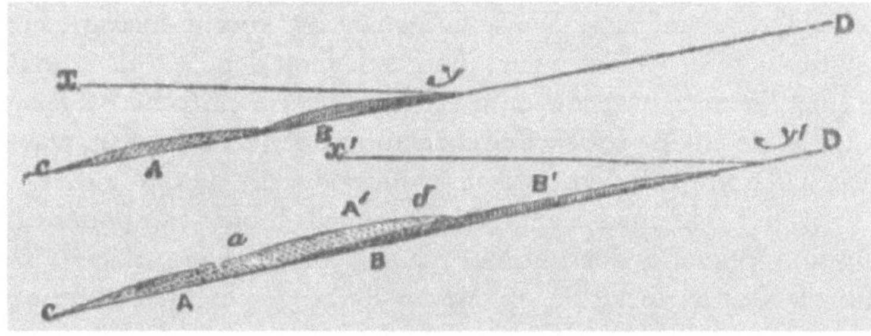

ABB. 35.

Wir sollten uns irren, wenn wir die Dicke dieser Schicht, wann immer sie unserem Blick ausgesetzt ist, als Zeitaufzeichnung in der Art und Weise betrachten, wie wir dieses Thema jetzt betrachten, da sie uns nur eine unvollkommene und unvollständige Aufzeichnung liefern würde: es scheint eine zu kurze Zeitspanne darzustellen.

Nehmen wir andererseits an, dass das Land (CD) im Laufe eines Jahrhunderts langsam und allmählich angestiegen wäre – sagen wir um ein oder zwei Zoll – welche praktische Auswirkung hätte diese Bewegung? Dass die Sedimente A und B, die sich bereits abgelagert haben, irgendwann näher an die Küste gebracht werden und erneut der Abnutzung durch das Meer ausgesetzt wären; Und sobald das Meer anfängt, darauf einzuwirken, würde es es natürlich bald zerschneiden und mehr oder weniger weit wegtragen, um es weiter draußen wieder abzulagern.

Nun, da es aller Wahrscheinlichkeit nach keinen einzigen Punkt auf der gesamten Erdoberfläche gibt, der nicht schon sehr oft auf diese Weise auf und ab gegangen wäre, ergibt sich daraus, dass die Dicke der Ablagerungen, die sich an einem bestimmten Ort gebildet haben, unterschiedlich ist Es kann nicht davon ausgegangen werden, dass (selbst wenn wir zunächst korrekte Daten über die Geschwindigkeit erhalten hätten, mit der sie stattfanden) verlässliche Informationen über die Zeitspanne geliefert werden, in der sie sich befanden. Aus diesen Tatsachen ist es absolut notwendig, dass Sie sehen, dass unsere Aufzeichnungen ausschließlich aus übereinander liegenden Schlammansammlungen bestehen. Wenn man als nächstes sieht, dass bestimmte Stellen, an denen Ansammlungen stattgefunden haben, sich ständig auf und ab bewegt haben, und manchmal außerhalb der Reichweite einer Ablagerung, und zu anderen Zeiten ist die eigene Ablagerung aufgebrochen und weggetragen worden, daraus folgt, dass unsere Die Aufzeichnungen müssen in höchstem Maße unvollkommen sein, und wir haben kaum noch eine Spur von dicken Ablagerungen oder eindeutige Kenntnisse über das Gebiet, in dem sie sich in sehr vielen Fällen befanden. Und merken Sie sich das! Selbst wenn man annimmt, dass die gesamte Erdoberfläche für den Geologen zugänglich gewesen wäre, dass der Mensch Zugang zu jedem Teil der Erde gehabt hätte und Abschnitte des Ganzen erstellt und sie alle zusammengefügt hätte, dann müssten seine Aufzeichnungen dies tun notwendigerweise unvollkommen sein.

Doch wie viel hat der Mensch wirklich zur Verfügung? Wenn Sie sich diese Karte ansehen, werden Sie sehen, dass sie das Verhältnis des Meeres zur Erde darstellt: Dieser farbige Teil zeigt das gesamte trockene Land an, und dieser andere Teil ist das Wasser. Sie werden sofort bemerken, dass das Wasser drei Fünftel der gesamten Erdoberfläche bedeckt, und zwar auf die gleiche Weise, seit der Mensch Aufzeichnungen über seine eigenen Beobachtungen geführt hat, ganz zu schweigen von der winzigen Zeitspanne, in der er Beobachtungen gemacht hat hat geologische Untersuchungen gepflegt. So sind drei Fünftel der Erdoberfläche für uns verschlossen, weil sie unter dem Meer liegt. Schauen wir uns die anderen zwei Fünftel an und sehen wir, in welchen Ländern alles, was man als forschende geologische Forschung bezeichnen könnte, durchgeführt wurde: ein großer Teil Frankreichs,

Deutschlands sowie Großbritanniens und Irlands, Teile von Spanien usw Italien und Russland wurden untersucht, aber über die gesamte große Masse Afrikas, mit Ausnahme von Teilen des südlichen Endes, wissen wir so gut wie nichts; kleine Teile Indiens, aber vom größten Teil des asiatischen Kontinents nichts; Teile der nordamerikanischen Staaten und Kanadas, aber der größte Teil des Kontinents Nordamerika und, in noch größerem Maße, Südamerika, nichts!

Unter diesen Umständen folgt daraus, dass selbst im Hinblick auf die Art unvollständiger Informationen, über die wir verfügen können, nur etwa der zehntausendste Teil der zugänglichen Teile der Erde ordnungsgemäß untersucht wurde. Daher ist es gerechtfertigt, dass die Nachdenklichsten derjenigen, die sich mit diesen Untersuchungen befassen, ständig auf der Unvollkommenheit der geologischen Aufzeichnungen beharren; denn ich wiederhole, es ist aufgrund der Natur der Dinge absolut notwendig, dass diese Aufzeichnung möglichst fragmentarischen und unvollkommenen Charakter hat. Leider wurde dieser Umstand ständig vergessen. Wissenschaftler neigen dazu, wie junge Fohlen auf einer frischen Weide begeistert zu sein, wenn ihnen ein neues Forschungsgebiet eröffnet wird, und im Handgalopp loszurennen, ohne Rücksicht auf Hecken und Gräben, und dabei das Wirkliche aus den Augen zu verlieren Einschränkung ihrer Nachforschungen und das Vergessen der extremen Unvollkommenheit dessen, was wirklich bekannt ist. Geologen haben sich vorgestellt, dass sie uns sagen könnten, was in einer bestimmten Epoche an allen Teilen der Erdoberfläche vor sich ging; Sie haben davon gesprochen, dass diese Ablagerung zeitgleich mit dieser Ablagerung sei, bis sie aus unseren kleinen lokalen Geschichten über die Veränderungen an begrenzten Stellen der Erdoberfläche eine universelle Geschichte des Globus konstruiert haben, die so voller Wunder und Vorzeichen ist wie jede andere Geschichte Antike.

Aber was bedeutet dieser Versuch, eine universelle Geschichte des Globus zu konstruieren? Dies impliziert, dass wir nicht nur eine genaue Kenntnis der Ereignisse haben, die an einem bestimmten Punkt stattgefunden haben, sondern dass wir auch in der Lage sein werden, zu sagen, welche Ereignisse an einem bestimmten Ort gleichzeitig mit denen an anderen Orten stattgefunden haben.

Schauen wir mal, inwieweit das in der Natur der Sache praktikabel ist. Angenommen, ich mache hier einen Abschnitt des Killarney-Sees und hier den Abschnitt eines anderen Sees – zum Beispiel den des Loch Lomond in Schottland. Die Flüsse, die in sie münden, tragen ständig Schlammablagerungen mit sich, und auf dem Grund dieser Seen bilden sich ständig Schichten oder Schichten übereinander. Nun besteht kein Zweifel daran, dass in diesen beiden Seen die unteren Schichten alle älter sind als die oberen – daran besteht kein Zweifel; Aber was sagt uns *das* über das Alter eines bestimmten Bettes im Loch Lomond im Vergleich zu dem eines bestimmten Bettes im Lake of Killarney? Es ist in der Tat offensichtlich, dass es, wenn zwei beliebige Gruppen von Ablagerungen getrennt und diskontinuierlich sind, durch die Art der Ablagerung überhaupt keine Möglichkeit gibt, zu sagen, ob eine viel jünger oder älter als die andere ist; aber Sie können sagen, wie viele gesagt und gedacht haben, dass die Sache ganz anders ist, wenn die Schichten, die wir vergleichen, kontinuierlich sind. Angenommen, zwei zu Fels verhärtete Schlammbetten – A und B sind im Schnitt zu sehen (Abb. 36).

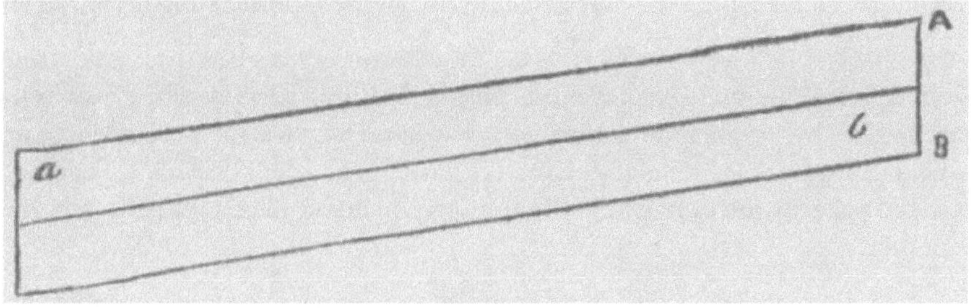

ABB. 36.

Nun, Sie sagen, es sei zugegebenermaßen das unterste Bett immer das ältere. Sehr gut; B ist daher älter als A. *Im Großen und Ganzen ist es* zweifellos so; oder wenn irgendwelche Teile der beiden Schichten verglichen werden, die in derselben vertikalen Linie liegen, ist es so. Aber nehmen wir an, Sie gehen einen scheinbar ganz natürlichen Schritt weiter und sagen, dass der Teil *a* des Betts A jünger ist als der Teil *b* des Betts B. Ist das eine vernünftige Argumentation? Wenn Sie Aufzeichnungen über Änderungen finden, die bei *b stattgefunden haben, sind diese vor irgendwelchen Ereignissen aufgetreten, die während* der Hinterlegung *von a* stattgefunden haben ? Es scheint in der Tat alles sehr einfach zu sein, zu sagen, dass sie es getan haben; und doch gibt es für nichts dergleichen keinen Beweis. Wie der frühere Direktor dieser Institution, Sir H. De la Beche , vor langer Zeit gezeigt hat, könnte diese Argumentation ein völliger Trugschluss sein. Es ist durchaus möglich, dass *a lange vor b* hinterlegt wurde . Es ist sehr leicht zu verstehen, wie das sein kann. Um zu Abb. 35 zurückzukehren ; als A und B hinterlegt wurden, erfolgten sie *im Wesentlichen* gleichzeitig; A ist einfach die feinere Ablagerung und B die gröbere des gleichen Schutts oder der gleichen Landverwüstung. Nehmen wir nun an, dass der Meeresboden absinkt (wie in Abb. 35 dargestellt), sodass die erste Ablagerung nicht weiter als *a getragen wird* und das Bett A [1] bildet , und die grobe Ablagerung nicht weiter als *b getragen wird und das Bett B* [1] bildet . Das Ergebnis wird die Bildung von zwei zusammenhängenden Schichten sein, von denen eine aus feinem Sediment (AA [1) und eine andere aus grobem] Sediment (BB [1)] überlappt . Nehmen wir nun an, dass der gesamte Meeresboden angehoben und ein Abschnitt um den Punkt A [1 freigelegt wird] ; Zweifellos ist *an dieser Stelle* das obere

Bett jünger als das untere. Aber wir würden uns offensichtlich stark irren, wenn wir zu dem Schluss kämen, dass die Masse des oberen Betts bei A jünger sei als die des unteren Betts bei B; denn wir haben gerade gesehen, dass es sich um gleichzeitige Ablagerungen handelt. Noch mehr würden wir uns irren, wenn wir annehmen würden, das obere Bett bei A sei jünger als die Fortsetzung des unteren Bettes bei [B1] ; denn A wurde lange vor B [1] hinterlegt . Wenn wir also statt unmittelbar benachbarter Teile zweier Schichten, von denen eines auf dem anderen liegt, entfernte Teile vergleichen, ist es durchaus möglich, dass das obere eine beliebige Anzahl von Jahren älter ist als das untere und das untere eine beliebige Anzahl um Jahre jünger als das Obermaterial.

Nun dürfen Sie nicht annehmen, dass ich Ihnen dies vorlege, um eine paradoxe Schwierigkeit anzusprechen; Tatsache ist, dass die große Masse der Ablagerungen auf Meeresböden stattgefunden hat, die allmählich absinken, und dass sie unter genau den Bedingungen entstanden sind, die ich hier annehme .

Glauben Sie nicht, dass dies den Grundsatz untergräbt, den ich ursprünglich aufgestellt habe. Der Fehler besteht darin, einen Grundsatz, der durchaus auf Einlagen in derselben vertikalen Linie anwendbar ist, auf Einlagen auszudehnen, die nicht in dieser Beziehung zueinander stehen.

Aufgrund von Umständen dieser Art und anderer, die ich Ihnen erwähnen möchte, sind unsere Schlussfolgerungen und Interpretationen der Aufzeichnungen wirklich und streng nur gültig, solange wir uns auf einen vertikalen Abschnitt beschränken. Ich möchte Ihnen nicht sagen, dass es keine qualifizierenden Umstände gibt, so dass wir selbst in sehr großen Gebieten mit Sicherheit davon sprechen können, dass konform übereinander angeordnete Betten an vielen verschiedenen Stellen älter oder jünger als andere sind. Aber wir können nie ganz sicher sein, zu diesem Schluss zu kommen, und vor allem können wir nicht sicher sein, ob es einen Bruch in ihrer Kontinuität oder einen sehr großen Abstand zwischen den zu vergleichenden Punkten gibt.

Nun, so viel zur Aufzeichnung selbst, so viel zu ihren Unvollkommenheiten, so viel zu den Bedingungen, die bei ihrer Interpretation zu beachten sind, und ihren chronologischen Angaben in dem Moment, in dem wir die Grenzen eines vertikalen linearen Abschnitts überschreiten.

Gehen wir nun von der Aufzeichnung zu dem über , was sie enthält – vom Buch selbst zur Schrift und den Abbildungen auf seinen Seiten. Diese Schrift und diese Figuren bestehen aus Überresten von Tieren und Pflanzen, die in den allermeisten Fällen genau an der Stelle gelebt und gestorben sind, an der wir sie jetzt finden, oder zumindest in unmittelbarer Nähe. Sie alle müssen sich darüber im Klaren sein – und darauf habe ich in meinem letzten Vortrag hingewiesen –, dass auf dem Meeresgrund eine Vielzahl von Lebewesen lebt. Diese Lebewesen sterben wie alle anderen früher oder später, und ihre Schalen und harten Teile liegen am Boden; und dann bedeckt der feine Schlamm, der ständig von Flüssen und durch die Abnutzung des Meeres herabgespült wird, sie und schützt sie vor jeder weiteren Veränderung oder Veränderung; Und da der Schlamm mit der Zeit härter und fester wird, bleiben natürlich die Panzer dieser Tiere erhalten und fest in den Kalkstein oder Sandstein eingebettet, der so entsteht. In den Galerien des Museums im Obergeschoss können Sie Exemplare von Kalksteinen sehen, in denen solche fossilen Überreste lebender Tiere eingebettet sind. Es gibt einige Exemplare, bei denen Schildkröteneier in kalkhaltigen Sand eingebettet waren, und bevor die Sonne die jungen Schildkröten geschlüpft hatte, wurden sie mit kalkhaltigem Schlamm bedeckt und konnten so konserviert und versteinert werden.

Dieser Prozess der Einbettung und Versteinerung findet nicht nur bei Meeres- und anderen Wassertieren und -pflanzen statt, sondern betrifft auch Landtiere und -pflanzen, die ins Meer verschleppt oder in Mooren oder Morast begraben werden; und die Tiere, die von ihren Artgenossen zertreten und im Schlamm am Ufer des Flusses zertreten wurden, als die Herde zum Trinken kam. In jedem dieser Fälle können die Organismen vor oder nach der Fäulnis so zerkleinert oder verstümmelt werden, dass möglicherweise nur ein Teil in der Form übrig bleibt, in der sie uns erreichen. Es ist in der Tat eine äußerst bemerkenswerte Tatsache, dass es ein ziemlich außergewöhnlicher Fall ist, ein Skelett eines der Tausenden wilder Landtiere zu finden, von denen wir wissen, dass sie ständig getötet werden oder im Laufe der Natur sterben: Das sind sie Sie werden von anderen Tieren gejagt und gefressen oder sterben an Orten, an denen ihr Körper anschließend nicht durch Schlamm geschützt wird. Es gibt noch andere Tiere im Meer, deren Panzer außerordentlich große Ablagerungen bilden. Sie wissen wahrscheinlich, dass die Regierung vor dem Versuch, das atlantische Telegraphenkabel zu verlegen, Schiffe einsetzte, um eine Reihe sehr sorgfältiger Beobachtungen und Sondierungen des Grundes des Atlantiks durchzuführen; und obwohl wir alle bedauern müssen, dass dieses Projekt bisher keinen Erfolg hatte, können wir mit Genugtuung wissen, dass es der Wissenschaft einige äußerst bemerkenswerte Ergebnisse gebracht hat. Der Atlantische Ozean musste flächendeckend erkundet werden, an manchen Stellen bis zu einer Tiefe von mehreren Meilen, und die Beschaffenheit seines Grundes wurde sorgfältig ermittelt. Nun wurde ein Raum von etwa 1.000 Meilen Breite von Ost nach West, und ich weiß nicht genau, wie viele von Nord nach Süd, aber auf jeden Fall 600 oder 700 Meilen, sorgfältig untersucht, und es wurde festgestellt, dass dies im gesamten Gebiet der Fall ist Auf diesem riesigen Gebiet lagert sich übermäßig feiner Kalkschlamm ab. und diese Ablagerung besteht ausschließlich aus Tieren, deren harte Teile in diesem Teil des Ozeans abgelagert werden und zweifellos allmählich an Festigkeit gewinnen und sich in einen kalkigen Kalkstein verwandeln. Sie sehen also, dass es auf diese Weise durchaus möglich ist, unverwechselbare Aufzeichnungen über das tierische und pflanzliche Leben zu bewahren. Immer wenn der Meeresboden durch einige der von mir erwähnten Wellenbewegungen der Erdkruste angehoben wird und Abschnitte oder Bohrungen gemacht oder Gruben gegraben werden, werden wir in der Lage, den Inhalt und die Bestandteile dieser alten Meere zu untersuchen -Bottoms und finden Sie heraus, welche Tiere zu dieser Zeit lebten.

Nun ist es eine sehr wichtige Überlegung im Hinblick auf die Vollständigkeit der Aufzeichnungen, zu untersuchen, inwieweit die in diesen fossilhaltigen Kalksteinen enthaltenen Überreste in der Lage sind, auch nur annähernd eine genaue oder vollständige Darstellung der Tiere zu vermitteln, die zur Zeit existierten seine Entstehung. An diesem Punkt können wir uns ein sehr klares Urteil bilden, in dem es keinen Raum für Fehler gibt. Natürlich gibt es eine große Anzahl von Tieren – etwa Quallen und andere Tiere – ohne harte Teile, von denen wir vernünftigerweise nicht erwarten können, überhaupt Spuren zu finden: Es gibt nichts von ihnen, das man bewahren könnte. Sie werden feststellen, dass sie nach dem Herausnehmen aus dem Wasser innerhalb kürzester Zeit zu nichts mehr austrocknen; Sicherlich sind sie nicht von Natur aus dazu geeignet, deutlich sichtbare Spuren ihrer Existenz auf Körpern wie Kreide oder Schlamm zu hinterlassen. Schauen Sie sich andererseits die Landtiere an. Es ist, wie ich bereits sagte, sehr ungewöhnlich, dass ein Landtier nach dem Tod unversehrt vorgefunden wird. Insekten und andere fleischfressende Tiere zerreißen sie sehr schnell, es kommt zur Fäulnis, und so ist es unter den Hunderttausenden, von denen bekannt ist, dass sie jedes Jahr sterben, das seltenste auf der Welt, dass man eines so eingebettet sieht Seine Überreste würden für einen längeren Zeitraum erhalten bleiben. Dies ist nicht nur der Fall, sondern selbst wenn Tierreste sicher eingebettet wurden, können bestimmte natürliche Wirkstoffe sie vollständig zerstören und entfernen.

Fast alle harten Teile der Tiere – die Knochen usw. – bestehen hauptsächlich aus Phosphatkalk und Karbonatkalk. Vor einigen Jahren musste ich eine Untersuchung über die Natur einiger sehr merkwürdiger Fossilien anstellen, die mir aus dem Norden Schottlands geschickt wurden. Fossilien sind in der Regel harte Knochenstrukturen, die auf die von mir beschriebene Weise eingebettet wurden und nach und nach die Beschaffenheit und Festigkeit des Körpers angenommen haben, mit dem sie verbunden sind; aber in diesem Fall hatte ich eine Reihe von *Löchern* in einigen Felsbrocken und sonst nichts. Diese Löcher hatten jedoch eine ganz bestimmte Form, und als ich einen geschickten Handwerker damit beauftragte, Abgüsse vom Inneren dieser Löcher anzufertigen, stellte ich fest, dass es sich um Abdrücke der Gelenke eines Rückgrats und der Rüstung eines Großen handelte Reptil, zwölf oder mehr Fuß lang. Dieses große Tier war gestorben und im Sand begraben worden. Der Sand war über den Knochen allmählich hart geworden, blieb aber porös. Wasser war hindurchgetropft, und da dieses Wasser wahrscheinlich mit einem Überschuss an Kohlensäure angereichert war, hatte es das gesamte Phosphat und Karbonat des Kalks aufgelöst, und die Knochen selbst waren somit verfallen und völlig verschwunden; Da sich der Sandstein jedoch zu diesem Zeitpunkt bereits verfestigt hatte, blieb die genaue Form der Knochen erhalten. Wenn dieser Sandstein etwas länger weich geblieben wäre, hätten wir überhaupt nichts von der Existenz des Reptils erfahren, dessen Knochen er umhüllt hatte.

Wie sicher es ist, dass eine große Anzahl von Tieren, die einst auf dieser Erde existierten, völlig ausgestorben sind und keinerlei Spuren ihrer Gestalt hinterlassen haben, können Sie durch andere Überlegungen beweisen. In verschiedenen Teilen der Welt gibt es große Sandsteinflächen, in denen bisher niemand etwas anderes als Fußspuren gefunden hat. Kein Knochen irgendeiner Art, aber eine enorme Anzahl von Fußspuren. Es besteht kein Zweifel an ihnen. In Connecticut ist ein ganzes Tal mit diesen Fußspuren bedeckt, und von den Tieren, aus denen sie entstanden, wurde bisher kein einziges Fragment gefunden. Lassen Sie mich in diesem Zusammenhang noch einen weiteren Fall erwähnen, der noch überraschender ist als die, auf die ich bisher Bezug genommen habe. In der Nähe von Oxford, an einem Ort namens Stonesfield, gibt es eine Kalksteinformation, die die Überreste bestimmter sehr interessanter Säugetiere hervorgebracht hat, und bis zu diesem Zeitpunkt wurden, wenn ich mich recht erinnere, sieben Exemplare ihres Unterkiefers gefunden, und nicht ein bisschen von irgendetwas anderem, weder Gliedmaßenknochen noch Schädel oder irgendein Teil was auch immer; kein Fragment des Gesamtsystems! Natürlich wäre es absurd, sich vorzustellen, dass die Tiere nichts anderes als einen Unterkiefer hätten! Die Wahrscheinlichkeit besteht, wie Dr. Buckland als Ergebnis seiner Beobachtungen an toten Hunden in der Themse gezeigt hat, darin, dass der Unterkiefer, der nicht durch sehr feste Bänder an den Knochen des Kopfes befestigt ist und eine schwere Angelegenheit ist, dies tun würde leicht abgestoßen werden oder vom Körper abfallen, wenn er im Wasser in einem Zustand der Zersetzung schwamm. Der Kiefer würde somit sofort abgelagert, während der Rest des Körpers schweben und gänzlich davontreiben würde, um schließlich das Meer zu erreichen und möglicherweise zerstört zu werden. Der Kiefer wird im Flussschlamm bedeckt und konserviert, und so kommt es, dass wir einen so merkwürdigen Umstand haben wie den des Unterkiefers in den Stonesfield-Schieferplatten. Sie sehen also, so fehlerhaft diese Gesteinsschichten in der Erdkruste auch sind, so fehlerhaft sie zwangsläufig auch als Aufzeichnungen sein mögen, so ist die Darstellung zeitgenössischer Lebensphänomene, die sie darlegen, zwangsläufig um ein Vielfaches fehlerhafter und fragmentarischer .

Es war notwendig, dass ich Ihnen dies alles sehr deutlich darlegte, denn andernfalls wären Sie durch die nächsten Tatsachen, die ich Ihnen mitteilen werde, möglicherweise zu einer anderen Meinung über die Vollständigkeit unseres Wissens verleitet worden.

Die Forschungen des letzten Dreivierteljahrhunderts haben tatsächlich einen wunderbaren Reichtum an organischem Leben in diesen Gesteinen offenbart. Sicherlich wurden nicht weniger als dreißig- bis vierzigtausend verschiedene Fossilienarten entdeckt. Sie haben ebenso wenig Grund, daran zu zweifeln, dass diese Geschöpfe wirklich an oder in der Nähe der Orte lebten und starben, an denen wir sie finden, als für die gleiche Skepsis gegenüber einer Muschel am Meeresufer. Die Beweise sind im einen Fall genauso gut wie im anderen.

Unsere nächste Aufgabe besteht darin, den allgemeinen Charakter dieser fossilen Überreste zu untersuchen, und es ist ein Thema, das sorgfältig geprüft werden muss. und der erste Punkt für uns besteht darin, zu untersuchen, wie sehr sich die ausgestorbene *Flora* und *Fauna* als *Ganzes* – ganz abgesehen von der *Abfolge* ihrer Bestandteile, von der ich später sprechen werde – von der *Flora* und *Fauna* der Gegenwart unterscheidet; – wie weit sie unterscheiden sich in dem, was wir *über sie wissen, und lassen Spekulationen, die auf dem beruhen, was wir nicht wissen* , völlig außer Acht .

Ich bin fest davon überzeugt, dass jeder von Ihnen, wenn es nicht das eigenartige Aussehen versteinerter Tiere gäbe, ohne weiteres durch ein Museum gehen könnte, das Fossilienreste enthält, die mit denen heutiger Lebensformen vermischt sind, und ich bezweifle sehr, dass Sie ungebildet sind Augen würden Sie dazu bringen, jeden großen oder wunderbaren Unterschied zwischen den beiden zu erkennen. Wenn Sie genau hinschauen, werden Ihnen zunächst sehr viele Dinge auffallen, die den Tieren, mit denen Sie jetzt vertraut sind, sehr ähnlich sind: Sie würden Unterschiede in Form und Proportionen erkennen, aber im Großen und Ganzen eine große Ähnlichkeit.

Ich habe neulich erklärt, was ich mit „ORDEN" MEINE , als ich das Tierreich als in Unterreiche, Klassen und Orden unterteilt beschrieb. Wenn Sie das Tierreich in Ordnungen einteilen, werden Sie feststellen, dass es über einhundertzwanzig gibt. Die Zahl kann auf der einen oder anderen Seite variieren, aber dies ist eine faire Schätzung. Das ist die Gesamtsumme der Ordnungen aller Tiere, die wir heute kennen und die wir in früheren Zeiten kannten und die wir zurückgelassen haben.

Wie viele davon sind nun völlig ausgestorben? Das heißt, wie viele dieser Tierordnungen haben in einer früheren Periode der Weltgeschichte gelebt, haben aber gegenwärtig keine Vertreter? In diesem Sinne wollte ich das Wort „ausgestorben" verwenden. Ich meine, dass diese Tiere einstmals auf dieser Erde gelebt haben, aber bis heute niemanden ihrer Art bei uns gelassen haben. Die Schätzung der Zahl ausgestorbener Tiere ist also eine Art Vergleich der vergangenen Schöpfung als Ganzes mit der Gegenwart als Ganzes. Unter den Säugetieren und Vögeln sind keine ausgestorben; Aber wenn wir zu den Reptilien kommen, gibt es etwas ganz Wunderbares: Von den etwa acht Ordnungen, die man unter Reptilien bilden kann, ist die Hälfte ausgestorben. Diese Diagramme des Plesiosaurus, des Ichthyosaurus und des Flugsauriers geben Ihnen eine Vorstellung von einigen dieser ausgestorbenen Reptilien. Und hier ist ein Abguss des Flugsauriers und der Knochen des Ichthyosaurus und des Plesiosaurus, so frisch, als wäre er erst kürzlich auf einem Friedhof ausgegraben worden. So gibt es in der Klasse der Reptilien nicht weniger als die Hälfte der völlig ausgestorbenen Ordnungen. Wenn wir uns den *Amphibien* zuwenden , gab es eine ausgestorbene Ordnung, die Labyrinthodonten, typisch für das in diesem Diagramm gezeigte große salamanderähnliche Tier.

Es ist nicht bekannt, dass eine Fischordnung ausgestorben ist. Jeder Fisch, den wir in den Schichten finden – auf die ich mich bezog – kann identifiziert und einer der heute existierenden Ordnungen zugeordnet werden. Es ist nicht bekannt, dass eine einzige ordinale Insektenform ausgestorben ist. Unter den *Krustentieren* sind nur zwei Ordnungen ausgestorben . Es ist nicht bekannt, dass es eine ausgestorbene Ordnung dieser Lebewesen, der parasitären und anderer Würmer, gibt; aber es gibt zwei, um nicht zu sagen drei, völlig ausgestorbene Ordnungen dieser Klasse, der *Echinodermata* ; Von allen Ordnungen der *Cœlenterata* und *Protozoa* gibt es nur eine, die Rugose Corals.

Sie sehen also, dass Sie von etwa 120 Tierarten, wenn man sie insgesamt betrachtet, nach äußerer Schätzung nicht mehr als zehn oder ein Dutzend ausgestorbene Tiere finden werden. Wenn man alle Ordnungen der Tiere zusammenfasst, die Überreste hinterlassen haben, wird man nicht mehr als zehn oder ein Dutzend finden, die nicht mit denen der Gegenwart in Einklang gebracht werden können; das heißt, dass der Unterschied nicht viel mehr als zehn Prozent beträgt: und der Anteil der ausgestorbenen Pflanzenordnungen ist noch geringer. Ich denke, das ist eine sehr erstaunliche, eine höchst erstaunliche Tatsache: Angesichts der enormen Zeitepochen, die während der Beschaffenheit der Erdoberfläche, wie sie heute existiert, vergangen sind; Es ist in der Tat höchst erstaunlich, dass der Anteil ausgestorbener Ordnungstypen so außerordentlich gering ist.

Aber jetzt müssen wir diese vergangene Schöpfung aus einem anderen Blickwinkel betrachten. Angenommen, wir würden eine senkrechte Grube durch den Boden unter uns bohren und es könnte mir gelingen, einen Durchgang in Richtung Neuseeland zu schaffen, dann würde ich in jedem der verschiedenen Betten, durch die ich ging, die Überreste von Tieren finden was ich in dieser Schicht finden sollte und nicht in den anderen. Zuerst sollte ich auf Kies- oder Treibbetten stoßen, die die Knochen großer Tiere wie Elefanten, Nashörner und Höhlentiger enthielten. Ziemlich merkwürdige Dinge, auf die man in Piccadilly stoßen kann! Wenn ich noch tiefer graben würde, würde ich auf ein Bett aus dem sogenannten Londoner Ton stoßen, und darin finden sich, wie Sie in unseren Galerien oben sehen werden, Überreste von seltsamen Rindern, Überreste von Schildkröten, Palmen und großen tropischen Pflanzen Früchte; mit Schalentieren, wie man sie heute nur noch in tropischen Regionen sieht. Wenn ich tiefer gehen würde, würde ich auf die Kreide stoßen und dort etwas ganz anderes finden, die Überreste von Ichthyosauriern und Flugsauriern , Ammoniten und so weiter.

Ich weiß nicht, was Mr. Godwin Austin als nächstes sagen würde, aber wahrscheinlich Felsen, die mehr Ammoniten, mehr Ichthyosaurier und Plesiosaurier und eine große Anzahl anderer Dinge enthalten; und darunter würde ich auf noch ältere Felsen stoßen, die eine Menge seltsamer Muscheln und Fische enthielten; und wenn ich auf diese Weise von der Oberfläche in die tiefsten Tiefen der Erdkruste vordringe, werden die Formen des tierischen und pflanzlichen Lebens, denen ich in den aufeinanderfolgenden Schichten begegnen würde, im Großen und Ganzen umso unterschiedlicher sein, je weiter ich nach unten gehe . Oder mit anderen Worten: Da wir von dem klaren Prinzip ausgingen, dass in einer Reihe natürlich angeordneter Schlammbetten die niedrigsten die ältesten sind, sollten wir zu dem Ergebnis kommen, dass es umso größere Unterschiede gibt, je weiter wir in der Zeit zurückgehen zwischen dem tierischen und pflanzlichen Leben einer Epoche und dem, was jetzt existiert. Das war die Schlussfolgerung, zu der ich Sie am Ende dieser Vorlesung bringen wollte.

VI

Die Methode, mit der die Ursachen der gegenwärtigen und vergangenen Zustände der organischen Natur entdeckt werden sollen . – Die Entstehung der Lebewesen.

In den beiden vorangegangenen Vorträgen habe ich versucht, Ihnen den Umfang des Gegenstands der Untersuchung, mit der wir uns beschäftigen, zu verdeutlichen. und nachdem ich so eine gewisse Vorstellung von den vergangenen und gegenwärtigen Phänomenen der organischen Natur erlangt habe, muss ich mich nun dem zuwenden, was das große Problem ausmacht, das wir uns gestellt haben : – ich meine, der Frage, welches Wissen wir über die Ursachen dieser Phänomene haben Phänomene der organischen Natur und wie dieses Wissen erlangt werden kann.

Hier, an der Schwelle der Untersuchung, begegnet uns ein Einwand. Es gibt auf der Welt eine Reihe äußerst würdiger, wohlmeinender Personen, deren Urteile und Meinungen aufgrund ihrer Aufrichtigkeit höchsten Respekt verdienen und die der Meinung sind, dass lebenswichtige Phänomene und insbesondere alle Fragen, die sich auf den Ursprung lebenswichtiger Dinge beziehen Phänomene sind Fragen, die weit außerhalb der gewöhnlichen Untersuchung liegen und ihrer Natur nach außerhalb unserer Reichweite liegen. Sie sagen, dass alle diese Phänomene auf wundersame Weise entstanden seien oder dass sie auf eine Weise entstanden seien, die sich völlig vom normalen Lauf der Natur unterschied, und dass sie es daher für vergeblich, um nicht zu sagen anmaßend zu halten, den Versuch zu unternehmen, sie zu untersuchen.

Solchen aufrichtigen und ernsthaften Menschen möchte ich nur sagen, dass eine Frage dieser Art nicht aus theoretischen oder spekulativen Gründen zurückgestellt werden sollte. Sie erinnern sich vielleicht an die Geschichte des Sophisten, der Diogenes auf die vollständigste und zufriedenstellendste Weise demonstrierte, dass er nicht gehen konnte; dass tatsächlich jede Bewegung eine Unmöglichkeit sei; und dass Diogenes ihn widerlegte, indem er einfach aufstand und um seine Wanne herumging. Auf die gleiche Weise antwortet der Mann der Wissenschaft auf Einwände dieser Art, indem er einfach aufsteht, weitergeht und zeigt, was die Wissenschaft getan hat und tut , indem er auf die immense Masse von Tatsachen hinweist, die festgestellt wurden und sind systematisiert unter den Formen der großen Lehren der Morphologie, der Entwicklung, der Verteilung und dergleichen. Er sieht eine enorme Masse an Tatsachen und Gesetzen, die sich auf organische Wesen beziehen und auf derselben guten Grundlage stehen wie jedes andere

Naturgesetz. Angesichts dieser Fülle von Tatsachen und Gesetzen vor uns und der Tatsache, dass organische Stoffe, soweit sie bisher zugänglich und erforscht waren, sich als fähig erwiesen haben, einer wissenschaftlichen Untersuchung nachzugeben, können wir dies als Beweis dafür akzeptieren, dass dort Ordnung und Gesetz herrschen sowie in der übrigen Natur. Der Mann der Wissenschaft sagt nichts zu Einwänden dieser Art, sondern geht davon aus, dass wir zu einer Erkenntnis über den Ursprung der organischen Natur gelangen können und werden, auf die gleiche Weise, wie wir zu einer Erkenntnis der Gesetze und Prinzipien der anorganischen Welt gelangt sind

.

Aber es gibt Verweigerer, die aus Unwissenheit und Böswilligkeit dasselbe sagen. Darauf möchte ich antworten, dass der Einwand von ihnen schlecht ausgeht und dass die eigentliche Anmaßung, ich möchte fast sagen, die wahre Gotteslästerung in dieser Angelegenheit in dem Versuch liegt, die Untersuchung der Ursachen von Phänomenen einzuschränken, die die Quelle von Phänomenen ist alle menschlichen Segnungen, und aus denen aller menschlicher Wohlstand und Fortschritt hervorgegangen ist; denn schließlich können wir vergleichsweise wenig erreichen; Die begrenzte Reichweite unserer eigenen Fähigkeiten schränkt uns auf allen Seiten ein — das Feld unserer Beobachtungsgabe ist klein genug, und wer versucht, die Sphäre unserer Untersuchungen einzuschränken, verfolgt nur einen Weg, der wahrscheinlich den größten Schaden anrichtet seine Mitmenschen.

Aber jetzt gehe ich davon aus, wie wir alle es tun, und hoffe, dass diese Phänomene der Untersuchung angemessen zugänglich sind, und mache mich auf die Suche nach den Ursachen der Phänomene der organischen Natur oder mache mich auf jeden Fall daran, herauszufinden, wie viel Da wir derzeit über diese abstrusen Angelegenheiten Bescheid wissen, stellt sich die Frage, wie wir vorgehen sollen und welche Methode wir für unsere Führung festlegen müssen. Ich antworte auf diese Frage, dass unsere Methode genau die gleiche sein muss wie die, die bei jeder anderen wissenschaftlichen Untersuchung verfolgt wird, wobei die Methode der wissenschaftlichen Untersuchung für alle Arten von Tatsachen und Phänomenen gleich welcher Art sein muss.

Ich muss bei diesem Punkt ein wenig verweilen, denn ich möchte, dass Sie diesen Raum mit der klaren Überzeugung verlassen, dass wissenschaftliche Forschung nicht, wie viele Leute anzunehmen scheinen, eine Art moderne schwarze Kunst ist. Ich sage, dass Sie diesen Eindruck leicht aus der Art und Weise gewinnen könnten, wie viele Menschen über wissenschaftliche Forschung sprechen oder über induktive und deduktive Philosophie oder die Prinzipien der „Baconschen Philosophie" sprechen. Ich behaupte, dass es von der großen Zahl an Schimpfwörtern auf dieser Welt meines Erachtens keine gibt, die so verachtenswert ist wie die pseudowissenschaftliche Schimpfwörter, die von der „Baconschen Philosophie" gesprochen werden.

Wenn man die Leute über den großen Kanzler reden hört – und er war gewiss ein sehr großer Mann –, könnte man denken, dass er es war, der die Wissenschaft erfunden hat, und dass es vor der Zeit von Königin Elizabeth keine vernünftige Argumentation gab! Natürlich sagen Sie, das kann unmöglich wahr sein; Wenn Sie einen Moment darüber nachdenken, erkennen Sie, dass eine solche Idee absurd falsch ist. und doch ist diese Art von Eindruck so fest verwurzelt – ich kann es nicht eine Idee oder Vorstellung nennen – die Sache ist zu absurd, um sie in Betracht zu ziehen – , aber sie existiert so vollständig im Grunde des Geistes der meisten Menschen, dass dies ist für mich schon seit vielen Jahren eine Frage der Beobachtung. Es gibt viele Menschen, die, obwohl sie absolut nichts von dem Thema wissen, mit dem sie sich befassen, dennoch dem Verfasser einer Ansicht schaden wollen, mit der sie ihrer Meinung nach nicht einverstanden sind. Was sie also tun, ist nicht, hinzugehen und etwas über das Thema zu lernen, was man natürlich für den besten Weg hält, fair damit umzugehen; Aber sie beschimpfen den Urheber der Ansicht, die sie in Frage stellen, ganz allgemein und sagen schließlich: „Schließlich stehen die Prinzipien und die Methode dieses Autors völlig im Widerspruch zu den Grundsätzen der Baconia-Philosophie." Dann applaudieren alle wie selbstverständlich und sind sich einig, dass es so sein muss. Aber wenn Sie sie alle mitten im Applaus unterbrechen würden, würden Sie wahrscheinlich feststellen, dass weder der Redner noch seine Applauser Ihnen sagen könnten, wie oder auf welche Weise das so war; Weder der eine noch der andere hat die geringste Ahnung, was sie meinen, wenn sie von der „Baconianischen Philosophie" sprechen.

Sie werden hoffentlich verstehen, dass ich nicht die geringste Lust habe, mich dem Aufschrei gegen die Moral, den Intellekt oder das große Genie von Lordkanzler Bacon anzuschließen. Er war zweifellos ein sehr großer Mann, man mag über ihn sagen, was man will; aber trotz allem, was er für die Philosophie getan hat, wäre es völlig falsch anzunehmen, dass die Methoden der modernen wissenschaftlichen Forschung von ihm oder seiner Zeit stammten; Sie entstanden mit dem ersten Mann, wer auch immer er war; und existierte tatsächlich schon lange vor ihm, denn viele der wesentlichen Prozesse des Denkens werden von der höheren Ordnung der Tiere ebenso vollständig und effektiv ausgeübt wie von uns selbst. Wir sehen in vielen der rohen Schöpfungen zumindest die Ausübung einer der gleichen Denkfähigkeiten wie die, die wir selbst einsetzen.

Die Methode der wissenschaftlichen Untersuchung ist nichts anderes als der Ausdruck der notwendigen Arbeitsweise des menschlichen Geistes. Es ist einfach die Art und Weise, in der über alle Phänomene nachgedacht, präzise und exakt wiedergegeben wird. Es gibt keinen Unterschied mehr, aber es gibt genau den gleichen Unterschied zwischen den mentalen Operationen eines Wissenschaftlers und denen eines gewöhnlichen Menschen, wie es zwischen den Operationen und Methoden eines Bäckers oder eines Metzgers besteht, der sein Gewicht abwiegt Güter in gewöhnlichen Waagen und die Tätigkeiten eines Chemikers bei der Durchführung einer schwierigen und komplexen Analyse mithilfe seiner Waage und fein abgestuften Gewichte. Es ist nicht so, dass die Funktionsweise der Waage im einen Fall und die Waage im anderen Fall sich in den Prinzipien ihrer Konstruktion oder Funktionsweise unterscheiden; aber der Balken des einen ist auf einer unendlich feineren Achse ausgerichtet als der andere und dreht sich natürlich durch die Hinzufügung eines viel kleineren Gewichts.

Sie werden dies vielleicht besser verstehen, wenn ich Ihnen ein bekanntes Beispiel gebe . Ich wage zu behaupten, dass Sie alle wiederholt gehört haben, dass Wissenschaftler mit Hilfe von Induktion und Deduktion arbeiten und dass sie mit Hilfe dieser Operationen in gewisser Weise der Natur bestimmte andere Dinge entreißen, die sie nennen Naturgesetze und Ursachen, und dass sie daraus durch ihre eigene schlaue Geschicklichkeit Hypothesen und Theorien aufbauen. Und viele sind der Meinung , dass die Operationen des gewöhnlichen Geistes keineswegs mit diesen Prozessen verglichen werden können und dass sie durch eine Art spezielle Ausbildung in diesem Handwerk erworben werden müssen. Wenn man all diese großen Worte hört, könnte man meinen, dass der Geist eines Mannes der Wissenschaft anders beschaffen sein muss als der seiner Mitmenschen; Aber wenn Sie sich nicht vor Begriffen fürchten lassen, werden Sie feststellen, dass Sie völlig falsch liegen und dass Sie selbst jeden Tag und jede Stunde Ihres Lebens all diese schrecklichen Apparate benutzen.

Es gibt einen bekannten Vorfall in einem von Molières Stücken, wo der Autor den Helden grenzenlose Freude ausdrücken lässt, wenn ihm gesagt wird, dass er sein ganzes Leben lang Prosa gesprochen hat. Ebenso vertraue ich darauf, dass Sie sich trösten und mit sich selbst zufrieden sein werden, wenn Sie entdecken, dass Sie im gleichen Zeitraum nach den Prinzipien der induktiven und deduktiven Philosophie gehandelt haben. Wahrscheinlich gibt es hier niemanden, der nicht im Laufe des Tages Gelegenheit gehabt hätte, einen komplexen Gedankengang in Gang zu setzen, der genau der gleichen Art ist, wenn auch natürlich im Grad unterschiedlich, wie der, den ein Wissenschaftler bei der Nachverfolgung durchläuft die Ursachen von Naturphänomenen.

Ein sehr trivialer Umstand soll dies veranschaulichen. Angenommen, Sie gehen in den Laden eines Obsthändlers und möchten einen Apfel, nehmen einen und beim Beißen stellen Sie fest, dass er sauer ist. Du siehst es an und siehst, dass es hart und grün ist. Du nimmst ein anderes, und auch das ist hart, grün und sauer. Der Verkäufer bietet Ihnen ein Drittel an; Aber bevor

Sie hineinbeißen, untersuchen Sie es und stellen fest, dass es hart und grün ist, und sagen sofort, dass Sie es nicht essen werden, da es sauer sein muss, wie die, die Sie bereits probiert haben.

Nichts kann einfacher sein , denken Sie; Aber wenn Sie sich die Mühe machen, das, was der Geist getan hat, zu analysieren und in seinen logischen Elementen aufzuspüren, werden Sie sehr überrascht sein. Zunächst haben Sie die Induktionsoperation durchgeführt. Sie haben herausgefunden, dass in zwei Erfahrungen Härte und Grünheit bei Äpfeln mit Säure einhergingen. Im ersten Fall war es so, und im zweiten Fall wurde es bestätigt. Es ist zwar eine sehr kleine Basis, aber dennoch reicht sie aus, um daraus eine Induktion zu machen; Sie verallgemeinern die Fakten und erwarten, bei Äpfeln Säure zu finden, wohingegen sie Härte und Grün erhalten. Sie haben darauf ein allgemeines Gesetz gefunden, dass alle harten und grünen Äpfel sauer sind; und das ist, soweit es geht, eine perfekte Induktion. Nun, nachdem Sie Ihr Naturgesetz auf diese Weise erlangt haben, sagen Sie, wenn Ihnen ein anderer Apfel angeboten wird, der Ihrer Meinung nach hart und grün ist: „Alle harten und grünen Äpfel sind sauer; Dieser Apfel ist hart und grün, deshalb ist dieser Apfel sauer." Dieser Argumentationsstrang wird von Logikern als Syllogismus bezeichnet und besteht aus all seinen verschiedenen Teilen und Begriffen: seiner Hauptprämisse , seiner Nebenprämisse und seiner Schlussfolgerung. Und mit Hilfe weiterer Überlegungen, die, wenn sie in die Länge gezogen würden, in zwei oder drei anderen Syllogismen dargelegt werden müssten, gelangen Sie zu Ihrer endgültigen Entscheidung: „Ich werde diesen Apfel nicht haben." Sie sehen also, dass Sie zunächst durch Induktion ein Gesetz aufgestellt und darauf eine Deduktion begründet und die besondere Schlussfolgerung des jeweiligen Falles begründet haben. Nehmen wir nun einmal an, dass Sie, nachdem Sie Ihr Gesetz erhalten haben, irgendwann später mit einem Freund über die Eigenschaften von Äpfeln diskutieren: Sie werden zu ihm sagen: „Das ist eine sehr merkwürdige Sache – aber ich finde das alles hart und grün." Äpfel sind sauer!" Dein Freund sagt zu dir: „Aber woher weißt du das?" Sie antworten sofort: „Oh, weil ich sie immer wieder ausprobiert habe und immer festgestellt habe, dass sie so sind." Nun, wenn wir von Wissenschaft statt von gesundem Menschenverstand reden würden, würden wir das eine experimentelle Verifizierung nennen. Und wenn Sie immer noch dagegen sind, gehen Sie noch weiter und sagen: „Ich habe von den Menschen in Somersetshire und Devonshire, wo viele Äpfel angebaut werden, gehört, dass sie dasselbe beobachtet haben." Dies ist auch in der Normandie und in Nordamerika der Fall. Kurz gesagt, ich halte es für die universelle Erfahrung der Menschheit, wo auch immer die Aufmerksamkeit auf das Thema gerichtet ist." Daraufhin stimmt Ihr Freund Ihnen zu, es sei denn, er ist ein sehr unvernünftiger Mann, und ist überzeugt, dass Sie mit der von Ihnen gezogenen Schlussfolgerung vollkommen recht haben. Er glaubt, obwohl er vielleicht nicht weiß, dass er es glaubt, dass die

Bedingungen, unter denen dieselben durchgeführt wurden , umso unterschiedlicher waren, je umfangreicher die Verifizierungen waren , je häufiger Experimente durchgeführt und Ergebnisse der gleichen Art erzielt wurden Je mehr Ergebnisse erzielt werden, desto sicherer ist die endgültige Schlussfolgerung, und er bestreitet die Frage nicht weiter. Er sieht, dass das Experiment unter allen möglichen Bedingungen, zeitlich, örtlich und personell, mit dem gleichen Ergebnis durchgeführt wurde; und er sagt daher mit Ihnen, dass das Gesetz, das Sie festgelegt haben, gut sein muss, und er muss es glauben.

In der Wissenschaft machen wir dasselbe : Der Philosoph übt genau die gleichen Fähigkeiten aus, wenn auch auf viel subtilere Weise. In der wissenschaftlichen Forschung wird es zur Pflicht, ein vermeintliches Gesetz jeder möglichen Überprüfung zu unterziehen und darüber hinaus darauf zu achten, dass dies absichtlich geschieht und nicht, wie im Fall der Äpfel, einem bloßen Zufall überlassen wird. Und in der Wissenschaft wie im gewöhnlichen Leben steht unser Vertrauen in ein Gesetz in genauem Verhältnis zur Abwesenheit von Variationen im Ergebnis unserer experimentellen Überprüfungen. Wenn Sie beispielsweise einen Gegenstand, den Sie in der Hand halten, loslassen, fällt er sofort zu Boden. Das ist eine sehr häufige Bestätigung eines der am besten etablierten Naturgesetze – des der Gravitation. Die Methode, mit der Wissenschaftler die Existenz dieses Gesetzes beweisen, ist genau dieselbe wie die, mit der wir die triviale Aussage über die Säure harter und grüner Äpfel aufgestellt haben. Aber wir glauben es so umfassend, gründlich und ohne Zögern, weil die universelle Erfahrung der Menschheit es bestätigt und wir es jederzeit selbst überprüfen können; und das ist die bestmögliche Grundlage, auf der jedes Naturgesetz beruhen kann.

Soviel also zum Beweis dafür, dass die Methode zur Aufstellung von Gesetzen in der Wissenschaft genau die gleiche ist wie die im gewöhnlichen Leben. Wenden wir uns nun einem anderen Thema zu (obwohl es sich eigentlich nur um eine andere Phase derselben Frage handelt), nämlich der Methode, mit der wir aus den Beziehungen bestimmter Phänomene beweisen, dass einige in der Position von Ursachen gegenüber dem Phänomen stehen Andere.

Ich möchte Ihnen den Fall klar vor Augen führen und möchte Ihnen daher anhand eines anderen bekannten Beispiels zeigen, was ich meine. Ich nehme an, dass einer von Ihnen, wenn er morgens in den Salon Ihres Hauses kommt, feststellt, dass eine Teekanne und einige Löffel, die am Vorabend im Zimmer zurückgelassen wurden, verschwunden sind – das Fenster ist offen, und Sie bemerken den Abdruck einer schmutzigen Hand auf dem Fensterrahmen, und vielleicht bemerken Sie darüber hinaus den Abdruck eines mit Nägeln versehenen Schuhs auf dem Kies draußen. All diese

Phänomene haben Ihre Aufmerksamkeit sofort erregt, und bevor zwei Sekunden vergangen sind, sagen Sie: „Oh, jemand hat das Fenster aufgebrochen, ist in den Raum eingedrungen und ist mit den Löffeln und der Teekanne davongelaufen!" Diese Rede ist Ihnen gleich aus dem Mund. Und Sie werden wahrscheinlich hinzufügen: „Ich weiß, dass es so war; Da bin ich mir ganz sicher!" Sie wollen genau sagen, was Sie wissen; aber in Wirklichkeit bringen Sie etwas zum Ausdruck, das in allen wesentlichen Einzelheiten eine Hypothese ist. Du *weißt* es überhaupt nicht ; Es ist nichts anderes als eine Hypothese, die Sie schnell in Ihrem eigenen Kopf formulieren! Und es handelt sich um eine Hypothese, die auf einer langen Reihe von Induktionen und Schlussfolgerungen beruht.

Was sind diese Induktionen und Schlussfolgerungen und wie sind Sie zu dieser Hypothese gekommen? Sie haben erstens bemerkt, dass das Fenster offen ist; Aber durch eine Reihe von Überlegungen, die viele Induktionen und Deduktionen beinhalten, sind Sie wahrscheinlich schon vor langer Zeit zu dem allgemeinen Gesetz gelangt – und es ist ein sehr gutes Gesetz –, dass sich Fenster nicht von selbst öffnen; und daraus schließen Sie, dass etwas das Fenster geöffnet hat. Ein zweites allgemeines Gesetz, zu dem Sie auf die gleiche Weise gelangt sind, besagt, dass Teekannen und Löffel nicht spontan aus dem Fenster verschwinden, und Sie sind davon überzeugt, dass sie entfernt wurden, da sie jetzt nicht mehr dort sind, wo Sie sie zurückgelassen haben . Drittens betrachten Sie die Markierungen auf dem Fensterbrett und die Schuhabdrücke draußen und sagen, dass die erste Art von Markierung in allen bisherigen Erfahrungen nie von etwas anderem als der Hand eines Menschen erzeugt wurde ; und die gleiche Erfahrung zeigt, dass derzeit kein anderes Tier als der Mensch Schuhe mit Hacknägeln trägt, die solche Spuren im Kies hinterlassen würden. Ich weiß nicht, ob wir, selbst wenn wir eines dieser „fehlenden Glieder" entdecken könnten, von denen die Rede ist, zu einer anderen Schlussfolgerung gelangen würden! Auf jeden Fall ist das Gesetz, das unsere gegenwärtige Erfahrung angibt, für meinen gegenwärtigen Zweck stark genug. Als nächstes kommen Sie zu dem Schluss, dass diese Art von Spuren von keinem anderen Tier als dem Menschen hinterlassen wurden oder auf andere Weise als von der Hand und dem Schuh eines Menschen gebildet werden können Mann auf diese Weise. Darüber hinaus gibt es ein allgemeines Gesetz, das auf Beobachtung und Erfahrung beruht, und auch das ist, leider muss ich sagen, ein sehr allgemeines und unantastbares Gesetz: dass manche Menschen Diebe sind; Und aus all diesen Prämissen gehen Sie sofort davon aus – und das ist es, was Ihre Hypothese ausmacht –, dass der Mann, der die Markierungen draußen und auf dem Fensterbrett gemacht hat, das Fenster geöffnet hat, ins Zimmer gelangt ist und Ihre Teekanne und Löffel gestohlen hat . Sie sind nun bei einer *Vera Causa angelangt* ; Sie haben eine Ursache angenommen, von der offensichtlich ist, dass sie alle von Ihnen beobachteten Phänomene hervorrufen kann. Alle diese Phänomene können nur durch die Hypothese eines Diebes erklärt werden. Aber das ist eine hypothetische Schlussfolgerung, für deren Gerechtigkeit Sie überhaupt keinen absoluten Beweis haben; es wird nur durch eine Reihe induktiver und deduktiver Überlegungen höchstwahrscheinlich gemacht.

Ich nehme an, dass Ihr erster Schritt, vorausgesetzt, Sie sind ein Mann mit normalem gesunden Menschenverstand und Sie diese Hypothese zu Ihrer eigenen Zufriedenheit aufgestellt haben, höchstwahrscheinlich darin bestehen wird, zur Polizei zu gehen und sie auf die Spur des Einbrechers zu bringen. mit Blick auf die Wiederherstellung Ihres Eigentums. Aber gerade als Sie mit diesem Objekt beginnen, kommt jemand herein, und als er erfährt, worum es Ihnen geht, sagt er: „Mein guter Freund, Sie gehen viel zu schnell vor. Woher wissen Sie, dass der Mann, der wirklich die Markierungen gemacht hat, die Löffel genommen hat? Es könnte ein Affe gewesen sein, der sie entführt hat, und der Mann könnte hinterher nur reingeschaut haben.“ Sie würden wahrscheinlich antworten: „Nun, das ist alles sehr gut, aber Sie sehen, es steht im Widerspruch zu allen Erfahrungen mit der Art und Weise, wie Teekannen und Löffel abstrahiert werden; so dass Ihre Hypothese jedenfalls weniger wahrscheinlich ist als meine.“ Während Sie die Sache auf diese Weise besprechen, trifft ein anderer Freund ein, einer der guten Leute, von denen ich vorhin gesprochen habe. Und er könnte sagen: „Oh, mein lieber Herr, Sie gehen sicherlich viel zu schnell vor. Du bist höchst anmaßend. Sie geben zu, dass sich all diese Vorkommnisse zutrugen, während Sie tief und fest schliefen, zu einem Zeitpunkt, zu dem Sie unmöglich etwas über das Geschehen wissen konnten. Woher wissen Sie, dass die Naturgesetze nachts nicht außer Kraft gesetzt werden? Es kann sein, dass es in diesem Fall eine Art übernatürliche Einmischung gegeben hat.“ Tatsächlich erklärt er, dass Ihre Hypothese eine ist, deren Wahrheit Sie überhaupt nicht beweisen können, und dass Sie keineswegs sicher sind, dass die Naturgesetze im Schlaf dieselben sind wie im Wachzustand.

Nun, auf diese Art von Argumentation können Sie im Moment keine Antwort geben. Sie haben das Gefühl, dass Ihr würdiger Freund Sie etwas im Nachteil hat. Sie werden jedoch vollkommen davon überzeugt sein, dass Sie völlig recht haben, und sagen zu ihm: „Mein guter Freund, ich kann mich nur von den natürlichen Wahrscheinlichkeiten des Falles leiten lassen, und wenn Sie so freundlich sind, es zu tun Treten Sie beiseite und lassen Sie mich passieren, ich werde die Polizei holen.“ Nun, wir gehen davon aus, dass Ihre Reise erfolgreich verläuft und Sie mit etwas Glück einen Polizisten treffen; dass der Einbrecher schließlich mit Ihrem Eigentum bei sich gefunden wird und die Spuren seiner Hand und seinen Stiefeln entsprechen. Wahrscheinlich würde jede Jury diese Tatsachen als eine sehr gute experimentelle Bestätigung Ihrer Hypothese betrachten, die die Ursache der in Ihrem Salon beobachteten abnormalen Phänomene betrifft , und würde entsprechend handeln.

Nun habe ich in diesem angenommenen Fall Phänomene einer sehr gewöhnlichen Art herangezogen, damit Sie sehen können, welche verschiedenen Schritte in einem gewöhnlichen Denkprozess ablaufen, wenn Sie sich nur die Mühe machen, ihn sorgfältig zu analysieren. Wie Sie sehen werden, sind alle Vorgänge, die ich beschrieben habe, im Kopf eines jeden vernünftigen Menschen involviert und führen ihn zu der Schlussfolgerung, welchen Weg er einschlagen sollte, um einen Raub wiedergutzumachen und den Täter zu bestrafen. Ich sage, dass Sie in diesem Fall zu Ihrer Schlussfolgerung durch genau denselben Gedankengang geführt werden, den ein Mann der Wissenschaft verfolgt, wenn er sich bemüht , den Ursprung und die Gesetze der geheimnisvollsten Phänomene zu entdecken. Der Prozess ist und muss immer derselbe sein; und bei ihren Bemühungen, die Ursachen der Bewegungen der Himmelskörper zu entdecken und zu definieren , wandten Newton und Laplace genau die gleiche Denkweise an , die Sie mit Ihrem eigenen gesunden Menschenverstand anwenden würden, um einen Einbrecher aufzuspüren. Der einzige Unterschied besteht darin, dass die Art der Untersuchung komplexer ist und jeder Schritt sorgfältig überwacht werden muss, damit Ihre Hypothese keinen einzigen Riss oder Fehler aufweist. Ein Fehler oder Riss in vielen Hypothesen des täglichen Lebens kann von geringer oder gar keiner Bedeutung für die allgemeine Richtigkeit der Schlussfolgerungen sein, zu denen wir gelangen können; Aber in einer wissenschaftlichen Untersuchung ist ein Irrtum, ob groß oder klein, immer von Bedeutung und führt auf lange Sicht mit Sicherheit ständig zu schädlichen, wenn nicht sogar tödlichen Ergebnissen.

Lassen Sie sich nicht von der weitverbreiteten Vorstellung täuschen, eine Hypothese sei nicht vertrauenswürdig, nur weil sie eine Hypothese sei. Im Hinblick auf eine wissenschaftliche Schlussfolgerung wird oft behauptet, dass es sich letztendlich nur um eine Hypothese handele. Aber was können wir uns in neun Zehnteln der wichtigsten Angelegenheiten des täglichen Lebens mehr leiten als Hypothesen, und die sind oft sehr schlecht begründet? Damit wir in der Wissenschaft, wo der Beweis einer Hypothese einer strengsten Prüfung unterzogen wird, mit Recht denselben Weg verfolgen können. Möglicherweise haben Sie Hypothesen und Hypothesen. Ein Mann könnte sagen, wenn er will, dass der Mond aus grünem Käse besteht: Das ist eine Hypothese. Aber ein anderer Mann, der dem Thema viel Zeit und Aufmerksamkeit gewidmet hat und sich der stärksten Teleskope und der Ergebnisse der Beobachtungen anderer bedient hat, erklärt, dass es seiner Meinung nach wahrscheinlich aus Materialien besteht, die diesen sehr ähnlich sind woraus unsere eigene Erde besteht: und auch das ist nur eine Hypothese. Aber ich brauche Ihnen nicht zu sagen, dass es einen enormen Unterschied im Wert der beiden Hypothesen gibt. Dasjenige, das auf fundierten wissenschaftlichen Erkenntnissen basiert, hat mit Sicherheit einen entsprechenden Wert; und was nur eine voreilige, zufällige Vermutung ist, wird wahrscheinlich nur wenig Wert haben. Jeder große Schritt in unserem Fortschritt bei der Entdeckung der Ursachen erfolgte auf genau die gleiche Weise, wie ich es Ihnen detailliert beschrieben habe. Eine Person, die das Auftreten bestimmter Tatsachen und Phänomene beobachtet, fragt sich natürlich: Welcher Prozess, welche Art von Vorgang, von dem bekannt ist, dass er in der Natur auf den jeweiligen Fall angewendet wird, wird das Geheimnis aufdecken und erklären? Daher haben Sie die wissenschaftliche Hypothese; und sein Wert wird im Verhältnis zur Sorgfalt und Vollständigkeit stehen, mit der seine Grundlage geprüft und verifiziert wurde. Es ist in diesen Angelegenheiten wie in den gewöhnlichsten Angelegenheiten des praktischen Lebens: Die Vermutung des Narren wird Torheit sein, während die Vermutung des Weisen Weisheit enthalten wird. In allen Fällen sehen Sie, dass der Wert des Ergebnisses von der Geduld und Treue abhängt, mit der der Forscher seine Hypothese auf alle möglichen Arten überprüft.

Ich wage zu behaupten, dass ich irgendwann auf diesen Punkt zurückkommen muss; Aber nachdem ich mich bisher mit unseren logischen Methoden befasst habe, muss ich mich nun etwas zuwenden, das Sie vielleicht für interessanter oder zumindest greifbarer halten. Aber in Wirklichkeit gibt es nur wenige Dinge, deren Verständnis für Sie wichtiger sein kann als die mentalen Prozesse und die Mittel, mit denen wir zu wissenschaftlichen Schlussfolgerungen und Theorien gelangen. [51] Nachdem ich zugegeben habe, dass die Untersuchung richtig ist, und nachdem ich mich für die Art der Methoden entschieden habe, die wir verfolgen sollen und die nur zum Erfolg führen können, muss ich mich nun der Betrachtung unseres Wissens über die Natur der Prozesse zuwenden die zum gegenwärtigen Zustand der organischen Natur geführt haben.

Damit mich einige von Ihnen nicht missverstehen, möchte ich gleich sagen, dass ich äußerst wenig zu berichten habe. Die Frage, wie der gegenwärtige Zustand der organischen Natur zustande kam, löst sich in zwei Fragen auf. Die erste ist: Wie hat organische oder lebende Materie ihre Existenz begonnen? Und die zweite ist: Wie wurde es aufrechterhalten? Zur zweiten Frage werde ich im Folgenden noch mehr zu sagen haben. Aber zum ersten Punkt wird das, was ich jetzt zu sagen habe, größtenteils negativen Charakter haben.

Wenn Sie überlegen, welche Art von Beweisen wir zu dieser Angelegenheit haben können, werden sich zwei Arten von Beweisen unterscheiden. Möglicherweise verfügen wir über historische Beweise und möglicherweise über experimentelle Beweise. Es ist zum Beispiel denkbar, dass insofern der verhärtete Schlamm, der einen beträchtlichen Teil der Dicke der Erdkruste ausmacht, getreue Aufzeichnungen vergangener Lebensformen enthält und diese sich mit zunehmender Tiefe immer mehr unterscheiden , – Es ist möglich und vorstellbar, dass wir zu einem bestimmten Bett oder einer bestimmten Schicht gelangen, die die Überreste jener Kreaturen enthalten sollte, mit denen das organische Leben auf der Erde begann. Und wenn wir das täten und solche Formen organischen Lebens konservierbar wären, hätten wir, wie ich es nennen würde, historische Beweise für die Art und Weise, wie organisches Leben auf diesem Planeten begann. Viele Leute werden Ihnen sagen, und tatsächlich werden Sie es in vielen geologischen Werken finden, dass dies geschehen ist und dass wir tatsächlich über eine solche Aufzeichnung verfügen; Es gibt einige, die glauben, dass die frühesten Lebensformen, über die wir bisher Aufzeichnungen entdeckt haben, in Wahrheit die Formen sind, in denen das tierische Leben auf dem Globus begann. Die Gründe, auf denen sie diese Annahme stützen, sind folgende: – Wenn man durch die enorme Dicke der Erdkruste geht und zu den älteren Felsen vordringt, werden die höheren Wirbeltiere – die Vierbeiner, Vögel und Fische – nicht mehr gefunden; unter ihnen findet man nur die wirbellosen Tiere; und in den tiefsten und untersten Felsen werden diese Überreste immer spärlicher, jedoch nicht in einem sehr allmählichen Verlauf, bis schließlich in den angeblich ältesten Felsen die gefundenen Tierreste fast immer auf vier beschränkt sind Formen: *Oldhamia* , deren genaue Natur nicht bekannt ist, ob Pflanze oder Tier; *Lingula* , eine Art Weichtier ; *Trilobiten* , ein Krebstier, das im Grunde den gleichen Bauplan hat, sich jedoch in vielen Details von einem Hummer oder einer Krabbe unterscheidet; und *Hymenocaris* , das ebenfalls ein Krebstier ist. Damit haben Sie die gesamte *Fauna* zu diesem Zeitpunkt auf vier Formen reduziert: eine Tier- oder Pflanzenart, über die wir nichts wissen, und drei unbestrittene Tiere – zwei Krebstiere und eine Molluske .

Ich denke, wenn man die Organisation dieser Mollusken und Krustentiere und ihre sehr komplexe Natur bedenkt, bedarf es tatsächlich einer sehr ausgeprägten Vorstellungskraft, um sich vorzustellen, dass diese die ersten Lebewesen aller Lebewesen waren. Und Sie müssen die Tatsache berücksichtigen, dass wir nicht den geringsten Beweis dafür haben, dass diese, die wir die ältesten Betten nennen, wirklich so sind: Ich wiederhole, wir haben nicht den geringsten Beweis dafür. Wenn man an manchen Stellen feststellt, dass es in einer enormen Felsdicke nur sehr spärliche oder überhaupt keine Spuren von Leben gibt; und dass in anderen Teilen der Welt Felsen derselben Formation mit Aufzeichnungen lebender Formen überfüllt sind, halte ich es für unmöglich, sich auf diese Vermutung zu verlassen oder sich zu der Annahme berechtigt zu fühlen, dass dies die Formen sind, in denen sich solche befinden Das Leben begann zum ersten Mal. Ich habe hier keine Zeit, auf die technischen Gründe einzugehen, die mich zu dieser

Schlussfolgerung geführt haben – das wäre allein in einem halben Dutzend Vorträgen zu diesem Teil kaum richtig zu machen; – ich muss mich mit der Aussage zufrieden geben, dass ich das überhaupt nicht tue glauben, dass dies die ältesten Lebensformen sind.

Ich wende mich der experimentellen Seite zu, um zu sehen, welche Beweise wir dort haben. Damit wir sagen können, dass wir etwas über die experimentelle Entstehung von Organisation und Leben wissen, sollte der Forscher in der Lage sein, anorganische Stoffe wie Kohlensäure, Ammoniak, Wasser und Salzlösungen in jeder Art anorganischer Kombination zu verwenden und zu untersuchen in der Lage, sie zu Proteinmaterial aufzubauen, und dann sollte dieses Proteinmaterial beginnen, in organischer Form zu leben. Das hat bisher noch niemand getan, und ich vermute, dass es noch lange dauern wird, bis es jemand tut. Aber die Sache ist keineswegs so unmöglich, wie sie aussieht; denn die Forschungen der modernen Chemie haben uns – ich möchte nicht sagen, den Weg dorthin gezeigt, aber, wenn ich das so sagen darf, sie haben uns den Wegweiser gezeigt, der auf den Weg weist, der dorthin führen kann.

Es ist noch nicht viele Jahre her – und Sie müssen bedenken, dass die Organische Chemie eine junge Wissenschaft ist, nicht älter als ein paar Generationen, man darf nicht zu viel von ihr erwarten –, es ist noch nicht viele Jahre her, seit sie als perfekt galt es ist unmöglich, irgendeine organische Verbindung herzustellen; das heißt jede nichtmineralische Verbindung, die in einem organisierten Wesen vorkommt. Das blieb sehr lange so; Aber es ist nun schon eine beträchtliche Anzahl von Jahren her, seit es einem angesehenen ausländischen Chemiker gelang, Harnstoff herzustellen, eine Substanz von sehr komplexem Charakter, die eines der Abfallprodukte tierischer Strukturen darstellt. Und in den letzten Jahren wurden der Liste eine Reihe weiterer Verbindungen hinzugefügt, beispielsweise Buttersäure und andere. Ich brauche Ihnen nicht zu sagen, dass die Chemie enorm weit von dem von mir genannten Ziel entfernt ist; Ich möchte Sie lediglich darauf hinweisen, dass man keineswegs mit Sicherheit sagen kann, dass dieses Ziel eines Tages möglicherweise nicht erreicht wird. Es kann sein, dass es uns unmöglich ist, die für die Entstehung des Lebens erforderlichen Bedingungen zu schaffen; aber wir müssen bescheiden über die Sache sprechen und uns daran erinnern, dass die Wissenschaft ihren Fuß auf die unterste Stufe der Leiter gesetzt hat. Wahrlich, er wäre ein mutiger Mann, der es wagen würde, vorherzusagen, wo sie in fünfzig Jahren sein wird.

Es gibt noch eine andere Frage, die sich indirekt auf diese Frage bezieht und zu der ich einige Worte sagen muss. Sie alle kennen das Phänomen der sogenannten Spontanzeugung. Bis ins siebzehnte Jahrhundert hinein haben unsere Vorfahren alle mit gutem Glauben angenommen, dass bestimmte pflanzliche und tierische Formen im Zuge ihrer Zersetzung das Leben von

Insekten hervorbrachten. Wenn man also ein Stück Fleisch in die Sonne legte und es verfaulen ließ, gingen sie davon aus, dass die Maden, die bald zu erscheinen begannen, das Ergebnis der Wirkung einer spontanen Zeugungskraft waren, die das Fleisch enthielt. Und sie könnten Ihnen Quittungen für die Herstellung verschiedener tierischer und pflanzlicher Zubereitungen ausstellen, die bestimmte Tierarten hervorbringen würden. Ein sehr angesehener italienischer Naturforscher namens Redi beschäftigte sich mit dieser Frage, zu einer Zeit, als jeder daran glaubte; unter anderem unser großer Harvey, der Entdecker des Blutkreislaufs. Sein Name wird jedoch ständig als Gegner der Lehre von der spontanen Zeugung zitiert; Aber Tatsache ist, und Sie werden es sehen, wenn Sie sich die Mühe machen, sich seine Werke anzusehen: Harvey glaubte so tief daran wie jeder andere Mann seiner Zeit; aber er stellte zufällig eine sehr merkwürdige Behauptung auf – dass jedes Lebewesen aus einem *Ei stamme*; er wollte das Wort nicht in dem Sinne verwenden, in dem wir es jetzt verwenden, er wollte nur sagen, dass jedes Lebewesen aus einem kleinen runden Teilchen organisierter Substanz entstand; und aus diesem Umstand entstand wahrscheinlich die Vorstellung, dass Harvey sich der Doktrin widersetzt habe. Dann kam Redi, und er machte sich daran, die Lehre auf sehr einfache Weise durcheinander zu bringen. Er bedeckte das Stück Fleisch lediglich mit einer sehr feinen Gaze und setzte es dann den gleichen Bedingungen aus. Das Ergebnis war, dass keine Maden oder Insekten produziert wurden; Er bewies, dass die Maden von Insekten stammten, die kamen und ihre Eier im Fleisch ablegten, und dass sie durch die Hitze der Sonne schlüpften. Durch diese Art von Untersuchung stellte er zumindest für seine Zeit die Lehre von der spontanen Zeugung gründlich um.

Dann kam die Entdeckung und Anwendung des Mikroskops für wissenschaftliche Untersuchungen, die den Naturforschern zeigte, dass es neben den Organismen, die sie bereits als Lebewesen und Pflanzen kannten, eine immense Anzahl winziger Dinge gab, die scheinbar fast nach Belieben aus verrottenden Pflanzen gewonnen werden konnten und Tierformen. Wenn man also gewöhnlichen schwarzen Pfeffer oder etwas Heu nahm und es in Wasser einweichte, würde man im Laufe einiger Tage feststellen, dass das Wasser mit einer riesigen Anzahl von Tierchen durchtränkt war, die in alle Richtungen umherschwammen. Aufgrund von Tatsachen dieser Art wurden Naturforscher dazu veranlasst, die Theorie der spontanen Zeugung wiederzubeleben. Sie wurden hier von einem englischen Naturforscher, Needham, und später in Frankreich von dem gelehrten Buffon geleitet. Sie sagten, dass diese Dinge absolut im Wasser der verwesenden Substanzen entstanden seien, aus denen der Aufguss hergestellt wurde. Es spielte keine Rolle, ob man tierisches oder pflanzliches Material nahm, man musste es nur in Wasser einweichen und freilegen, und schon hatte man bald jede Menge Tierchen. Sie stellten hierzu eine Hypothese auf, die sehr berechtigt war. Sie sagten, diese Materie der Tierwelt oder der höheren Pflanzen scheine tot zu sein, aber in Wirklichkeit habe sie eine Art trübes Leben, das, wenn man sie unter faire Bedingungen bringt, dazu führen würde, dass sie zerfällt in die Formen dieser kleinen Tierchen, und sie werden ihr Leben auf die gleiche Weise durchlaufen wie das Tier oder die Pflanze, deren Teil sie einst waren.

Die Frage wurde nun sehr heftig diskutiert. Spallanzani, ein italienischer Naturforscher, vertrat entgegengesetzte Ansichten zu denen von Needham und Buffon und zeigte anhand bestimmter Experimente, dass es durchaus möglich war, den Prozess zu stoppen, indem man das Wasser zum Kochen brachte und das Gefäß, in dem es enthalten war, verschloss. "Oh!" sagten seine Gegner, „aber was wissen Sie, wenn Sie die Luft über dem Wasser auf diese Weise erhitzen? Möglicherweise zerstören Sie eine Eigenschaft der Luft, die für die spontane Erzeugung der Tierchen erforderlich ist."

Spallanzanis Ansichten sollten jedoch auf der richtigen Seite stehen, und die der anderen gerieten in Misskredit; Tatsache war jedoch, dass Spallanzani seine Ansichten nicht bestätigt hatte. Nun, das Thema wurde von Zeit zu Zeit wieder aufgegriffen und es wurden von mehreren Personen Experimente durchgeführt; aber diese Experimente waren nicht ganz zufriedenstellend. Es wurde festgestellt, dass man einen Aufguss, in dem sich Tierchen bilden würden, wenn man ihn der Luft aussetzte, in ein Gefäß gab, es kochte und dann die Öffnung des Gefäßes verschloss, so dass keine Luft, außer der, auf die man erhitzt worden war 212°, könnte seinen Inhalt erreichen, so dass dann keine Tierchen gefunden würden; aber wenn man das gleiche Gefäß nehmen und den Aufguss der Luft aussetzen würde, dann würde man Tierchen bekommen. Darüber hinaus wurde festgestellt, dass, wenn man die Mündung des Gefäßes mit einem glühenden Schlauch so verbindet, dass die Luft durch den Schlauch strömen muss, bevor sie den Aufguss erreicht, keine Tierchen entstehen. Noch etwas fiel auf: Wenn man zwei Flaschen mit der gleichen Art von Aufguss nahm und eine davon vollständig der Luft aussetzte und in den Mund der anderen einen Wattebausch steckte, so dass die Luft sich selbst filtern musste durch, bevor Sie den Aufguss erreichen, so dass Sie dann, obwohl Sie in der ersten Flasche möglicherweise viele Tierchen haben, aus der zweiten sicherlich keine erhalten würden.

Sie sehen, diese Experimente tendierten alle zu einer Schlussfolgerung: dass die Infusorien aus kleinen winzigen Sporen oder Eiern entwickelt wurden, die ständig in der Atmosphäre schwebten und ihre Keimfähigkeit verlieren, wenn sie Hitze ausgesetzt werden. Doch ein Beobachter machte nun ein weiteres Experiment, das völlig in die entgegengesetzte Richtung zu gehen schien und ihn völlig verwirrte. Er nahm etwas von diesem gekochten Aufguss, von dem ich gesprochen habe, und drehte mithilfe eines Quecksilberbades – einer Art Trog, der in Laboratorien verwendet wird – ein

Gefäß, das den Aufguss enthielt, geschickt in das Quecksilber um, so dass dieses ein wenig reichte über die Höhe der Mündung des *umgedrehten* Gefäßes hinaus. Sie sehen, dass er auf diese Weise einen Teil des Aufgusses von jeder möglichen Verbindung mit der Außenluft abtrennte, indem er ihn auf ein Quecksilberbett umdrehte.

Dann stellte er einige reine Sauerstoff- und Stickstoffgase her und leitete sie mittels eines Schlauchs, der von der Außenseite des Gefäßes führte, durch das Quecksilber in die Infusion; so dass er es einer vollkommen reinen Atmosphäre aus denselben Bestandteilen wie die Außenluft aussetzte. Natürlich ging er davon aus, dass er in diesem Aufguss überhaupt keine infusoriellen Tierchen bekommen würde; aber zu seiner großen Bestürzung und seinem Unbehagen stellte er fest, dass er sie fast immer bekam.

Darüber hinaus wurde festgestellt, dass Experimente, die auf die oben beschriebene Weise durchgeführt wurden, bei den meisten Infusionen gut funktionieren; Aber wenn man das Gefäß mit gekochter Milch füllt und dann den Hals mit Watte verstopft, entsteht *Infusorien* . Sie sehen also, dass es zwei Experimente gab, die Sie zu einer Schlussfolgerung brachten, und drei zu einer anderen; Das war ein höchst unbefriedigender Zustand, zu dem man bei einer wissenschaftlichen Untersuchung gelangen konnte.

Einige Jahre später begann in Frankreich eine heftige Diskussion über diese Frage. Da war M. Pouchet , ein Professor in Rouen, ein sehr gelehrter Mann, aber sicherlich kein sehr starrer Experimentator. Er veröffentlichte eine Reihe eigener Experimente, von denen einige sehr genial waren, um zu zeigen, dass die Lehre von der spontanen Zeugung wahr ist, wenn man richtig vorgeht. Nun, es war eines der glücklichsten Dinge auf der Welt, dass M. Pouchet diese Frage aufgriff, denn es veranlasste einen angesehenen französischen Chemiker, M. Pasteur, die Frage auf der anderen Seite aufzugreifen; und er hat es sicherlich auf die vollkommenste Art und Weise gelöst. Ich freue mich auch sagen zu können, dass er seine Forschungen so rechtzeitig veröffentlicht hat, dass ich Ihnen einen Bericht darüber geben kann. Er überprüfte alle Experimente, die ich Ihnen gerade erwähnt habe — und als er dann diese außergewöhnlichen Anomalien fand, wie im Fall des Quecksilberbads und der Milch, machte er sich daran, ihre Natur zu entdecken. Bei Milch sei es seiner Meinung nach eine Frage der Temperatur. Milch ist im frischen Zustand leicht alkalisch; und es ist ein sehr merkwürdiger Umstand, aber dieser sehr geringe Grad an Alkalinität scheint die Wirkung zu haben, dass er die Organismen, die aus der Luft hineinfallen, vor der Zerstörung bei einer Temperatur von 212° schützt, was dem Siedepunkt entspricht. Aber wenn man die Temperatur beim Kochen um 10° erhöht, verhält sich die Milch wie alles andere; und wenn die Luft, mit der es in Kontakt kommt, nachdem sie bei dieser Temperatur gekocht wurde, durch ein glühendes Rohr geleitet wird, erhält man keine Spur von Organismen.

Dann wandte er seine Aufmerksamkeit dem Quecksilberbad zu und stellte bei der Untersuchung fest, dass die Oberfläche des Quecksilbers fast immer mit sehr feinem Staub bedeckt war. Er fand heraus, dass sogar das Quecksilber selbst voller organischer Stoffe war; dass es, da es ständig der Luft ausgesetzt war, eine ungeheure Anzahl dieser Infusorienorganismen aus der Luft gesammelt hatte. Nun, unter diesen Umständen war er der Meinung, dass der Fall völlig klar sei und dass das Quecksilber nicht das sei, was es Herrn Schwann vorgeworfen hatte : ein Hindernis für den Zutritt dieser Organismen; aber dass es in Wirklichkeit als Reservoir fungierte, aus dem der Aufguss sofort in der großen Menge zugeführt wurde, die ihn so verwirrt hatte.

Aber Herr Pasteur begnügte sich nicht damit, die Experimente anderer zu erklären, sondern machte sich an die Arbeit, um sich vollkommen zu überzeugen. Er sagte sich: „Wenn meine Ansicht richtig ist und wenn tatsächlich alle diese Erscheinungen spontaner Entstehung auf das Herabfallen winziger, in der Atmosphäre schwebender Keime zurückzuführen sind, dann sollte ich dazu nicht in der Lage sein um die Keime zu zeigen, aber ich sollte in der Lage sein, sie zu fangen und zu säen und die daraus resultierenden Organismen zu produzieren." Deshalb konstruierte er einen sehr genialen Apparat, der es ihm ermöglichte, den „ *Keimstaub* " in der Luft einzufangen . Er befestigte im Fenster seines Zimmers eine Glasröhre, in deren Mitte er ein Knäuel Schießbaumwolle platziert hatte, bei dem es sich, wie Sie alle wissen, um gewöhnliche Watte handelt, die, weil sie in starke Säure getaucht wurde, wird in einen Stoff mit großer Sprengkraft umgewandelt. Es ist auch in Alkohol und Ether löslich. Ein Ende der Glasröhre war natürlich zur Außenluft hin offen; und am anderen Ende davon platzierte er einen Aspirator, eine Vorrichtung, um einen Strom der Außenluft durch das Rohr strömen zu lassen. Er ließ diesen Apparat vierundzwanzig Stunden lang laufen, dann entfernte er die *bestäubte* Schießwatte und löste sie in Alkohol und Äther auf. Dann ließ er es einige Stunden lang stehen, und das Ergebnis war, dass sich nach und nach ein sehr feiner Staub am Boden ablagerte. Als dieser Staub auf den Tisch eines Mikroskops übertragen wurde, stellte sich heraus, dass er eine enorme Anzahl von Stärkekörnern enthielt. Sie wissen, dass die Bestandteile unserer Nahrung und der größte Teil der Pflanzen aus Stärke bestehen und wir sie ständig auf vielfältige Weise nutzen, so dass immer eine Menge davon in der Luft schwebt. Es sind diese Stärkekörner, die viele dieser hellen Flecken bilden, die wir manchmal in einem Lichtstrahl tanzen sehen. Darüber hinaus fand M. Pasteur aber auch eine Unmenge anderer organischer Substanzen, etwa Sporen von Pilzen, die in der Luft herumschwebten und auf diese Weise in Käfige geraten waren.

Er ging noch einen Schritt weiter und sagte sich: „Wenn das wirklich die Dinge sind, die den Anschein einer spontanen Zeugung hervorrufen, sollte ich in der Lage sein, ein Knäuel dieser *bestäubten* Schießbaumwolle zu nehmen und es in eines meiner Gefäße zu legen. enthält diesen gekochten Aufguss, der von der Luft ferngehalten wurde und in dem sich derzeit keine Infusorien entwickeln, und wenn ich Recht habe, wird die Einführung dieser Schießbaumwolle dann zur Entstehung von Organismen führen."

Dementsprechend nahm er eines dieser Aufgussgefäße, in denen seit achtzehn Monaten kein einziger Anschein von Leben zu erkennen war, und gelang es ihm durch eine höchst geniale Erfindung, es aufzubrechen und ein solches Knäuel aus Schießbaumwolle einzuführen. ohne zuzulassen, dass der Aufguss oder der Wattebausch mit der Luft außer der, die einer roten Hitze ausgesetzt war, in Berührung kamen, und innerhalb von vierundzwanzig Stunden hatte er die Genugtuung, alle Anzeichen dessen zu finden, was man bisher als spontane Zeugung bezeichnet hatte. Es war ihm gelungen, die Keime und sich entwickelnden Organismen auf die von ihm erwartete Weise einzufangen.

Jetzt wurde ihm klar, dass die Wahrheit seiner Schlussfolgerungen auch ohne den ganzen Apparat, den er eingesetzt hatte, bewiesen werden konnte. Dazu nahm er eine verwesende tierische oder pflanzliche Substanz, etwa Urin, der eine äußerst zersetzbare Substanz ist, oder Hefesaft oder vielleicht ein anderes künstliches Präparat, und füllte damit ein Gefäß mit langem röhrenförmigem Hals. Dann kochte er die Flüssigkeit und bog den langen Hals in eine S-Form oder einen Zickzack, wobei er ihn am Ende offen ließ. Der Aufguss zeigte dann keinerlei Anzeichen einer spontanen Zeugung, wie lange er auch noch stehen möge, da sich alle in der Luft befindlichen Keime am Anfang des gebogenen Halses ablagerten. Dann schnitt er die Röhre in der Nähe des Gefäßes ab und ermöglichte der gewöhnlichen Luft freien und direkten Zugang; Das Ergebnis davon war das Auftreten von Organismen darin, sobald der Aufguss lange genug stehen gelassen wurde, um das Wachstum der aus der Luft aufgenommenen Organismen zu ermöglichen, was etwa achtundvierzig Stunden dauerte. Das Ergebnis der Experimente von M. Pasteur bewies daher auf überzeugendste Weise, dass alle Erscheinungen der spontanen Zeugung auf nichts anderem beruhten als auf der Ablagerung von Keimen von Organismen, die ständig in der Luft schwebten.

Zu dieser Schlussfolgerung wurde jedoch der Einwand erhoben, dass, wenn dies die Ursache wäre, die Luft eine so enorme Menge dieser Keime enthalten würde, dass es einen ständigen Nebel geben würde. Aber Herr

Pasteur antwortete, dass es sie nicht in der Zahl gebe, die wir vermuten könnten, und dass man zu diesem Thema eine übertriebene Meinung vertreten habe; Er zeigte, dass die Wahrscheinlichkeit, dass tierisches oder pflanzliches Leben in Aufgüssen auftaucht, vollständig von den Bedingungen abhängt, denen sie ausgesetzt sind. Wenn sie der gewöhnlichen Atmosphäre um uns herum ausgesetzt sind, kann es natürlich sein, dass Organismen früh auftauchen. Wenn sie hingegen in großer Höhe oder in einem sehr ruhigen Keller der Luft ausgesetzt sind, findet man oft keine einzige Spur von Leben.

So kam Herr Pasteur schließlich zu dem klaren und eindeutigen Ergebnis, dass alle diese Erscheinungen mit den Würmern im Fleischstück, was von Redi widerlegt wurde, vergleichbar seien, einfach mit Keimen, die von der Luft getragen und in den darin enthaltenen Flüssigkeiten abgelagert würden was sie später erscheinen. Ich für meinen Teil bin der Meinung, dass wir angesichts der Einzelheiten der Experimente von M. Pasteur nicht umhin können, zu seinen Schlussfolgerungen zu gelangen; und dass die Lehre der spontanen Zeugung einen letzten *Gnadenstoß erhalten hat* .

Sie verstehen natürlich, dass dies alles in keiner Weise die *Möglichkeit* der Herstellung organischer Stoffe durch die von mir erwähnte direkte Methode beeinträchtigt, so gering diese Möglichkeit auch sein mag.

FUSSNOTEN:

[51] Wer die Lehren, von denen ich versucht habe, einige grobe und fertige Illustrationen zu geben, vollständig studieren möchte, muss das „System of Logic" von Herrn John Stuart Mill lesen.

VII

. Die Perpetuierung von Lebewesen, Erbübertragung und Variation.

Die Untersuchung, die wir bei unserem letzten Treffen über den Stand unseres Wissens über die Ursachen der Phänomene der organischen Natur – der Vergangenheit und der Gegenwart – unternommen haben, zerfiel in zwei Nebenfragen: Die erste war, ob wir irgendetwas, sei es historisch oder experimentell, über die Entstehungsweise von Lebewesen wissen; Die zweite Nebenfrage war, ob wir unter Annahme des Ursprungs etwas über die Aufrechterhaltung und Veränderung der Formen organischer Wesen wissen. Die Antwort, die ich auf die erste Frage zu geben hatte, war insgesamt negativ, und das Hauptergebnis meiner letzten Vorlesung war, dass wir derzeit weder historisch noch experimentell irgendetwas über den Ursprung lebender Formen wissen. Wir haben gesehen, dass wir historisch gesehen wahrscheinlich nichts darüber wissen, obwohl wir vielleicht experimentell etwas lernen können; aber dass wir derzeit enorm weit von dem Ziel entfernt sind, das ich angedeutet habe.

Ich greife nun die nächste Frage auf: Was wissen wir über die Fortpflanzung, den Fortbestand und die Veränderungen der Formen lebender Wesen, vorausgesetzt, wir haben die Frage nach ihrer Entstehung beiseite gelegt und angenommen dass wir derzeit über die Ursachen ihrer Entstehung nichts wissen und dass wir nichts über sie wissen? Bezüglich dieser Frage ist der Stand unseres Wissens äußerst unterschiedlich; es ist überaus umfangreich, und wenn es auch nicht vollständig ist, so ist unsere Erfahrung sicherlich sehr umfangreich. Es wäre unmöglich, Ihnen alles vorzulegen, und das Beste, was ich heute Abend tun kann oder tun muss, ist, die Hauptpunkte aufzugreifen und sie Ihnen mit einer solchen Bedeutung vorzulegen, dass sie den Zwecken unserer gegenwärtigen Argumentation dienen.

Es gibt zwei Arten der Fortdauer organischer Wesen : die asexuelle und die sexuelle. Im ersten Fall erfolgt die Aufrechterhaltung durch und durch eine bestimmte Handlung eines einzelnen Organismus, der manchmal überhaupt keinem Geschlecht zugeordnet werden kann. Im zweiten Fall ist es eine Folge der gegenseitigen Wirkung und Wechselwirkung bestimmter Teile des Organismus normalerweise zweier unterschiedlicher Individuen – des Mannes und des Weibchens. Die Fälle asexueller Aufrechterhaltung sind keineswegs so häufig wie die Fälle sexueller Aufrechterhaltung; und sie sind in der Tierwelt keineswegs so häufig wie in der Pflanzenwelt. Sie alle wissen wahrscheinlich aus Erfahrung, dass man Pflanzen durch sogenannte „Stecklinge" vermehren kann; Wenn man zum Beispiel einen Ableger einer

Geranienpflanze nimmt und ihn richtig aufzieht, indem man ihn mit Licht, Wärme und Nahrung aus der Erde versorgt, wächst er heran und nimmt die Form seines Elternteils an, wobei er alle Eigenschaften und Besonderheiten dieser Pflanze besitzt ursprüngliche Pflanze.

Manchmal findet dieser Vorgang, den der Gärtner künstlich durchführt, auf natürliche Weise statt; Das heißt, eine kleine Knolle oder ein Teil der Pflanze löst sich, fällt ab und wird fähig, als eigenständiges Ding zu wachsen. Das ist bei vielen Zwiebelgewächsen der Fall, die auf diese Weise Sekundärzwiebeln abwerfen, die im Boden stecken bleiben und sich zu Pflanzen entwickeln. Dies ist ein asexueller Prozess, und daraus resultiert die Wiederholung oder Reproduktion der Form des ursprünglichen Wesens, aus dem die Knolle hervorgeht.

Bei Tieren geschieht dasselbe. Unter den niederen Formen des Tierlebens werfen die Infusorien, von denen wir bereits gesprochen haben, bestimmte Teile ab oder zerfallen in verschiedenen Richtungen, manchmal quer, manchmal längs; oder sie geben möglicherweise Knospen ab, die sich ablösen und sich zu ihrer richtigen Form entwickeln. Es gibt zum Beispiel den Süßwasserpolypen , der sich auf diese Weise vermehrt . Genauso wie der Gärtner in der Lage ist, die Eigentümlichkeiten und Merkmale bestimmter Pflanzen durch Stecklinge zu vermehren und zu reproduzieren, kann auch der physiologische Experimentator – wie Abbé Trembley vor vielen Jahren gezeigt hat – dies tun Das Gleiche gilt für viele der niederen Formen tierischen Lebens. M. de Trembley zeigte, dass man einen Polypen nehmen und ihn in zwei, vier oder viele Stücke schneiden und ihn in alle Richtungen verstümmeln könnte, und dass die Stücke immer noch heranwachsen und die ursprüngliche Form des Tieres vollständig reproduzieren würden. Dies sind alles Fälle asexueller Vermehrung, und es gibt andere und noch außergewöhnlichere Fälle, in denen dieser Prozess auf natürlichere, verborgenere und verborgenere Weise abläuft. Sie alle kennen dieses kleine grüne Insekt, die *Aphis* oder Krautfäule, wie sie genannt wird. Diese kleinen Tiere vermehren sich während eines sehr beträchtlichen Teils ihrer Existenz durch eine Art innere Knospenbildung, wobei sich die Knospen zu im Wesentlichen asexuellen Tieren entwickeln, die weder männlich noch weiblich sind; sie verwandeln sich in junge *Blattläuse* , die den Vorgang wiederholen, und ihre Nachkommen folgen ihnen und so weiter; Sie können neun oder zehn oder sogar zwanzig oder mehr Abfolgen machen; und es gibt keinen guten Grund zu sagen, wie schnell es enden könnte oder wie lange es nicht andauern würde, wenn die richtigen Wärme- und Ernährungsbedingungen aufrechterhalten würden.

Die sexuelle Fortpflanzung ist eine ganz besondere Angelegenheit. In all diesen Fällen ist hier die Ablösung zweier Teile des Elternorganismus erforderlich, die wir als Ei oder Spermatozoon kennen. Bei Pflanzen handelt es sich um die Samenanlage und den Pollenkörner, wie bei den blühenden Pflanzen, oder um die Samenanlage und das Antherozooid , wie bei den blütenlosen. Bei allen tierischen Lebensformen gehen die Spermien vom männlichen Geschlecht aus und die Eizelle ist das Produkt des weiblichen Geschlechts. Das Bemerkenswerte an dieser Art der Fortpflanzung ist nun, dass die Eizelle selbst oder die Spermatozoen selbst nicht in der Lage sind, die elterliche Form anzunehmen; bringt man sie aber miteinander in Berührung, so scheint die Wirkung der Mischung organischer Substanzen aus zwei Quellen dem gemischten Produkt eine ganz neue Kraft zu verleihen. Dieser Vorgang wird, wie wir alle wissen, durch den Geschlechtsverkehr der beiden Geschlechter herbeigeführt und als Befruchtungsakt bezeichnet. Das Ergebnis dieses Aktes seitens des Mannes und der Frau ist, dass die Bildung eines neuen Wesens in der Eizelle oder im Ei eingeleitet wird; Diese Eizelle oder dieses Ei beginnt sich bald zu teilen und zu unterteilen und in verschiedene komplexe Organismen zu formen, um sich schließlich in die Form eines seiner Eltern zu entwickeln, wie ich in der ersten Vorlesung erklärt habe. Dies sind die Prozesse, durch die der Fortbestand organischer Wesen gesichert wird. Warum es diese beiden Modi geben sollte – warum diese Wiederbelebung seitens des weiblichen Elements erforderlich sein sollte, wissen wir nicht; aber es ist mit Sicherheit eine Tatsache und es ist anzunehmen, dass, wie lange der Prozess der asexuellen Vermehrung auch fortgesetzt werden könnte, ich sage, es gibt guten Grund zu der Annahme, dass er zu einem Ende käme, wenn kein neuer Beginn erreicht würde eine Verbindung der beiden sexuellen Elemente.

Der Charakter, der diesen beiden unterschiedlichen Prozessen gemeinsam ist, ist dieser, ob wir nun die Fortpflanzung, den Fortbestand oder die Veränderung organischer Wesen betrachten, wie sie ungeschlechtlich oder sexuell stattfinden – in jedem Fall, sage ich , haben die Nachkommen eine ständige Tendenz, im Allgemeinen den Charakter des Elternteils anzunehmen. Wie ich gerade sagte: Wenn man einen Zweig einer Pflanze nimmt und ihn sorgfältig pflegt, wird er schließlich heranwachsen und sich zu einer Pflanze entwickeln, die der ähnelt, aus der er hervorgegangen ist. und diese Tendenz ist so stark, dass, wie Gärtner wissen, diese Art der Vermehrung durch Stecklinge die einzig sichere Art ist, sehr viele Pflanzenarten zu vermehren; Die Eigentümlichkeit des Urstammes scheint besser erhalten zu bleiben, wenn man ihn durch einen Slip vermehrt, als wenn man auf den Sexualmodus zurückgreift.

Auch bei Versuchen mit niederen Tieren, wie dem Polypen , auf den ich mich bezog, ist es äußerst außergewöhnlich, dass, obwohl in verschiedene Stücke zerschnitten, jedes einzelne Stück in die Form des Urstamms hineinwächst; Wenn der Kopf getrennt wird, bilden sich Körper und Schwanz fort; und wenn Sie den Schwanz abschneiden, werden Sie feststellen, dass dadurch der

Körper und alle übrigen Glieder reproduziert werden, ohne in irgendeiner Weise vom Plan des Organismus abzuweichen, von dem diese Teile abgetrennt wurden. Und das geht so weit, dass einige Experimentatoren die niederen Tierordnungen sorgfältig untersucht haben – darunter der Abbé Spallanzani, der eine Reihe von Experimenten mit Schnecken und Salamandern durchführte – und herausgefunden haben, dass sie diese in einem unglaublichen Ausmaß verstümmeln könnten ; dass Sie den Kiefer oder den größten Teil des Kopfes oder das Bein oder den Schwanz abschneiden und das Experiment mehrmals wiederholen könnten, vielleicht indem Sie immer wieder dasselbe Glied abschneiden; und doch würde jeder dieser Typen entsprechend dem primitiven Typus reproduziert werden: Die Natur macht keinen Fehler, setzt niemals ein neues Bein, einen neuen Kopf oder einen neuen Schwanz ein, sondern neigt immer dazu, sich zu wiederholen und zum primitiven Typus zurückzukehren.

Ebenso verhält es sich mit der sexuellen Fortpflanzung: Es ist eine völlig allgemeine Erfahrung, dass die Tendenz der Nachkommen im Großen und Ganzen immer darin besteht, die Form der Eltern zu reproduzieren. Das Sprichwort besagt, dass die Distel keine Trauben hervorbringt; Daher gibt es unter uns immer eine mehr oder weniger ausgeprägte und deutliche Ähnlichkeit zwischen Kindern und ihren Eltern. Das ist eine Frage der vertrauten und gewöhnlichen Beobachtung. Dasselbe beobachten wir auch bei Haustieren, zum Beispiel bei Hunden und deren Nachkommen. In all diesen Fällen der Fortpflanzung und Perpetuierung scheint es bei den Nachkommen eine Tendenz zu geben, die Merkmale der Elternorganismen anzunehmen. Dieser Tendenz wird ein besonderer Name gegeben – und da ich ihn sehr oft verwende, werde ich ihn hier an die Tafel schreiben, damit Sie sich daran erinnern –, er heißt *Atavismus* ; es drückt diese Tendenz zur Rückkehr zum Ahnentyp aus und kommt vom lateinischen Wort *atavus* , Vorfahre.

Nun, dieser *Atavismus* , *von* dem ich sprechen werde, ist, wie ich bereits sagte, eine der ausgeprägtesten und auffälligsten Tendenzen organischer Wesen; aber Seite an Seite mit dieser erblichen Tendenz gibt es eine ebenso ausgeprägte und bemerkenswerte Tendenz zur Variation. Die Tendenz, den ursprünglichen Bestand zu reproduzieren, hat gewissermaßen ihre Grenzen, und neben ihr liegt die Tendenz, sich in bestimmten Richtungen zu verändern, als ob zwei gegensätzliche Mächte auf das organische Wesen einwirken würden, von denen die eine danach strebt, es zu übernehmen in einer geraden Linie, und die andere neigt dazu, sie von dieser geraden Linie zunächst nach einer Seite und dann nach der anderen abweichen zu lassen.

Sie sehen also, dass diese beiden Tendenzen sich nicht unbedingt widersprechen müssen, da das Endergebnis möglicherweise nicht immer sehr weit von dem entfernt ist, was der Fall gewesen wäre, wenn die Linie ganz gerade gewesen wäre.

Diese Tendenz zur Variation ist bei der ungeschlechtlichen Fortpflanzungsart weniger ausgeprägt; Auf diese Weise bleiben die Nebencharaktere tierischer und pflanzlicher Strukturen am vollständigsten erhalten. Dennoch kommt es manchmal vor, dass der Gärtner, wenn er einen Steckling einer Lieblingspflanze gepflanzt hat , entgegen seiner Erwartung feststellen wird, dass der Steckling ein wenig anders wächst als der ursprüngliche Bestand – dass er ganz andere Blüten hervorbringt Farbe oder Marke oder eine Abweichung auf die eine oder andere Weise. Dies wird als „Sport" der Pflanzen bezeichnet.

Bei Tieren sind die Phänomene der asexuellen Fortpflanzung so dunkel, dass wir derzeit nicht sagen können, dass wir viel über sie wissen; Aber wenn wir uns der Art der Aufrechterhaltung zuwenden, die sich aus dem sexuellen Prozess ergibt, dann finden wir, dass Variation bis zu einem gewissen Grad ein völlig konstantes Ereignis ist; und tatsächlich denke ich, dass ein gewisses Maß an Abweichung vom primitiven Stamm das notwendige Ergebnis der Methode der sexuellen Fortpflanzung selbst ist; Denn da das fortgepflanzte Ding von zwei Organismen unterschiedlichen Geschlechts und unterschiedlicher Bauart und unterschiedlichen Temperaments abstammt und die Nachkommen entweder von dem einen oder dem anderen Geschlecht sein sollen, ist es ganz klar, dass es sich nicht um eine exakte Diagonale der beiden handeln kann. oder es gäbe überhaupt kein Geschlecht; Es kann keine exakte Zwischenform zwischen der Form jedes seiner Eltern sein – es muss auf die eine oder andere Seite abweichen. Sie stellen nicht fest, dass der Mann dem genauen Typus des männlichen Elternteils folgt, noch erbt die Frau immer die genauen Eigenschaften der Mutter – es gibt immer einen Anteil des weiblichen Charakters im männlichen Nachwuchs und des männlichen Charakters im Nachkommen der weibliche Nachwuchs. Das muss allen von Ihnen ganz klar sein, die Sie aufmerksam auf Ihre eigenen Kinder oder die Ihrer Nachbarn geschaut haben ; Sie werden bemerkt haben, wie oft es vorkommen kann, dass der Sohn den mütterlichen Charakter aufweist oder die Tochter die Merkmale der väterlichen Familie besitzt. Es gibt alle möglichen Vermischungen und Zwischenzustände zwischen beiden, bei denen Hautfarbe, Schönheit oder fünfzig andere unterschiedliche Eigenheiten, die zu beiden Seiten des Hauses gehören, bei anderen Mitgliedern derselben Familie reproduziert werden. In der Tat ist bei dieser Art von Variation manchmal zu bemerken, dass die Varietät streng genommen keinem der unmittelbaren Eltern gehört; Sie werden in einer Familie ein Kind sehen, das weder seinem Vater noch seiner Mutter ähnelt; aber eine alte Person, die ihren Großvater oder ihre Großmutter kannte, oder vielleicht einen Onkel oder vielleicht sogar einen entfernteren Verwandten, wird eine große Ähnlichkeit zwischen dem Kind und einem von ihnen feststellen. Auf diese Weise kommt es immer wieder vor, dass das Merkmal eines früheren Familienmitglieds zum Vorschein kommt und auf unerwartetste Weise reproduziert und erkannt wird.

Aber abgesehen von dieser allgemeinen Erfahrung gibt es einige Fälle, die diese merkwürdige Mischung in ein sehr klares Licht rücken. Sie wissen, dass die Nachkommen von Esel und Pferd, oder besser gesagt von Esel und Stute, ein sogenanntes Maultier sind; und andererseits ist der Nachkomme des Hengstes und der Eselin das, was man Hinny *nennt* . In diesem Land ist es sehr selten, einen Hinny zu sehen. Ich habe selbst nie einen gesehen; aber sie wurden sehr sorgfältig untersucht. Das Merkwürdige ist nun, dass, obwohl in jedem Fall die gleichen Elemente im Experiment vorkommen, die Nachkommen einen völlig unterschiedlichen Charakter haben, je nachdem, ob der männliche Einfluss vom Esel oder vom Pferd ausgeht. Wo der Esel das Männchen ist, wie im Fall des Maultiers, findet man, dass der Kopf dem des Esels ähnelt, dass die Ohren lang sind, der Schwanz am Ende büschelig ist, die Füße klein sind und die Stimme ähnlich ist ein unverkennbares Geschrei; das sind alles Ähnlichkeiten mit dem Esel; aber andererseits ähneln der Rumpf und der Halsschnitt viel mehr denen der Stute. Wenn Sie sich dann den Hinny ansehen , das Ergebnis der Vereinigung von Hengst und Esel, dann stellen Sie fest, dass das Pferd die Vorherrschaft hat; dass der Kopf eher dem des Pferdes ähnelt, die Ohren kürzer, die Beine gröber und der Typ völlig verändert ist; während die Stimme kein Schreien ist, sondern das gewöhnliche Wiehern des Pferdes. Hier liegt, wie Sie sehen, eine äußerst merkwürdige Sache vor: Man nimmt genau die gleichen Elemente, Esel und Pferd, kombiniert die Geschlechter jedoch auf unterschiedliche Weise und das Ergebnis wird entsprechend modifiziert. In diesem Fall haben Sie jedoch ein Ergebnis, das nicht allgemein und universell ist – es gibt normalerweise ein wichtiges Übergewicht, aber nicht immer auf der gleichen Seite.

Hier liegt also eine verständliche und vielleicht notwendige Ursache der Variation: die Tatsache, dass zwei Geschlechter an der Produktion der Nachkommenschaft beteiligt sind und dass der Anteil, den jedes Geschlecht einnimmt, unterschiedlich und variabel ist, nicht nur für jede Kombination , sondern auch für verschiedene Mitglieder derselben Familie.

Zweitens gibt es bis zu einem gewissen Grad eine Variation – obwohl aller Wahrscheinlichkeit nach der Einfluss dieser Ursache sehr übertrieben wurde –, aber es besteht kein Zweifel, dass die Variation bis zu einem gewissen Grad durch das hervorgerufen wird, was allgemein als äußerlich bezeichnet wird Bedingungen wie Temperatur, Nahrung, Wärme und Feuchtigkeit. Auf lange Sicht hängt jede Variation in gewisser Weise von äußeren Bedingungen ab, da alles seine eigene Ursache hat. Ich verwende den Begriff „äußere Bedingungen" jetzt in dem Sinne, in dem er normalerweise verwendet wird:

Es ist sicher, dass äußere Bedingungen eine bestimmte Wirkung haben. Sie können eine Pflanze nehmen, die einzelne Blüten hat, und indem Sie sich mit dem Boden, der Nahrung usw. befassen, können Sie nach und nach einzelne Blüten in gefüllte Blüten verwandeln und Dornen in Zweige sprießen lassen. Sie können die Form der Frucht verdicken oder verschiedene Veränderungen vornehmen. Auch bei Tieren können Sie auf diese Weise analoge Veränderungen hervorrufen, wie im Fall der tiefen Bronzefarbe, die Menschen nach längerem Aufenthalt in tropischen Ländern selten verlieren. Auch die Entwicklung der Muskulatur kann durch Training stark verändert werden; Alle Welt weiß, dass Bewegung auf diese Weise eine große Wirkung hat. Wir erwarten immer, dass der Arm eines Schmieds hart und drahtig ist und die Oberarmmuskulatur stark entwickelt ist. Zweifellos verwandelt die Ausbildung, die eine der Formen äußerer Bedingungen ist, das, was ursprünglich nur Anweisungen, Lehren waren, in hohem Maße in Gewohnheiten, oder mit anderen Worten, in Organisationen; aber diese zweite Ursache der Variation kann keineswegs als groß angesehen werden. Die dritte Ursache, die ich erwähnen muss, ist jedoch eine sehr umfangreiche. Mangels eines besseren Namens wurde es „spontane Variation" genannt; Das heißt, wenn wir nichts über die Ursache eines Phänomens wissen, nennen wir es spontan. In der geordneten Kette von Ursachen und Wirkungen in dieser Welt gibt es nur sehr wenige Dinge, von denen man mit Wahrheit sagen kann, dass sie spontan sind. Gewiss nicht in diesen physikalischen Angelegenheiten – hier gibt es nichts dergleichen – alles hängt von den vorherigen Bedingungen ab. Wenn wir jedoch die Ursache von Phänomenen nicht nachvollziehen können, nennen wir sie spontan.

Von diesen Variationen, so zahlreich sie auch sind, ist nur wenig mit vollkommener Genauigkeit bekannt. Ich möchte Ihnen einige zwei oder drei Fälle erwähnen, weil sie an sich sehr bemerkenswert sind und auch weil ich sie später verwenden möchte. Réaumur , ein berühmter französischer Naturforscher, hatte vor vielen Jahren in einem Aufsatz über die Kunst, Hühner auszubrüten – der in der Tat ein sehr merkwürdiger Aufsatz war – Gelegenheit, von Variationen und Monstrositäten zu sprechen. Ihm war ein sehr bemerkenswerter Fall aufgefallen, bei dem es um eine Variation in der Form eines menschlichen Mitglieds des Namens Gratio in der Person eines Maltesers ging Kelleia , der mit sechs Fingern an jeder Hand und der gleichen Anzahl Zehen an jedem seiner Füße geboren wurde. Das war ein Fall spontaner Variation. Niemand weiß, warum er mit so vielen Fingern und Zehen geboren wurde, und da wir es nicht wissen, sprechen wir von einer „spontanen" Variation. Es gibt noch einen anderen bemerkenswerten Fall. Ich wähle diese aus, weil sie damals zufällig sehr sorgfältig beobachtet und notiert wurden. Es kommt häufig vor, dass eine Abweichung auftritt, aber die Personen, die sie bemerken, geben sich keine Mühe, die Einzelheiten aufzuschreiben, bis sie schließlich, wenn Nachforschungen angestellt werden, die genauen Umstände vergessen haben; und daher ist es trotz der Vielzahl solcher „spontanen" Variationen äußerst schwierig, den Ursprung derselben zu ermitteln.

Der zweite Fall ist einer, dessen Einzelheiten Sie möglicherweise in den „Philosophischen Transaktionen" für das Jahr 1813 finden, in einem Artikel, den Colonel Humphreys dem Präsidenten der Royal Society übermittelte: „Über eine neue Sorte in der Schafrasse". " und berichtet über eine sehr bemerkenswerte Schafrasse, die einst in den nördlichen Staaten Amerikas bekannt war und unter dem Namen Ancon oder Otter-Schafrasse bekannt war. Im Jahr 1791 gab es in Massachusetts einen Bauern namens Seth Wright, der eine Schafherde hatte, die aus einem Widder und, glaube ich, etwa zwölf oder dreizehn Mutterschafen bestand. Von dieser Herde Mutterschafe gebar eines zur Brutzeit ein Lamm, das sehr eigenartig geformt war; Es hatte einen sehr langen Körper, sehr kurze Beine und diese Beine waren gebogen! Ich werde Ihnen nach und nach erzählen, wie diese einzigartige Variation in der Schafrasse zur Kenntnis kam und die Bedeutung erlangte, die sie heute hat. Vorerst erwähne ich nur diese beiden Fälle; Aber das Ausmaß der Variation in der Tierrasse ist für jeden , der die Naturgeschichte mit normaler Aufmerksamkeit studiert hat, oder für jeden, der Tiere mit anderen der gleichen Art vergleicht, vollkommen offensichtlich. Es ist absolut wahr, dass es niemals zwei Exemplare gibt, die genau gleich sind; So ähnlich sie auch sein mögen, sie werden sich immer in einem bestimmten Detail unterscheiden.

Kehren wir nun zum Atavismus zurück, zu der erblichen Tendenz, von der ich gesprochen habe. Was entsteht aus einer Variation, wenn man daraus züchtet, wenn der Atavismus, wenn ich das so sagen darf, dazu führt, Variationen zu überschneiden? Die beiden Fälle, deren Geschichte ich erwähnt habe, veranschaulichen hervorragend, was geschieht. Gratio Kelleia , der Malteser, heiratete, als er zweiundzwanzig Jahre alt war, und da es auf Malta vermutlich keine sechsfingrigen Damen gab, heiratete er eine gewöhnliche fünffingrige Person. Aus dieser Ehe gingen vier Kinder hervor; der erste, der Salvator getauft wurde , hatte wie sein Vater sechs Finger und sechs Zehen; der zweite war George, der fünf Finger und Zehen hatte, aber einer von ihnen war deformiert und zeigte eine Tendenz zur Variation; der dritte war André ; er hatte fünf Finger und fünf Zehen, ganz perfekt; das vierte war ein Mädchen, Marie; Sie hatte fünf Finger und fünf Zehen, aber ihre Daumen waren deformiert und zeigten eine Tendenz zum sechsten.

Diese Kinder wuchsen heran, und als sie das Erwachsenenalter erreichten, heirateten sie alle, und natürlich kam es vor, dass sie alle Fünffinger und Fünffinger heirateten. Lassen Sie uns nun sehen, was die Ergebnisse waren. Salvator hatte vier Kinder; es waren zwei Jungen, ein Mädchen und ein weiterer Junge: Die ersten beiden Jungen und das Mädchen hatten sechs

Finger und sechs Zehen wie ihr Großvater; der vierte Junge hatte nur fünf Finger und fünf Zehen. George hatte nur vier Kinder: zwei Mädchen mit sechs Fingern und sechs Zehen; Da war ein Mädchen mit sechs Fingern und fünf Zehen auf der rechten Seite und fünf Fingern und fünf Zehen auf der linken Seite, so dass sie halb und halb groß war. Der letzte, ein Junge, hatte fünf Finger und fünf Zehen. Der dritte, Andrè , war, wie Sie sich erinnern werden, vollkommen wohlgeformt und hatte viele Kinder, deren Hände und Füße alle regelmäßig entwickelt waren. Marie, die letzte, die natürlich einen Mann heiratete, der nur fünf Finger hatte, hatte vier Kinder: Das erste, ein Junge, wurde mit sechs Zehen geboren, aber die anderen drei waren normal.

Beobachten Sie nun, welche sehr außergewöhnlichen Phänomene hier dargestellt werden. Sie haben eine zufällige Variation, die aus etwas entsteht, das Sie als Monstrosität bezeichnen könnten; Sie haben diese Tendenz oder Variation zur Monstrosität zunächst durch eine Vermischung mit einer Frau normaler Statur abgeschwächt, und Sie würden natürlich erwarten, dass bei den Ergebnissen einer solchen Verbindung die Monstrosität, wenn sie wiederholt wird, im gleichen Verhältnis zu dieser steht normaler Typ; das heißt, dass die Kinder halb und halb sein würden, wobei einige die Eigentümlichkeit des Vaters annehmen würden und die anderen vom rein normalen Typus der Mutter wären; aber Sie sehen, wir haben ein großes Übergewicht der anormalen Art. Nun wird es noch einmal mit dem reinen, normalen Typ vermischt, und ungeachtet der zweiten Verdünnung entsteht wieder der anormale Typ in großen Mengen. Was wäre nun passiert, wenn diese abnormalen Typen miteinander geheiratet hätten? Das heißt, angenommen, die beiden Jungen von Salvator hätten es sich in den Kopf gesetzt, ihre ersten Cousins, die beiden ersten Mädchen von George, ihrem Onkel, zu heiraten? Sie werden sich erinnern, dass dies alles vom abnormalen Typ ihres Großvaters ist. Das Ergebnis wäre wahrscheinlich gewesen, dass ihre Nachkommen in jedem Fall eine Weiterentwicklung dieses abnormalen Typs gewesen wären. Sie sehen, erst in der vierten Generation, in der Person von Marie, wird die Tendenz, die in der zweiten Generation nur geringfügig auftritt, in der dritten ausgewaschen, während die Nachkommen von Andrè , die in der ersten Instanz entkommen waren, entkommen insgesamt.

Wir haben in diesem Fall ein gutes Beispiel für die Tendenz der Natur, eine Variation aufrechtzuerhalten. Hier handelt es sich sicherlich um eine Variante, die weder Nutzen noch Nutzen mit sich brachte; und doch sehen Sie, dass die Tendenz zur Perpetuierung so stark sein kann, dass die Varietät trotz einer großen Beimischung von reinem Blut bis zur dritten Generation fortbesteht, die größtenteils davon geprägt ist. In diesem Fall gab es, wie ich bereits sagte, keine Möglichkeit für die zweite Generation, mit irgendjemandem außer fünffingrigen Personen zu heiraten, und es drängt sich natürlich die Frage auf: Was wäre das Ergebnis einer solchen Ehe gewesen? Réaumur erzählt diesen Fall nur bis zur dritten Generation. Sicherlich wäre es äußerst merkwürdig gewesen, wenn wir dieser Angelegenheit weiter nachgehen könnten; Hätten die Cousins untereinander geheiratet, wäre möglicherweise eine sechsfingrige Variante der Menschheit entstanden.

Um Ihnen zu zeigen, dass diese Annahme keineswegs unvernünftig ist, möchte ich nun darauf hinweisen, was im Fall von Seth Wrights Schafen geschah, bei denen es für ihn von entscheidender Bedeutung war, eine Zucht zu erhalten oder eine Herde davon aufzuziehen Schafe mögen diese zufällige Sorte, die ich beschrieben habe – und ich werde Ihnen sagen, warum. In dem Teil von Massachusetts, in dem Seth Wright lebte, waren die Felder durch Zäune getrennt, und die Schafe, die sehr aktiv und robust waren, zogen ins Ausland und sprangen ohne große Schwierigkeiten über diese Zäune auf die Farmen anderer Leute. Selbstverständlich führte diese überschäumende Aktivität der Schafe ständig zu allerlei Streitereien, Streitereien und Auseinandersetzungen unter den Bauern der Nachbarschaft ; So kam Seth Wright, der wie seine Nachfolger mehr oder weniger „niedlich“ war, auf die Idee, dass, wenn er einen Schafbestand wie die mit den O-Beinen bekommen könnte, diese nicht so leicht über die Zäune springen könnten; und er handelte nach dieser Idee. Er tötete seinen alten Widder, und sobald der junge Widder ausgewachsen war, brütete er mit ihm. Das Ergebnis war sogar noch verblüffender als bei dem Menschenexperiment, das ich gerade erwähnt habe. Oberst Humphreys bezeugt, dass es immer vorkam, dass die Nachkommen entweder reine Ancons oder reine gewöhnliche Schafe waren; dass es in keinem Fall zu einer Vermischung der Ancons mit den anderen gekommen sei. Infolgedessen war es dem Landwirt im Laufe weniger Jahre möglich, eine sehr große Herde dieser Sorte zu bekommen, und eine große Anzahl davon wurde über ganz Massachusetts verteilt. Am bedauerlichsten war jedoch – ich vermute, das lag daran, dass sie so häufig vorkamen –, dass ihnen niemand genügend Beachtung schenkte, um ihre Skelette zu erhalten; und obwohl Colonel Humphreys angibt, dass er gleichzeitig mit der Weiterleitung seines Aufsatzes ein Skelett an den Präsidenten der Royal Society geschickt hat, fürchte ich, dass die Sorte völlig verschwunden ist; Kurze Zeit nachdem diese Schafe in diesem Bezirk vorherrschend geworden waren, wurden die Merinoschafe eingeführt; und da ihre Wolle viel wertvoller war und sie eine ruhige Schafrasse waren und keine Neigung zeigten, Zäune zu betreten oder darüber zu springen, wurde die Otter-Schafrasse, deren Wolle der der Merinoschaf unterlegen war, nach und nach verbreitet aussterben gelassen.

Sie sehen, dass diese Tatsachen sehr gut veranschaulichen, was man tun kann, wenn man darauf achtet, aus Beständen zu züchten, die einander ähnlich sind. Wenn Sie, nachdem Sie eine Variation erhalten haben, eine Variation mit dem ursprünglichen Stamm kreuzen, diese Variation multiplizieren und dann darauf achten, dass sich diese Variation vom ursprünglichen Stamm unterscheidet, und sie zusammen züchten lassen, dann können Sie mit ziemlicher Sicherheit eine erzeugen Rasse, deren Tendenz, die Variation fortzusetzen, außerordentlich stark ist.

Das nennt man „Auswahl"; und durch genau den gleichen Prozess wie den, mit dem Seth Wright seine Ancon-Schafe züchtete, werden unsere Rinder-, Hunde- und Hühnerrassen erhalten. Es gibt einige Ausnahmemöglichkeiten, aber im Großen und Ganzen kann ich dennoch sagen, dass alle unsere verschiedenen Rassen von Haustieren auf diese Weise entstanden sind; und Sie müssen verstehen, dass es nicht nur eine Besonderheit oder ein Merkmal ist, in dem sich Tiere unterscheiden können. Es gibt keine einzige Besonderheit oder Eigenschaft irgendeiner körperlichen oder geistigen Art, bei der sich die Nachkommen nicht bis zu einem gewissen Grad von den Eltern und anderen Tieren unterscheiden könnten.

Unter uns ist das wohlbekannt. Die einfachste physikalische Besonderheit wird meist reproduziert. Ich kenne den Fall einer Frau, deren Ohrläppchen etwas abgeflacht war. Ein normaler Beobachter würde es kaum bemerken, und doch weist jedes ihrer Kinder in gewissem Maße eine Annäherung an dieselbe Besonderheit auf. Betrachtet man auch das andere Extrem, so können die schwersten Krankheiten wie Gicht, Skrofulose und Schwindsucht mit der gleichen Sicherheit und Beharrlichkeit weitergegeben werden, wie wir es bei der Aufrechterhaltung der O-Beine der Ancon-Schafe beobachtet haben.

Diese Tatsachen lassen sich jedoch am besten bei Tieren veranschaulichen, und das Ausmaß der Variation ist bekanntlich bei Hunden sehr bemerkenswert. Es gibt zum Beispiel einige Hunde, die viel kleiner sind als andere; Tatsächlich ist die Variation so enorm, dass der kleinste Hund wahrscheinlich etwa die Größe des Kopfes des größten Hundes haben würde; Es gibt sehr große Unterschiede in den Bauformen nicht nur des Skeletts, sondern auch in der Form des Schädels sowie in den Proportionen des Gesichts und der Anordnung der Zähne.

Der Pointer, der Retriever, die Bulldogge und der Terrier unterscheiden sich sehr stark, und doch gibt es allen Grund zu der Annahme, dass jede dieser Rassen aus derselben Quelle entstanden ist – dass alle wichtigen Rassen durch diese selektive Zucht entstanden sind aus zufälliger Variation.

Ein noch auffallenderer Fall dessen, was durch selektive Züchtung erreicht werden kann, und es ist ein besserer Fall, weil die Möglichkeit einer teilweisen Einfügung von Fehlern, auf die ich anspielte, nicht besteht, wurde von Herrn Darwin sehr sorgfältig untersucht – der Fall der Haustauben. Ich wage zu behaupten, dass es unter Ihnen vielleicht einige gibt, die *Taubenzüchter* sind , und ich möchte, dass Sie verstehen, dass ich, wenn ich mich dem Thema nähere, mit aller Bescheidenheit und Zögern sprechen würde, da ich leider sagen muss, dass ich kein Taubenzüchter bin. Ich weiß, dass es eine große Kunst und ein großes Geheimnis ist und etwas, worüber ein Mann nicht leichtfertig sprechen darf; Ich werde mich jedoch bemühen , Ihnen, soweit ich es verstehe, eine Zusammenfassung der veröffentlichten und unveröffentlichten Informationen zu geben, die ich von Herrn Darwin erhalten habe.

Unter der enormen Vielfalt – ich glaube, es gibt etwa hundertfünfzig Taubenarten – gibt es vier Arten, die ausgewählt werden können, da sie die größten Unterschiede zwischen einer Art und einer anderen darstellen. Ihre Namen sind Carrier, Pouter, Fantail und Tumbler. In diesen großen Diagrammen, die ich hier habe, sind sie jeweils in ihrer relativen Größe zueinander dargestellt. Dieser erste ist der Träger; Sie werden diesen großen Auswuchs an seinem Schnabel bemerken; es hat einen vergleichsweise kleinen Kopf; um die Augen herum ist ein kahler Raum; Es hat einen langen Hals, einen sehr langen Schnabel, sehr starke Beine, große Füße, lange Flügel und so weiter. Der zweite Vogel ist der Kropfvogel, ein sehr großer Vogel mit sehr langen Beinen und Schnabel. Er wird „Pouter" genannt, weil er die Angewohnheit hat, seine Speiseröhre durch das Aufblasen mit Luft anschwellen zu lassen. Ich sollte Ihnen sagen, dass alle Tauben zeitweise dazu neigen, aber bei der Taubenart ist dies in enormem Ausmaß der Fall. Die Vögel scheinen ziemlich stolz auf ihre Fähigkeit zu sein, sich auf diese Weise anzuschwellen und aufzublähen; Und ich denke, es ist ungefähr der drolligste Anblick, den man sich nur vorstellen kann, wenn man einen Käfig voller Tauben sieht, die auf diese lächerliche Art und Weise schnaufen und ausblasen.

Dieses Diagramm ist eine Darstellung der dritten Art, die ich erwähnt habe – der Fantail. Es handelt sich nämlich um einen kleinen Vogel mit äußerst kleinen Beinen und einem sehr kleinen Schnabel. Es zeichnet sich vor allem durch die Größe und Länge seines Schwanzes aus, der statt zwölf Federn viel mehr haben kann, sagen wir dreißig oder sogar mehr; ich glaube, es gibt einige mit bis zu zweiundvierzig. Dieser Vogel hat die merkwürdige Angewohnheit, die Federn seines Schwanzes so auszubreiten, dass sie nach vorne greifen und seinen Kopf berühren; und wenn dies erreicht werden kann, wird es meiner Meinung nach als ein Punkt von großer Schönheit angesehen.

Aber hier ist die letzte große Sorte, der Tumbler; und von dieser großen Vielfalt ist das hier dargestellte Exemplar eine der wichtigsten und am meisten geschätzten Arten – der kurzgesichtige Tumbler. Sein Schnabel ist, wie Sie sehen, auf ein Nichts reduziert. Vergleichen Sie einfach den Schnabel dieses Exemplars mit dem des ersten Exemplars, des Carriers – ich glaube, der orthodoxe Vergleich von Kopf und Schnabel eines durch und durch gut erzogenen Tumblers besteht darin, einen Hafer in eine Kirsche zu stecken, und das wird Ihnen das Richtige liefern relative Proportionen von Schnabel und Kopf. Die Füße und Beine sind außerordentlich klein und der Vogel wirkt neben diesem großen Träger wie ein ziemlicher Zwerg.

Das sind Unterschiede genug hinsichtlich ihres äußeren Erscheinungsbildes; aber diese Unterschiede sind keineswegs die gesamten oder auch nur die wichtigsten Unterschiede, die zwischen diesen Vögeln bestehen. Es gibt kaum einen Punkt ihrer Struktur, der nicht mehr oder weniger verändert worden wäre; Und um Ihnen eine Vorstellung davon zu geben, wie umfangreich diese Änderungen sind, habe ich hier einige sehr gute Skelette, für die ich meinem Freund Herrn Tegetmeier zu Dank verpflichtet bin , einer großen Autorität in diesen Angelegenheiten; Wenn Sie sie nach und nach untersuchen, werden Sie anhand dessen den enormen Unterschied in ihren Knochenstrukturen erkennen können.

Ich hatte vor einiger Zeit das Privileg, Zugang zu einigen wichtigen MSS zu erhalten. von Herrn Darwin, der sich, das darf ich Ihnen sagen, sehr große Mühe gegeben und viel wertvolle Zeit und Aufmerksamkeit auf die Untersuchung dieser Variationen und die Zusammenstellung aller sie betreffenden Tatsachen verwendet hat. Ich habe von diesen MSS erhalten. die folgende Zusammenfassung der Unterschiede zwischen den heimischen Taubenrassen; das heißt, eine Mitteilung über die verschiedenen Punkte, in denen sich ihre Organisation unterscheidet. Erstens kann die Rückseite des Schädels sehr unterschiedlich sein, und die Entwicklung der Gesichtsknochen kann sehr unterschiedlich sein; die Rückseite variiert stark; die Form des Unterkiefers variiert; Die Zunge variiert sehr stark, nicht nur im Zusammenhang mit der Länge und Größe des Schnabels, sondern sie scheint auch eine Art unabhängige Variation für sich zu haben. Dann kann die Menge der nackten Haut um die Augen und an der Basis des Schnabels enorm variieren; Das gilt auch für die Länge der Augenlider, die Form der Nasenlöcher und die Länge des Halses. Mir ist bereits die Angewohnheit aufgefallen, die Speiseröhre auszublasen, die beim Schmollmund so bemerkenswert ist und bei den anderen verhältnismäßig bemerkenswert ist. Es gibt auch große Unterschiede in der Größe von Weibchen und Männchen, der Körperform, der Anzahl und Breite der Rippenfortsätze, der Entwicklung der Rippen sowie der Größe, Form und Entwicklung der Rippen Brustbein. Möglicherweise bemerken wir auch – und ich erwähne diese Tatsache, weil sie von angeblich hoher Autorität bestritten wurde – die Variation in der Anzahl der Sakralwirbel . Ihre Zahl schwankt zwischen elf und vierzehn, und zwar ohne irgendeine Verminderung der Zahl der Rücken- oder Schwanzwirbel. Dann können die Anzahl und die Position der Schwanzfedern enorm variieren, ebenso wie die Anzahl der Primär- und

Sekundärfedern der Flügel. Nochmals, die Länge der Füße und des Schnabels – obwohl sie nichts miteinander zu tun haben, scheinen doch zusammenzupassen – das heißt, man hat überall dort, wo man lange Füße hat, einen langen Schnabel. Es gibt auch Unterschiede in den Zeiten, in denen das perfekte Gefieder erworben wird, – der Größe und Form der Eier, – der Art des Fliegens und der Flugfähigkeit – sogenannte „ *heimkehrende* " Vögel verfügen über enorme Flugkräfte; [52] Andererseits wird der kleine Tumbler wegen seiner außergewöhnlichen Fähigkeit, sich Hals über Kopf in der Luft zu drehen, so genannt, anstatt einen bestimmten Kurs zu verfolgen. Und schließlich können die Stimmungen und Stimmen der Vögel variieren. So zeigt Ihnen der Fall der Tauben, dass es kaum eine einzige Besonderheit – sei es des Instinkts, der Gewohnheit, der Knochenstruktur oder des Gefieders – der inneren Ökonomie oder der äußeren Form gibt, in der es zu einer Variation oder Veränderung kommen könnte nicht stattfinden, die durch selektive Züchtung aufrechterhalten werden und die Grundlage für eine neue Rasse bilden und diese hervorbringen können.

Wenn Sie diese vier Taubenarten vor Ihrem geistigen Auge haben, werden Sie vielleicht eine möglichst gute Vorstellung davon haben, in welchem enormen Ausmaß eine Abweichung von einem primitiven Typus durch diesen Prozess entstehen kann selektive Zucht.

FUSSNOTEN:

[52] Der „ *Träger* ", erfahre ich von Herrn Tegetmeier , *trägt* nicht ; ein hochgezüchteter Vogel dieser Rasse ist nur ein schlechter Flieger. Die Vögel, die weite Strecken fliegen und nach Hause kommen – „Heimkehrvögel" – und daher als Träger verwendet werden, sind keine „Träger" im eigentlichen Sinne.

VIII

Die Existenzbedingungen als Einfluss auf den Fortbestand von Lebewesen.

In der letzten Vorlesung habe ich versucht, Ihnen zu beweisen, dass organische Wesen zwar in der Regel dazu neigen, ihre Art zu reproduzieren, bei ihnen aber auch eine ständig wiederkehrende Tendenz zur Veränderung besteht – zur Veränderung nach mehr oder weniger Ausmaß. Ich habe Sie darauf hingewiesen, dass eine solche Vielfalt aus Ursachen entstehen kann, die wir nicht verstehen; wir nannten es daher spontan; und es könnte als ein bestimmtes und ausgeprägtes Ding entstehen, ohne jegliche Abstufungen zwischen sich selbst und der ihm vorausgehenden Form. Ich wies weiter darauf hin, dass eine solche Vielfalt, wenn sie einmal entstanden ist, bis zu einem gewissen Grad, und zwar in einem sehr ausgeprägten Umfang, aufrechterhalten werden kann, ohne dass es zu einem direkten Eingriff oder zu einer Ausübung des Prozesses kommt, den wir Selektion nennen. Und dann erklärte ich weiter, dass durch eine solche Selektion, wenn sie künstlich durchgeführt wird – wenn man darauf achtet, nur aus solchen Formen zu züchten, die die gleichen Besonderheiten wie jede auf diese Weise entstandene Sorte aufweisen – die Variation für uns aufrechterhalten werden könnte kann sehen, auf unbestimmte Zeit.

Die nächste Frage, und sie ist für uns wichtig, lautet: Gibt es eine Grenze für das Ausmaß der Variation aus dem Urbestand, die durch diesen Prozess der selektiven Züchtung erzeugt werden kann? Bei der Betrachtung dieser Frage wird es nützlich sein, die Merkmale, hinsichtlich derer sich organische Lebewesen unterscheiden, in zwei Kategorien einzuteilen: Wir können strukturelle Merkmale berücksichtigen und wir können physiologische Merkmale berücksichtigen.

Was die strukturellen Merkmale anbelangt, habe ich mich zunächst bemüht , Ihnen anhand der Skelette, die ich auf dem Tisch hatte, und unter Bezugnahme auf viele gut gesicherte Fakten zu zeigen, dass die verschiedenen Taubenrassen, die Brieftauben, die Brieftauben, und Becher können in ihren inneren und wichtigen strukturellen Merkmalen sehr stark variieren; Es kann nicht nur zu Veränderungen in den Proportionen des Schädels und in den Merkmalen der Füße und Schnäbel usw. kommen; aber dass es einen absoluten Unterschied in der Anzahl der Rückenwirbel geben könnte , wie bei den Kreuzwirbeln des Pouter; und das Ausmaß der Variation in diesen und ähnlichen Merkmalen ist so groß, dass ich Sie anhand der Skelette und Diagramme darauf hingewiesen habe, dass diese extremen Varietäten in ihren strukturellen Merkmalen durchaus stärker voneinander abweichen können, als es die Naturforscher nennen verschiedene TAUBENARTEN ; Das heißt, dass sie sich in ihrer Struktur so stark unterscheiden, dass zwischen dem Stumpftaube und dem Sturztaube ein größerer Unterschied besteht als zwischen so wilden und unterschiedlichen Formen wie der Felsentaube oder der Ringeltaube oder der Ringeltaube und der Stocktaube ; und in der Tat sind die Unterschiede von größerem Wert als dieser, denn die strukturellen Unterschiede zwischen diesen domestizierten Tauben sind so groß, dass ein Naturforscher, vorausgesetzt, er wüsste überhaupt nichts über ihre Herkunft, zugeben würde, dass sie sogar unterschiedliche Gattungen bilden könnten.

„SPEZIES" verwendet habe und ihn wahrscheinlich noch häufig verwenden werde, sollte ich vielleicht ein oder zwei Worte darauf verwenden, zu erklären, was ich damit meine.

Tiere und Pflanzen werden in Gruppen eingeteilt, die nach und nach kleiner werden, beginnend mit einem KÖNIGREICH , das in UNTERKÖNIGREICHE UNTERTEILT IST ; dann kommen die kleineren Abteilungen, die PROVINZEN GENANNT WERDEN ; und so weiter von einer PROVINZ zu einer KLASSE , von einer KLASSE zu einem ORDEN , von *Orden* zu *Familien* und von diesen zu GATTUNGEN , bis wir schließlich zu den kleinsten Gruppen von Tieren kommen, die durch konstante Merkmale voneinander abgegrenzt werden können , die nicht sexuell sind; und das sind es, was Naturforscher in der Praxis ARTEN NENNEN , was auch immer sie theoretisch tun mögen.

Wenn Sie in einem Naturzustand zwei Gruppen von Lebewesen finden, die durch ein ständig wiederkehrendes Merkmal voneinander getrennt sind, ist es mir egal, wie geringfügig und trivial es auch sein mag, solange es definiert und konstant ist und dies auch der Fall ist nicht von sexuellen Besonderheiten abhängen, dann sind sich alle Naturforscher darin einig, sie zwei Arten zu nennen; Das ist es, was mit der Verwendung des Wortes „Art" gemeint ist – das heißt, für den praktischen Naturforscher handelt es sich lediglich um eine Frage struktureller Unterschiede. [53]

Wir haben nun gesehen – um diesen Punkt noch einmal zu wiederholen, und es ist sehr wichtig, dass wir ihn richtig verstehen – wir haben gesehen, dass Rassen, von denen bekannt ist, dass sie durch Selektion aus einem gemeinsamen Stamm hervorgegangen sind, in ihrer Struktur genauso unterschiedlich sein können Der ursprüngliche Bestand kann unterschiedlich sein, da sich die Arten voneinander unterscheiden können.

Aber gilt das Gleiche auch für die physiologischen Eigenschaften von Tieren? Entsprechen die physiologischen Unterschiede der Varietäten im Ausmaß denen, die zwischen Formen beobachtet werden, die Naturforscher verschiedene Arten nennen? Dies ist ein äußerst wichtiger Punkt, den wir berücksichtigen sollten.

Was die große Mehrheit der physiologischen Eigenschaften betrifft, besteht kein Zweifel daran, dass sie durch Selektion entwickelt, gesteigert und verändert werden können.

Es besteht kein Zweifel, dass Rassen in vielen physiologischen Merkmalen genauso unterschiedlich sein können wie Arten. Ich habe Ihnen bereits sehr kurz die unterschiedlichen Gewohnheiten der Taubenrassen aufgezeigt, die alle von ihren physiologischen Besonderheiten abhängen – wie die besondere Gewohnheit, im Tumbler zu taumeln, – die Besonderheiten des Fluges, in der „Zielsuche". Vögeln – die seltsame Angewohnheit, den Schwanz auszubreiten und auf eine besondere Art und Weise zu gehen, beim Fächerschwanz – und schließlich die Angewohnheit, die Speiseröhre auszublasen, die so charakteristisch für den Kröpfer ist. Dies alles ist auf physiologische Veränderungen zurückzuführen, und in all diesen Hinsichten unterscheiden sich diese Vögel genauso stark voneinander wie zwei gewöhnliche Arten.

So auch bei Hunden in ihren Gewohnheiten und Instinkten. Es ist eine physiologische Besonderheit, die den Greyhound dazu bringt, seine Beute durch Sicht zu jagen, die es dem Beagle ermöglicht, sie anhand des Geruchs zu verfolgen, die den Terrier zu seiner Neigung zur Rattenjagd antreibt und die den Retriever zu seinen Gewohnheiten führt abrufen. Diese Gewohnheiten und Instinkte sind allesamt Ergebnisse physiologischer Unterschiede und Besonderheiten, die sich aus einem gemeinsamen Stamm heraus entwickelt haben, zumindest gibt es allen Grund, dies zu glauben. Aber es ist ein äußerst seltsamer Umstand, dass Sie, während Sie fast die gesamte Reihe physiologischer Prozesse durchlaufen, ohne eine Kontrolle für Ihre Argumentation zu finden, schließlich an einen Punkt gelangen, an dem Sie tatsächlich eine Kontrolle finden, und zwar im Bereich der Fortpflanzung Prozesse. Denn es gibt einen äußerst einzigartigen Umstand in Bezug auf natürliche Arten – zumindest bei einigen von ihnen – und es würde für die Zwecke dieses Arguments ausreichen, wenn er nur auf eine von ihnen zutreffen würde, aber es gibt tatsächlich einen Es gibt eine große Anzahl solcher Fälle – und das heißt, dass sie, so ähnlich sie auch bloßen Rassen oder Rassen zu sein scheinen, eine deutliche Besonderheit im Fortpflanzungsprozess darstellen. Wenn Sie aus Männchen und Weibchen derselben Rasse züchten, haben Sie natürlich Nachkommen der gleichen Art, und wenn Sie die Nachkommen zusammen züchten lassen, erhalten Sie das gleiche Ergebnis, und wenn Sie erneut aus diesen züchten, werden Sie immer noch Nachkommen haben die gleiche Art von Nachkommen; es gibt keinen Scheck. Nimmt man jedoch Mitglieder zweier unterschiedlicher Arten, so ähnlich sie einander auch sein mögen, und lässt sie sich miteinander vermehren, so wird man eine Hemmung finden, allerdings mit einigen Modifikationen und Ausnahmen, auf die ich gleich eingehen werde. Wenn

Sie zwei solcher Arten miteinander kreuzen, dann – auch wenn Sie bei der ersten Kreuzung möglicherweise Nachkommen bekommen –, wenn Sie jedoch versuchen, aus den Produkten dieser Kreuzung, den sogenannten HYBRIDEN, ZU ZÜCHTEN , d. h. wenn man einen männlichen und einen weiblichen Hybriden koppelt, dann ist das Ergebnis, dass man in neunundneunzig von hundert Fällen überhaupt keine Nachkommen bekommt: Es wird überhaupt kein Ergebnis geben.

Der Grund dafür ist in manchen Fällen ganz offensichtlich; Obwohl die männlichen Hybriden alle äußeren Erscheinungen und Merkmale perfekter Tiere besitzen, sind sie physiologisch unvollkommen und weisen einen Mangel an strukturellen Teilen der Fortpflanzungselemente auf, die für die Zeugung notwendig sind. Beim männlichen Maultier, der Kreuzung aus Esel und Stute, soll dies stets der Fall sein; Und daher kommt es, dass, obwohl die Kreuzung von Pferd und Esel leicht genug ist und meines Wissens ständig durchgeführt wird, Sie, wenn Sie zwei Maultiere, ein Männchen und ein Weibchen, nehmen und versuchen , sie zu züchten, Sie keinerlei Nachkommen bekommen; es wird keine Generation stattfinden. Dies wird als Sterilität der Hybriden zwischen zwei verschiedenen Arten bezeichnet.

Sie sehen, dass dies ein sehr außergewöhnlicher Umstand ist; man sieht nicht, warum es so sein sollte. Die gängige teleologische Erklärung ist, dass damit die Verunreinigung des Blutes verhindert werden soll, die aus der Kreuzung einer Art mit einer anderen entsteht, aber Sie sehen, dass dies in Wirklichkeit nicht der Fall ist. Die Tatsache, dass Hybriden sich nicht miteinander vermehren können, spricht nicht für die Begründung einer solchen Theorie; Es gibt nichts, was die Zucht des Pferdes mit dem Esel oder die Zucht des Esels mit dem Pferd verhindern könnte. Damit scheitert diese Erklärung, wie es bei vielen Erklärungen dieser Art der Fall ist, die nur auf bloßen Annahmen beruhen.

also , dass es einen großen Unterschied zwischen „Mischlingen", bei denen es sich um Kreuzungen verschiedener Rassen handelt, und „Hybriden", bei denen es sich um Kreuzungen zwischen verschiedenen Arten handelt, handelt. Die Mischlinge sind, soweit wir wissen, untereinander fruchtbar. Aber zwischen den Arten gelingt es in vielen Fällen nicht, auch nur die erste Kreuzung zu erreichen: Auf jeden Fall ist es ziemlich sicher, dass die Hybriden untereinander oft völlig unfruchtbar sind.

Hier liegt also ein Merkmal vor, das, so groß oder klein es auch sein mag, natürliche Tierarten auszeichnet. Können wir bei den verschiedenen Rassen, von denen bekannt ist, dass sie durch selektive Zucht aus einem gemeinsamen Stamm hervorgegangen sind, eine Annäherung daran finden? Bis heute ist die Antwort auf diese Frage absolut negativ. Soweit uns derzeit bekannt ist, gibt es nichts, was dieser Prüfung auch nur annähernd entspricht.

Bei der Kreuzung der Rassen zwischen dem Fantail und dem Pouter, dem Carrier und dem Tumbler oder jeder anderen Varietät oder Rasse, die Sie nennen mögen, gibt es – soweit wir derzeit wissen – keine Schwierigkeiten, die Mischlinge miteinander zu züchten. Nehmen Sie zum Beispiel den Träger und den Fächerschwanz und lassen Sie sie im Falle verschiedener Arten das Pferd und den Esel darstellen; dann haben Sie als Ergebnis ihrer Zucht den Träger-Fantail- Mischling – wir sagen den männlichen und weiblichen Mischling – und soweit wir wissen, wären diese beiden bei einer Kreuzung nicht weniger fruchtbar als die ursprüngliche Kreuzung. oder als Carrier mit Carrier. Hier besteht, wie Sie sehen, ein physiologischer Kontrast zwischen den durch selektive Modifikation hervorgebrachten Rassen und natürlichen Arten. Ich werde den Wert dieser Tatsache und einiger sich nach und nach ändernder Umstände untersuchen. Im Moment möchte ich es Ihnen nur in groben Zügen darlegen.

Bei der Betrachtung dieser Frage der Grenzen der Arten muss jedoch ein Wort über das gesagt werden, was man REKURRENZ NENNT – die Tendenz von Rassen, die durch selektive Züchtung aus Sorten entwickelt wurden, zu ihrem ursprünglichen Typus zurückzukehren. Viele gehen davon aus, dass dies dem Ausmaß selektiver und aller anderen Variationen eine absolute Grenze setzt. Die Leute sagen: „Es ist schön und gut, über die Entstehung dieser verschiedenen Rassen zu reden, aber Sie wissen sehr gut, dass, wenn man all diese Vögel, diese Vogel- und Trägervögel usw. verwildern würde, sie alle zu ihren ursprünglichen Beständen zurückkehren würden." " Dies wird sehr allgemein als eine Tatsache angenommen, und es ist ein Argument, das allgemein als schlüssig vorgebracht wird; aber wenn Sie sich die Mühe machen, es genauer zu untersuchen, werden Sie, glaube ich, feststellen, dass es nicht sehr viel wert ist. Die erste Frage ist natürlich: Kehren sie so zum Urbestand zurück? Und da die Sache allgemein angenommen und akzeptiert wird, ist es äußerst schwierig, auch nur annähernd gute Beweise dafür zu erhalten . Es heißt zum Beispiel immer wieder, dass domestizierte Pferde, wenn sie verwildert werden, wie es in einigen Teilen Kleinasiens und Südamerikas der Fall war, sofort zu dem ursprünglichen Bestand zurückkehren, aus dem sie gezüchtet wurden. Aber die erste Antwort, die Sie auf diese Annahme geben, ist die Frage, wer weiß, was der Urbestand war; und die zweite Antwort ist, dass in diesem Fall die wilden Pferde Kleinasiens genau wie die wilden Pferde Südamerikas sein müssten. Wenn beide dasselbe sind, sollten sie offensichtlich einander ähnlich sein! Die besten Experten sagen Ihnen jedoch, dass es ganz anders ist. Das wilde Pferd Asiens soll eine braune Farbe haben , einen großen Kopf und viele andere Besonderheiten haben; während die besten Kenner der Wildpferde Südamerikas Ihnen sagen, dass es keine Ähnlichkeit zwischen ihren Wildpferden und denen Kleinasiens gibt; Der Schnitt ihrer Köpfe ist sehr unterschiedlich und sie sind häufig kastanienbraun oder braun gefärbt . Es ist daher völlig klar, dass diese

Tatsachen, da es zwei Urstämme hätte geben müssen, nichts für die Annahme tun, dass Rassen auf einen Urstamm zurückgehen, und was diesen Beweis anbelangt, trifft dies zu der Boden.

Nehmen wir für einen Moment an, dass es so wäre und dass domestizierte Rassen, wenn sie wild werden, tatsächlich zu einem gemeinsamen Zustand zurückkehren, dann kann ich mir nicht vorstellen, dass dies viel mehr beweisen würde, als dass ähnliche Bedingungen wahrscheinlich ähnliche Ergebnisse hervorbringen; und dass man, wenn man domestizierte Tiere wieder in das zurückbringt, was wir natürliche Bedingungen nennen, genau das Gleiche tut, als ob man die gesamte Arbeit, die man geleistet hat, sorgfältig rückgängig machen würde, um das Tier aus der Wildnis in seinen domestizierten Zustand zu überführen. Ich sehe nichts sehr Wunderbares darin, dass es, wenn es so viel Mühe kostet, es aus einem wilden Zustand herauszuholen, in seinen ursprünglichen Zustand zurückkehrt, sobald man die Bedingungen beseitigt, die die Variation zur domestizierten Form hervorgebracht haben. Es gibt jedoch eine wichtige Tatsache, die Herr Darwin mit Nachdruck vorgebracht hat und die im Zusammenhang mit der Zucht domestizierter Tauben bemerkt wurde; Und so unterschiedlich diese Taubenrassen auch sein mögen – und wir haben bereits die großen Unterschiede zwischen diesen Rassen bemerkt –, wenn unter einer dieser Variationen die Chance besteht, dass eine blaue Taube auftaucht, wird dies der Fall sein Achten Sie darauf, die schwarzen Streifen über den Flügeln zu haben, die charakteristisch für den ursprünglichen Wildstamm, die Felsentaube, sind.

Nun, das ist sicherlich ein sehr bemerkenswerter Umstand; aber ich kann mir nicht vorstellen, dass es so oder so sehr aussagekräftig ist. Ich denke tatsächlich, dass sich dieses Argument zugunsten einer Rückkehr zum primitiven Typus für diejenigen, die es so ständig vorbringen, als viel zu viel erweisen könnte. Zum Beispiel hat Herr Darwin sehr eindringlich darauf hingewiesen, dass nichts häufiger vorkommt, als wenn man ein Dun-Pferd untersucht – und ich hatte kürzlich Gelegenheit, diese Darstellung zu überprüfen, als ich auf den Inseln der West Highlands war, wo es sehr viele Dun-Pferde gibt Pferde – um festzustellen, dass dieses Pferd einen langen schwarzen Streifen auf dem Rücken, sehr oft Streifen auf der Schulter und sehr oft Streifen auf den Beinen aufweist. Ich selbst habe vor kurzem ein Pony dieser Beschreibung in einem Bäckerwagen in der Nähe von Rothesay in Bute gesehen: Es hatte den langen Streifen auf dem Rücken und Streifen auf den Schultern und Beinen, genau wie die des Esels. das Quagga und das Zebra. Wenn wir nun die Theorie der Rekurrenz so interpretieren, wie sie auf diesen Fall angewendet wird, könnte man dann nicht sagen, dass es sich hier um eine Variation handelte, die die Charaktere und Zustände eines Tieres zeigte, das so etwas wie eine Zwischenposition zwischen dem Pferd, dem Esel und dem Tier einnahm Quagga und das Zebra, und woraus wurden diese entwickelt? Dasselbe gilt auch für den Menschen. Jeder Anatom wird Ihnen sagen, dass es bei der Sektion des menschlichen Körpers nichts Gewöhnlicheres gibt, als auf sogenannte Muskelvariationen zu stoßen – das heißt, wenn Sie zwei Körper sehr sorgfältig sezieren, werden Sie wahrscheinlich feststellen, dass die Arten der Befestigung und Einfügung von Die Muskeln sind bei beiden nicht genau gleich, da es große Besonderheiten in der Art und Weise gibt, in der die Muskeln angeordnet sind. und es ist sehr merkwürdig, dass man bei einigen Sektionen des menschlichen Körpers auf Anordnungen der Muskeln stößt, die den gleichen Teilen bei den Affen tatsächlich sehr ähnlich sind. Ist in diesem Fall die Schlussfolgerung zu ziehen, dass dies den schwarzen Balken bei der Taube ähnelt und dass es auf eine Rückkehr zum primitiven Typus hinweist, aus dem sich die Tiere wahrscheinlich entwickelt haben? Wirklich, ich denke, dass die Gegner von Modifikation und Variation das Argument der Wiederholung besser beiseite lassen sollten, sonst könnte es sich für sie als völlig zu stark erweisen.

Zusammenfassend lässt sich sagen : Die bisher vorliegenden Beweise sprechen gegen das Argument einer möglichen Grenze für Divergenzen, soweit es die Struktur betrifft; und zugunsten einer physiologischen Einschränkung. Durch selektive Züchtung können wir strukturelle Divergenzen erzeugen, die so groß sind wie die der Arten, aber wir können keine gleichen physiologischen Divergenzen erzeugen. Ich belasse die Frage vorerst dabei.

Das nächste Problem, das vor uns liegt – und es ist ein äußerst wichtiges – ist folgendes: Kommt diese selektive Züchtung in der Natur vor? Denn wenn es keinen Beweis dafür gibt, ist alles, was ich Ihnen gesagt habe, für die Erklärung der Entstehung der Arten nutzlos. Sind natürliche Ursachen in der Lage, bei der Fortpflanzung von Sorten eine Rolle bei der Selektion zu spielen? Hier haben wir mit sehr großen Schwierigkeiten zu kämpfen . Im letzten Vortrag hatte ich Gelegenheit, Sie auf die äußerste Schwierigkeit hinzuweisen, Beweise auch nur für den ersten Ursprung jener Varietäten zu erhalten, von denen wir wissen, dass sie bei domestizierten Tieren vorkommen. Ich habe Ihnen gesagt, dass die Herkunft dieser Sorten fast immer außer Acht gelassen wird, so dass ich nur zwei oder drei Fälle nennen konnte, wie den von Gratio Kelleia und der Ancon-Schafe. Die Leute vergessen sie oder nehmen sie nicht zur Kenntnis, bis sie in den Vordergrund treten; Und wenn das bei künstlichen Fällen unter unseren eigenen Augen und bei Tieren in unserer eigenen Obhut zutrifft, wie viel schwieriger muss es dann sein, aus erster Hand gute Beweise für den Ursprung von Varietäten in der Natur zu haben! Tatsächlich weiß ich nicht, dass es durch direkte Beweise möglich ist, den Ursprung einer Sorte in der Natur nachzuweisen oder eine selektive Züchtung nachzuweisen; Aber ich werde Ihnen sagen, was wir beweisen können – und das läuft auf das Gleiche hinaus –, dass es in der Natur innerhalb der Artengrenzen Arten gibt und dass es darüber hinaus natürliche Ursachen gibt, wenn in der Natur eine Vielfalt entstanden ist und Bedingungen, die ausreichend geeignet sind, die Rolle eines selektiven Züchters zu spielen; Und obwohl das nicht ganz der Beweis ist, den man gerne hätte – auch wenn es kein direkter Beweis ist – ist es doch auf seine Art ein überaus guter und überaus überzeugender Beweis.

Was den ersten Punkt betrifft, nämlich die Vielfalt der natürlichen Arten, möchte ich mich auf die allgemeine Erfahrung jedes Naturforschers und jedes Menschen berufen, der sich jemals mit den Merkmalen von Pflanzen und Tieren in einem natürlichen Zustand befasst hat. aber ich kann genauso gut ein paar konkrete Fälle herausgreifen und mit dem Menschen selbst beginnen.

Ich gehöre zu denen, die glauben, dass es derzeit keinerlei Beweise dafür gibt, dass die Menschheit ursprünglich aus mehr als einem einzigen Paar hervorgegangen ist; Ich muss sagen, dass ich überhaupt keinen stichhaltigen Grund oder auch nur einen haltbaren Beweis für die Annahme sehe, dass es mehr als eine Spezies des Menschen gibt. Doch wie Sie wissen, gibt es ebenso viele Arten von Tieren wie Menschen bemerkenswerte Arten. Ich spreche nicht nur von den breiten und deutlichen Variationen, die Sie auf einen Blick erkennen. Jeder kennt natürlich den Unterschied zwischen einem Neger und einem Weißen und kann einen Chinesen von einem Engländer unterscheiden. Sie weisen jeweils besondere Merkmale in Farbe und Physiognomie auf; Aber Sie müssen bedenken, dass die Charaktere dieser Rassen sehr viel tiefer gehen – sie reichen bis zur Knochenstruktur und zu den Charakteren des für uns wichtigsten aller Organe – des Gehirns; so dass unter Menschen, die verschiedenen Rassen oder sogar innerhalb derselben Rasse angehören, ein Mann ein Gehirn haben soll, das um ein Drittel, die Hälfte oder sogar siebzig Prozent größer ist als das eines anderen; und wenn man das gesamte Spektrum menschlicher Gehirne betrachtet, wird man in manchen Fällen eine Abweichung von hundert Prozent feststellen. Abgesehen von diesen Variationen in der Größe des Gehirns variieren auch die Merkmale des Schädels. Wenn ich also die Figuren eines Mongul- und eines Negerkopfes an die Tafel zeichne, beträgt die Breite beim letzteren etwa sieben Zehntel und beim anderen neun Zehntel der Gesamtlänge. Wie Sie sehen, gibt es zahlreiche Hinweise darauf, dass es bei Männern Unterschiede in ihrem natürlichen Zustand gibt. Und wenn man sich an andere Tiere wendet, ist es genau das Gleiche. Der Fuchs zum Beispiel, der in ganz Europa, Teilen Asiens und auf dem amerikanischen Kontinent eine sehr große geografische Verbreitung hat, variiert stark. Im Norden gibt es überwiegend große Füchse, im Süden kleinere. Allein in Deutschland rechnen die Förster mit etwa acht verschiedenen Sorten.

Beim Tiger geht niemand davon aus, dass es mehr als eine Art gibt; Sie erstrecken sich von den heißesten Teilen Bengalens bis in die trockenen, kalten, bitteren Steppen Sibiriens bis zu einem Breitengrad von 50 °, sodass sie sogar Rentiere erbeuten können. Diese Tiger haben äußerst unterschiedliche Eigenschaften, behalten aber dennoch alle ihre allgemeinen Merkmale bei, so dass kein Zweifel daran besteht, dass es sich um Tiger handelt. Der Sibirische Tiger hat ein dickes Fell, eine kleine Mähne und einen Längsstreifen auf dem Rücken, während sich die Tiger von Java und Sumatra in vielen wichtigen Punkten von den Tigern Nordasiens unterscheiden. Löwen variieren also ; so variieren Vögel; Wenn man also in der Schöpfung weiter zurück und tiefer geht, stellt man fest, dass es bei den Fischen Unterschiede gibt. In verschiedenen Bächen, sogar im selben Land, werden Sie feststellen, dass die Forellen sehr unterschiedlich sind und von denjenigen, die in den jeweiligen Bächen angeln, leicht erkennbar sind. Bei Blutegeln gibt es die gleichen Unterschiede; Blutegelsammler können Sie leicht auf die Unterschiede und Besonderheiten hinweisen, an denen Sie selbst wahrscheinlich vorbeikommen würden; so mit Süßwassermuscheln; also eigentlich bei jedem Tier, das man erwähnen kann.

Bei Pflanzen gibt es die gleiche Art von Variation. Nehmen Sie einen solchen Fall wie den gewöhnlichen Brombeerstrauch. Darüber streiten sich die Botaniker alle; Einige von ihnen wollen so tun, als gäbe es viele Arten davon, andere behaupten, dass es sich nur um viele Varianten einer Art handele. und sie können bis heute nicht entscheiden, was eine Art und was eine Vielfalt ist!

Damit es überhaupt keinen Zweifel darüber geben kann, dass jede Pflanze und jedes Tier unterschiedlicher Natur sein kann; dass Sorten auf die von mir beschriebene Weise entstehen können – als spontane Sorten – und dass diese Sorten auf die gleiche Weise fortbestehen können, wie ich Ihnen gezeigt habe, dass spontane Sorten fortbestehen; Ich sage daher, dass es keinen Zweifel an der Entstehung und dem Fortbestehen der Sorten in der Natur geben kann.

Aber die Frage ist nun: Findet Selektion in der Natur statt? Gibt es in der Natur so etwas wie die selektive Zucht durch den Menschen? Sie werden bemerken, dass ich derzeit nichts über Arten sage; Ich möchte mich auf die Betrachtung der Entstehung jener natürlichen Rassen beschränken, deren Existenz jedermann zugibt. Die Frage ist, ob es in der Natur Ursachen gibt, die befähigt sind, Rassen hervorzubringen, genauso wie der Mensch durch Selektion solche Tierrassen hervorbringen kann, wie wir bereits bemerkt haben.

Wenn eine Sorte entstanden ist, sind die EXISTENZBEDINGUNGEN so beschaffen, dass sie einen Einfluss ausüben, der genau mit dem der künstlichen Selektion vergleichbar ist. Mit Existenzbedingungen meine ich zwei Dinge: Es gibt Bedingungen, die von der physischen, anorganischen Welt bereitgestellt werden, und es gibt Existenzbedingungen, die von der organischen Welt bereitgestellt werden. Erstens gibt es DAS KLIMA ; Unter dieser Überschrift berücksichtige ich nur die Temperatur und die unterschiedliche Feuchtigkeitsmenge an bestimmten Orten. An der nächsten Stelle gibt es das, was technisch als STATION BEZEICHNET wird, was bedeutet: „Angesichts des Klimas die besondere Art von Ort, an dem ein Tier oder eine Pflanze lebt oder wächst; Beispielsweise liegt die Station eines Fisches im Wasser, die eines Süßwasserfisches im Süßwasser; Die Station eines Meeresfisches liegt im Meer, und ein Meerestier kann eine höhere oder tiefere Station haben. Das Gleiche gilt wiederum für Landtiere: Die Unterschiede in ihren Stationen sind die unterschiedlicher Böden und Nachbarschaften ; Einige sind am besten an einen kalkhaltigen, andere an einen sandigen Boden angepasst. Die dritte Existenzbedingung ist NAHRUNG , womit ich Nahrung im weitesten Sinne meine, die Versorgung mit den Materialien, die für die Existenz eines organischen Wesens notwendig sind; im Falle einer Pflanze die anorganischen Stoffe, wie Kohlensäure, Wasser, Ammoniak und die erdigen Salze oder Salzlösungen ; beim Tier die anorganischen und organischen Stoffe, die sie, wie wir gesehen haben, benötigen; Dann sind dies alles, zumindest die beiden ersten, was wir die anorganischen oder physische Bedingungen der Existenz nennen können. Das Essen nimmt eine mittlere Stellung ein, und dann kommen die organischen Bedingungen; Damit meine ich die Bedingungen, die vom Zustand der übrigen organischen Schöpfung abhängen, von der Anzahl und Art der Lebewesen, von denen ein Tier umgeben ist. Sie können diese in zwei Kategorien einteilen: Es gibt organische Wesen, die als *Gegner fungieren* , und es gibt organische Wesen, die als *Helfer* für ein bestimmtes organisches Lebewesen fungieren. Es gibt zwei Arten von Gegnern: Es gibt *indirekte Gegner* , die wir *Rivalen nennen können* ; und es gibt die *direkten Gegner* , die danach streben, das Geschöpf zu zerstören; und diese nennen wir *Feinde* . Mit Rivalen meine ich natürlich im Fall der Pflanzen diejenigen, die zu ihrer Unterstützung den gleichen Boden und die gleiche Stellung benötigen, und bei den Tieren diejenigen, die die gleiche Art von Standort, Nahrung oder Klima benötigen; das sind die indirekten Gegner; Die direkten Gegner sind natürlich diejenigen, die ein Tier oder eine Pflanze jagen. Die *Helfer* können auch als direkte und indirekte Helfer angesehen werden: Im Fall eines fleischfressenden Tieres beispielsweise kann eine bestimmte krautige Pflanze bei der Vermehrung ein indirekter Helfer sein, indem sie es den Pflanzenfressern , die der Fleischfresser erbeutet, ermöglicht, mehr Nahrung zu bekommen, und so um den Fleischfresser reichlicher zu ernähren; Der direkte Helfer lässt sich am besten anhand eines parasitären Lebewesens wie des Bandwurms veranschaulichen. Der Bandwurm kommt im menschlichen Darm vor. Je weniger Menschen es gibt, desto weniger Bandwürmer gibt es unter sonst gleichen Bedingungen. Es ist vielleicht eine demütigende Vorstellung, dass wir als direkte Helfer des Bandwurms gelten, aber Tatsache ist: Wir alle können sehen, dass es ohne Menschen keine Bandwürmer gäbe.

Es ist äußerst schwierig, die Bedeutung und das Funktionieren der Existenzbedingungen richtig einzuschätzen. Ich glaube, bis zur Veröffentlichung von Herrn Darwins Werk, das sie uns mit bemerkenswerter Klarheit vor Augen geführt hat, gab es bis zur Veröffentlichung von Herrn Darwins Werk keinen von uns, der auch nur die geringste Ahnung davon hatte, sie richtig einzuschätzen; und ich muss versuchen , Ihnen im Rahmen meiner Möglichkeiten eine Vorstellung davon zu vermitteln, wie sie funktionieren. Wir werden es am einfachsten finden, einen einfachen Fall zu nehmen, der möglichst frei von jeder Art von Komplikationen ist.

Ich nehme daher an, dass der gesamte bewohnbare Teil dieses Erdballs – das trockene Land, das etwa 51.000.000 Quadratmeilen groß ist – ich nehme an, dass das gesamte trockene Land das gleiche Klima hat und dass es aus demselben zusammengesetzt ist Art von Gestein oder Boden, so dass es überall die gleiche Station gibt; Wir beseitigen so den besonderen Einfluss verschiedener Klimazonen und Stationen. Dann stelle ich mir vor, dass es nur ein einziges organisches Wesen auf der Welt geben wird, und zwar eine Pflanze. Hier beginnen wir fair. Seine Nahrung soll Kohlensäure, Wasser und Ammoniak sowie die salzhaltigen Stoffe im Boden sein, die vermutlich überall gleich sind. Wir nehmen eine einzige Pflanze, ohne Gegner, ohne Helfer und ohne Rivalen; es soll ein „faires Feld und kein Gefallen " sein. Nun möchte ich Sie bitten, sich weiter vorzustellen, dass es sich um eine Pflanze handelt, die jedes Jahr fünfzig Samen produziert, was für eine Pflanze eine sehr bescheidene Zahl ist; und dass diese Samen durch die Wirkung von Wind und Strömung gleichmäßig und allmählich über die gesamte Landoberfläche verteilt werden. Ich möchte, dass Sie jetzt nachvollziehen, was passieren wird, und Sie werden feststellen, dass ich genauso wenig falsch spreche wie ein Mathematiker, wenn er sein Problem darlegt. Wenn Sie zeigen, dass die Bedingungen Ihres Problems denen entsprechen, die tatsächlich in der Natur auftreten können, und dass Sie bei der Ausarbeitung Ihres Vorschlags keines der bekannten Naturgesetze verletzen, dann sind Sie bei der Schlussfolgerung, zu der Sie gelangen, genauso sicher wie der Mathematiker zur Lösung seines Problems gelangt. In der Wissenschaft besteht die einzige Möglichkeit, die Komplikationen, mit denen ein Thema dieser Art verbunden ist, zu beseitigen, darin, mit dieser deduktiven Methode zu arbeiten. Was wird dann das Ergebnis sein? Ich gehe davon aus, dass jede

Pflanze einen Quadratfuß Boden zum Leben benötigt; und das Ergebnis wird sein, dass die Anlage im Laufe von neun Jahren jeden verfügbaren Platz auf der ganzen Welt besetzt haben wird! Ich habe die Zahlen an die Tafel geschrieben, anhand derer ich zu dem Ergebnis komme:

Pflanzen.						Pflanzen.
1	× 50	In	1	Jahr	=	50
50	× 50	„	2	„	=	2.500
2.500	× 50	„	3	„	=	125.000
125.000	× 50	„	4	„	=	6.250.000
6.250.000	× 50	„	5	„	=	312.500.000
312.500.000	× 50	„	6	„	=	15.625.000.000
15.625.000.000	× 50	„	7	„	=	781.250.000.000
781.250.000.000	× 50	„	8	„	=	39.062.500.000.000
39.062.500.000.000	× 50	„	9	„	=	1.953.125.000.000.000

51.000.000 Quadratmeilen – die trockene Oberfläche				
der Erde × 27.878.400 – die	}	=	Quadratfuß.	1.421.798.400.000.000
Anzahl der Quadratfuß in 1 Quadratmeile				
				beträgt 531.326.600.000.000
Quadratmeter weniger, als am Ende des neunten Jahres erforderlich wäre.				

Daraus ersehen Sie, dass die einzelne Pflanze am Ende des ersten Jahres fünfzig weitere ihrer Art hervorgebracht hat; bis zum Ende des zweiten Jahres werden diese auf 2500 angewachsen sein; und so weiter, in den folgenden Jahren kommt man sogar über Billionen hinaus; und ich bin mir überhaupt nicht sicher, ob ich Ihnen sagen könnte, was die richtige arithmetische Bezeichnung der Gesamtzahl wirklich ist; aber auf jeden Fall werden Sie die Bedeutung all dieser Nullen verstehen . Dann sehen Sie, dass ich unten die 51.000.000 Quadratmeilen genommen habe, die die Oberfläche des trockenen Landes bilden; Und wenn man die Anzahl der Quadratfuß unter die Anzahl der Samen setzt, die im neunten Jahr produziert werden würden, kann man sofort erkennen, dass es eine enorme Anzahl mehr Pflanzen geben würde, als Quadratfuß Boden zur Verfügung stehen würden ihre Unterkunft. Dies ist sicherlich völlig ausreichend, um meinen Standpunkt zu beweisen; dass die einzelne Pflanze zwischen dem achten und neunten Jahr nach der Pflanzung die gesamte verfügbare Erdoberfläche bedeckt hätte.

Das ist etwas, was kaum vorstellbar ist – es scheint kaum vorstellbar – und doch ist es so. Es ist in der Tat einfach das Beispiel des Gesetzes von Malthus. Herr Malthus war ein Geistlicher, der dieses Thema vor einigen Jahren sehr genau und wahrheitsgetreu ausgearbeitet hat; Er zeigte ganz klar, und obwohl er damals wegen seiner Schlussfolgerungen viel beschimpft wurde, sind sie noch nie widerlegt worden und wird es auch nie sein, er zeigte, dass infolge der Zunahme der Zahl organischer Wesen im geometrischen Verhältnis, während Die Existenzmittel können nicht im gleichen Verhältnis zunehmen, es muss eine Zeit kommen, in der die Zahl der organischen Lebewesen die Fähigkeit zur Nahrungsproduktion übersteigt, und daher muss eine gewisse Hemmung für die weitere Vermehrung entstehen diese organischen Wesen. Am Ende des neunten Jahres haben wir gesehen, dass jede Pflanze nicht in der Lage sein würde, ihren vollen Quadratfuß Boden zu bekommen, und am Ende eines weiteren Jahres müsste sie diesen Raum mit fünfzig anderen teilen, um die Samen zu produzieren, die sie produziert würde abgeben.

Was geschieht dann? Jede Pflanze wächst heran, gedeiht, nimmt ihren Quadratfuß Boden ein und gibt ihre fünfzig Samen ab; Beachten Sie jedoch, dass aus dieser Zahl nur einer etwas erreichen kann. es gibt also sozusagen neunundvierzig Chancen gegen sein Erwachsenwerden; Es hängt von den zufälligsten Umständen ab, ob einer dieser fünfzig Samen aufgehen und gedeihen wird oder ob er sterben und zugrunde gehen wird. Darauf hat Herr Darwin aufmerksam gemacht und den „ KAMPF UMS DASEIN " genannt. und ich habe diesen einfachen Fall einer Pflanze gewählt, weil einige Leute glauben, dass der Ausdruck eine Art Kampf zu implizieren scheint.

Ich habe diese Pflanze genommen und Ihnen gezeigt, dass dies das Ergebnis des Wachstumsverhältnisses ist, das notwendige Ergebnis der Ankunft einer Zeit, die für jede Art kommt, in der genau so viele Mitglieder zerstört werden müssen, wie geboren werden; Das ist das unvermeidliche Endergebnis der Produktionsrate. Was ist nun das Ergebnis all dessen? Ich habe gesagt, dass es neunundvierzig sind, die gegen jeden kämpfen; und es läuft darauf hinaus, dass der kleinstmögliche Start, der einem Samen gegeben wird, ihm einen Vorteil verschaffen kann, der es ihm ermöglicht, allen anderen einen Schritt voraus zu sein; Alles, was es einem dieser Samen ermöglicht, sechs Stunden vor den anderen zu keimen, kann sie unter sonst gleichen Bedingungen ganz auslöschen. Ich habe Ihnen gezeigt, dass es keine Besonderheit gibt, in der sich Pflanzen nicht voneinander unterscheiden würden; Es ist durchaus möglich, dass eine unserer imaginären Pflanzen in einem solchen Charakter wie der Dicke der Hülle ihrer Samen variiert; Es könnte vorkommen, dass eine der Pflanzen Samen mit einer dünneren Hülle produziert, und das würde es den Samen dieser Pflanze ermöglichen, etwas schneller zu keimen als die aller anderen, und diese Samen würden höchst unweigerlich neunundvierzig Mal aussterben so viele, die mit ihnen zu kämpfen hatten.

Ich habe es so ausgedrückt, aber Sie sehen, das praktische Ergebnis des Prozesses ist dasselbe, als ob jemand den einen Samen genährt und den anderen zerstört hätte. Es spielt keine Rolle, wie die Variation erzeugt wird, solange sie einmal zugelassen wird. Die Variation in der Pflanze neigt, sobald sie einigermaßen begonnen hat, dazu, erblich zu werden und sich selbst zu reproduzieren; Die Samen würden sich auf die gleiche Weise verbreiten und am Kampf mit den 4900 oder 49.000 teilnehmen, denen sie ausgesetzt sein könnten. So muss sich diese Varietät nach und nach mit einer geringfügigen organischen Veränderung oder Modifikation über die gesamte Oberfläche des bewohnbaren Globus ausbreiten und die anderen Arten ausrotten oder ersetzen. Das ist es, was mit NATÜRLICHER AUSLESE gemeint ist ; Das ist die Art von Argument, mit der sich vollkommen beweisen lässt, dass die Existenzbedingungen für natürliche Sorten genau die gleiche Rolle spielen können wie der Mensch für domestizierte Sorten. Niemand zweifelt überhaupt daran, dass bestimmte Umstände für eine Pflanze günstiger und für eine andere weniger günstig sein können, und sobald man das zugibt, erkennt man die selektive Macht der Natur an. Obwohl ich einen hypothetischen Fall dargelegt habe, dürfen Sie nicht annehmen, dass ich hypothetisch argumentiert habe. Es gibt viele direkte Experimente, die das bestätigen, was wir die Theorie der natürlichen Selektion nennen könnten; Es gibt eine sehr gute Aussagekraft für die Aussage, dass, wenn man die Samen gemischter Weizensorten nimmt und sie aussät, die Samen im nächsten Jahr einsammelt und erneut aussät, man am Ende feststellen wird, dass von all seinen Sorten nur zwei oder drei überlebt haben , oder vielleicht sogar nur einer. Es gab ein oder zwei Sorten, die am besten zum Überleben geeignet waren, und sie haben die anderen Arten auf die gleiche Weise und mit der gleichen Sicherheit ausgerottet, als hätte man sich die Mühe gemacht, sie zu entfernen. Wie ich bereits sagte, ist die Wirkungsweise der Natur genau die gleiche wie die künstliche Wirkungsweise des Menschen.

Aber wenn dies auf den einfachen Fall zutrifft, den ich Ihnen vorgelegt habe, in dem es nichts anderes gibt als die Rivalität eines Mitglieds einer Art mit anderen, was muss dann die Wirkung selektiver Bedingungen sein, wenn Sie sich tatsächlich daran erinnern, dass es für jede Tier- oder Pflanzenart fünfzig oder hundert Arten gibt, die alle mehr oder weniger im gleichen Klima, in der gleichen Nahrung und in der gleichen Stellung erfasst werden könnten; – dass jede Pflanze eine Vielzahl von Tieren hat, die sie jagen und die es auch sind seine direkten Gegner; und dass diese von anderen Tieren gejagt werden, – dass jede Pflanze ihre indirekten Helfer in den Vögeln hat, die ihren Samen ausstreuen, und in den Tieren, die ihn mit ihrem Dung düngen; – ich sage, wenn man diese Dinge bedenkt, scheint es unmöglich dass jede Variation, die in der Natur bei einer Art auftreten kann, nicht auf die eine oder andere Weise dazu tendieren sollte, etwas besser oder schlechter als der vorherige Bestand zu sein; wenn es etwas besser ist, wird es in diesem Gedränge und Kampf einen Vorteil gegenüber Letzterem haben und dazu neigen, es auszurotten; und wenn es etwas schlimmer ist, wird es selbst ausgerottet.

Ich kenne nichts, was dies treffender ausdrückt, als den Ausdruck „Kampf ums Dasein"; weil es Ihnen auf anschauliche Weise einige der einfachsten Umstände, die damit in Zusammenhang stehen, vor Augen führt. Wenn ein Kampf intensiv ist, muss es einige geben, die mit Sicherheit von anderen niedergetrampelt, zermalmt und überwältigt werden; und es wird einige geben, die es nur mit Hilfe des kleinsten Unfalls schaffen, durchzukommen. Ich erinnere mich, einen Bericht über den berühmten Rückzug der französischen Truppen unter Napoleon aus Moskau gelesen zu haben. Erschöpft, müde und niedergeschlagen kamen sie schließlich an einen großen Fluss, über den es für die riesige Armee nur eine Brücke gab. So unorganisiert und demoralisiert diese Armee auch war, der Kampf muss sicherlich schrecklich gewesen sein – jeder achtete nur auf sich selbst, drängte sich durch die Reihen und machte seine Kameraden nieder. Der Autor der Erzählung, der selbst zu denen gehörte, die das Glück hatten, über den Fluss zu gelangen, und nicht zu den Tausenden, die zurückgelassen oder in den Fluss gezwungen wurden, führte seine Flucht auf die Tatsache zurück, dass er sah, wie er mit großen Schritten durch den Fluss schritt Er war ein großer, starker Kerl – einer der französischen Kürassiere, der einen großen blauen Umhang trug – und er hatte genug Geistesgegenwart, um den Umhang dieses starken Mannes zu fangen und festzuhalten. Er sagt: „Ich packte seinen Umhang, und obwohl er mich abwechselnd beschimpfte, mich attackierte und schlug, begann er schließlich, als er feststellte, dass er mich nicht abschütteln konnte, mich zu bitten, wegzugehen, sonst sollte ich es tun Ich hielt ihn fest und hielt ihn fest, bis er mich schließlich hindurchgezerrt hatte." Hier handelte es sich um ein selektives Sparen – wenn wir es so nennen dürfen –, dessen Erfolg von der Stärke des Stoffes des Kürassierumhangs abhängig war. Es ist dasselbe in der Natur; jede Art hat ihre Beresina -Brücke

; es muss sich durchkämpfen und mit anderen Arten kämpfen; und wenn es fast überwältigt ist, kann es sein, dass die kleinste Chance, vielleicht etwas in seiner Farbe – der kleinste Umstand – die Waage in die eine oder andere Richtung dreht.

Nehmen wir an, dass durch eine Variation der schwarzen Rasse zu irgendeinem Zeitpunkt der weiße Mann entstanden wäre – Sie wissen, dass die Neger glauben sollen, dass dies der Fall gewesen sei, und sich vorstellen, dass Kain der erste weiße Mann war und dass wir es sind seine Nachkommen – nehmen wir an, dass dies jemals geschehen wäre und dass der erste Wohnsitz dieses Menschen an der Westküste Afrikas lag. Es gibt keinen großen strukturellen Unterschied zwischen dem Weißen und dem Neger, und doch gibt es etwas so Einzigartiges in der Verfassung der beiden, dass die Malaria dieses Landes, die den Schwarzen überhaupt nicht schadet, sie abschneidet und zerstört Weiß. Dann sehen Sie, dass eine selektive Operation durchgeführt worden wäre; Wäre der weiße Mann auf diese Weise auferstanden, wäre er durch die Malaria aussortiert und beseitigt worden. Nun gibt es tatsächlich einen sehr merkwürdigen Fall einer Selektion dieser Art bei Schweinen, und es handelt sich auch um eine Farbselektion . In den Wäldern Floridas gibt es sehr viele Schweine, und es ist sehr merkwürdig, dass sie alle schwarz sind, jedes einzelne von ihnen. Professor Wyman war vor einigen Jahren dort, und als er bemerkte, dass es außer diesen schwarzen keine Schweine gab, fragte er einige der Leute, wie es käme, dass sie keine weißen Schweine hätten, und die Antwort war, dass es in den Wäldern Floridas eine Wurzel gäbe, die sie hätten die Farbwurzel genannt wird, und dass, wenn die weißen Schweine etwas davon fraßen, dies dazu führte, dass ihre Hufe knackten und sie starben, aber wenn die schwarzen Schweine etwas davon fraßen, tat es ihnen überhaupt nicht weh. Hier war ein sehr einfacher Fall natürlicher Auslese. Ein geschickter Züchter könnte die schwarze Schweinerasse nicht sorgfältiger entwickeln und alle weißen Schweine aussortieren, als es die Farbwurzel tut.

Um Ihnen zu zeigen, wie bemerkenswert indirekt solche natürlichen selektiven Wirkungskräfte, wie ich sie erwähnt habe, sein können, werde ich abschließend einen von Herrn Darwin erwähnten Fall erwähnen, der sicherlich einer der merkwürdigsten seiner Art ist. Es ist das der Humble Bee. Es wurde festgestellt, dass es in der Nähe von Städten viel mehr bescheidene Bienen gibt als auf dem offenen Land; und die Erklärung dafür ist folgende: Die bescheidenen Bienen bauen Nester, in denen sie ihren Honig lagern und die Larven und Eier ablegen. Die Feldmäuse lieben den Honig und die Larven außerordentlich ; Deshalb werden die Hummeln überall dort, wo es viele Feldmäuse gibt, wie auf dem Land, zurückgehalten; Aber in der Nähe von Städten frisst die Zahl der Katzen, die auf den Feldern herumstreifen, die Feldmäuse auf, und je mehr Mäuse sie fressen, desto weniger gibt es natürlich, um die Larven der Bienen zu erbeuten – die Katzen sind daher die INDIREKTEN HELFER der Bienen. [54]

Um noch einen Schritt weiter zu gehen, können wir sagen, dass die alten Jungfern auch indirekte Freunde der Bienen und indirekte Feinde der Feldmäuse sind, da sie die Katzen halten, die diese auffressen! Das ist vielleicht eine Veranschaulichung, die etwas unter der Würde des Themas liegt, aber sie kommt mir nebenbei in den Sinn, und damit werde ich diesen Vortrag abschließen.

FUSSNOTEN:

[53] Ich betone hier die *praktische* Bedeutung von „Art". Unabhängig davon, ob es einen physiologischen Test zwischen Arten gibt oder nicht, ist er für den praktischen Naturforscher kaum jemals anwendbar.

[54] Die Hummeln hingegen sind direkte Helfer einiger Pflanzen, etwa des Herz- und Rotklees, die durch die Besuche der Bienen befruchtet werden; und sie sind indirekte Helfer der zahlreichen Insekten, die mehr oder weniger vollständig vom Herz- und Rotklee unterstützt werden.

IX

EINE KRITISCHE UNTERSUCHUNG DER POSITION VON HERRN. Darwins Werk „Über den Ursprung der Arten" in Bezug auf die vollständige Theorie der Ursachen der Phänomene der organischen Natur.

In den vorangegangenen Vorträgen habe ich mich bemüht , Ihnen einen Bericht über diese Tatsachen und die Schlussfolgerungen aus Tatsachen zu geben, die die Daten bilden, auf denen alle Theorien über die Ursachen der Phänomene der organischen Natur basieren müssen. Und obwohl ich häufig Gelegenheit hatte, Herrn Darwin zu zitieren – wie alle späteren Personen, die über diese Themen sprechen, Gelegenheit haben werden, sein berühmtes Buch über die „Entstehung der Arten" zu zitieren – müssen Sie sich daran erinnern, wo immer ich auch bin Wenn ich ihn zitiert habe, bezog er sich nicht auf theoretische Punkte oder auf Aussagen, die in irgendeiner Weise mit seinen speziellen Spekulationen in Zusammenhang standen, sondern auf Tatsachen, die er selbst vorgebracht oder gesammelt hatte und die nebenbei in seinem Buch auftauchen. Wenn jemand ein Buch *macht* und vorgibt, eine einzelne Frage zu diskutieren, eine Enzyklopädie , kann ich nichts dagegen tun.

Nachdem ich nun Gelegenheit hatte, auf diese Art und Weise die verschiedenen Aussagen zu betrachten, die sich auf alle Theorien überhaupt beziehen, muss ich Ihnen so fair wie möglich darlegen, wie Herr Darwin die Sache sieht und welche Position seine Theorien einnehmen , wenn wir sie nach den Grundsätzen beurteilen, die ich zuvor dargelegt habe, als ausschlaggebend für unser Urteil über alle Theorien und Hypothesen.

Ich habe Ihnen bereits erklärt, dass die Untersuchung der Ursachen der Phänomene der organischen Natur sich in zwei Probleme auflöst: Das erste ist die Frage nach der Entstehung lebender oder organischer Wesen; und das zweite ist das völlig andere Problem der Veränderung und Aufrechterhaltung organischer Wesen, wenn sie bereits entstanden sind. Die erste Frage berührt Herr Darwin nicht; er beschäftigt sich überhaupt nicht damit; aber er sagt: „Angesichts des Ursprungs der organischen Materie – unter der Annahme, dass ihre Entstehung bereits stattgefunden hat – ist es mein Ziel, zu zeigen, welche Gesetze und welche nachweisbaren Eigenschaften der organischen Materie und ihrer Umgebung zu solchen Zuständen der organischen Natur führen." wie diejenigen, die wir kennen, entstanden sein müssen." Sie werden feststellen, dass dies ein völlig legitimer Vorschlag ist; Jeder Mensch hat das

Recht, die Grenzen der Untersuchung, die er sich stellt, festzulegen; und doch ist es eine höchst seltsame Sache, dass es in all den vielfältigen und nicht selten ignoranten Angriffen, die gegen den „Ursprung der Arten" vorgebracht wurden, nichts gibt, das fadenscheiniger kritisiert wurde als diese besondere Einschränkung. Wenn die Leute sonst nichts gegen das Buch einzuwenden haben, sagen sie : „ Nun, Sie sehen, Mr. Darwins Erklärung der ‚Entstehung der Arten' nützt schließlich nicht viel, denn auf lange Sicht gibt er zu, dass er weiß nicht, wie organische Materie entstand. Aber wenn Sie für das erste Teilchen organischer Materie eine besondere Schöpfung zugeben, können Sie dies genauso gut für alle anderen zugeben; Fünfhundert oder fünftausend verschiedene Schöpfungen sind genauso verständlich und ebenso wenig schwer zu verstehen wie eine." Die Antwort auf diese Vorwürfe ist zweifach. Erstens muss jede menschliche Forschung irgendwo enden; All unser Wissen und all unsere Forschung können uns nicht über die durch die Endlichkeit und Begrenztheit unserer Fähigkeiten gesetzten Grenzen hinausführen oder das endlose Unbekannte zerstören, das wie sein Schatten die endlose Prozession der Phänomene begleitet. Soweit ich es wagen kann, eine Meinung zu einer solchen Angelegenheit abzugeben, besteht der Zweck unserer Existenz, das höchste Ziel, das sich Menschen stellen können, nicht in der Verfolgung einer Chimäre wie der Vernichtung des Unbekannten; aber es ist einfach das unermüdliche Bemühen, seine Grenzen ein wenig weiter aus unserem kleinen Wirkungskreis zu entfernen.

Ich frage mich, ob irgendein Historiker auch nur für einen Moment den Einwand zulassen würde, dass es absurd ist, sich mit der Geschichte des Römischen Reiches zu befassen, weil wir nichts Positives über den Ursprung und den ersten Bau der Stadt Rom wissen! Wäre es ein berechtigter Einwand, diese großen Philosophen, deren Entdeckungen von größtem Nutzen und Dienst für alle Menschen waren, angesichts der erhabenen Entdeckungen eines Newton oder eines Kepler aufzufordern, ihnen zu sagen: „Nach all dem, was Sie getan haben Während Sie uns erklärt haben, wie sich die Planeten drehen und wie sie auf ihren Umlaufbahnen gehalten werden, können Sie uns nicht sagen, was die Ursache für die Entstehung von Sonne, Mond und Sternen ist. Was nützt also das, was Sie getan haben?" Doch diese Einwände wären nicht im Geringsten absurder als die Einwände, die gegen die „Entstehung der Arten" erhoben wurden. Herr Darwin hatte also vollkommen das Recht, seine Untersuchung nach Belieben einzuschränken, und die einzige Frage für uns – da die Untersuchung so begrenzt ist – besteht darin, festzustellen, ob die Methode seiner Untersuchung vernünftig oder unzutreffend ist; ob er den Regeln gehorcht hat, die alle Ermittlungen leiten und regeln müssen, oder ob er sie gebrochen hat; Und weil sich unsere Untersuchung heute Abend im Wesentlichen auf diese Frage beschränkt, habe ich in einer früheren Vorlesung (von der einige von Ihnen vielleicht dachten, sie hätte besser genutzt werden können) viel Zeit damit verbracht, die Methode und Natur dieser Frage zu veranschaulichen Wissenschaftliche Forschung im Allgemeinen. Nun gilt es, die Grundsätze, die ich damals aufgestellt habe, in die Tat umzusetzen.

Ich habe Ihnen im Wesentlichen, wenn auch nicht in Worten, dargelegt, dass es überall dort, wo komplexe Massen von Phänomenen untersucht werden müssen, ob es sich dabei um Phänomene der Angelegenheiten des täglichen Lebens handelt oder ob sie zu den komplexeren und schwierigeren Problemen gehören, die vor uns liegen Philosoph, unser Vorgehen bei der Entschlüsselung dieser komplexen Kette von Phänomenen mit dem Ziel, ihre Ursache zu finden, ist immer derselbe; in allen Fällen müssen wir eine Hypothese erfinden; wir müssen uns eine mehr oder weniger wahrscheinliche Vermutung bezüglich dieser Ursache vorstellen; und dann, nachdem wir eine Hypothese angenommen haben, nachdem wir eine Ursache für die fraglichen Phänomene vermutet haben, müssen wir einerseits versuchen , unsere Hypothese zu beweisen, oder andererseits, sie insgesamt zu verwerfen und zu verwerfen, indem wir sie in drei Fällen testen Wege. Wir müssen zunächst bereit sein zu beweisen, dass die angeblichen Ursachen der Phänomene in der Natur existieren; dass sie das sind, was die Logiker *vera causæ* – wahre Ursachen – nennen; als nächstes sollten wir bereit sein zu zeigen, dass die angenommenen Ursachen der Phänomene in der Lage sind, solche Phänomene hervorzubringen, wie wir sie durch sie erklären wollen; und schließlich sollten wir in der Lage sein zu zeigen, dass keine anderen bekannten Ursachen in der Lage sind, diese Phänomene hervorzurufen. Wenn es uns gelingt, diese drei Bedingungen zu erfüllen, haben wir unsere Hypothese bewiesen; oder vielmehr sollte ich sagen: Wir werden es bewiesen haben, soweit es uns mit Gewissheit möglich ist; denn schließlich gibt es keine unserer sichersten Überzeugungen, die nicht durch eine weitere Erweiterung des Wissens umgeworfen oder zumindest modifiziert werden könnte. Weil es diese Bedingungen erfüllte, akzeptierten wir die Hypothese über das Verschwinden der Teekanne und der Löffel in dem Fall, den ich in einer früheren Vorlesung angenommen hatte; Wir stellten fest, dass unsere Hypothese zu diesem Thema haltbar und gültig war, weil die vermutete Ursache in der Natur existierte, weil sie die Phänomene erklären konnte und weil keine andere bekannte Ursache in der Lage war, sie zu erklären; Und aus ähnlichen Gründen wird jede Hypothese, die Sie benennen, in der Wissenschaft als haltbar und gültig akzeptiert.

Was ist die Hypothese von Herrn Darwin? So wie ich es verstehe – denn ich habe es in eine Form gebracht, die für gewöhnliche Zwecke geeigneter ist, als ich es *wörtlich* in seinem Buch finden könnte – so wie ich es verstehe, sage ich, dass es so ist, dass alle Phänomene der organischen Natur, Vergangenheit und Gegenwart, resultieren aus der Wechselwirkung jener Eigenschaften organischer Materie, die wir ATAVISMUS und VARIABILITÄT

GENANNT HABEN , mit den EXISTENZBEDINGUNGEN ODER WERDEN DADURCH VERURSACHT ; oder, mit anderen Worten, angesichts der Existenz organischer Materie, ihrer Tendenz, ihre Eigenschaften zu übertragen, und ihrer Tendenz, gelegentlich zu variieren; und schließlich angesichts der Existenzbedingungen, von denen organische Materie umgeben ist, dass diese zusammengenommen die Ursachen für die gegenwärtigen und vergangenen Bedingungen der ORGANISCHEN NATUR SIND .

Das ist die Hypothese, wie ich sie verstehe. Lassen Sie uns nun sehen, wie es den verschiedenen Tests standhalten wird, die ich gerade festgelegt habe. Erstens: Gibt es diese angeblichen Ursachen der Phänomene in der Natur? Ist es die Tatsache, dass diese Eigenschaften organischer Materie – Atavismus und Variabilität – und jene Phänomene, die wir Existenzbedingungen genannt haben , in der Natur tatsächlich existieren? Wenn sie nicht existieren, muss natürlich alles, was ich Ihnen in den letzten drei oder vier Vorlesungen gesagt habe, falsch sein, denn ich habe versucht zu beweisen, dass sie existieren, und ich gehe davon aus, dass es dafür zahlreiche Beweise gibt sie existieren; Bisher ist die Hypothese daher nicht widerlegt.

Aber als nächstes kommt eine viel schwierigere Frage: Sind die angegebenen Ursachen geeignet, die Phänomene der organischen Natur hervorzurufen? Ich vermute, dass dies bis zu einem gewissen Grad unbestreitbar ist. Es ist meiner Meinung nach nachweisbar, wie ich versucht habe, Ihnen zu zeigen, dass sie vollkommen in der Lage sind, alle Phänomene hervorzurufen, die bei RASSEN in der Natur auftreten. Darüber hinaus glaube ich, dass sie durchaus in der Lage sind, alle sogenannten rein strukturellen Phänomene zu erklären, die ARTEN in der Natur zeigen. Auch in diesem Punkt habe ich bereits etwas ausgeführt. Auch hier denke ich, dass die angenommenen Ursachen in der Lage sind, die meisten physiologischen Eigenschaften von Arten zu erklären, und ich denke nicht nur, dass sie in der Lage sind, sie zu erklären, sondern ich denke auch, dass sie für viele Dinge verantwortlich sind, die sonst völlig unerklärlich bleiben unerklärlich, und ich würde sagen unverständlich. Für eine vollständige Darlegung der Gründe, auf denen diese Überzeugung beruht, muss ich Sie auf die Arbeit von Herrn Darwin verweisen; Alles, was ich jetzt tun kann, ist, das, was ich gesagt habe, anhand von zwei oder drei Fällen zu veranschaulichen, die fast zufällig ausgewählt wurden.

Ich habe Sie am Abend zuvor auf die Tatsachen aufmerksam gemacht, die in unseren Klassifikationssystemen enthalten sind und die Ergebnisse der Untersuchung und des Vergleichs der verschiedenen Mitglieder des Tierreichs untereinander sind. Ich erwähnte, dass das gesamte Tierreich in fünf Unterreiche unterteilbar ist; dass jedes dieser Unterreiche wiederum in Provinzen teilbar ist; dass jede Provinz in Klassen und die Klassen in immer kleinere Gruppen, Ordnungen, Familien, Gattungen und Arten unterteilt werden kann.

Nun ist in jeder dieser Gruppen die Ähnlichkeit in der Struktur zwischen den Mitgliedern der Gruppe umso größer, je kleiner die Gruppe ist. Somit sind ein Mensch und ein Wurm aufgrund gewisser scheinbar geringfügiger, aber in Wirklichkeit grundlegender Ähnlichkeiten, die sie aufweisen, Mitglieder des Tierreichs. Aber ein Mensch und ein Fisch sind Mitglieder desselben Unterkönigreichs *Vertebrata* , weil sie einander viel ähnlicher sind, als einer von ihnen einem Wurm, einer Schnecke oder irgendeinem Mitglied der anderen Unterkönigreiche ähnelt. Aus ähnlichen Gründen werden Menschen und Pferde als Mitglieder derselben Klasse, *Mammalia , eingeordnet* ; Menschen und Affen als Mitglieder desselben Ordens, *Primaten* ; und wenn es irgendwelche Tiere gäbe, die den Menschen ähnlicher wären als den Affen, und die sich dennoch in wichtigen und konstanten Einzelheiten ihrer Organisation von den Menschen unterschieden, würden wir sie als Mitglieder derselben Familie oder derselben Gattung einstufen, aber als verschiedene Arten.

Dass es möglich ist, alle verschiedenen Formen von Tieren in Gruppen anzuordnen, die eine solche einzigartige Unterordnung untereinander aufweisen, ist ein sehr bemerkenswerter Umstand; aber wie Herr Darwin bemerkt, ist dies ein Ergebnis, das durchaus zu erwarten ist, wenn die von ihm aufgestellten Grundsätze richtig sind. Nehmen wir den Fall der Rassen, die bekanntermaßen durch die Wirkung von Atavismus und Variabilität hervorgebracht werden, und der Existenzbedingungen, die diese Tendenzen kontrollieren und modifizieren. Nehmen wir den Fall der Tauben, die ich Ihnen vorgestellt habe: Dort wurde gezeigt, dass sie alle einer von fünf Hauptabteilungen zugeordnet werden könnten und dass innerhalb dieser Abteilungen andere untergeordnete Gruppen gebildet werden könnten. Die Mitglieder dieser Gruppen stehen untereinander ebenso in einer Beziehung wie die Gattungen einer Familie, und die Gruppen selbst wie die Familien einer Ordnung oder die Ordnungen einer Klasse; während alle die gleichen strukturellen Beziehungen zur wilden Felsentaube haben, wie die Mitglieder jeder großen natürlichen Gruppe mit einer realen oder eingebildeten typischen Form. Nun wissen wir, dass alle Taubenarten jeglicher Art durch einen Prozess der selektiven Zucht aus einem gemeinsamen Stamm, der Felsentaube, entstanden sind; Sie sehen also, dass, wenn alle Tierarten aus einem gemeinsamen Stamm hervorgegangen wären, der allgemeine Charakter ihrer strukturellen Beziehungen und unserer Klassifikationssysteme, die diese Beziehungen ausdrücken, genau das wäre, was wir in ihnen finden. Mit anderen Worten: Die hypothetische Ursache ist bisher in der Lage, Wirkungen hervorzurufen, die denen der realen Ursache ähneln.

Nehmen wir noch einmal eine weitere Reihe sehr bemerkenswerter Tatsachen: die Existenz sogenannter rudimentärer Organe, Organe, für die wir in der besonderen Tierwirtschaft, in der sie vorkommen, keine offensichtliche Verwendung finden können und die dennoch vorhanden sind.

Das sind die schienenartigen Knochen im Pferdebein, die ich Ihnen hier zeige, und die den Knochen entsprechen, die zu bestimmten Zehen und Fingern in der menschlichen Hand und im menschlichen Fuß gehören. Sie sehen, dass sie beim Pferd ganz rudimentär sind und weder Zehen noch Finger tragen; so dass das Pferd nur einen „Finger" im Vorderfuß und eine „Zehe" im Hinterfuß hat. Aber es ist eine sehr merkwürdige Sache, dass die mit dem Pferd eng verwandten Tiere mehr Zehen zeigen als er; Wie zum Beispiel das Nashorn: Er hat diese zusätzlichen Zehen gut geformt, und anatomische Fakten zeigen sehr deutlich, dass er tatsächlich sehr eng mit dem Pferd verwandt ist. Wir können also sagen, dass bei Tieren, die im anatomischen Sinne fast mit dem Pferd verwandt sind, die Teile, die bei ihm rudimentär sind, vollständig entwickelt sind.

Auch hier haben Schafe und Kühe keine Schneidezähne, sondern nur ein hartes Polster im Oberkiefer. Das ist das gemeinsame Merkmal von Wiederkäuern im Allgemeinen. Aber das Kalb hat in seinem Oberkiefer einige Ansätze von Zähnen, die nie entwickelt sind und überhaupt nie die Rolle von Zähnen spielen. Nun, wenn Sie in die Vergangenheit reisen, werden Sie feststellen, dass einige der älteren, inzwischen ausgestorbenen Verbündeten der Wiederkäuer gut entwickelte Zähne im Oberkiefer haben; und heute hat das Schwein (das in seiner Struktur eng mit Wiederkäuern verwandt ist) gut entwickelte Zähne im Oberkiefer; so dass hier ein weiteres Beispiel von gut entwickelten und sehr nützlichen Organen bei einem Tier vorliegt, dargestellt durch rudimentäre Organe, für die wir bei einem anderen nahe verwandten Tier überhaupt keinen Zweck entdecken können. Der Fischbeinwal wiederum hat geile „Walbein"-Platten im Maul und keine Zähne; aber der junge fötale Wal hat vor seiner Geburt Zähne im Kiefer; Sie werden jedoch nie genutzt und führen nie zu etwas. Aber auch andere Mitglieder der Gruppe, zu der der Wal gehört, haben gut entwickelte Zähne in beiden Kiefern.

Nach jeder Hypothese einer besonderen Schöpfung scheinen mir Tatsachen dieser Art völlig unerklärlich und unerklärlich zu sein, aber sie sind es nicht mehr, wenn man Herrn Darwins Hypothese akzeptiert und Grund zu der Annahme sieht, dass der Fischbeinwal und der Wal mit Zähnen dass sein Maul von einem Wal stammte, der Zähne hatte, und dass die Zähne des fötalen Wals lediglich Überbleibsel – wenn wir so sagen dürfen – Erinnerungen des ausgestorbenen Wals sind. Das Gleiche gilt für das Pferd und das Nashorn: Nehmen wir an, dass beide durch Modifikation von einer früheren Form abstammen, die die normale Anzahl an Zehen hatte, und dass das Fortbestehen der rudimentären Knochen, die beim Pferd die Zehen nicht mehr stützen, verständlich wird.

In der Sprache, die wir in England sprechen, und in der Sprache der Griechen gibt es identische Wortwurzeln oder Elemente, die in die Zusammensetzung von Wörtern einfließen. Diese Tatsache bleibt unverständlich, solange wir annehmen, dass Englisch und Griechisch unabhängig voneinander geschaffene Sprachen sind; aber wenn gezeigt wird, dass beide Sprachen von einem Original, dem Sanskrit , abstammen , geben wir eine Erklärung für diese Ähnlichkeit. Ebenso ist die Existenz identischer struktureller Wurzeln, wenn ich sie so nennen darf, die in die Zusammensetzung sehr unterschiedlicher Tiere eingehen, ein schlagender Beweis für die Abstammung dieser Tiere von einem gemeinsamen Original.

Um uns einer anderen Art der Veranschaulichung zuzuwenden: Betrachten Sie die gesamte Reihe geschichteter Gesteine – diese enorme Dicke von sechzig- oder siebzigtausend Fuß, die ich zuvor erwähnt habe – und die den einzigen Bericht darstellt, den wir über einen äußerst erstaunlichen Zeitablauf, nämlich jene Zeit, haben Dies ist aller Wahrscheinlichkeit nach nur ein Bruchteil dessen, worüber wir keine Aufzeichnungen haben; – wenn Sie in diesen aufeinanderfolgenden Gesteinsschichten aufeinanderfolgende Gruppen von Tieren beobachten, die auftauchen und aussterben, eine ständige Abfolge, die Ihnen den gleichen Eindruck vermittelt wie man reist von einer Gesteinsgruppe zur anderen, so wie man es getan hätte, wenn man von einem Land in ein anderes gereist wäre; – wenn man diese ständige Abfolge von Formen vorfindet, deren Spuren nur für den Mann der Wissenschaft verwischt sind, – wenn man diese wunderbare Geschichte betrachtet , und fragen Sie, was es bedeutet, es ist nur ein Geschwafel mit Worten, wenn Ihnen die Antwort angeboten wird: „Sie wurden so erschaffen.“

Betrachtet man aber andererseits alle Formen organisierter Wesen als Ergebnisse der allmählichen Veränderung eines primitiven Typus, so erhalten die Tatsachen eine Bedeutung, und man erkennt, dass diese älteren Zustände die notwendigen Vorläufer der Gegenwart sind. In diesem Licht betrachtet erhalten die Tatsachen der Paläontologie eine Bedeutung – auf der Grundlage einer anderen Hypothese kann ich nicht im geringsten erkennen, welches Wissen oder welche Bedeutung wir aus ihnen ziehen können. Beachten Sie wiederum die einzigartige Ähnlichkeit, die zwischen den aufeinanderfolgenden Faunæ und Floræ besteht , deren Überreste auf den Felsen konserviert sind: Sie finden nie einen großen und enormen Unterschied zwischen den unmittelbar aufeinanderfolgenden Faunæ und Floræ , es sei denn, Sie haben einen Grund zu glauben, dass auch eine große Zeitspanne oder eine große Veränderung der Bedingungen stattgefunden hat. Beispielsweise zeigt sich, dass die Tiere der neuesten Tertiärgesteine in jedem Teil der Welt immer und ohne Ausnahme eng mit den Tieren verwandt sind, die jetzt in diesem Teil der Welt leben. In Europa, Asien und Afrika beispielsweise sind die großen Säugetiere derzeit Nashörner , Flusspferde, Elefanten, Löwen, Tiger, Ochsen, Pferde usw.; und wenn man die neuesten tertiären Ablagerungen untersucht, die die Tiere und Pflanzen enthalten, die denen, die jetzt im selben Land existieren, unmittelbar vorausgingen, findet man keine gigantischen Exemplare von Ameisenfressern und Kängurus, sondern Nashörner, Elefanten, Löwen und Tiger usw. – von anderen Arten als die heute lebenden – aber immer noch ihre engen Verbündeten. Wenn Sie sich nach Südamerika wenden, wo es heute große Faultiere, Gürteltiere und andere Tiere dieser Art gibt, was finden Sie dann in den neuesten Tertiärgebieten? Sie finden das große, faultierartige Geschöpf, das *Megatherium* , und das große Gürteltier, das *Glyptodon* , und so weiter. Und wenn Sie nach Australien reisen , finden Sie das gleiche Gesetz, nämlich dass der Zustand der organischen Natur, der dem jetzt bestehenden vorausging, Unterschiede vielleicht bei Arten und Gattungen aufweist, bei den großen Arten organischer Struktur jedoch Unterschiede die gleichen wie diejenigen, die jetzt gedeihen.

Welche Bedeutung hat diese Tatsache für eine andere Hypothese oder Annahme als die der sukzessiven Modifikation? Aber wenn die Bevölkerung der Welt in irgendeinem Zeitalter das Ergebnis der allmählichen Veränderung der Formen ist, die sie im vorangegangenen Zeitalter bevölkerten, – wenn das der Fall war, ist es verständlich genug; denn wir können erwarten, dass das Geschöpf, das aus der Modifikation eines elefantenähnlichen Säugetiers entsteht, so etwas wie ein Elefant sein wird, und dass das Geschöpf, das aus der Modifikation eines gürteltierähnlichen Säugetiers entsteht, einem Gürteltier ähneln wird. Unter dieser Voraussetzung sage ich, dass die Tatsachen verständlich sind; Bei keinem anderen, das mir bekannt ist, sind sie es nicht.

Bisher stimmen die Fakten der Paläontologie mit fast jeder Form der Lehre von der progressiven Modifikation überein; Sie wären weder mit den wilden Spekulationen von De Maillet noch mit der weniger anstößigen Hypothese von Lamarck völlig unvereinbar. Aber die Ansichten von Herrn Darwin haben einen besonderen Vorzug; und das heißt, dass sie vollkommen im Einklang mit einer Reihe von Tatsachen stehen, die mit jeder anderen Hypothese einer fortschreitenden Modifikation, die bisher aufgestellt wurde, völlig unvereinbar und fatal für sie sind. Es ist eine bemerkenswerte Besonderheit von Herrn Darwins Hypothese, dass sie keine notwendige Weiterentwicklung oder unaufhörliche Modifikation beinhaltet und dass sie vollkommen im Einklang mit der Beständigkeit eines gegebenen primitiven Stammes über einen beliebigen Zeitraum, gleichzeitig mit seinen

Modifikationen, steht. Um zum Beispiel auf die Haustaubenrassen zurückzukommen; Sie haben die Taubenschlagtaube, die der Felsentaube, von der sie alle abstammten, sehr ähnelt und gleichzeitig mit den anderen existierte. Und wenn Arten in der Natur auf die gleiche Weise entwickelt werden, können ein primitiver Bestand und seine Modifikationen gelegentlich alle die für ihre Existenz geeigneten Bedingungen vorfinden; und obwohl sie bis zu einem gewissen Grad miteinander in Konkurrenz treten, muss die abgeleitete Art nicht notwendigerweise die ursprüngliche ausrotten *oder umgekehrt* .

Nun zeigt uns die Paläontologie viele Tatsachen, die vollkommen im Einklang mit diesen beobachteten Auswirkungen des Prozesses stehen, durch den Herr Darwin annimmt, dass Arten entstanden sind, die mir aber mit jeder anderen vorgeschlagenen Hypothese völlig unvereinbar erscheinen. In der Fossilienwelt gibt es einige Gruppen von Tieren und Pflanzen, von denen man sagt, dass sie zu „persistenten Typen" gehören, weil sie über einen sehr langen Zeitraum hinweg mit sehr geringen Veränderungen überdauert haben, während dies bei allem an ihnen der Fall war stark verändert. Es gibt Fischfamilien, deren Bauart vom Karbongestein bis in die Kreidezeit erhalten geblieben ist; und andere, die fast das gesamte Spektrum der Sekundärgesteine und vom Lias bis zum älteren Tertiär überdauert haben. Es ist etwas Erstaunliches, wenn man bedenkt, dass eine Gattung in dieser enormen Zeitspanne ohne wesentliche Veränderungen überdauert hat, während fast alles andere verändert und modifiziert wurde.

Daher habe ich keinen Zweifel daran, dass die Hypothese von Herrn Darwin geeignet sein wird, die meisten Phänomene zu erklären, die Arten in der Natur zeigen; aber in einer früheren Vorlesung habe ich mich vorsichtig über die Fähigkeit geäußert, alle physiologischen Besonderheiten der Arten zu erklären.

Tatsächlich gibt es eine Gruppe dieser Besonderheiten, die die Theorie der selektiven Modifikation in ihrer jetzigen Form nicht vollständig erklären kann, und das ist die Gruppe von Phänomenen, die ich Ihnen unter dem Namen Hybridismus erwähnt habe Ich erklärte, dass dies in der Unfruchtbarkeit der Nachkommen bestimmter Arten besteht, wenn sie mit einer anderen gekreuzt werden. Es spielt keine Rolle, ob diese Unfruchtbarkeit allgemein ist oder ob sie nur in einem einzigen Fall vorliegt. Jede Hypothese ist verpflichtet, die Gesamtheit der Tatsachen, die sie zu erklären vorgibt, zu erklären oder jedenfalls nicht mit ihnen unvereinbar zu sein; und wenn es eine einzige dieser Tatsachen gibt, von der gezeigt werden kann, dass sie mit der Hypothese unvereinbar ist (ich meine damit nicht nur unerklärlich, sondern im Widerspruch dazu), fällt die Hypothese zu Boden – sie ist nichts wert. Eine Tatsache, mit der sie definitiv nicht übereinstimmt, ist genauso viel wert und kann die Hypothese genauso stark widerlegen wie fünfhundert. Wenn ich mit meiner Definition der Verpflichtungen einer Hypothese recht habe , müsste Herr Darwin, um seine Ansichten vor allen möglichen Angriffen zu schützen, in der Lage sein, die Möglichkeit der Entwicklung aus einem bestimmten Bestand durch selektive Züchtung aufzuzeigen, zweitens Formen, die entweder nicht miteinander gekreuzt werden können oder deren gekreuzte Nachkommen untereinander unfruchtbar sein sollten.

Denn wenn Sie das nicht getan haben, haben Sie nicht alle Bedingungen des Problems strikt erfüllt; Sie haben nicht gezeigt, dass Sie durch die angenommene Ursache alle Phänomene hervorrufen können, die es in der Natur gibt. Hier stehen Ihnen die Phänomene des Hybridismus ins Auge, und Sie können nicht sagen: „Ich kann durch selektive Modifikation dieselben Ergebnisse erzielen." Nun wird überall zugegeben, dass es bis zum jetzigen Stand der Experimente nicht für möglich befunden wurde, diese vollständige physiologische Divergenz durch selektive Züchtung zu erzeugen. Ich habe dies bereits zuvor sehr klar zum Ausdruck gebracht und beziehe mich jetzt auf diesen Punkt, denn wenn es bewiesen werden könnte, *wäre dies nicht nur* nicht geschehen, sondern auch *nicht* möglich; wenn nachgewiesen werden könnte, dass es unmöglich ist, aus irgendeinem Bestand selektiv eine Form zu züchten, die sich nicht mit einer anderen, aus demselben Bestand stammenden Form vermehren darf; und wenn uns gezeigt würde, dass dies das notwendige und unvermeidliche Ergebnis aller Experimente sein muss, bin ich der Meinung, dass die Hypothese von Herrn Darwin völlig zunichte gemacht würde.

Aber ist das geschehen? oder wie ist der Sachverhalt wirklich? Es ist einfach so, dass wir, soweit wir mit unserer Zucht bisher gekommen sind, nicht aus einem gemeinsamen Stamm zwei Rassen hervorgebracht haben, die nicht mehr oder weniger miteinander fruchtbar sind.

Ich weiß nicht, dass es eine einzige Tatsache gibt, die irgendjemanden zu der Aussage rechtfertigen würde, dass bei Rassen, von denen absolut bekannt ist, dass sie durch selektive Züchtung aus einem gemeinsamen Stamm hervorgegangen sind, ein gewisser Grad an Sterilität beobachtet wurde. Andererseits weiß ich nicht, dass es eine einzige Tatsache gibt, die irgendjemanden zu der Behauptung rechtfertigen könnte, dass eine solche Sterilität nicht durch geeignete Experimente hergestellt werden kann. Ich für meinen Teil sehe allen Grund zu der Annahme, dass es so produziert werden kann und wird. Denn wenn wir die Phänomene der Unfruchtbarkeit betrachten, stellen wir fest, dass, wie Herr Darwin sehr treffend betont hat, sie höchst launenhaft sind; Wir wissen nicht, wovon die Sterilität abhängt. Es gibt einige Tiere, die sich in Gefangenschaft nicht fortpflanzen; Wir wissen nicht, ob dies auf die einfache Tatsache zurückzuführen ist, dass sie eingesperrt und ihrer Freiheit beraubt wurden, oder nicht, aber sie werden sich sicherlich nicht fortpflanzen. Was für eine erstaunliche Sache das ist, eine der wichtigsten Funktionen überhaupt durch bloße Inhaftierung zunichte gemacht zu sehen!

Es sind also wiederum Fälle von Tieren bekannt, die von Naturforschern für unbestrittene Arten gehalten wurden und vollkommen fruchtbare Hybriden hervorgebracht haben; während es andere Arten gibt, die das darstellen, was jeder für Varietäten hält, [55] die untereinander mehr oder weniger unfruchtbar sind. Es gibt andere Fälle, die wirklich außergewöhnlich sind; Es gibt zum Beispiel eine, die sorgfältig untersucht wurde – von zwei Arten von Seetang, von denen das männliche Element der einen, das wir A nennen können, das weibliche Element der anderen, B, befruchtet; während das männliche Element von B das weibliche Element von A nicht befruchten wird; Während das erste Experiment uns zu zeigen scheint, dass es sich um *Varietäten handelt*, führt das zweite Experiment zu der Überzeugung, dass es sich um *Arten handelt*.

Wenn wir sehen, wie launisch und unsicher diese Unfruchtbarkeit ist, wie unbekannt die Bedingungen sind, von denen sie abhängt, dann sage ich, dass wir kein Recht haben zu behaupten, dass diese Bedingungen nicht nach und nach besser verstanden werden, und wir haben keinen Grund anzunehmen, dass wir das tun möglicherweise nicht in der Lage sein, zu experimentieren, um das entscheidende Ergebnis zu erzielen, das ich gerade erwähnt habe. Obwohl die Hypothese von Herrn Darwin uns derzeit nicht vollständig von dieser Schwierigkeit befreit, haben wir nicht das geringste Recht zu sagen, dass dies nicht der Fall sein wird.

Es gibt eine große Kluft zwischen dem, was Sie nicht erklären können, und dem, was Sie völlig aufregt. Es gibt kaum eine Hypothese auf dieser Welt, die nicht mit einer Tatsache in Zusammenhang steht , die nicht erklärt wurde, aber das ist eine ganz andere Angelegenheit als eine Tatsache, die Ihrer Hypothese völlig widerspricht; In diesem Fall können Sie nur sagen, dass Ihre Hypothese in der gleichen Lage ist wie viele andere.

einer Hypothese sagen kann , dass keine anderen bekannten Ursachen als die von ihr angenommenen Ursachen in der Lage sind, sie hervorzurufen zu den Phänomenen. Ich denke, hier ist die Ansicht von Herrn Darwin ziemlich stark. Ich glaube wirklich, dass die Alternative entweder Darwinismus oder nichts ist, denn ich kenne keine rationale Konzeption oder Theorie des organischen Universums, die irgendeine wissenschaftliche Position neben der von Herrn Darwin hat. Ich kenne keinen Vorschlag, der uns mit der Absicht vorgelegt wurde, die Phänomene der organischen Natur zu erklären, für den ein Tausendstel der Beweise spricht, die für Herrn Darwins Ansichten angeführt werden könnten . Was auch immer die Einwände gegen seine Ansichten sein mögen, sicherlich sind alle anderen Theorien absolut außergerichtlich.

Nehmen wir zum Beispiel die Lamarcksche Hypothese. Lamarck war ein großer Naturforscher und ging gewissermaßen den richtigen Weg bei der Arbeit; Er argumentierte auf der Grundlage einer zweifellos wahren Ursache einiger Phänomene der organischen Natur. Er sagte, es sei eine Frage der Erfahrung, dass ein Tier aufgrund seiner Wünsche und daraus resultierenden Handlungen mehr oder weniger verändert werden könne. Wenn also ein Mann sich als Schmied betätigt, werden seine Arme stark und muskulös; Eine solche organische Veränderung ist das Ergebnis dieser besonderen Aktion und Übung. Lamarck glaubte, dass er durch eine sehr einfache Annahme, die auf dieser Wahrheit beruhte, den Ursprung der verschiedenen Tierarten erklären könnte: Er sagte zum Beispiel, dass die kurzbeinigen Vögel, die sich von Fischen ernährten, in die langbeinigen Watvögel umgewandelt worden seien Sie wollten die Fische fangen, ohne ihr Gefieder nass zu machen, und streckten daher ihre Beine von Generation zu Generation immer mehr aus. Wenn Lamarck experimentell gezeigt hätte, dass auf diese Weise sogar Tierrassen erzeugt werden könnten, hätten seine Spekulationen möglicherweise Anlass gegeben. Aber er konnte nichts dergleichen zeigen, und seine Hypothese ist so gut wie in Vergessenheit geraten, was sie verdient hatte. Ich habe in einer früheren Vorlesung gesagt, dass es Hypothesen und Hypothesen gibt, und wenn die Leute Ihnen sagen, dass die stark fundierte Hypothese von Herrn Darwin nichts anderes als eine bloße Modifikation von Lamarcks Hypothese ist, wissen Sie, was Sie von ihrer Fähigkeit, sich hierüber ein Urteil zu bilden, zu halten haben Thema.

Aber Sie müssen sich daran erinnern, dass ich denke, dass es entweder Mr. Darwins Hypothese ist oder nichts, wenn ich sage; dass wir entweder seine Ansicht vertreten müssen oder die gesamte organische Natur als ein Rätsel betrachten müssen, dessen Bedeutung uns völlig verborgen bleibt; Sie müssen verstehen, dass ich damit meine, dass ich sie vorläufig akzeptiere, genauso wie ich jede andere Hypothese akzeptiere. Männer der Wissenschaft verpflichten sich nicht zu Glaubensbekenntnissen; sie sind an Artikel jeglicher Art gebunden; Es gibt keinen einzigen Glauben, dass es nicht ihre Pflicht sei, sie mit leichter Hand zu halten und sich fröhlich von ihr zu trennen, sobald sich herausstellt, dass sie wirklich im Widerspruch zu irgendeiner Tatsache, ob groß oder klein, steht. Und wenn ich im Laufe der Zeit gute Gründe für ein solches Vorgehen sehe, werde ich ohne zu zögern vor Sie treten und auf eine Änderung meiner Meinung hinweisen, ohne den geringsten Grund zu finden, dafür zu erröten. Deshalb sage ich, dass wir diese Ansicht wie jede andere akzeptieren, solange sie uns hilft, und wir fühlen uns verpflichtet, sie nur so lange beizubehalten, wie sie unserem großen Zweck dient – der Verbesserung und Erweiterung des Standes des

Menschen Wissen. In dem Moment, in dem diese oder eine andere Vorstellung für diese Zwecke nicht mehr nützlich ist, wird sie in alle Winde geschleudert; Es ist uns egal, was daraus wird!

Aber um die Wahrheit zu sagen: Obwohl es meine Aufgabe war, die durch die Veröffentlichung von Herrn Darwins Buch ausgelösten Kontroversen genau zu verfolgen, denke ich, dass keiner der enormen Einwände und Hindernisse, die vorgebracht wurden, von großem Wert ist , mit Ausnahme des Sterilitätsfalls, den ich Ihnen gerade vorgelegt habe. Alles andere sind Missverständnisse irgendeiner Art, die entweder auf Vorurteilen oder mangelndem Wissen oder noch mehr auf mangelnder Geduld und Sorgfalt beim Lesen des Werkes zurückzuführen sind.

Denn Sie müssen bedenken, dass es sich nicht um ein Buch handelt, das man mit so viel Leichtigkeit lesen kann, wie sein angenehmer Stil Sie vielleicht vermuten lässt. Wenn man es zum ersten Mal liest, blättert man es durch, als wäre es ein Roman, und glaubt, alles darüber zu wissen; Wenn man es zum zweiten Mal liest, glaubt man, etwas weniger darüber zu wissen; und beim dritten Mal werden Sie erstaunt feststellen, wie wenig Sie den enormen Umfang und die Ziele wirklich erfasst haben. Ich kann mit Fug und Recht sagen, dass ich es nie aufgreife, ohne darin eine neue Sichtweise, ein Licht oder eine Anregung zu entdecken, die mir vorher nicht aufgefallen ist. Das ist das beste Merkmal eines gründlichen und tiefgründigen Buches; und ich glaube, dass dieses Merkmal der „Entstehung der Arten" erklärt, warum so viele Menschen es gewagt haben, Urteile und Kritik darüber zu äußern, die das Papier, auf dem sie geschrieben wurden, keineswegs wert sind.

Bevor ich diese Vorlesungen abschließe, muss ich noch auf einen Punkt hinweisen – obwohl Mr. Darwin in seinem Buch nichts über den Menschen gesagt hat, betrifft er mich und nicht ihn – denn ich habe bei verschiedenen Gelegenheiten nachdrücklich darauf hingewiesen, dass, wenn Mr. Darwins Ansichten sind fundiert, sie gelten sowohl für den Menschen als auch für die niederen Säugetiere, da es vollkommen nachweisbar ist, dass die strukturellen Unterschiede, die den Menschen von den Affen unterscheiden, nicht größer sind als diejenigen, die einige Affen von anderen unterscheiden. Es besteht nicht der geringste Zweifel daran, dass das Argument, das auf die Verbesserung des Pferdes aus einem früheren Stamm oder des Affen aus dem Affen anwendbar ist, auch auf die Verbesserung des Menschen aus einem einfacheren und niedrigeren Stamm als dem Menschen zutrifft. Es gibt keine einzige Fähigkeit – weder funktional noch strukturell, moralisch, intellektuell oder instinktiv – es gibt überhaupt keine Fähigkeit, die nicht verbesserungsfähig wäre; Es gibt überhaupt keine Fähigkeit, die nicht von der Struktur abhängt, und da die Struktur dazu neigt, sich zu verändern, kann sie verbessert werden.

Nun, ich habe mir zu verschiedenen Zeiten große Mühe gegeben, dies zu beweisen, und ich habe mich bemüht , den Einwänden derjenigen entgegenzutreten, die behaupten, dass die strukturellen Unterschiede zwischen dem Menschen und den niederen Tieren von so gewaltiger Natur und enormem Ausmaß seien, Selbst wenn die Ansichten von Herrn Darwin richtig sind, können Sie sich nicht vorstellen, dass diese besondere Änderung stattfinden wird. Tatsächlich ist es leicht zu beweisen, dass sich der Mensch, was seine Struktur betrifft, nicht in größerem Maße von den Tieren unterscheidet, die ihm unmittelbar untergeordnet sind, als diese es von anderen Mitgliedern derselben Ordnung tun. Andererseits gibt es niemanden, der die Würde der menschlichen Natur und die große Kluft in intellektuellen und moralischen Fragen höher schätzt als ich, die zwischen dem Menschen und der gesamten niederen Schöpfung liegt.

Aber ich finde, dass genau dieses Argument von einigen vehement vorgebracht wird. „Sie sagen, dass der Mensch aus einer Modifikation eines niederen Tieres hervorgegangen ist, und Sie geben sich Mühe zu beweisen, dass die strukturellen Unterschiede, die angeblich in seinem Gehirn existieren, überhaupt nicht existieren, und Sie lehren, dass alle Funktionen, intellektuelle, moralische, und andere sind auf lange Sicht Ausdruck oder Ergebnis von Strukturen und den molekularen Kräften, die sie ausüben." Es ist völlig wahr, dass ich das tue.

„Na ja, aber", wird mir sofort etwas triumphierend gesagt, „du sagst im gleichen Atemzug, dass es eine große moralische und intellektuelle Kluft zwischen dem Menschen und den niederen Tieren gibt." Wie ist das möglich, wenn Sie erklären, dass moralische und intellektuelle Eigenschaften von der Struktur abhängen, uns aber dennoch sagen, dass zwischen der Struktur des Menschen und der niederen Tiere keine solche Kluft besteht?"

Ich denke, dieser Einwand beruht auf einer falschen Vorstellung der tatsächlichen Beziehungen, die zwischen Struktur und Funktion, zwischen Mechanismus und Arbeit bestehen. Funktion ist zweifellos der Ausdruck molekularer Kräfte und Anordnungen; Aber folgt daraus, dass die Variation in der Funktion so sehr von der Variation in der Struktur abhängt, dass erstere immer genau proportional zu letzterer ist? Wenn es keine solche Beziehung gibt, wenn die Funktionsvariation, die auf eine Strukturvariation folgt, enorm größer sein kann als die Strukturvariation, dann ist der Einwand hinfällig.

Nehmen Sie ein paar Uhren – vom selben Hersteller hergestellt und so völlig gleich wie möglich; Legen Sie sie auf den Tisch, und die Funktion jedes einzelnen – nämlich die Geschwindigkeit, mit der er weitergeht – wird auf die gleiche Weise ausgeführt, und Sie werden keinen Unterschied zwischen ihnen erkennen können. aber lassen Sie mich eine Zange nehmen, und wenn meine Hand ruhig genug ist, dies zu tun, lassen Sie mich einfach die Lager der Unruh leicht zusammendrücken oder die Zähne der Hemmung einer von ihnen in einen etwas anderen Winkel zwingen , und natürlich wissen Sie, dass die unmittelbare Folge sein wird, dass die so behandelte Uhr von diesem Moment an nicht mehr läuft. Doch welches Verhältnis besteht zwischen der strukturellen Veränderung und dem funktionalen Ergebnis? Ist es nicht völlig offensichtlich, dass es sich um eine geringfügige Änderung handelt, obwohl sie, so geringfügig sie auch ist, zu einem unendlichen Unterschied in der Ausführung der Funktionen dieser beiden Instrumente geführt hat?

Wenden Sie das nun auf die vorliegende Frage an. Was macht den Menschen aus und macht ihn zu dem, was er ist? Was ist es anderes als seine Sprachfähigkeit – diese Sprache, die ihm die Möglichkeit gibt, seine Erfahrungen aufzuzeichnen – und jede Generation etwas weiser als ihre Vorgänger zu machen – mehr im Einklang mit der etablierten Ordnung des Universums?

Was ist es anderes als diese Fähigkeit des Sprechens, des Aufzeichnens von Erfahrungen, die es den Menschen ermöglicht, Menschen zu sein – vorher und nachher zu blicken und in einem vagen Sinne die Funktionsweise dieses wundersamen Universums zu verstehen – und die den Menschen von der gesamten rohen Welt unterscheidet? ? Ich sage, dass dieser funktionale Unterschied gewaltig, unvorstellbar und in seinen Konsequenzen wirklich unendlich ist; und ich sage gleichzeitig, dass es von strukturellen Unterschieden abhängen kann, die für uns mit unseren gegenwärtigen Untersuchungsmethoden absolut unbemerkbar sein werden. Worum geht es in dieser Rede eigentlich? Ich spreche in diesem Moment zu Ihnen, aber wenn Sie das Verhältnis der Nervenkräfte, die jetzt in den beiden Nerven, die die Muskeln meiner Stimmritze versorgen, aktiv sind, auch nur im geringsten ändern würden, würde ich plötzlich stumm werden. Die Stimme wird nur so lange erzeugt, wie die Stimmbänder parallel sind; und diese sind nur so lange parallel, wie bestimmte Muskeln sich genau gleich kontrahieren; und das hängt wiederum von der Gleichheit der Wirkung der beiden Nerven ab, von denen ich gesprochen habe. Damit kommt es zu einer geringfügigen Veränderung der Struktur eines dieser Nerven oder der Struktur des Teils, in dem er entsteht, oder der Blutversorgung dieses Teils oder eines der Muskeln, zu denen er verteilt wird , könnte uns alle dumm machen. Aber eine Rasse stummer Menschen, denen jegliche Kommunikation mit denen, die sprechen könnten, entzogen ist, würde tatsächlich kaum von den Unmenschen entfernt sein. Und der moralische und intellektuelle Unterschied zwischen ihnen und uns wäre praktisch unendlich, obwohl der Naturforscher nicht in der Lage sein sollte, auch nur einen Schatten eines spezifischen strukturellen Unterschieds zu finden.

Aber lassen Sie mich diese Frage jetzt verwerfen und abschließend sagen, dass Sie meiner reifen Überzeugung folgen können, dass die Arbeit von Herrn Darwin den größten Beitrag darstellt, der zur biologischen Wissenschaft seit der Veröffentlichung von „Darwin" geleistet wurde. Règne Animal" von Cuvier und seither die „Geschichte der Entwicklung" von Von Baer. Ich glaube, dass es, wenn man es von seinem theoretischen Teil befreit , immer noch eine der größten Enzyklopädien der biologischen Lehre bleibt, die ein einzelner Mensch jemals hervorgebracht hat; und ich glaube, dass es, wenn man es als Verkörperung einer Hypothese betrachtet, dazu bestimmt ist, den nächsten drei oder vier Generationen als Leitfaden für biologische und psychologische Spekulationen zu dienen.

FUSSNOTEN:

[55] Und wie ich mit gutem Grund annehme; Aber wenn irgendein Einwander darauf drängt, dass wir nicht beweisen können, dass sie durch künstliche oder natürliche Selektion entstanden sind, muss dem Einwand stattgegeben werden – so äußerst skeptisch er auch ist. Aber in der Wissenschaft ist Skepsis eine Pflicht.

X

ZUM BILDUNGSWERT DER NATURGESCHICHTSWISSENSCHAFTEN.

Das Thema, auf das ich Sie in der folgenden Stunde aufmerksam machen muss, ist „Das Verhältnis der physiologischen Wissenschaft zu anderen Wissenszweigen".

Hätten die Umstände es ermöglicht, dass diese Reihe von Vorträgen, zu denen dieser Vortrag gehört, in ihrer streng logischen Reihenfolge gehalten werden könnte, wäre ich meinem Freund und Kollegen Herrn Henfrey vorausgegangen , der am letzten Montag vor Ihnen gesprochen hat; Aber während ich Sie aus Gründen dieser Reihenfolge bitten muss, anzunehmen, dass diese Diskussion über die pädagogischen Aspekte der Biologie im Allgemeinen der der speziellen Zoologie und Botanik *vorausgeht* , freue ich mich, dass ich bereits jetzt von diesem Licht profitieren kann auf die Tendenz und Methoden der physiologischen Wissenschaft geworfen.

Was die physiologische Wissenschaft im weitesten Sinne betrifft – als Äquivalent der *Biologie* – der Wissenschaft vom individuellen Leben – müssen wir nacheinander Folgendes betrachten:

1. Seine Stellung und Reichweite als Wissenszweig.

2. Sein Wert als Mittel zur geistigen Disziplin.

3. Es ist eine praktische Information.

Und zuletzt,

4. Zu welchem Zeitpunkt kann es am besten zu einem Bildungszweig gemacht werden?

Unsere Schlussfolgerungen zum ersten dieser Punkte müssen natürlich von der Natur des Gegenstands der Biologie abhängen; und ich denke, ein paar vorbereitende Überlegungen werden Ihnen den gewaltigen Unterschied klar vor Augen führen, der zwischen den lebenden Körpern, mit denen sich die physiologische Wissenschaft befasst, und dem Rest des Universums besteht – zwischen den Phänomenen der Zahl und des Raums, des Physischen und des Universums der chemischen Kraft einerseits und die des Lebens andererseits.

Der Mathematiker, der Physiker und der Chemiker betrachten die Dinge im Ruhezustand; Sie betrachten einen Gleichgewichtszustand als den Zustand, zu dem normalerweise alle Körper tendieren.

Der Mathematiker geht nicht davon aus, dass sich eine Größe spontan ändert oder dass ein bestimmter Punkt im Raum seine Richtung in Bezug auf einen anderen Punkt ändert. Und so ist es auch beim Physiker. Als Newton den Apfel fallen sah, kam er sofort zu dem Schluss, dass der Fall nicht das Ergebnis einer dem Apfel innewohnenden Kraft war, sondern das Ergebnis der Einwirkung von etwas anderem auf den Apfel. In ähnlicher Weise wird jede physische Kraft als die Störung eines Gleichgewichts angesehen, zu dem die Dinge vor ihrer Ausübung tendierten – zu dem sie nach ihrem Aufhören wieder tendieren werden.

Der Chemiker betrachtet chemische Veränderungen in einem Körper gleichermaßen als die Wirkung der Wirkung von etwas außerhalb des Körpers, das sich verändert. Eine einmal gebildete chemische Verbindung würde für immer bestehen bleiben, wenn sich die Umgebungsbedingungen nicht verändern würden.

Aber für den Studenten des Lebens ist der Aspekt der Natur umgekehrt. Hier sind unaufhörliche und, soweit wir wissen, spontane Veränderungen die Regel, der Rest die Ausnahme – die Anomalie, die erklärt werden muss. Lebewesen haben keine Trägheit und streben kein Gleichgewicht an.

Gestatten Sie mir jedoch, diesen etwas abstrakten Überlegungen durch ein oder zwei Illustrationen mehr Kraft und Klarheit zu verleihen.

Stellen Sie sich ein Gefäß voller Wasser bei normaler Temperatur in einer mit Dampf gesättigten Atmosphäre vor . Die *Menge* und die *Menge* dieses Wassers wird sich, soweit wir wissen, für immer nicht ändern .

Angenommen, ein Klumpen Gold wird in das Gefäß geworfen – es kommt zu einer Bewegung und Störung der Figur, die genau proportional zum Schwung des Goldes ist. Aber nach einiger Zeit werden die Auswirkungen dieser Störung nachlassen – das Gleichgewicht wird wiederhergestellt und das Wasser kehrt in seinen passiven Zustand zurück.

Setzen Sie das Wasser der Kälte aus – es verfestigt sich – und dabei ordnen sich seine Partikel in bestimmten kristallinen Formen an. Doch sobald sie entstanden sind, verändern sich diese Kristalle nicht mehr.

Ersetzt man wiederum den Goldklumpen durch eine Substanz, die mit dem Wasser chemische Beziehungen eingehen kann, etwa eine Masse dieser Substanz, die „Protein" genannt wird – die Substanz des Fleisches –, wird eine sehr erhebliche Störung des Gleichgewichts auftreten – alle möglichen chemischen Zusammensetzungen und Zersetzungen werden stattfinden; aber am Ende wird das Ergebnis wie zuvor die Wiederaufnahme eines Zustands der Ruhe sein.

Anstelle einer solchen Masse *toten* Proteins nehmen Sie jedoch ein Partikel *lebenden* Proteins – eines dieser winzigen mikroskopisch kleinen Lebewesen, die in unseren Teichen wimmeln und als Infusorien bekannt sind – ein Lebewesen, zum Beispiel eine Euglena, und platzieren Sie es in unserem Wassergefäß. Es handelt sich um eine runde Masse, die mit einem langen Filament versehen ist und außer in dieser besonderen Form keinen nennenswerten physikalischen oder chemischen Unterschied aufweist, durch den sie von dem Partikel toten Proteins unterschieden werden könnte.

Aber der Unterschied in den Phänomenen , die es hervorrufen wird, ist immens: Erstens wird es eine enorme Menge an physikalischer Kraft entwickeln – indem es das Wasser mit beträchtlicher Geschwindigkeit in alle Richtungen spaltet, und zwar durch die Schwingungen des langen Fadens Wimper.

Auch die Menge an chemischer Energie, über die das kleine Geschöpf verfügt, ist nicht weniger auffällig. Es ist ein perfektes Labor für sich und wird auf das Wasser und die darin enthaltenen Stoffe einwirken und reagieren. indem es sie in neue Verbindungen umwandelt, die seiner eigenen Substanz ähneln, und gleichzeitig Teile seiner eigenen Substanz aufgibt, die verkümmert sind.

Darüber hinaus wird die Euglena an Größe zunehmen; aber diese Zunahme ist keineswegs unbegrenzt, wie es die Zunahme eines Kristalls sein könnte. Nachdem es bis zu einem gewissen Grad gewachsen ist, teilt es sich, und jeder Teil nimmt die Form des Originals an und wiederholt den Prozess des Wachstums und der Teilung.

Das ist noch nicht alles. Denn nach einer Reihe solcher Unterteilungen und Unterteilungen nehmen diese winzigen Punkte eine völlig neue Form an, verlieren ihre langen Schwänze – umrunden sich selbst und scheiden eine Art Umschlag oder Schachtel aus, in der sie eine Zeit lang eingeschlossen bleiben, um schließlich wieder zu direkt oder indirekt ihre ursprüngliche Existenzweise.

Soweit wir wissen, gibt es keine natürliche Grenze für die Existenz der Euglena oder eines anderen lebenden Keims. Eine einmal ins Leben gerufene Lebewesen neigt dazu, ewig zu leben .

Bedenken Sie, wie sehr sich dieses lebende Teilchen von den toten Atomen unterscheidet, mit denen der Physiker und der Chemiker zu tun haben!

Das Goldteilchen fällt zu Boden und ruht – das tote Proteinteilchen zersetzt sich und verschwindet – es ruht auch: aber die *lebende* Proteinmasse neigt weder zur Erschöpfung ihrer Kräfte noch zu irgendeiner Formbeständigkeit, sondern zeichnet sich im Wesentlichen als Störer aus des Gleichgewichts, soweit es die Kraft betrifft, da sie in ihrer Form einer ständigen Metamorphose und Veränderung unterliegt.

Die Tendenz zum Gleichgewicht der Kräfte und zur Beständigkeit der Form sind also die Merkmale des Teils des Universums, der nicht lebt – die Domäne des Chemikers und Physikers.

Die Tendenz, das bestehende Gleichgewicht zu stören , Formen anzunehmen, die in bestimmten Zyklen aufeinander folgen, ist der Charakter der lebenden Welt.

Was ist die Ursache für diesen wunderbaren Unterschied zwischen dem toten Teilchen und dem lebenden Teilchen der Materie, die ansonsten identisch erscheinen? dieser Unterschied, dem wir den Namen Leben geben?

Ich für meinen Teil kann es Ihnen nicht sagen. Es kann sein, dass Philosophen nach und nach einige höhere Gesetze entdecken, von denen die Tatsachen des Lebens Einzelfälle sind – sehr wahrscheinlich werden sie einen Zusammenhang zwischen physikalisch -chemischen Phänomenen einerseits und lebenswichtigen Phänomenen andererseits entdecken. Derzeit wissen wir jedoch sicherlich von keinem; und ich denke, wir werden eine weise Demut an den Tag legen, wenn wir bekennen, dass zumindest für uns diese aufeinanderfolgende Annahme verschiedener Zustände – (äußere Bedingungen bleiben gleich) – diese *Spontaneität des Handelns* – wenn ich einen Begriff verwenden darf, der mehr bedeutet, als ich würde verantwortlich sein für – was eine so umfassende und klare praktische Unterscheidung zwischen lebenden Körpern und solchen, die nicht leben, darstellt, ist eine ultimative Tatsache; Dies weist darauf hin, dass es eine breite Grenzlinie zwischen dem Fachgebiet der Biologie und dem aller anderen Wissenschaften gibt.

Denn ich möchte verstanden haben, dass diese einfache Euglena der Typus aller *Lebewesen ist* , soweit es den Unterschied zwischen diesen und der trägen Materie betrifft. Dieser Zyklus von Veränderungen, der in der Euglena vielleicht aus nicht mehr als zwei oder drei Schritten besteht, kommt ebenso deutlich in den vielfältigen Stadien zum Ausdruck, die der Keim einer Eiche oder eines Menschen durchläuft. Welche Formen das Lebewesen auch immer annehmen mag, ob einfach oder komplex – *Produktion* , *Wachstum* , *Reproduktion* –, das sind die Phänomene , die es von dem unterscheiden, was nicht lebt.

Wenn dies wahr ist, ist es klar, dass der Student beim Übergang von den physikalisch -chemischen zu den physiologischen Wissenschaften eine völlig neue Ordnung von Tatsachen betritt; und als nächstes müssen wir überlegen, inwieweit diese neuen Tatsachen *neue* Methoden mit sich bringen oder eine Modifikation derjenigen erfordern, mit denen er bereits vertraut ist. Nun wird viel über die Besonderheit der wissenschaftlichen Methode im

Allgemeinen und der verschiedenen Methoden gesagt, die in den verschiedenen Wissenschaften verfolgt werden. Die Mathematik soll eine besondere Methode haben; Eine weitere Physik, eine dritte Biologie und so weiter. Ich für meinen Teil muss gestehen, dass ich diese Ausdrucksweise nicht verstehe. Soweit ich zu einem klaren Verständnis der Sache gelangen kann, ist die Wissenschaft nicht, wie viele anzunehmen scheinen, eine Modifikation der schwarzen Kunst, die dem Geschmack des 19. Jahrhunderts entsprach und hauptsächlich infolge des Verfalls der Kunst aufblühte die Inquisition.

Wissenschaft ist, glaube ich, nichts anderes als *geschulter und organisierter gesunder Menschenverstand* , der sich von letzterem nur in dem Maße unterscheidet, wie sich ein Veteran von einem rohen Rekruten unterscheiden kann; und ihre Methoden unterscheiden sich von denen des gesunden Menschenverstandes nur insoweit, als sich Hieb und Stoß des Gardisten von denen unterscheiden Art und Weise, wie ein Wilder seine Keule führt. Die primäre Kraft ist in beiden Fällen dieselbe, und vielleicht hat der ungebildete Wilde den kräftigeren Arm von beiden. Der *wahre* Vorteil liegt in der Spitze und dem Schliff der Waffe des Schwertkämpfers; mit dem geschulten Auge ist er schnell in der Lage, die Schwäche des Gegners zu erkennen; in der Bereitschaftshandaufforderung, ihm sofort zu folgen. Aber schließlich ist die Schwertübung nur das Hauen und Stoßen des Keulenträgers, der entwickelt und perfektioniert wurde.

Die gewaltigen Ergebnisse, die die Wissenschaft erzielt , werden also nicht durch mystische Fähigkeiten, durch keine mentalen Prozesse erreicht, außer denen, die jeder von uns in den bescheidensten und gemeinsten Angelegenheiten des Lebens praktiziert . Ein Kriminalpolizist entdeckt einen Einbrecher anhand der Spuren seines Schuhs, durch einen mentalen Prozess, der mit dem identisch ist, mit dem Cuvier die ausgestorbenen Tiere von Montmartre aus Knochenfragmenten wiederherstellte. Auch der Prozess der Induktion und Schlussfolgerung, durch den eine Dame, die einen Fleck besonderer Art auf ihrem Kleid findet, zu dem Schluss kommt, dass jemand das Tintenfass darauf umgeworfen hat, unterscheidet sich in keiner Weise von dem, durch den Adams und Leverrier einen entdeckten neuer Planet.

Tatsächlich verwendet der Mann der Wissenschaft einfach mit peinlicher Genauigkeit die Methoden, die wir alle gewohnheitsmäßig und in jedem Moment nachlässig anwenden; und der Geschäftsmann muss sich ebenso der wissenschaftlichen Methode bedienen – muss ebenso wahrhaftig ein Mann der Wissenschaft sein – wie der größte Bücherwurm von uns allen; Allerdings habe ich keinen Zweifel daran, dass der Geschäftsmann ebenso überrascht sein wird, ein Philosoph zu sein wie Herr Jourdain, als er entdeckte, dass er sein ganzes Leben lang Prosa geredet hatte. Wenn es jedoch keinen wirklichen Unterschied zwischen den Methoden der

Wissenschaft und denen des Alltagslebens gibt, erscheint es auf den ersten Blick höchst unwahrscheinlich, dass es einen Unterschied zwischen den Methoden der verschiedenen Wissenschaften geben sollte; Dennoch wird stets davon ausgegangen, dass zwischen der Physiologie und anderen Wissenschaften hinsichtlich der Methode ein sehr großer Unterschied besteht.

Erstens wird gesagt – und ich nehme diesen Punkt zuerst an, weil die Unterstellung von Physiologen selbst allzu häufig zugegeben wird –, dass sich die Biologie von den physikalisch -chemischen und mathematischen Wissenschaften dadurch unterscheidet, dass sie „ungenau" ist.

Nun muss sich dieser Ausdruck „ungenau" entweder auf die *Methoden* oder auf die *Ergebnisse* der physiologischen Wissenschaft beziehen.

Es kann nicht richtig sein, es auf die Methoden anzuwenden; denn wie ich Ihnen nach und nach zeigen möchte, sind diese in allen Wissenschaften identisch, und was für die physiologische Methode gilt, gilt auch für die physikalische und mathematische Methode.

Sind es dann die *Ergebnisse* der biologischen Wissenschaft, die „ungenau" sind? Ich denke nicht. Wenn ich sage, dass die Atmung durch die Lunge erfolgt; dass die Verdauung im Magen erfolgt ; dass das Auge das Sehorgan ist; dass sich die Kiefer eines Wirbeltiers niemals seitlich öffnen, sondern immer nach oben und unten; während sich die eines annulosen Tieres immer seitwärts öffnen und niemals nach oben und unten – ich zähle Sätze auf, die so genau sind wie alles in Euklid. Wie ist dann diese Vorstellung von der Ungenauigkeit der biologischen Wissenschaft entstanden? Ich glaube aus zwei Gründen: Erstens, weil wir aufgrund der großen Komplexität der Wissenschaft und der Vielzahl störender Bedingungen sehr oft nur in der Lage sind, ungefähr vorherzusagen, was unter bestimmten Umständen passieren wird; und zweitens, weil aufgrund der vergleichsweise jungen physiologischen Wissenschaften viele ihrer Gesetze noch unvollkommen ausgearbeitet sind. Aber aus pädagogischer Sicht ist es am wichtigsten, zwischen dem Wesen einer Wissenschaft und den sie umgebenden Zufällen zu unterscheiden; und im Wesentlichen sind die Methoden und Ergebnisse der Physiologie genauso genau wie die der Physik oder Mathematik.

Es wird gesagt, dass die physiologische Methode besonders *vergleichend ist* [56] ; und dieser Ausspruch findet auch in den Augen vieler Anklang . Es tut mir leid, behaupten zu müssen, dass die Spekulanten über wissenschaftliche Klassifizierung durch den Zufall des Namens eines führenden Zweigs der Biologie – der *vergleichenden Anatomie – in die Irre geführt wurden* ; aber ich würde fragen, ob *der Vergleich* und die Klassifikation, die das Ergebnis des Vergleichs ist, nicht das Wesen jeder Wissenschaft überhaupt sind? Wie ist es möglich, einen Zusammenhang von Ursache und Wirkung *irgendeiner Art* zu entdecken, ohne eine Reihe von Fällen miteinander zu vergleichen, in denen die vermeintliche Ursache und Wirkung einzeln oder in Kombination auftreten? Weit davon entfernt, dass der Vergleich in irgendeiner Weise der biologischen Wissenschaft eigen ist, ist er meiner Meinung nach das Wesen jeder Wissenschaft.

Ein spekulativer Philosoph sagt uns erneut, dass sich die Biowissenschaften dadurch auszeichnen, dass sie Wissenschaften der Beobachtung und nicht des Experiments sind! [57]

Von all den seltsamen Behauptungen, zu denen Spekulationen ohne praktische Kenntnis eines Themas selbst einen fähigen Mann verleiten können, halte ich diese für die seltsamste. Physiologie ist keine experimentelle Wissenschaft! Warum gibt es keine Funktion eines einzelnen Organs im Körper, die nicht vollständig und ausschließlich durch Experimente bestimmt wurde? Wie hat Harvey die Natur der Zirkulation bestimmt, außer durch Experimente? Wie hat Sir Charles Bell die Funktionen der Wurzeln der Spinalnerven bestimmt, außer durch Experimente? Woher wissen wir überhaupt, wie ein Nerv funktioniert, außer durch Experimente? Nein, woher wissen Sie überhaupt, dass Ihr Auge Ihr Sehapparat ist, wenn Sie nicht den Versuch machen, es zu schließen? Oder dass Ihr Ohr Ihr Hörapparat ist, es sei denn, Sie schließen es und stellen dabei fest, dass Sie taub werden?

Es wäre wirklich viel wahrer zu sagen, dass die Physiologie *die* experimentelle Wissenschaft *schlechthin* aller Wissenschaften ist; das, wo man durch bloße Beobachtung am wenigsten lernen kann, und das, was das größte Feld für die Ausübung jener Fähigkeiten bietet, die den experimentellen Philosophen charakterisieren. Ich gestehe, wenn mich jemand um eine modellhafte Anwendung der Logik des Experiments bitten würde, würde ich kein besseres Werk kennen, das ich ihm in die Hände legen könnte als Bernards späte Forschungen über die Funktionen der Leber. [58]

Um diesem Vortrag jedoch keinen allzu kontroversen Ton zu geben, möchte ich nur auf eine weitere Doktrin hinweisen, die von einem Denker unserer Zeit und unseres Landes vertreten wird, dessen Ansichten allen Respekt verdienen. Die biologischen Wissenschaften unterscheiden sich von allen anderen dadurch, dass in *ihnen* die Klassifizierung nach Typ und nicht nach Definition erfolgt. [59]

Kurz gesagt wird gesagt, dass eine Klasse der Naturgeschichte nicht definiert werden kann – dass zum Beispiel die Klasse Rosaceen oder die Klasse der Fische nicht genau und absolut definierbar sind, da ihre Mitglieder von allen Ausnahmen darstellen mögliche Definition; und dass die Mitglieder der Klasse nur dadurch verbunden sind, dass sie alle eher einer imaginären durchschnittlichen Rose oder einem durchschnittlichen Fisch ähneln als irgendetwas anderem.

Aber auch hier glaube ich, dass die Unterscheidung vollständig aus der Verwechslung einer vorübergehenden Unvollkommenheit mit einem wesentlichen Charakter entstanden ist. Solange unsere Informationen über sie unvollständig sind, klassifizieren wir alle Objekte nach Ähnlichkeiten, die wir *spüren* , aber nicht *definieren können:* Kurz gesagt, wir gruppieren sie *nach Typen* . Wenn Sie also einen gewöhnlichen Menschen fragen, welche Arten von Tieren es gibt, wird er wahrscheinlich sagen: Tiere, Vögel, Reptilien, Fische, Insekten usw. Bitten Sie ihn, ein Tier von einem Reptil zu unterscheiden, und er kann es nicht tun; aber er sagt, Dinge wie eine Kuh oder ein Pferd seien Tiere und Dinge wie ein Frosch oder eine Eidechse seien Reptilien. Sie sehen, *er unterrichtet* nach Typ und nicht nach Definition. Doch wie unterscheidet sich diese Klassifizierung von der des wissenschaftlichen Zoologen? Wie unterscheidet sich die Bedeutung des wissenschaftlichen Klassennamens „Mammalia" von der unwissenschaftlichen Bedeutung von „Beasts"?

Warum, genau weil Ersteres von einer Definition abhängt, Letzteres von einem Typ. Die Klasse Mammalia wird wissenschaftlich definiert als „alle Tiere, die ein Wirbeltierskelett haben und ihre Jungen säugen". Hier handelt es sich nicht um einen Hinweis auf den Typ, sondern um eine Definition, die für einen Geometer streng genug ist. Und dies ist der Charakter, den jeder wissenschaftliche Naturforscher als den anerkennt, den seine Klassen anstreben müssen – wohl wissend, dass die Klassifizierung nach Typ einfach ein Eingeständnis von Unwissenheit und ein vorübergehender Trick ist.

Soviel zum negativen Argument im Vergleich zu den angeblichen Unterschieden zwischen biologischen und anderen Methoden. Ich glaube, solche Unterschiede gibt es wirklich nicht. Der Gegenstand der biologischen Wissenschaft unterscheidet sich von dem anderer Wissenschaften, aber die Methoden sind bei allen identisch; und diese Methoden sind –

1. *Beobachtung* von Tatsachen – darunter auch die *künstliche Beobachtung,* die als *Experiment bezeichnet wird* .

2. Der Prozess, bei dem ähnliche Fakten in Bündeln zusammengefasst werden, die mit einem Ticket versehen und gebrauchsfertig sind und der als *Vergleich* und *Klassifizierung bezeichnet wird* . Die Ergebnisse des Prozesses, die mit einem Ticket versehenen Bündel, werden als *„Allgemeine Aussagen"* bezeichnet .

3. *Die Deduktion* , die uns vom allgemeinen Satz wieder zu den Tatsachen führt, lehrt uns, wenn ich das so sagen darf, aus dem Ticket vorauszusehen, was sich im Bündel befindet. Und schlussendlich-

4. *Verifizierung* , bei der festgestellt wird, ob unsere Erwartung tatsächlich richtig ist.

Das sind die Methoden aller Wissenschaften; aber vielleicht gestatten Sie mir, Ihnen eine Veranschaulichung ihres Einsatzes in der Wissenschaft des Lebens zu geben; und ich werde als Sonderfall die Etablierung der Lehre vom *Blutkreislauf betrachten* .

In diesem Fall liefert uns eine *einfache Beobachtung* ein Wissen über die Existenz des Blutes aus einer versehentlichen Blutung , wir werden sagen: Wir können sogar zugeben, dass es uns über die Lokalisierung dieses Blutes in bestimmten Gefäßen, dem Herzen usw. informiert ein versehentlicher Schnitt oder ähnliches. Es lehrt auch die Existenz eines Pulses in verschiedenen Teilen des Körpers und macht uns mit der Struktur des Herzens und der Gefäße vertraut.

Hier hört jedoch *die einfache Beobachtung* auf und wir müssen auf *Experimente zurückgreifen* .

Sie binden eine Vene ab und stellen fest, dass sich das Blut auf der dem Herzen gegenüberliegenden Seite der Ligatur ansammelt. Sie unterbinden eine Arterie und stellen fest, dass sich das Blut auf der herznahen Seite ansammelt. Öffnen Sie den Brustkorb und Sie sehen, wie sich das Herz mit großer Kraft zusammenzieht. Machen Sie Öffnungen in die Haupthöhlen, und Sie werden feststellen, dass das gesamte Blut herausfließt und auf keiner Seite der arteriellen oder venösen Ligatur mehr Druck ausgeübt wird.

Alle diese Tatsachen zusammengenommen bilden nun den Beweis dafür, dass das Blut vom Herzen durch die Arterien getrieben wird und durch die Venen zurückfließt – dass das Blut, kurz gesagt, zirkuliert.

Angenommen, unsere Experimente und Beobachtungen wurden an Pferden durchgeführt, dann gruppieren wir sie und fassen sie in einem allgemeinen Satz zusammen, also: – *Alle Pferde haben einen Blutkreislauf* .

Phänomenen finden, die man Blutkreislauf nennt.

Hier ist unser *allgemeiner Vorschlag* .

Wie und wann sind wir berechtigt, unseren nächsten Schritt zu machen – eine *Schlussfolgerung* daraus?

Angenommen, unser Physiologe, dessen Erfahrung sich auf Pferde beschränkt, trifft zum ersten Mal auf ein Zebra – wird er dann annehmen, dass seine Verallgemeinerung auch für Zebras gilt?

Das hängt sehr stark von seiner Geisteshaltung ab. Aber wir gehen davon aus, dass er ein mutiger Mann ist. Er wird sagen: „Das Zebra ist sicherlich kein Pferd, aber es ist einem sehr ähnlich – so ähnlich, dass es auch das

‚Ticket' oder Zeichen eines Blutkreislaufs sein muss; und ich komme zu dem Schluss, dass das Zebra einen Kreislauf hat."

Das ist eine Schlussfolgerung, eine sehr faire Schlussfolgerung, aber keineswegs als wissenschaftlich gesichert zu betrachten. Diese letzte Eigenschaft kann tatsächlich nur durch *Verifizierung erreicht werden – das heißt, indem ein Zebra zum Gegenstand aller am* Pferd durchgeführten Experimente gemacht wird . Natürlich würde im vorliegenden Fall die *Schlussfolgerung* durch diesen Überprüfungsprozess *bestätigt* werden , und das Ergebnis wäre nicht nur eine positive Erweiterung des Wissens, sondern auch eine angemessene Steigerung des Vertrauens in die Wahrheit der eigenen Verallgemeinerungen in anderen Fällen.

Nachdem wir also den Punkt bei Zebra und Pferd geklärt hatten, hätte unser Philosoph großes Vertrauen in die Existenz eines Kreislaufs im Esel. Nein, ich glaube, die meisten Leute würden es ihm verzeihen, wenn er sich in diesem Fall nicht die Mühe machen würde, den Prozess der Überprüfung überhaupt zu durchlaufen; und es wäre nicht ohne Parallele in der Geschichte des menschlichen Geistes, wenn unser imaginärer Physiologe nun behaupten würde, er sei mit der asininen Zirkulation *a priori vertraut gewesen* .

Wenn ich Sie jedoch zur Vorsicht mahnen möchte, dann ist es die völlig bedingte Natur unseres gesamten Wissens – die Gefahr, den Prozess der Überprüfung unter allen Umständen zu vernachlässigen; und der Film, auf dem wir uns ausruhen, in dem Moment, in dem unsere Schlussfolgerungen uns außerhalb der Reichweite dieses großen Prozesses der Überprüfung führen. Dafür gibt es kein besseres Beispiel als die Geschichte unseres Wissens über die Zirkulation des Blutes im Tierreich bis zum Jahr 1824 Es war bekannt, dass der Blutstrom eine bestimmte und unveränderliche Richtung annahm. Nun gibt es eine Klasse von Tieren namens *Ascidianer* , die ein Herz und einen Kreislauf besitzen, und bis zu der Zeit, von der ich spreche, wäre niemand auf die Idee gekommen, die Richtigkeit der Schlussfolgerung in Frage zu stellen, dass diese Kreaturen einen Kreislauf in einem haben Richtung; noch würde es irgendjemand tun Ich habe es für lohnenswert gehalten , diesen Punkt zu überprüfen. Aber in diesem Jahr untersuchte Herr von Hasselt zufällig ein durchsichtiges Tier dieser Klasse und stellte zu seiner unendlichen Überraschung fest, dass das Herz, nachdem es eine bestimmte Anzahl von Malen geschlagen hatte, aufhörte und dann begann, in die entgegengesetzte Richtung zu schlagen – so um den Verlauf des Stroms umzukehren, der nach und nach in seine ursprüngliche Richtung zurückkehrte.

Ich habe selbst das Herz dieser kleinen Tiere gemessen. Ich fand es in seinen Umkehrperioden so regelmäßig wie möglich: und ich kenne kein wunderbareres Schauspiel im Tierreich als das, das es bietet – umso wunderbarer, dass es bis zum heutigen Tag eine einzigartige Tatsache bleibt, die dieser Klasse unter den Tieren eigen ist ganze animierte Welt. Gleichzeitig kenne ich keinen überzeugenderen Fall für die Notwendigkeit der *Überprüfung* selbst derjenigen Schlussfolgerungen, die auf den umfassendsten und sichersten Induktionen zu beruhen scheinen .

Das sind die Methoden der Biologie – Methoden, die offensichtlich mit denen aller anderen Wissenschaften identisch sind und daher völlig ungeeignet sind, die Grundlage für irgendeine Unterscheidung zwischen ihr und ihnen zu bilden. [60]

Aber ich werde gleich gefragt: Wollen Sie damit sagen, dass es keinen Unterschied zwischen der Geisteshaltung eines Mathematikers und der eines Naturforschers gibt? Können Sie sich vorstellen, dass Laplace in den Jardin des Plantes und Cuvier in das Observatorium gesteckt worden wäre , mit gleichem Vorteil für den Fortschritt der Wissenschaften, zu denen sie sich bekannten?

Darauf würde ich antworten, dass nichts weiter von meinen Gedanken entfernt sein könnte. Aber unterschiedliche Gewohnheiten und verschiedene besondere Tendenzen zweier Wissenschaften bedeuten nicht unterschiedliche Methoden. Der Bergsteiger und der Mann der Ebene haben sehr unterschiedliche Fortbewegungsgewohnheiten, und jeder wäre an der Stelle des anderen ratlos; aber die Methode des Fortschritts, indem man ein Bein vor das andere stellt, ist in jedem Fall die gleiche. Jeder Schritt ist eine Kombination aus Heben und Schieben; aber der Bergsteiger hebt mehr und der Flachländer drückt mehr. Und ich denke, der Fall zweier Wissenschaften ähnelt diesem.

Ich bezweifle keinen Moment, dass der Mathematiker zwar mit Schlussfolgerungen *aus* allgemeinen Aussagen beschäftigt ist, der Biologe sich jedoch insbesondere mit Beobachtung, Vergleich und den Prozessen beschäftigt, die *zu* allgemeinen Aussagen führen. Ich möchte lediglich darauf bestehen, dass dieser Unterschied nicht auf einem grundlegenden Unterschied in den Wissenschaften selbst beruht, sondern auf den Zufällen ihres Gegenstands, ihrer relativen Komplexität und der daraus resultierenden relativen Perfektion.

Der Mathematiker befasst sich nur mit zwei Eigenschaften von Objekten, Zahl und Ausdehnung, und alle Induktionen, die er möchte, wurden vor langer Zeit gebildet und abgeschlossen. Er ist jetzt nur noch mit Schlussfolgerungen und Überprüfungen beschäftigt.

Der Biologe befasst sich mit einer Vielzahl von Eigenschaften von Objekten, und ich fürchte, seine Schlussfolgerungen werden in den kommenden

Jahrhunderten nicht vollständig sein. aber wenn sie es sind, wird seine Wissenschaft ebenso deduktiv und genau sein wie die Mathematik selbst.

Dies ist das Verhältnis der Biologie zu jenen Wissenschaften, die sich mit Objekten befassen, die weniger Eigenschaften als sie selbst haben. Aber so wie der Student, der Biologie erlangt, auf Wissenschaften zurückblickt, die weniger komplex und daher vollkommener sind, so freut er sich andererseits auch auf andere, komplexere und weniger vollkommene Wissenszweige. Die Biologie beschäftigt sich nur mit Lebewesen als isolierten Dingen – sie behandelt nur das Leben des Einzelnen; aber es gibt noch eine höhere Abteilung der Wissenschaft, die Lebewesen als Aggregate betrachtet – die sich mit der Beziehung der Lebewesen zueinander befasst – die Wissenschaft die Menschen *beobachtet* – deren *Experimente* von Nationen untereinander auf Schlachtfeldern durchgeführt werden – deren *allgemeine Thesen* in der Geschichte, Moral und Religion verkörpert sind – deren *Schlussfolgerungen* zu unserem Glück oder unserem Elend führen – und deren *Bestätigungen* so oft auch kommen zu spät kommen und nur servieren

„Um eine Moral zu verdeutlichen oder eine Geschichte zu schmücken" –

Ich meine die Wissenschaft der Gesellschaft oder *Soziologie* .

Ich denke, es ist eines der großartigsten Merkmale der Biologie, dass sie diese zentrale Position im menschlichen Wissen einnimmt. Es gibt keinen Teil des menschlichen Geistes, den das physiologische Studium unkultiviert lässt. Durch unzählige Verbindungen mit der abstrakten Wissenschaft verbunden, steht die Physiologie dennoch in engster Beziehung zur Menschheit; und indem sie uns lehrt, dass Gesetz und Ordnung und ein bestimmter Entwicklungsplan selbst die seltsamsten und wildesten Manifestationen des individuellen Lebens regulieren, bereitet sie den Schüler darauf vor, selbst inmitten der unberechenbaren Irrwege der Menschheit nach einem Ziel zu suchen und zu glauben, dass die Geschichte es bietet etwas mehr als ein unterhaltsames Chaos – ein Tagebuch eines mühsamen, tragikomischen Marschs ins Nirgendwo.

Ich hoffe, dass die vorangehenden Überlegungen dazu gedient haben, die Antworten zu geben, die auf die ersten beiden Fragen, die ich Ihnen zu Beginn stelle, nämlich: Welchen Umfang und welche Stellung hat die Physiologische Wissenschaft als Wissenszweig und welchen Wert hat sie als Mittel zur geistigen Disziplin?

Ihr *Gegenstand* ist ein großer Teil des Universums – ihre *Position* liegt auf halbem Weg zwischen den physikalisch -chemischen und den Sozialwissenschaften. Ihr *Wert* als Zweig der Disziplin liegt zum Teil darin, was sie mit allen Wissenschaften gemeinsam hat: die Schulung und Stärkung des gesunden Menschenverstandes; zum Teil das, was ihm selbst eigentümlicher ist – die große Übung, die es den Fähigkeiten der Beobachtung und des Vergleichs bietet; und ich möchte hinzufügen, die *Genauigkeit* des Wissens, die es von Seiten derjenigen unter seinen Anhängern erfordert, die seine Grenzen erweitern möchten.

Wenn das, was über die Stellung und den Umfang der Biologie gesagt wurde, richtig ist, könnte man meinen, dass unsere dritte Frage – was ist der praktische Wert des physiologischen Unterrichts? – sich selbst beantworten muss.

Hätte die Menschheit sogar aus anderen Gründen den Titel „rational" verdient, den sie sich selbst anmaßt, besteht kein Zweifel daran, dass sie das, was sie vorgibt, als den notwendigsten aller Unterrichtszweige für sich selbst und ihre Kinder betrachten würde Machen Sie sie mit den Bedingungen der Existenz vertraut, die sie so hoch schätzen – was ihnen beibringt, Krankheiten zu vermeiden und die Gesundheit bei sich selbst und denen, die ihnen am Herzen liegen, zu schätzen.

Ich spreche, wie ich mir vorstellen kann, an ein Publikum gebildeter Personen; und doch wage ich zu behaupten, dass es, mit Ausnahme derjenigen meiner Zuhörer, die zufällig eine medizinische Ausbildung erhalten haben, niemanden gibt, der mir sagen könnte, was die Bedeutung und der Nutzen einer Handlung ist, die er Dutzende ausführt Mal pro Minute, und dessen Suspendierung seinen sofortigen Tod nach sich ziehen würde; ich meine den Akt des Atmens – oder wer könnte in präzisen Worten sagen, warum eine enge Atmosphäre gesundheitsschädlich ist?

Der *praktische Wert* physiologischen Wissens! Warum gibt es gebildete Männer, die behaupten, ein Schlachthaus mitten in einer Großstadt sei eher eine gute Sache als das Gegenteil? – dass Mütter darauf beharren, die größtmögliche Fläche ihrer Kinder der Kälte auszusetzen, über den absurden Kleidungsstil, den sie annehmen, und sich dann über die eigentümliche Fügung der Vorsehung wundern, die ihre Kinder durch Bronchitis und Magenfieber entfernt? Warum grassiert die Quacksalberei im Land? und dass vor nicht allzu langer Zeit einer der größten öffentlichen Räume dieser großen Stadt von einem Publikum gefüllt werden konnte, das ernst dem ehrwürdigen Verkünder der Doktrin zuhörte – den einfachen physiologischen Phänomenen, die als Geisterklopfen, Tischdrehen und Phrenomagnetismus bekannt sind Und ich weiß nicht, welche anderen absurden und unangemessenen Namen auf die direkte und persönliche Handlungsweise Satans zurückzuführen sind?

Warum ist das alles so, außer wegen der völligen Unwissenheit über die einfachsten Gesetze ihres eigenen tierischen Lebens, die selbst bei den gebildetsten Menschen in diesem Land vorherrscht?

Aber es gibt neben der eigentlichen Physiologie noch andere Zweige der Biowissenschaften, deren praktischer Einfluss zwar weniger offensichtlich, aber, wie ich glaube, nicht weniger sicher ist. Ich habe gehört, wie gebildete Männer mit kaum verhohlener Verachtung über die Studien der Naturforscher sprachen und nicht ohne Achselzucken fragten: „Was nützt es, alles über diese elenden Tiere zu wissen – welchen Einfluss hat es auf das menschliche Leben?"

Ich werde versuchen, diese Frage zu beantworten. Ich gehe davon aus, dass alle zugeben werden, dass es eine eindeutige Regierung dieses Universums gibt – dass seine Freuden und Leiden nicht willkürlich verstreut sind, sondern in Übereinstimmung mit geordneten und festen Gesetzen verteilt sind, und dass dies nur im Einklang mit allem steht, was wir darüber wissen dem Rest der Welt, dass es in diesen Angelegenheiten eine Einigung zwischen einem Teil der sensiblen Schöpfung und einem anderen geben sollte.

Dann ist es sicherlich interessant für uns, die vielen anderen tierischen Lebewesen zu kennen – wie weit unter uns auch immer, sie sind immer noch die einzigen geschaffenen Dinge, die mit uns die Fähigkeit zum Vergnügen und die Empfänglichkeit für Schmerz teilen.

Ich kann nicht anders, als zu glauben, dass derjenige, der feststellt, dass ein gewisser Anteil an Schmerz und Bösem untrennbar mit dem Leben der Würmer verwoben ist, seinen eigenen Anteil mit mehr Mut und Unterwerfung ertragen wird; und wird auf jeden Fall mit Argwohn jenen schwachen, liebenswürdigen Theorien der göttlichen Regierung gegenüberstehen, die uns glauben machen wollen, dass Schmerz ein Versehen und ein Fehler ist, der nach und nach korrigiert werden muss. Andererseits sind die Vorherrschaft des Glücks unter den Lebewesen – ihre verschwenderische Schönheit – die geheime und wunderbare Harmonie, die sie alle vom Höchsten bis zum Niedrigsten durchdringt, gleichermaßen eindrucksvolle Widerlegungen jener modernen manichäischen Lehre, die die Welt als etwas darstellt Sklavenmühle, die unter vielen Tränen für bloße Zweckmäßigkeitszwecke betrieben wurde.

Ich bin überzeugt, dass die Naturgeschichte noch auf eine andere Art und Weise einen tiefgreifenden Einfluss auf das praktische Leben haben kann, und zwar durch ihren Einfluss auf unsere feineren Gefühle als die größte aller Quellen des Vergnügens, das sich aus der Schönheit ableiten lässt . Ich behaupte nicht, dass naturhistorisches Wissen als solches unseren Sinn für das Schöne an natürlichen Objekten steigern kann. Ich glaube nicht, dass die tote Seele von Peter Bell, von dem der große Naturdichter sagt:

„Eine Primel am Rand des Flusses, Eine gelbe Primel war für ihn,- Und mehr war es nicht",—

Die Information, dass es sich bei der Primel um ein zweikeimblättriges
Exogen mit einer einblättrigen Blütenkrone und zentraler Plazentation
handelt, wäre ein wenig aus ihrer Apathie aufgerüttelt worden. Unter diesem
Gesichtspunkt befürworte ich jedoch naturhistorisches Wissen, weil es uns
dazu veranlassen würde, die Schönheit natürlicher Objekte zu *suchen* , anstatt
darauf zu vertrauen, dass der Zufall sie uns aufdrängt. Für einen Menschen,
der sich nicht mit Naturgeschichte auskennt, ist sein Spaziergang auf dem
Land oder am Meer ein Spaziergang durch eine Galerie voller wunderbarer
Kunstwerke, von denen neun Zehntel ihr Gesicht zur Wand gewandt haben.
Bringen Sie ihm etwas über Naturgeschichte bei, und Sie legen ihm einen
Katalog derjenigen in die Hand, die es wert sind, umgeblättert zu werden.
Sicherlich sind unsere unschuldigen Freuden in diesem Leben nicht so
reichlich vorhanden, dass wir es uns leisten können, diese oder jede andere
Quelle davon zu verachten. Wir sollten befürchten, wegen unserer
Vernachlässigung in diesen Zwischenraum verbannt zu werden, wo der
große Florentiner uns sagt, dass es diejenigen gibt, die in diesem Leben
„geweint haben, obwohl sie sich freuen konnten".

Aber ich würde Ihre Freundlichkeit ungerechtfertigt verletzen, wenn ich
nicht sofort zu meinem letzten Punkt übergehe – dem Zeitpunkt, an dem die
Physiologie zum ersten Mal Teil des Lehrplans werden sollte.

Der Unterschied zwischen der Vermittlung der Tatsachen einer
Wissenschaft als Unterweisung und der systematischen Vermittlung
derselben als Wissen wurde Ihnen bereits in einer früheren Vorlesung
dargelegt: und es scheint mir, dass, wie bei anderen Wissenschaften auch, die
allgemeinen Tatsachen einer Wissenschaft als *solche* gelten Biologie – die
Verwendung von Körperteilen – die Namen und Gewohnheiten der
Lebewesen, die uns umgeben – kann schon dem jüngsten Kind mit Vorteil
beigebracht werden. Tatsächlich ist die Gier von Kindern nach dieser Art
von Wissen und die vergleichsweise Leichtigkeit, mit der sie es behalten,
etwas ganz Wunderbares . Ich bezweifle, dass ein Spielzeug von der gleichen
Art wie diese bewundernswerten Geräte im Zoologischen Garten, natürlich
in kleinerem Maßstab, für kleine Kinder so akzeptabel wäre wie ein Vivarium.

Andererseits kann ein systematischer Unterricht in Biologie erst dann mit
Erfolg versucht werden, wenn der Schüler gewisse Kenntnisse in Physik und
Chemie erlangt hat: Denn obwohl die Phänomene des Lebens weder von
physikalischen noch von chemischen, sondern von Lebenskräften abhängen,
sind sie es doch führen zu allerlei physikalischen und chemischen
Veränderungen, die nur anhand ihrer eigenen Gesetze beurteilt werden
können.

Und nun möchte ich in wenigen Worten die Schlussfolgerungen
zusammenfassen, von denen ich hoffe, dass Sie Grund sehen, mir zu folgen.

Die Biologie braucht keinen Apologeten, wenn sie einen Platz – und einen herausragenden Platz – in jedem Bildungssystem einfordert, das diesen Namen verdient. Lassen Sie die physiologischen Wissenschaften aus Ihrem Lehrplan weg, und Sie entführen den Studenten in die Welt, undiszipliniert in der Wissenschaft, deren Gegenstand seine Beobachtungsgabe am besten entwickeln würde; Unwissenheit über Tatsachen, die für sein eigenes Wohl und das anderer von größter Bedeutung sind; blind gegenüber den reichsten Quellen der Schönheit in Gottes Schöpfung; und ohne den Glauben an ein lebendiges Gesetz und eine Ordnung, die sich in und durch endlose Veränderung und Vielfalt manifestiert, die dazu dienen könnte, jene Phase der Verzweiflung einzudämmen und zu mildern, die er, wenn er sich ernsthaft für soziale Probleme interessiert, mit Sicherheit überwinden wird früher oder später vergehen.

Abschließend noch ein Wort zu mir selbst. Ich habe nicht gezögert, stark zu sprechen, wo ich starke Gefühle hatte; und ich bin mir nur allzu bewusst, dass die indikativen und imperativen Stimmungen allzu oft an die Stelle der zunehmenden Konjunktiv- und Konditionalmodi getreten sind. Ich fühle daher, wie notwendig es ist, Sie zu bitten, die Persönlichkeit dessen zu vergessen, der es gewagt hat, Sie anzusprechen, und nur die Wahrheit oder den Fehler in dem Gesagten zu berücksichtigen.

FUSSNOTEN:

[56] „Drittens müssen wir die Vergleichsmethode überprüfen, die so speziell für das Studium lebender Körper geeignet ist und mit der dieses Studium vor allem vorangebracht werden muss." In der Astronomie ist diese Methode notwendigerweise nicht anwendbar; und erst wenn wir zur Chemie gelangen, kann dieses dritte Untersuchungsmittel verwendet werden, und dann nur in Unterordnung zu den beiden anderen. Erst beim Studium lebender Körper, sowohl der statischen als auch der dynamischen Art, erreicht es seine volle Entwicklung; und seine Verwendung anderswo kann nur durch seine Anwendung hier erfolgen." – *Comte's Positive Philosophy* , übersetzt von Miss Martineau. Bd. ich . P. 372.

Mit welcher Methode nimmt M. Comte an, dass die Gleichheit oder Ungleichheit von Kräften und Größen und die Unähnlichkeit oder Ähnlichkeit von Formen – Punkte von einigermaßen geringer Bedeutung nicht nur in der Astronomie und Physik, sondern sogar in der Mathematik – festgestellt werden, wenn nicht durch Vergleich? ?

[57] „Um zur zweiten Klasse von Mitteln überzugehen: Das Experiment kann im Verhältnis zur Komplexität der zu erforschenden Phänomene immer weniger entscheidend sein ; und deshalb sahen wir, dass diese Ressource in der Chemie weniger wirksam ist als in der Physik, und wir stellen jetzt fest, dass sie in der Chemie im Vergleich zur Physiologie überaus

nützlich ist. *Tatsächlich scheint die Natur der Phänomene nahezu unüberwindliche Hindernisse für eine umfassende und produktive Anwendung eines solchen Verfahrens in der Biologie zu bieten.* " – COMTE , Bd. ich . P. 367.

Herr Comte widerspricht sich, wie seine Art ist, zwei Seiten weiter, aber das entbindet ihn kaum von der Verantwortung für einen Absatz wie den obigen.

[58] Nouvelle Fonction du Foie considéré Komm Organ Produzent von Material für Männer und Tiere , von M. Claude Bernard.

[59] „ *Natürliche Gruppen, die durch den Typ und nicht durch die Definition gegeben sind* ... Die Klasse ist stetig festgelegt, wenn auch nicht genau begrenzt; es ist gegeben, wenn auch nicht umschrieben; es wird nicht durch eine äußere Grenzlinie bestimmt, sondern durch einen zentralen Punkt im Inneren; nicht durch das, was es strikt ausschließt, sondern durch das, was es im Wesentlichen einschließt; durch ein Beispiel, nicht durch eine Vorschrift; Kurz gesagt, anstelle der Definition haben wir einen *Typ* für unseren Regisseur. Ein Typ ist ein Beispiel für eine beliebige Klasse, beispielsweise eine Art einer Gattung, von der man annimmt, dass sie die Merkmale dieser Klasse hervorragend besitzt. Alle Arten, die eine größere Affinität zu dieser Typusart als zu allen anderen haben, bilden die Gattung und sind um sie herum verteilt, wobei sie in verschiedenen Richtungen und in unterschiedlichem Ausmaß von ihr abweichen." – *Whewell, The Philosophy of the Induction Sciences* , Bd . ich . S. 476-7.

[60] Abgesehen von der Freude, dies zu tun, muss ich in dieser Sicht der wissenschaftlichen Methode kaum auf meine Verpflichtungen gegenüber Mr. JS Mills „System of Logic" hinweisen.

XI

ÜBER DIE PERSISTENTEN ARTEN DES TIERISCHEN LEBENS.

Die aufeinanderfolgenden Veränderungen, die die Ansichten der physikalischen Geologen seit den Anfängen ihrer Wissenschaft hinsichtlich des Ausmaßes und der Art der Veränderungen, denen die Erdkruste ausgesetzt war, erfahren haben, tendierten alle in eine Richtung, nämlich in die Richtung der Erdkruste. zur Etablierung des Glaubens, dass während der riesigen Reihe von Zeitaltern, die mit der Ablagerung der geschichteten Gesteine beschäftigt waren und die „geologische Zeit" genannt werden kann (zur Unterscheidung von der „historischen Zeit", die darauf folgte, und der In der „vorgeologischen Zeit", die ihr vorausging, schwankten die Intensität und der Charakter der wirkenden physikalischen Kräfte nur innerhalb enger Grenzen; so dass der Aspekt der physischen Natur bereits in silurischen oder kambrischen Zeiten weitgehend so gewesen sein muss, wie er heute ist.

Diese einheitliche Sichtweise der tellurischen Bedingungen, soweit es die geologische Zeit betrifft, steht jedoch vollkommen im Einklang mit der Vorstellung eines völlig anderen Zustands der Dinge in vorangegangenen Epochen und ist der stärkste Befürworter einer solchen „physischen Einheitlichkeit" während dieser Zeit Wir haben eine Aufzeichnung, die mit vollkommener Konsequenz die sogenannte „Nebelhypothese" oder jede andere Ansicht vertreten könnte, die die Vorstellung einer langen Reihe von Zuständen beinhaltet, die sich sehr von denen unterscheiden, die wir jetzt kennen, und deren Abfolge vorgeologische Zeit in Anspruch nahm .

Die Lehre von der physikalischen Gleichförmigkeit und die vom physikalischen Fortschritt stimmen daher vollkommen überein, wenn wir davon ausgehen, dass die geologische Zeit die gleiche Beziehung zur vorgeologischen Zeit hat wie die historische Zeit zu ihr.

Die anerkannten Lehren der Paläontologie stehen keineswegs im Einklang mit diesen Tendenzen der physikalischen Geologie. Es wird allgemein angenommen, dass zwischen der antiken und der modernen organischen Welt ein gewaltiger Kontrast besteht — man geht beständig davon aus, dass wir mit dem Beginn des Lebens und mit der ursprünglichen Manifestation jeder seiner typischen Formen vertraut sind; das gilt auch nicht für die Tatsache Die Entdeckungen jedes Jahres zwingen die Vertreter dieser Ansichten dazu, ihren Standpunkt zu ändern, und scheinen die Zähigkeit ihrer Überzeugung spürbar zu beeinträchtigen.

Ohne die erheblichen positiven Unterschiede, die tatsächlich zwischen den alten und modernen Lebensformen bestehen, überhaupt zu leugnen und die negativen durch andere Argumentationsstränge zu klären, scheint eine unparteiische Untersuchung der von der Paläontologie aufgedeckten Tatsachen zu zeigen, dass diese Unterschiede und Kontraste wurden stark übertrieben.

Somit ist keine einzige der rund zweihundert bekannten Pflanzenordnungen ausschließlich fossil. Unter den Tieren gibt es keine einzige völlig ausgestorbene Klasse; und von den Bestellungen außen nicht mehr als sieben Prozent. sind in der bestehenden Schöpfung nicht vertreten.

Auch hier gibt es bestimmte ausgeprägte Formen von Lebewesen, die über enorme Epochen hinweg existierten und nicht nur die Veränderungen der physischen Bedingungen überlebten, sondern auch vergleichsweise unverändert überdauerten, während andere Lebensformen auftauchten und verschwanden. Einige Formen können als „persistente Lebensformen" bezeichnet werden; und Beispiele dafür gibt es sowohl in der Tier- als auch in der Pflanzenwelt reichlich.

Unter den Pflanzen findet man zum Beispiel Farne, Bärlauch und *Koniferen* , von denen einige scheinbar generisch mit den heute lebenden Arten identisch sind, bereits in der Karbonzeit; der Kegel des Oolithen *Araucaria* ist kaum von bestehenden Arten zu unterscheiden; In den Purbecks wurde eine Pinusart *und* in den Kreidegesteinen eine Walnuss (*Juglans*) entdeckt. [61] All dies sind Arten pflanzlicher Strukturen, die heutzutage in Hülle und Fülle vorkommen; und sicherlich ist es eine äußerst bemerkenswerte Tatsache, dass sie über so große Epochen hinweg mit so wenig Veränderung bestehen blieben.

Jedes Unterreich der Tiere bringt Exemplare derselben Art hervor. Die *Globigerina* der atlantischen Sondierungen ist mit den Kreidearten derselben Gattung identisch; und die Abgüsse unterer silurischer *Foraminiferen* , die kürzlich von Ehrenberg beschrieben wurden, versichern uns die sehr große Ähnlichkeit zwischen den ältesten und den neuesten Formen vieler *Protozoen* .

Bei den *Cœlenterata* ähneln die Tafelkorallen der Silur-Epoche wunderbar den Milleporen unserer eigenen Meere, wie sich jeder überzeugen kann, der *Heliolite* mit *Heliopora vergleicht* .

Mollusken betrifft , so sind die Gattungen *Crania* , *Discina* und *Lingula* seit der silurischen Epoche bis zum heutigen Tag mit so geringen Veränderungen erhalten geblieben, dass sehr kompetente Malakologen manchmal verwirrt sind, die alten von den modernen Arten zu unterscheiden. *Nautili* haben ein ähnliches Verbreitungsgebiet und die Schale des Lias *Loligo* ähnelt dem

„Tintenfisch" unserer Meere. Bei den *Annulosa* sind die Karboninsekten in mehreren Fällen bestehenden Gattungen zuzuordnen, ebenso wie die *Arachnida*, deren höchste Gruppe, die Skorpione, in der Kohle durch eine Gattung vertreten ist, die sich von ihren lebenden Artgenossen nur durch die Anordnung ihrer Augen unterscheidet.

Das Unterreich der Wirbeltiere liefert viele Beispiele derselben Art. Es ist bekannt, dass die *Ganoidei* und *Elasmobranchii* mindestens von der Mitte des Paläozoikums bis in unsere Zeit überlebt haben, ohne eine größere Abweichung von den typischen Charakteren dieser Ordnungen aufzuweisen, als sie heute innerhalb ihrer Grenzen zu finden ist.

Unter den *Reptilien war* die höchste Gruppe, die der *Krokodile*, zu Beginn des Mesozoikums, wenn nicht schon früher, durch Arten vertreten, die im wesentlichen Charakter ihrer Organisation mit den heute lebenden Arten identisch waren und nur in solchen Punkten Unterschiede aufwiesen die Form der Gelenkflächen ihrer Wirbel, das Ausmaß, in dem die Nasengänge durch Knochen vom Mund getrennt sind, und die Proportionen der Gliedmaßen. Sogar unser unvollkommenes Wissen über die alte Säugetierfauna führt zu der Annahme, dass bestimmte ihrer Arten, wie beispielsweise die *Marsupialia*, über einen so langen Zeitraum hinweg ohne größere Veränderungen überdauert haben.

Es ist schwierig, die Bedeutung solcher Tatsachen zu verstehen, wenn wir annehmen, dass jede Tier- und Pflanzenart oder jeder große Organisationstyp in langen Zeitabständen durch einen bestimmten schöpferischen Akt entstanden und auf der Erdoberfläche platziert wurde Leistung; und es ist gut, sich daran zu erinnern, dass eine solche Annahme ebenso wenig durch Tradition oder Offenbarung gestützt wird wie sie im Widerspruch zur allgemeinen Analogie der Natur steht.

Wenn wir andererseits „persistente Typen" im Zusammenhang mit der Hypothese betrachten, die annimmt, dass die Arten von Lebewesen, die zu einem beliebigen Zeitpunkt leben, das Ergebnis der allmählichen Veränderung bereits existierender Arten sind – eine Hypothese, die zwar unbewiesen ist, und von einigen ihrer Anhänger leider beschädigt, ist dennoch die einzige, der die Physiologie irgendein Gesicht verleiht – ihre Existenz scheint zu zeigen, dass das Ausmaß der Veränderungen, die Lebewesen im Laufe der geologischen Zeit erfahren haben, im Verhältnis zum Ganzen nur sehr gering ist Reihe von Veränderungen, die sie erlitten haben. Tatsächlich stehen Paläontologie und physikalische Geologie in perfekter Harmonie und stimmen darin überein, dass alles, was wir über die Bedingungen in unserer Welt während der geologischen Zeit wissen, nur das letzte Glied einer riesigen und, soweit unser derzeitiges Wissen reicht, unaufgezeichnete Entwicklung ist.

FUSSNOTEN:

[61] Ich gebe diese Tatsachen mit der Autorität meines Freundes Dr. Hooker an . – THH

XII

ZEIT UND LEBEN.

MR. DARWINS „ENTSTEHUNG DER ARTEN"

Jeder weiß, dass dieser oberflächliche Film der Erdsubstanz, der kaum zehn Meilen dick ist und der menschlichen Untersuchung zugänglich ist, zum größten Teil aus Schichten oder Gesteinsschichten besteht, den verfestigten Schlämmen und Sanden früherer Meere und Seen Sie sind übereinander abgelagert und daher umso älter, je tiefer sie liegen. Diese vielfältigen Schichten weisen solche Ähnlichkeiten und Unterschiede untereinander auf, dass sie in Gruppen oder Formationen eingeteilt werden können, und diese Formationen wiederum werden zu noch größeren Ansammlungen zusammengefasst, die von den älteren Geologen als primär, sekundär und tertiär bezeichnet werden. von den Modernen, Paläozoikum , Mesozoikum und Kainozoikum : Die Grundlage der früheren Nomenklatur war das relative Alter der Schichtengruppen; das der letzteren, die Arten der darin enthaltenen Lebewesen.

Wenn man sie mit dem Gesamtdurchmesser unseres Planeten vergleicht, ist die Gesamtreihe der Formationen zwar nur ein Film, doch gemessen an menschlichen Maßstäben ist sie in der Tat gewaltig, und da jede Aktion Zeit voraussetzt, sind wir gezwungen, diese Mineralmassen als Maß dafür zu betrachten die Zeit, die während ihrer Akkumulation verstrichen ist. Die Zeitspanne, die sie darstellen, verhält sich natürlich im umgekehrten Verhältnis zur Intensität der wirkenden Kräfte. Wenn sich in der Antike Schlamm und Sand auf dem Meeresboden in zehnfacher Menge ansammelten wie heute, ist es klar, dass sich dann gleichzeitig ein zehn Fuß dickes Schlamm- oder Sandbett mit einer Schicht aus ähnlichem Material gebildet hätte *Es* würde jetzt eine Fußdicke gebildet werden und *umgekehrt* .

Zu Beginn seines Studiums musste sich der physikalische Geologe daher zwischen zwei Hypothesen entscheiden; Entweder haben die Naturkräfte im Laufe der Zeitalter, die durch die angehäuften Schichten dargestellt werden und die wir *geologische Zeit nennen* können, mit ungefähr der gleichen durchschnittlichen Intensität gewirkt wie heute, und daher muss der Zeitablauf, den sie darstellen, etwas Erstaunliches sein und unvorstellbar, oder in den Urepochen waren die Naturkräfte unendlich intensiver als heute, und daher war die Zeit, in der sie wirkten, um die Wirkungen hervorzubringen, die wir sehen, vergleichsweise kurz.

Die früheren Geologen übernahmen die letztere Ansicht fast einhellig. Denn sie hatten wenig Wissen über die gegenwärtigen Vorgänge in der Natur, und sie lasen die Aufzeichnungen der geologischen Zeit, wie ein Kind die Geschichte Roms oder Griechenlands liest, und bilden sich ein, dass die Antike großartig, heroisch und anders als die Gegenwart sei, weil sie anders sei als sein kleines Erfahrung der Gegenwart.

Dennoch staunten die früheren Beobachter über den scheinbaren Kontrast zwischen der alten und der gegenwärtigen Ordnung der Natur. Die Elementarkräfte schienen in Urzeiten größer und energischer gewesen zu sein. Aufgewühlt und verzerrt, gespalten und zerklüftet, von Gängen aus geschmolzener Materie durchbohrt oder durch Wassereinwirkung über weite Gebiete hinweg abgetragen, schienen die älteren Gesteine Zeugen eines Zustands zu sein, der sich von dem der friedlichen Epoche, in der sie lebten, deutlich unterschied Der Mensch ist gefallen.

Doch nach und nach gelangten nachdenkliche Studenten der Geologie zu der Erkenntnis, dass die frühesten Anstrengungen der Natur keineswegs die großartigsten waren. Alpen und Anden sind im Vergleich zu Snowdon und den Cumberland-Hügeln Kinder von gestern ; und die sogenannte Eiszeit – die, in der vielleicht die umfangreichsten physikalischen Veränderungen stattfanden, über die es noch Aufzeichnungen gibt – ist die letzte und jüngste Revolution auf der Erde. Und in dem Maße, in dem die physische Geographie – die Geologie unserer eigenen Epoche – zu einer Wissenschaft herangewachsen ist und die gegenwärtige Ordnung der Natur durchsucht wurde, um das zu finden, was wir, *hibernicè* , Präzedenzfälle für die Phänomene der Vergangenheit nennen könnten, so die Die offensichtliche Notwendigkeit, anzunehmen, dass die Vergangenheit sich stark von der Gegenwart unterscheidet, ist geringer geworden.

Die Transportkraft der größten Sintflut, die man sich vorstellen kann, versinkt in der Bedeutungslosigkeit neben der des langsam schwimmenden, langsam schmelzenden Eisbergs oder des Gletschers, der im Schneckentempo von einem Meter pro Tag dahinkriecht. Das Studium der Deltas des Nils, des Ganges und des Mississippi hat uns gelehrt, wie langsam die Abnutzungswirkung des Wassers ist und wie gewaltig seine Auswirkungen sind, wenn man Zeit für seine Wirkung einräumt. Die Riffe des Pazifiks, die Tiefseesondierungen des Atlantiks zeigen, dass es sich um die langsam wachsenden Korallen und um das unmerkliche Tier handelt, das seinen kurzen Aufenthalt verbringt und dann seine winzige Schale dem schlammigen Steinhaufen hinzufügt, den seine Artgenossen hinterlassen haben und Vorfahren, dass wir uns auf die Urheber der Bildung von Kalkstein und Kreide beziehen müssen und nicht auf hypothetische Ozeane, die mit kalkhaltigen Salzen gesättigt sind und diese plötzlich ablagern.

Und während der Forscher auf diese Weise erfahren hat, dass die vorhandenen Kräfte – *geben Sie ihnen Zeit* – in der Lage sind, alle physikalischen Phänomene hervorzurufen, denen wir in den Gesteinen begegnen, steht auf der anderen Seite das Studium der Spuren, die vergangene physikalische Kräfte in den alten Schichten hinterlassen haben Aktionen zeigt, dass diese denen ähnelten, die jetzt gelten. Es gibt alte Strände, deren Kieselsteine denen moderner Küsten ähneln; der verhärtete Meeressand der ältesten Epochen weist Wellenspuren auf, wie sie heute an jeder Sandküste zu finden sind; ja, mehr noch, die Löcher, die alte Regentropfen hinterlassen haben, beweisen, dass der „Bogen in den Wolken" schon in den frühesten Zeiten das paläozoische Firmament geschmückt haben muss. Wenn wir also die Legende von den Sieben Schläfern umkehren könnten – wenn wir die Vergangenheit durchschlafen und eine Million Zeitalter vor unserer eigenen Epoche inmitten der frühesten geologischen Zeiten erwachen könnten – gäbe es keinen Grund, das zu glauben Das Meer, der Himmel oder der Anblick des Landes würden uns vor dem wunderbaren Rückblick warnen.

Dies sind die Überzeugungen, die moderne physikalische Geologen vertreten oder zumindest tendenziell vertreten. Es ist jedoch offensichtlich, dass sie dabei keineswegs der Frage vorgreifen, wie der physische Zustand des Globus gewesen sein könnte, bevor unsere Kapitel seiner Geschichte beginnen, wie man es nennen mag (mit der implizierten Lizenz) . im häufig verwendeten Begriff „prähistorische Epoche") „ prägeologische Zeit". Die dargelegten Ansichten stimmen in der Tat nicht nur völlig mit der Hypothese überein, dass der Zustand unserer Welt in der noch früheren Periode, auf die Bezug genommen wurde, ganz anders war; Einige könnten jedoch der Ansicht sein, dass sie diese Hypothese erforderlich machen. Der physikalische Philosoph, der mit der Geschwindigkeit einer Kanonenkugel und der genauen Beschaffenheit der Linie, die sie auf einem Meter ihres Weges durchquert, genau vertraut ist, muss aufgrund seiner Kenntnisse über die Naturgesetze zu dem Schluss kommen, dass sie hergekommen ist eine bestimmte Stelle, von der es durch eine bestimmte Kraft getrieben wurde und einer bestimmten Flugbahn gefolgt ist. In ähnlicher Weise könnte sich der Student der physikalischen Geologie, der fest an die Gleichmäßigkeit des allgemeinen Zustands der Erde im Laufe der geologischen Zeit glaubt, aufgrund dessen, was er über Kausalität weiß, und aufgrund der allgemeinen Analogie der Natur gezwungen fühlen, anzunehmen, dass unser Sonnensystem die Erde sei Das System war einst eine nebulöse Masse, es verdichtete sich allmählich, es zerfiel in diese wunderbare Gruppe harmonisch rollender Kugeln, die wir Planeten und Satelliten nennen, und dann durchlief jede von ihnen ihre bestimmte Metamorphose, bis schließlich unser eigener Anteil am Kosmischen entstand Dampf ging in den Zustand über, in dem wir zum ersten Mal eindeutige Aufzeichnungen über seinen Zustand vorfinden und in dem er seitdem mit verhältnismäßig geringer Veränderung geblieben ist.

Die Lehre von der Einheitlichkeit und die Lehre vom Fortschritt sind daher vollkommen konsistent; vielleicht könnte sogar gezeigt werden, dass sie notwendigerweise miteinander verbunden sind.

Wenn jedoch der Zustand der Welt, der im Laufe der geologischen Zeit herrschte, nur die Folge einer riesigen Reihe von Veränderungen ist, die in der prägeologischen Zeit stattgefunden haben, dann scheint es nicht unwahrscheinlich, dass die Dauer dieser Veränderungen mit der Dauer der Veränderungen übereinstimmt So groß die Ausdehnung der geologischen Zeit auch im Verhältnis zur Länge der kurzen Epoche ist, die wir die historische Periode nennen; und dass selbst die ältesten Gesteine Zeugnisse einer Epoche sind, die fast unendlich weit von der Epoche entfernt ist, in der die erste Entstehung unseres Globus hätte stattfinden können.

Es ist wahrscheinlich, dass kein moderner Geologe zögern würde, die allgemeine Gültigkeit dieser Überlegungen anzuerkennen, wenn sie auf die Physik seines Fachgebiets angewendet werden. Daher ist es umso bemerkenswerter, dass in dem Moment, in dem sich die Frage von einer Frage der Physik und Chemie zu einer der Naturgeschichte ändert, Wissenschaftliche Meinungen und die populären Vorurteile, die sie in verzerrter Form widerspiegeln, unterliegen einer plötzlichen Metamorphose. Geologen und Paläontologen schreiben vom „Anfang des Lebens" und den „erstgeschaffenen Formen der Lebewesen", als wären sie die bekanntesten Dinge der Welt; und selbst vorsichtige Schriftsteller scheinen mit dem „Archetyp", nach dem der Schöpfer „inmitten des Zusammenbruchs fallender Welten" geführt wurde, durchaus befreundet zu sein. Genauso wie man sich früher vorstellte, dass das antike Universum physisch im Gegensatz zur Gegenwart stand, wird auch heute noch weithin angenommen, dass die lebende Bevölkerung unseres Globus, ob tierisch oder pflanzlich, in den älteren Epochen Formen aufwies, die so auffallend von denen abgrenzten, die es heute gibt Wir sehen um uns herum, dass es zwischen den beiden kaum etwas gemeinsam hat. Ständig wird stillschweigend angenommen, dass wir alle Lebensformen vor uns haben, die jemals existiert haben; und obwohl der Fortschritt des Wissens, jährlich und fast monatlich, die Verteidiger dieser Position von ihrem Boden vertreibt, verschanzen sie sich in der neuen Verteidigungslinie, als wäre nichts geschehen, und verkünden, dass der *Neuanfang der wahre Anfang* sei .

Ohne die beträchtlichen positiven Unterschiede, die zweifellos zwischen der antiken und der modernen Welt des Lebens bestehen (die negativen werden durch eine andere Argumentationslinie begegnet), auch nur einen Augenblick zu leugnen oder zu mildern, glauben wir, dass sie stark überbewertet und übertrieben wurden Dieser Glaube basiert auf bestimmten

Tatsachen, deren Wert nicht vollständig eingeschätzt zu werden scheint, obwohl sie seit langem mehr oder weniger vollständig bekannt sind.

Die zahlreichen Tier- und Pflanzenarten, sowohl neuere als auch fossile, werden bekanntlich von Zoologen und Botanikern entsprechend ihrer natürlichen Verwandtschaft in Gruppen eingeteilt, die die Namen von Unterkönigreichen, Klassen, Orden, Familien usw. erhalten. Gattungen und Arten. Nun ist es ein äußerst bemerkenswerter Umstand, dass sich die Lebewesen im Großen und Ganzen im Laufe der geologischen Zeit so wenig unterschieden haben, dass es kein Unterreich und keine Klasse gibt, die völlig ausgestorben ist oder ohne lebende Vertreter.

Wenn wir zu den kleineren Gruppen hinabsteigen, stellen wir fest, dass die Zahl der Pflanzenordnungen etwa zweihundert beträgt; und > Ich weiß aus bester Quelle, dass keines davon ausschließlich fossil ist; so dass es absolut keine einzige ausgestorbene Ordnungsart pflanzlichen Lebens gibt; und erst wenn wir zur nächsten Gruppe oder den Familien hinabsteigen, finden wir Arten, die völlig ausgestorben sind. Die Zahl der Tierordnungen hingegen kann auf ungefähr einhundertzwanzig geschätzt werden, und von diesen haben acht oder neun keine lebenden Vertreter. Der Anteil ausgestorbener ordinaler Tierarten an den existierenden Arten übersteigt daher nicht sieben Prozent – ein erstaunlich kleiner Anteil, wenn man die Weite der geologischen Zeit bedenkt.

Eine andere Klasse von Überlegungen – zwar anderer Art, aber in die gleiche Richtung tendierend – scheint übersehen worden zu sein. Es stimmt nicht nur , dass der allgemeine Bauplan von Tieren und Pflanzen in allen aufgezeichneten Zeiten derselbe war wie heute, sondern es gibt auch bestimmte Arten von Tieren und Pflanzen, die über weite Epochen hinweg existierten, manchmal über die gesamte Spanne der aufgezeichneten Zeit Zeit, mit sehr wenig Veränderung. Aufgrund dieser Beständigkeit könnte man die typische Form einer solchen Art als „beständigen Typus" bezeichnen, im Gegensatz zu den Typen, die im Laufe der Weltgeschichte nur für kurze Zeit aufgetreten sind. Beispiele dieser persistenten Arten gibt es sowohl im Pflanzen- als auch im Tierreich in ausreichender Menge. Die älteste Pflanzengruppe, die wir gut kennen, ist die, aus deren Überresten Kohle besteht; und soweit sie identifiziert werden können, handelt es sich bei den Karbonpflanzen um Farne, Keulenmoose oder Koniferen , die in vielen Fällen generisch mit den heute lebenden Pflanzen identisch sind!

Unter den Tieren können in jedem Unterreich Exemplare der gleichen Art gefunden werden. Die *Globigerina* der atlantischen Sondierungen ist identisch mit der, die in der Kreide vorkommt; und die Abgüsse des Untersilurs *Foraminiferen* , die Ehrenberg kürzlich beschrieben hat, scheinen auf die Existenz von Formen in dieser fernen Periode hinzuweisen, die denen, die jetzt existieren, in einzigartiger Weise ähneln. Unter den Korallen das Paläozoikum *Tabulata* sind genau nach dem gleichen Typ aufgebaut wie die modernen Millepores ; und wenn wir uns den Weichtieren zuwenden , können die kompetentesten Malakologen keinen generischen Unterschied zwischen den *Craniæ* , *Lingulae* und *Discinæ* der silurischen Gesteine und denen, die heute leben , entdecken . Unser heutiger *Nautilus* hat seine repräsentativen Arten in jeder großen Formation, von der ältesten bis zur neuesten; und *Loligo* , der Tintenfisch der modernen Meere, erscheint im Lias oder am Ende der mesozoischen Reihe, höchstens in einer Form, die sich spezifisch von seinen lebenden Artgenossen unterscheidet. In der großen Ansammlung annuloser Tiere weisen die beiden höchsten Klassen, der Insekten- und der Spinnenstamm, eine wunderbare Typusbeständigkeit auf. Die Kakerlaken des Karbonzeitalters ähneln denen, die heute in unseren Kohlenkellern umherlaufen, außerordentlich; und seine Heuschrecken, Termiten und Libellen sind eng mit den Mitgliedern derselben Gruppen verbunden, die jetzt auf unseren Feldern zwitschern, unsere Häuser untergraben oder mit schneller Anmut an den Ufern unserer Riedgrasteiche entlangsegeln. Und ebenso können die paläozoischen Skorpione nur durch das Auge eines Naturforschers von den modernen Skorpionen unterschieden werden.

Schließlich gilt in Bezug auf die *Vertebrata* das gleiche Gesetz: Bestimmte Arten, wie die der Ganoid- und Placoidfische, haben vom Paläozoikum bis zur heutigen Zeit überlebt, ohne dass eine größere Abweichung vom normalen Standard aufgetreten ist als die, die vorliegt wird innerhalb der Grenzen der Gruppe gesehen, wie sie jetzt existiert. Sogar unter den *Reptilia* – der Klasse, die den größten Anteil völlig ausgestorbener Formen überhaupt aufweist – hat eine Art, die der *Crocodilia* , zumindest vom Beginn des Mesozoikums bis zur heutigen Zeit mit so viel Beständigkeit überlebt, dass die Das Ausmaß der Veränderung, die es zeigt, kann im Verhältnis zur verstrichenen Zeit durchaus als unbedeutend bezeichnet werden. Und das unvollständige Wissen, das wir über die alte Säugetierpopulation unserer Erde haben, führt zu der Annahme, dass bestimmte ihrer Arten, wie etwa die *Marsupialia* , über einen ähnlichen Zeitraum hinweg mit entsprechend geringen Veränderungen überlebt haben.

Somit scheint es nachweisbar zu sein, dass trotz der großen Veränderung, die die Tierpopulation der Welt als Ganzes zeigt, bestimmte Arten vergleichsweise unverändert geblieben sind, und es stellt sich die Frage, welchen Einfluss solche Tatsachen auf unsere haben Vorstellungen von der Geschichte des Lebens im Laufe der geologischen Zeit? Die Antwort auf diese Frage scheint von unserer Sicht auf die Entstehung von Arten im Allgemeinen abzuhängen. Wenn wir davon ausgehen, dass jede Tier- und Pflanzenart durch einen bestimmten Akt schöpferischer Kraft entstanden ist und die Arten, die unaufhörlich aufeinander folgten, durch diese getrennten Akte auf dem Globus entstanden sind, dann ist die Existenz persistenter Arten einfach eine Frage der Zeit unverständliche Unregelmäßigkeit. Eine solche Annahme wird jedoch ebenso wenig durch Tradition oder Offenbarung gestützt wie durch die Analogie zu den übrigen Vorgängen der Natur. und diejenigen, die meinen, dass sie durch die Annahme einer solchen Hypothese die Verfechter des Buchstabens des mosaischen Berichts stärken würden, irren sich einfach. Wenn wir andererseits die Hypothese annehmen, die allein durch das Studium der Physiologie gestützt werden kann – die Hypothese, die, nachdem sie sich über die Reichweite jener verhängnisvollen Unterstützer, der Telliameds und Vestigiarianer , hinweggekämpft hatte, die sie so beinahe durch den Wind ersticken ließen, annimmt Die Hypothese, dass die Formen oder Arten von Lebewesen, wie wir sie kennen, durch die allmähliche Veränderung bereits existierender Arten entstanden sind, gewinnt nun zumindest vorläufige Zustimmung aller besten Denker der damaligen Zeit Die Existenz persistenter Typen scheint uns viel zu lehren. So wie ein kleiner Teil einer großen Kurve gerade erscheint, ist das scheinbare Fehlen einer Richtungsänderung der Linie der Exponent der riesigen Ausdehnung des Ganzen im Verhältnis zu dem Teil, den wir sehen; Wenn es also wahr ist, dass alle lebenden Arten das Ergebnis der Modifikation anderer und einfacherer Formen sind, muss die Existenz dieser wenig veränderten, beständigen Arten, die sich durch alle geologischen Zeiten erstrecken, darauf hindeuten, dass sie nur die letzten Glieder einer enormen Reihe sind von Modifikationen, die im großen Verlauf prägeologischer Zeit entstanden sind und jetzt vielleicht für immer verloren sind.

Mit anderen Worten: Bei richtiger Betrachtung stimmen die Lehren der Paläontologie mit denen der physikalischen Geologie überein. Unsere weitesten Erkundungen führen uns nur ein kleines Stück über die Mündung des großen Flusses des Lebens zurück: Wo er entsprang und über welche Kanäle die edle Flut den Punkt erreicht hat, an dem sie zum ersten Mal auf unseren Blick bricht, bleibt uns verborgen.

Die vorstehenden Seiten enthalten den Inhalt eines Vortrags, den Herr Darwin vor vielen Monaten vor der Royal Institution of Great Britain gehalten hat, und natürlich lange vor dem Erscheinen des bemerkenswerten Werks über die „Entstehung der Arten", das gerade von Herrn Darwin veröffentlicht wurde sehr ähnliche Schlussfolgerungen. Obwohl ich in gewisser Hinsicht mit Fug und Recht sagen könnte, dass meine eigenen Ansichten unabhängig voneinander entstanden sind, weiß ich nicht, dass ich daraus ein gerechtes Eigentumsrecht beanspruchen kann; Denn es war schon lange mein Vorrecht, Herrn Darwins Freundschaft zu genießen und von der Korrespondenz mit ihm zu profitieren und bis zu einem gewissen Grad mit der Funktionsweise seines einzigartig originellen und gut ausgebildeten Geistes vertraut zu werden. Dies war darauf zurückzuführen, dass ich den allgemeinen Tenor der Forschungen kannte, mit denen Herr Darwin so lange beschäftigt war; weil ich vollstes Vertrauen in seine Beharrlichkeit, sein Wissen und vor allem seine hochgesinnte Liebe zur Wahrheit hatte; und weil ich darüber hinaus herausfand, dass je besser ich mit den Meinungen der besten Naturforscher über die schwierige Frage der Arten vertraut wurde, sie umso weniger festgelegt zu sein schienen und sie umso mehr der Hypothese einer allmählichen Modifikation zuneigten, dass ich Ich habe es gewagt, so entschieden zu sprechen, wie ich es in den letzten Absätzen meiner Rede getan habe.

Da meine Mutter also so viele geliehene Federn hat, sehe ich nichts Unangemessenes darin, diesem kurzen Papier einen Strich durch die Rechnung zu machen, indem ich Herrn Darwin eine weitere Handvoll Federn abnehme; Ich bemühe mich , in wenigen Worten darzulegen, was, wie ich aus der Lektüre seines Buches erfahre, seine Lehren wirklich sind und auf welcher Grundlage sie beruhen. Und ich tue dies umso bereitwilliger, als ich bemerke, dass die voreiligeren Kritiker bereits damit begonnen haben , das Buch meines Freundes nicht zu rezensieren, sondern auf eine Weise darüber zu jammern, die die öffentliche Meinung stark ablenken dürfte.

Niemand wäre zufriedener als ich, wenn das Buch von Herrn Darwin widerlegt würde, wenn irgendjemand fähig wäre, dieses Kunststück zu vollbringen; aber ich würde vorschlagen, dass die Widerlegung durch bloße sarkastische Falschdarstellung verzögert und nicht unterstützt wird. Jeder , der Viehzucht studiert hat, Taubenzüchter geworden ist oder „Pomologe“ ist, muss von der extremen Veränderbarkeit oder Plastizität dieser Tier- und Pflanzenarten beeindruckt gewesen sein, die den künstlichen Bedingungen ausgesetzt wurden, die durch die Domestizierung auferlegt werden . Hunderassen unterscheiden sich stärker voneinander als der Hund und der Wolf; und die rein künstlichen Taubenrassen würden, wenn ihr Ursprung unbekannt wäre, von Naturforschern mit Sicherheit als verschiedene Arten und sogar Gattungen angesehen werden.

Diese Rassen werden immer auf die gleiche Weise gezüchtet. Der Züchter wählt ein Paar aus, das eine oder das andere oder beide, die einen Hinweis auf die Besonderheit bieten, die er aufrechterhalten möchte, und wählt dann aus deren Nachkommen diejenigen aus, die am charakteristischsten sind, und verwirft die anderen. Aus den ausgewählten Nachkommen züchtet er erneut und wiederholt den Vorgang unter Anwendung der gleichen Vorsichtsmaßnahmen wie zuvor, bis er den genauen Grad der Abweichung vom ursprünglichen Typus erreicht hat, den er anstrebte.

Züchtet er nun aus der so seit Generationen etablierten Varietät und achtet dabei stets darauf, den Stamm rein zu halten, wird die Tendenz, diese besondere Varietät hervorzubringen, immer stärker erblich; und es scheint nicht, dass es irgendeine Grenze für die Beständigkeit der so entwickelten Rasse gibt.

Männer wie Lamarck, die diese Tatsachen begreifen und wissen, dass es in der Natur reichlich mit den vom Züchter erzeugten Sorten vergleichbare Sorten gibt, und dass es in manchen Fällen unmöglich ist, zwischen Sorten und echten Arten zu unterscheiden, konnten kaum umhin, die Möglichkeit zu erraten, dass es überhaupt Arten gibt Bei den ausgeprägtesten handelte es sich schließlich nur um äußerst langlebige Sorten, und sie seien durch die Veränderung eines gemeinsamen Stammes entstanden, so wie man mit gutem Grund annimmt, dass Drehspießer und Windhunde, Brieftauben und Tautauben entstanden seien.

Aber es gab einen Link, der die Parallele vervollständigen wollte. Wo in der Natur war das Analogon des Züchters zu finden? Wie könnte dieser Selektionsvorgang, der seine wesentliche Funktion darstellt, durch bloß natürliche Kräfte ausgeführt werden? Lamarck schätzte dieses Problem nicht; Er gab auch nicht zu, dass er nicht in der Lage war, das Problem zu lösen. aber er hatte eine Lösung. Nun ist das Raten in der Wissenschaft ein sehr riskantes Unterfangen, und Lamarcks Ruf hat durch die Absurditäten, in die ihn seine unbegründeten Vermutungen führten, kläglich gelitten.

Lamarcks Vermutungen, ausgestattet mit einem neuen Hut und Stock, wie Sir Walter Scott über eine erneuerte alte Geschichte zu sagen pflegte, bildeten die Grundlage für die biologischen Spekulationen der „Vestiges", einem Werk, das dem Fortschritt des Klangs mehr Schaden zugefügt hat Ich habe über diese Dinge mehr nachgedacht als alle anderen, die genannt werden könnten. und tatsächlich erwähne ich es hier nur, um zu leugnen, dass es irgendetwas mit dem gemeinsam hat, was im Wesentlichen das Werk von Herrn Darwin charakterisiert .

Die Besonderheit des letzteren besteht in der Tat darin, dass er vorgibt, uns zu sagen, was in der Natur an die Stelle des Züchters tritt; was es ist, das die Entwicklung einer Sorte, in die eine Art eindringen kann, begünstigt und die einer anderen hemmt; und zeigt schließlich, wie diese natürliche Selektion, wie sie genannt wird, die physikalische Ursache für die Entstehung von Arten durch Modifikation sein kann.

Das, was in der Natur den Platz des Züchters und Selektors einnimmt, ist der Tod. In einem äußerst bemerkenswerten Kapitel, „Über den Kampf ums Dasein", macht Herr Darwin auf die wunderbare Zerstörung des Lebens aufmerksam, die in der Natur ständig vor sich geht. Für jede Art von Lebewesen, wie für den Menschen, „ *Eine Bresche ist ein jeder Tag .*" – Jede Art hat ihre Feinde; jede Art muss mit anderen um das Lebensnotwendige konkurrieren; Der Schwächste geht an die Wand, und der Tod ist die Strafe für alle Nachzügler und Nachzügler. Jede Sorte, die eine Art hervorbringen kann, ist entweder schlechter oder besser an die umgebenden Umstände angepasst als ihre Eltern. Im schlimmsten Fall kann es dem Tod nicht standhalten und verschwindet schnell wieder. Aber wenn es besser angepasst ist, muss es früher oder später seinen Vorfahren vom Erdboden aus „verbessern" und seinen Platz einnehmen. Wenn sich die Umstände ändern, wird der Sieger ebenfalls durch seine eigenen Nachkommen ersetzt; und so kann es durch das Wirken natürlicher Ursachen im Laufe langer Zeitalter zu unbegrenzten Veränderungen kommen.

Für eine Erklärung dessen, was ich hier vage „umgebende Umstände" genannt habe, und dafür, warum sie sich ständig ändern – für einen ausreichenden Beweis dafür, dass der „Kampf ums Dasein" eine sehr große Realität ist und sicherlich dazu *neigt* , den ihm zugeschriebenen Einfluss auszuüben – ich muss sich auf das Buch von Herrn Darwin beziehen. Ich glaube, ich habe die Position, auf der seine gesamte Theorie stehen oder fallen muss, treffend dargelegt; und es ist nicht meine Absicht, eine vollständige Rezension seiner Arbeit vorwegzunehmen. Wenn bewiesen werden kann, dass der Prozess der natürlichen Selektion, der auf jede Art einwirkt, zu Artenvielfalt führen kann, die sich so stark voneinander unterscheidet, dass keiner unserer Tests sie von echten Arten unterscheiden kann, dann ist Mr. Darwins Hypothese über den Ursprung der Arten nachweisbar wird seinen Platz unter den etablierten Theorien der Wissenschaft einnehmen, was auch immer seine Konsequenzen sein mögen. Wenn andererseits Herr Darwin einen Fehler begangen hat, sei es in der Tat oder in der Argumentation, werden seine Kollegen bald die Schwachstellen in seinen Lehren entdecken, und ihre Auslöschung durch eine größere Annäherung an die Wahrheit wird sein eigenes Prinzip veranschaulichen der natürlichen Selektion.

In beiden Fällen kann die Frage nur durch die sorgfältige, wahrheitsliebende Untersuchung erfahrener Naturforscher geklärt werden. Es ist die Pflicht der Allgemeinheit, geduldig auf das Ergebnis zu warten; und vor allem, um, wie bei allen anderen Verbrechen auch, den Versuch zu unterbinden, die Vorurteile der Unwissenden oder die Lieblosigkeit der Fanatiker auf beiden Seiten der Kontroverse zu instrumentalisieren.

XIII

DARWIN ÜBER DIE ENTSTEHUNG DER ARTEN.

Mr. Darwins langjährige und wohlverdiente wissenschaftliche herausragende Stellung macht ihn wahrscheinlich gleichgültig gegenüber jenem gesellschaftlichen Ruf, der unter dem Namen Erfolg bekannt ist; Aber wenn der ruhige Geist des Philosophen den Ehrgeiz und die Eitelkeit des fleischlichen Menschen in ihm noch nicht vollständig verdrängt hat, muss er mit den Ergebnissen seines Unterfangens, „Die Entstehung der Arten" zu veröffentlichen, durchaus zufrieden sein. Die „Artenfrage" überschreitet die engen Grenzen rein wissenschaftlicher Kreise und teilt mit Italien und den Freiwilligen die Aufmerksamkeit der allgemeinen Gesellschaft. Jeder hat das Buch von Herrn Darwin gelesen oder zumindest eine Meinung zu seinen Vorzügen oder Fehlern abgegeben; Pietisten, ob Laien oder Geistliche, verunglimpfen es mit dem milden Schimpfwort, das so barmherzig klingt; Fanatiker prangern es mit ignoranten Beschimpfungen an; alte Damen beiderlei Geschlechts halten es für ein ausgesprochen gefährliches Buch, und selbst Gelehrte , die keinen besseren Dreck zum Werfen haben, zitieren antiquierte Schriftsteller, um zu zeigen, dass der Autor nicht besser ist als ein Affe selbst; Während jeder philosophische Denker es als eine wahre Whitworth-Waffe in der Waffenkammer des Liberalismus feiert und alle kompetenten Naturforscher und Physiologen, wie auch immer ihre Meinung über das endgültige Schicksal der dargelegten Lehren sein mag, anerkennen, dass das Werk, in dem sie verkörpert sind, solide ist Beitrag zum Wissen und leitet eine neue Epoche in der Naturgeschichte ein.

Auch die Diskussion des Themas blieb nicht auf die Grenzen der Konversation beschränkt. Wenn das Publikum eifrig und interessiert ist, müssen sich die Rezensenten um seine Bedürfnisse kümmern, und der echte *Literat* hat zu sehr die Angewohnheit, sein Wissen aus dem Buch zu beziehen, das er beurteilt – so wie es heißt, dass der Abessinier sich mit Steaks von dem Ochsen versorgt, der ihn trägt ihn – der Kritik an einer tiefgreifenden wissenschaftlichen Arbeit aus bloßem Mangel an der erforderlichen wissenschaftlichen Vorkenntnisse vorenthalten zu werden; während andererseits die Männer der Wissenschaft, die den neuen Ansichten wohlwollen, nicht weniger als diejenigen, die ihre Gültigkeit bestreiten, natürlich nach Gelegenheiten gesucht haben, ihre Meinungen auszudrücken. Daher ist es nicht verwunderlich, dass fast alle kritischen Zeitschriften Herrn Darwins mehr oder weniger ausführliche Arbeit und so viele Abhandlungen von jedem Grad an Exzellenz zur Kenntnis genommen haben, vom schlechten Produkt der Unwissenheit, die allzu oft durch Vorurteile angeregt wird, bis hin zur Messe und nachdenklicher Aufsatz des aufrichtigen Naturforschers erschienen, dass es eine fast hoffnungslose Aufgabe zu sein scheint, zu versuchen, etwas Neues zu dieser Frage zu sagen.

Es kann jedoch bezweifelt werden, ob das Wissen und der Scharfsinn voreingenommener wissenschaftlicher Gegner oder die Subtilität orthodoxer Sonderbefürworter bisher ihre volle Kraft entfaltet haben, um die wahren Themen der großen Kontroverse zu mystifizieren, die begonnen hat und deren Ende kaum wahrscheinlich ist von dieser Generation gesehen zu werden ; So dass es in dieser elften Stunde und auch in Ermangelung von etwas Neuem nützlich sein kann, das, was wahr ist, noch einmal darzulegen und die von Herrn Darwin vertretenen Grundpositionen in eine solche Form zu bringen, dass sie von denjenigen erfasst werden können, die sich mit Spezialstudien befassen in andere Richtungen liegen; und die Annahme dieses Kurses ist möglicherweise umso ratsamer, weil das Buch „Entstehung der Arten" trotz seiner großen Verdienste, und teilweise gerade wegen dieser, keineswegs ein leicht zu lesendes Buch ist – wenn durch das Lesen das vollständige Verständnis impliziert wird der Bedeutung eines Autors.

Es ist kein Scherz, wenn wir sagen, dass es das Unglück von Herrn Darwin ist, mehr über die Frage zu wissen, die er aufgegriffen hat, als jeder andere lebende Mensch. Persönliche und praktische Ausbildung in Zoologie, in winziger Anatomie, in Geologie; ein Student der geografischen Verteilung, nicht nur auf Karten und in Museen, sondern durch lange Reisen und mühsames Sammeln; Nachdem er jeden dieser Zweige der Wissenschaft weitgehend vorangebracht hat und viele Jahre damit verbracht hat, Materialien für seine vorliegende Arbeit zu sammeln und zu sichten, ist der Vorrat an genau registrierten Fakten, auf den der Autor von „Die Entstehung der Arten" nach Belieben zurückgreifen kann, erstaunlich .

Aber gerade diese Überfülle an Stoff muss für einen Schriftsteller peinlich gewesen sein, der vorerst nur eine Zusammenfassung seiner Ansichten darlegen kann, und daraus ergibt sich vielleicht, dass trotz der Klarheit des Stils diejenigen, die versuchen, sie einigermaßen zu verdauen Das Buch empfindet vieles davon als eine Art intellektuelles Pemmican – eine Masse von Fakten, die zerkleinert und in Form gebracht werden, anstatt durch das gewöhnliche Medium einer offensichtlichen logischen Verbindung zusammengehalten zu werden: Bei gebührender Aufmerksamkeit wird man diese Verbindung ohne Zweifel entdecken, aber sie ist es oft schwer zu finden.

Wiederum muss aus purem Platzmangel vieles als selbstverständlich angesehen werden, was leicht bewiesen werden könnte, und so entdeckt der Adept, der die fehlenden Glieder in den Beweisen aus seinem eigenen Wissen ergänzen kann, neue Beweise für die einzigartige Gründlichkeit mit der alle

Schwierigkeiten berücksichtigt und alle ungerechtfertigten Annahmen vermieden wurden, neigt der Neuling in der Biologie bei jeder Wiederholung von Mr. Darwins prägnanten Absätzen dazu, sich über die Häufigkeit dessen zu beschweren, was er für unbegründete Annahmen hält.

Auch wenn also bezweifelt werden kann, ob für einige Jahre irgendjemand in der Lage sein wird, über alle von Herrn Darwin aufgeworfenen Fragen ein Urteil zu fällen, gibt es sicherlich reichlich Raum für ihn, der, wenn man den Bescheideneren annimmt, vielleicht ebenso nützlich ist , das Amt eines Dolmetschers zwischen der „Entstehung der Arten" und der Öffentlichkeit, begnügt sich damit, die Art der Probleme aufzuzeigen, die darin behandelt werden; zwischen den festgestellten Tatsachen und den darin enthaltenen theoretischen Ansichten zu unterscheiden; und schließlich soll gezeigt werden, inwieweit die darin angebotene Erklärung den Anforderungen der wissenschaftlichen Logik genügt. Auf jeden Fall ist es dieses Amt, das wir auf den folgenden Seiten übernehmen wollen.

Man kann mit Sicherheit davon ausgehen, dass unsere Leser eine allgemeine Vorstellung von der Natur der Objekte haben, auf die das Wort „Art" angewendet wird; aber es ist vielleicht nur wenigen in den Sinn gekommen, selbst denen, die Naturforscher sind *ex profeso* , um zu verdeutlichen, dass der Begriff, wie er allgemein verwendet wird, eine doppelte Bedeutung hat und zwei sehr unterschiedliche Ordnungen von Beziehungen bezeichnet. Wenn wir eine Gruppe von Tieren oder Pflanzen eine Art nennen, können wir damit entweder sagen, dass alle diese Tiere oder Pflanzen eine gemeinsame Eigentümlichkeit der Form oder Struktur haben; oder wir können meinen, dass sie einen gemeinsamen funktionalen Charakter besitzen. Der Teil der biologischen Wissenschaft, der sich mit Form und Struktur befasst, wird Morphologie genannt – der Teil, der sich mit Funktion und Physiologie befasst –, sodass wir bequem von diesen beiden Sinnen oder Aspekten der „Art" sprechen können – dem einen als morphologisch, dem anderen als physiologisch . Vom ersteren Standpunkt aus gesehen ist eine Art nichts anderes als eine Tier- oder Pflanzenart, die sich durch bestimmte konstante und nicht nur sexuelle morphologische Besonderheiten deutlich von allen anderen abgrenzt. Somit bilden Pferde eine Art, weil sich die Tiergruppe, auf die dieser Name angewendet wird, von allen anderen auf der Welt durch die folgenden ständig assoziierten Merkmale unterscheidet. Sie haben 1. Eine Wirbelsäule; 2. Mammæ ; 3. Ein Plazenta-Embryo; 4. Vier Beine; 5. Ein einzelner, gut entwickelter Zeh an jedem Fuß, der mit einem Huf versehen ist; 6. Ein buschiger Schwanz; und 7. Schwielen an den Innenseiten der Vorder- und Hinterbeine. Die Esel wiederum bilden eine eigene Art, denn bei gleichen Merkmalen, bis zum fünften in der obigen Liste, haben alle Esel büschelige Schwänze und Schwielen nur an der Innenseite der Vorderbeine. Wenn Tiere entdeckt wurden, die den allgemeinen Charakter des Pferdes hatten, aber manchmal nur an den Vorderbeinen Schwielen und mehr oder weniger büschelige Schwänze aufwiesen; oder Tiere mit den allgemeinen Merkmalen von Eseln, aber mit mehr oder weniger buschigen Schwänzen und manchmal mit Schwielen an beiden Beinpaaren, abgesehen davon, dass sie in anderer Hinsicht mittelmäßig sind – die beiden Arten müssten zu einer verschmolzen werden. Sie könnten nicht mehr als morphologisch unterschiedliche Arten betrachtet werden, da sie nicht eindeutig voneinander zu unterscheiden wären.

Wie einfach und einfach diese Definition der Arten auch erscheinen mag, wir appellieren getrost an alle praktischen Naturforscher, ob Zoologen, Botaniker oder Paläontologen , zu sagen, ob sie in den allermeisten Fällen mehr wissen oder behaupten wollen der Gruppe von Tieren oder Pflanzen, die sie so bezeichnen, als das, was gerade gesagt wurde. Selbst die entschiedensten Verfechter der überkommenen Artenlehre geben dies zu.

„Ich befürchte", sagt Professor Owen, [62] „dass heutzutage nur wenige Naturforscher bei der Beschreibung und dem Vorschlag eines Namens für das, was sie ‚eine neue *Art* ' nennen, diesen Begriff verwenden, um zu bezeichnen, was damit vor etwa zwanzig Jahren gemeint war." vor dreißig Jahren, das heißt, eine ursprünglich eigenständige Schöpfung, die ihre ursprüngliche Unterscheidung durch hinderliche generative Besonderheiten beibehält. Der Antragsteller der neuen Art will nun nicht mehr sagen, als er tatsächlich weiß; so zum Beispiel, dass die Unterschiede, in denen er den spezifischen Charakter begründet, bei Individuen beiderlei Geschlechts, soweit die Beobachtung reichte, konstant seien; und dass sie nicht auf Domestizierung oder künstlich herbeigeführte äußere Umstände oder auf einen äußeren Einfluss innerhalb seines Wissens zurückzuführen sind; dass die Art wild ist oder so ist, wie sie von Natur aus erscheint."

Wenn wir tatsächlich bedenken, dass bei weitem der größte Teil der aufgezeichneten existierenden Arten nur durch das Studium ihrer Häute, Knochen oder anderer lebloser Ausscheidungen bekannt ist ; dass wir keine oder so gut wie keine ihrer physiologischen Besonderheiten kennen, die über diejenigen hinausgehen, die aus ihrer Struktur abgeleitet werden können oder einer oberflächlichen Beobachtung zugänglich sind; und dass wir nicht hoffen können, mehr über irgendeine dieser ausgestorbenen Lebensformen zu erfahren, die heute keinen unbeträchtlichen Teil der bekannten Flora und Fauna der Welt ausmachen; Es ist offensichtlich, dass die Definitionen dieser Arten nur rein struktureller oder morphologischer Natur sein können. Es ist wahrscheinlich, dass Naturforscher eine große Verwirrung ihrer Vorstellungen vermieden hätten, wenn sie diese notwendigen Einschränkungen unseres Wissens häufiger im Hinterkopf gehabt hätten. Aber auch wenn wir mit Sicherheit zugeben können, dass wir nur die morphologischen Merkmale der überwiegenden Mehrheit der Arten kennen, wurden die funktionellen oder physiologischen Besonderheiten einiger weniger Arten sorgfältig untersucht, und das Ergebnis dieser Studie bildet einen großen und äußerst interessanten Teil davon die Physiologie der Fortpflanzung.

Der Naturforscher wundert sich umso mehr und ist umso weniger erstaunt, je vertrauter er mit ihren Vorgängen wird; Aber von all den immerwährenden Wundern, die sie seiner Betrachtung bietet, ist die Entwicklung einer Pflanze oder eines Tieres aus ihrem Embryo vielleicht das bewundernswerteste . Untersuchen Sie das kürzlich gelegte Ei eines gewöhnlichen Tieres, beispielsweise eines Salamanders oder eines Molches. Es handelt sich um ein winziges Sphäroid, in dem das beste Mikroskop nichts als einen strukturlosen Sack erkennen lässt, der eine glasige Flüssigkeit umschließt, die Körnchen in Suspension hält. Aber in diesem halbflüssigen Kügelchen schlummern seltsame Möglichkeiten. Wenn eine mäßige Wärmezufuhr ihre wässrige Wiege erreicht, erfährt die plastische Materie in ihrer Abfolge Veränderungen, die so schnell und doch so gleichmäßig und zielgerichtet sind, dass man sie nur mit denen vergleichen kann, die ein erfahrener Modellierer an einem formlosen Tonklumpen ausführt . Wie mit einer unsichtbaren Kelle wird die Masse in immer kleinere Portionen geteilt und unterteilt, bis sie zu einer Ansammlung von Körnchen zerkleinert ist, die nicht zu groß sind, um mit den feinsten Geweben des entstehenden Organismus zusammenzuwachsen. Und dann ist es, als würde ein zarter Finger die Linie nachzeichnen, die die Wirbelsäule einnehmen soll, und die Kontur des Körpers formen ; Den Kopf an einem Ende, den Schwanz am anderen Ende zusammenklemmen und Flanke und Gliedmaßen in die richtigen salamandrinen Proportionen formen, und zwar auf eine so künstlerische Art und Weise, dass man, nachdem man den Vorgang Stunde für Stunde beobachtet hat, fast unwillkürlich von der Vorstellung besessen ist, dass Eine subtilere Sehhilfe als ein Achromat würde den verborgenen Künstler zeigen, der seinen Plan vor Augen hat und mit geschickter Manipulation danach strebt, sein Werk zu perfektionieren.

Während das Leben voranschreitet und die junge Amphibie die Gewässer durchstreift, die ihre Insektenzeitgenossen in Angst und Schrecken versetzen, werden nicht nur die von ihrer Beute gelieferten Nährstoffpartikel, durch deren Hinzufügung zu ihrem Körper Wachstum stattfindet, jeweils an der richtigen Stelle abgelegt und in einem solchen angemessenen Verhältnis zum Rest, dass die für den Elternstamm charakteristische Form, Farbe und Größe wiedergegeben wird; Aber selbst die wunderbare Fähigkeit, verlorene Teile zu reproduzieren, die diese Tiere besitzen, wird von derselben beherrschenden Tendenz kontrolliert. Schneiden Sie die Beine, den Schwanz, die Kiefer einzeln oder alle zusammen ab, und wie Spallanzani vor langer Zeit gezeigt hat, wachsen diese Teile nicht nur wieder nach, sondern die wiedereingegliederten Gliedmaßen werden nach dem gleichen Typ wie die verlorenen gebildet. Der neue Kiefer oder das neue Bein ist das eines Molches und ähnelt nie zufällig mehr dem eines Frosches. Was für den Molch gilt, gilt für jedes Tier und jede Pflanze; Die Eichel neigt dazu, sich wieder zu einem Waldriesen aufzubauen, wie der, von dessen Zweig sie gefallen ist. Die Spore der einfachsten Flechte reproduziert die grüne oder braune Kruste, die sie hervorgebracht hat. und am anderen Ende der Lebensskala würde das Kind, das weder der väterlichen noch der mütterlichen Seite des Hauses ähnelte, als eine Art Monster angesehen werden.

Das eine Ziel, auf das bei allen Lebewesen der Bildungstrieb abzielt – der einzige Plan, den der Archäus der alten Spekulanten umzusetzen versucht –, scheint also darin zu bestehen, die Nachkommen in das Ebenbild der Eltern zu formen . Es ist das erste große Gesetz der Fortpflanzung, dass der Nachwuchs dazu neigt, seinem Elternteil oder seinen Eltern mehr als alles andere zu ähneln.

Die Wissenschaft wird uns eines Tages zeigen, dass dieses Gesetz eine notwendige Folge der allgemeineren Gesetze ist, die die Materie regeln; mehr lässt sich aber vorerst kaum sagen, als dass es im Einklang mit ihnen zu stehen scheint. Wir wissen, dass die Phänomene der Vitalität nichts Getrenntes von anderen physikalischen Phänomenen sind, sondern eins mit ihnen; und Materie und Kraft sind die beiden Namen des einen Künstlers, der sowohl das Lebendige als auch das Leblose gestaltet. Daher sollten lebende Körper denselben großen Gesetzen gehorchen wie andere Materie – und in der gesamten Natur gibt es kein Gesetz mit weitergehender Anwendung als dieses, dass ein Körper, der von zwei Kräften angetrieben wird, die Richtung ihrer Resultierenden annimmt. Aber lebende Körper können als nichts anderes als äußerst komplexe Kräftebündel betrachtet werden, die in einer Materiemasse gehalten werden, so wie die komplexen Kräfte eines Magneten durch seine Zwangskraft im Stahl gehalten werden; und da die Geschlechtsunterschiede verhältnismäßig gering sind, oder mit anderen Worten, die Summe der Kräfte in beiden eine sehr ähnliche Tendenz aufweist, kann vernünftigerweise erwartet werden, dass ihre Resultierende, die Nachkommenschaft, nur wenig von einem parallelen Verlauf zu einem der beiden abweicht. oder zu beiden.

Stellen Sie sich den Grund des Gesetzes durch welche physikalische Metapher oder Analogie auch immer wir vor, die große Sache besteht jedoch darin, seine Existenz und die Bedeutung der daraus ableitbaren Konsequenzen zu begreifen. Denn Dinge, die gleich sind, sind einander ähnlich, und wenn in einer großen Reihe von Generationen jeder Nachkomme seinem Elternteil gleicht, folgt daraus, dass alle Nachkommen und alle Eltern einander gleich sein müssen; und dass, wenn ein ursprünglicher Elternstamm mit der Möglichkeit einer ungestörten Vermehrung vorhanden ist, das fragliche Gesetz die Bildung einer unbegrenzt großen Gruppe im Laufe der Zeit erfordert, deren Mitglieder alle gleichzeitig sehr ähnlich und blutsverwandt sind von demselben Elternteil oder Elternpaar abstammen. Der Beweis, dass alle Mitglieder einer bestimmten Gruppe von Tieren oder Pflanzen auf diese Weise abstammen, wird normalerweise als ausreichend angesehen, um ihnen den Rang einer physiologischen Art zuzuerkennen, da die meisten Physiologen Arten als „die Nachkommen eines Einzelnen" definieren primitiver Bestand."

Aber obwohl es durchaus wahr ist, dass alle Gruppen, die wir Arten nennen , gemäß den bekannten Gesetzen der Fortpflanzung von einem einzigen Stamm abstammen *können* , und obwohl es sehr wahrscheinlich ist, dass sie dies tatsächlich getan haben, beruht diese Schlussfolgerung doch auf Schlussfolgerungen und kann es sein kaum hoffen, sich auf der Grundlage von Beobachtungen zu etablieren. Und die Primitivität des vermeintlichen Einzelstammes, die schließlich den wesentlichen Teil der Sache ausmacht, ist nicht nur eine Hypothese, sondern eine, die keinen Schatten einer Grundlage hat, wenn mit „primitiv" „unabhängig von jedem anderen" gemeint ist Lebewesen." Eine wissenschaftliche Definition, deren wesentlicher Bestandteil eine unhaltbare Hypothese ist, trägt ihre Verurteilung in sich; Aber selbst wenn eine solche Definition formal haltbar wäre, würde der Physiologe, der versuchen würde, sie in der Natur anzuwenden, bald in große, wenn nicht unlösbare Schwierigkeiten geraten. Wie wir bereits gesagt haben, besteht kein Zweifel daran, dass Nachkommen *dazu neigen* , dem elterlichen Organismus zu ähneln, aber es ist ebenso wahr, dass die erreichte Ähnlichkeit weder in der Form noch in der Struktur einer Identität gleichkommt. Es gibt immer eine gewisse Abweichung, nicht nur von den genauen Merkmalen eines einzelnen Elternteils, sondern auch von einem genauen Mittelwert zwischen den beiden Elternteilen, wenn, wie bei den meisten Tieren und vielen Pflanzen, die Geschlechter in verschiedenen Individuen untergebracht sind. Und tatsächlich scheint diese geringfügige Abweichung nach allgemeinen Grundsätzen ebenso verständlich zu sein wie die allgemeine Ähnlichkeit, wenn wir bedenken, wie komplex die zusammenwirkenden „Kräftebündel" sind und wie unwahrscheinlich es ist, dass ihre wahre Resultierende dies auf jeden Fall tun wird mit jedem Mittelwert zwischen den offensichtlicheren Charakteren der beiden Elternteile übereinstimmen. Was auch immer die Ursache sein mag, das Nebeneinander dieser Tendenz zu geringfügiger Variation und der Tendenz zu allgemeiner Ähnlichkeit ist von enormer Bedeutung für die Frage nach dem Ursprung der Arten.

Als allgemeine Regel gilt, dass das Ausmaß, in dem sich ein Nachkomme von seinem Elternteil unterscheidet, gering genug ist; aber gelegentlich ist das

Ausmaß der Differenz viel stärker ausgeprägt, und dann erhält der divergente Nachkomme den Namen Varietät . Man kennt eine Vielzahl von Sorten, von denen man mit gutem Grund annehmen kann, dass es sich um solche Varietäten handelt, aber der Ursprung von nur sehr wenigen wurde genau aufgezeichnet, und von diesen werden wir zwei auswählen, die die Hauptmerkmale der Variation besonders veranschaulichen. Das erste davon ist das der „Ancon"- oder „Otter"-Schafe, über die Colonel David Humphreys, FRS, in einem Brief an Sir Joseph Banks, der 1813 in den Philosophical Transactions veröffentlicht wurde, einen sorgfältigen Bericht gibt dass ein gewisser Seth Wright, der Besitzer einer Farm am Ufer des Charles River in Massachusetts, eine Herde von fünfzehn Mutterschafen und einen gewöhnlichen Widder besaß. Im Jahr 1791 schenkte eines der Mutterschafe seinem Besitzer ein männliches Lamm, das sich aus unerfindlichen Gründen von seinen Eltern durch einen verhältnismäßig langen Körper und kurze O-Beine unterschied und daher seinen Verwandten bei diesen sportlichen Sprüngen nicht nacheifern konnte Die Zäune der Nachbarn , an denen sie sich zu erfreuen pflegten, sehr zum Ärger des guten Bauern.

Der zweite Fall wird von einer nicht weniger tadellosen Autorität als Réaumur in seinem Werk „Art de faire éclorre les poulets " detailliert beschrieben. Ein maltesisches Ehepaar namens Kelleia , dessen Hände und Füße nach dem Vorbild eines gewöhnlichen Menschen konstruiert waren, hatte einen Sohn namens Gratio geboren , der sechs perfekt bewegliche Finger an jeder Hand und sechs nicht ganz so gut geformte Zehen an jedem Fuß besaß . Für das Auftreten dieser ungewöhnlichen Variante der menschlichen Spezies konnte keine Ursache festgestellt werden.

In beiden Fällen sind zwei Umstände durchaus erwähnenswert. In jedem Fall scheint die Varietät in voller Kraft und sozusagen *per saltum entstanden zu sein* ; Es zeigte sich sofort ein großer und deutlicher Unterschied zwischen dem Ancon-Widder und dem gewöhnlichen Schaf; zwischen dem sechsfingrigen und dem sechszehigen Gratio Kelleia und gewöhnliche Männer. In keinem Fall ist es möglich, einen offensichtlichen Grund für das Auftreten der Sorte anzugeben. Zweifellos gab es für diese wie für alle anderen Phänomene entscheidende Ursachen; aber sie tauchen nicht auf, und wir können einigermaßen sicher sein, dass das, was man normalerweise als Veränderungen der physikalischen Bedingungen, etwa des Klimas, der Nahrung oder dergleichen, versteht, nicht stattgefunden hat und nichts mit der Sache zu tun hat. Dabei handelte es sich nicht um das, was man gemeinhin als Anpassung an die Umstände bezeichnet; aber um einen bequemerweise falschen Ausdruck zu verwenden: Die Variationen entstanden spontan. Die vergebliche Suche nach den letzten Ursachen führt ihre Verfolger weit; Aber selbst die hartgesottenen Teleologen, die bereit sind, alle Gesetze der Physik zu durchbrechen, um ihrem Lieblingsirrlicht nachzujagen , könnten verwirrt sein, wenn sie herausfinden möchten, welchen Zweck die verkümmerten Beine von Seth Wrights Widder erfüllen könnten die hexadaktylen Mitglieder von Gratio Kelleia .

Dann entstehen Varianten, von denen wir nicht wissen, warum; und es ist mehr als wahrscheinlich, dass die Mehrzahl der Varietäten auf spontane Weise entstanden sind, obwohl wir natürlich weit davon entfernt sind, zu leugnen, dass sie in einigen Fällen auf verschiedene äußere Einflüsse zurückzuführen sind, die sicherlich geeignet sind, die Varietäten zu verändern Charakter der Hauthülle , Veränderung der Farbe , Vergrößerung oder Verkleinerung der Muskeln, Veränderung der Konstitution und bei Pflanzen Ursache der Metamorphose von Staubgefäßen in Blütenblätter usw. Aber wie auch immer sie entstanden sein mögen, was uns derzeit besonders interessiert, ist die Feststellung, dass Sorten, sobald sie existieren, dem Grundgesetz der Reproduktion gehorchen, dass Gleiches dazu neigt, Gleiches hervorzubringen, und dass ihre Nachkommen dies veranschaulichen, indem sie dazu neigen, die gleiche Abweichung davon aufzuweisen der Elternstamm wie sie selbst. In der Tat scheint es in vielen Fällen einen präpotenten Einfluss auf eine neu entstandene Sorte zu geben, der ihr einen sozusagen ungerechtfertigten Vorteil gegenüber den normalen Nachkommen derselben Abstammung verschafft. Der Fall Gratio zeigt dies eindrucksvoll Kelleia , die eine Frau mit den gewöhnlichen Pentadaktylen-Extremitäten heiratete und mit ihr vier Kinder hatte, Salvator , George, André und Marie. Von diesen Kindern hatte Salvator , der älteste Junge, wie sein Vater sechs Finger und sechs Zehen; der zweite und dritte, ebenfalls Jungen, hatten fünf Finger und Zehen, wie ihre Mutter, obwohl die Hände und Füße von George leicht deformiert waren; das letzte, ein Mädchen, hatte fünf Finger und Zehen, aber die Daumen waren leicht deformiert. Die Varietät reproduzierte sich also rein im Ältesten, während sich der normale Typus rein im Dritten und fast rein im Zweiten und Letzten reproduzierte: so dass es zunächst so aussehen würde, als ob der Normaltyp mächtiger wäre als die Varietät . Aber alle diese Kinder wuchsen auf und heirateten normale Ehefrauen und Ehemänner. Und dann sehen Sie, was geschah: Salvator hatte vier Kinder, von denen drei die sechseckigen Gliedmaßen ihres Großvaters und Vaters aufwiesen, während das jüngste die fünfbeinigen Gliedmaßen der Mutter hatte und Großmutter; so dass hier, ungeachtet einer doppelten Pentadaktylen- Verdünnung des Blutes, die Hexadaktylen -Varietät die Nase vorn hatte. Die gleiche Vorstärke der Sorte zeigte sich noch deutlicher in den Nachkommen von zwei der anderen Kinder, Marie und George. Marie (deren Daumen nur deformiert waren) gebar einen Jungen mit sechs Zehen und drei weitere normal geformte Kinder; aber George, der kein ganz so reiner Pentadaktylus war , zeugte zunächst zwei Mädchen, von denen jedes sechs Finger und Zehen hatte; dann ein Mädchen mit sechs Fingern an jeder

Hand und sechs Zehen am rechten Fuß, aber nur fünf Zehen am linken; und schließlich ein Junge mit nur fünf Fingern und Zehen. In diesen Fällen sprang die Sorte also sozusagen über eine Generation hinweg, um sich in der nächsten mit voller Kraft zu reproduzieren. Schließlich war der reine Fünfaktylus André Vater vieler Kinder, von denen keines vom normalen Elterntyp abwich.

Wenn eine Variation, die der Natur einer Monstrosität nahekommt, auf diese Weise zwangsweise danach streben kann, sich selbst zu reproduzieren, ist es nicht verwunderlich, dass weniger abweichende Modifikationen dazu tendieren, noch stärker erhalten zu bleiben; und die Geschichte der Ancon-Schafe ist in dieser Hinsicht besonders lehrreich. Angesichts der „Niedlichkeit", die für ihr Land charakteristisch ist, stellten sich die Nachbarn des Bauern aus Massachusetts vor, es wäre eine ausgezeichnete Sache, wenn alle seine Schafe mit der Tendenz ausgestattet wären, zu Hause zu bleiben, die die Natur dem neu angekommenen Widder aufgezwungen hat; und sie rieten Wright, den alten Patriarchen seiner Herde zu töten und an seiner Stelle den Ancon-Widder einzusetzen . Das Ergebnis rechtfertigte ihre klugen Erwartungen und stimmte fast mit dem überein, was den Nachkommen Gratios widerfuhr Kelleia . Die jungen Lämmer waren fast immer entweder reine Ancons oder reine gewöhnliche Schafe. [63] Als jedoch genügend Ancon-Schafe für die Kreuzung untereinander gewonnen wurden, stellte sich heraus, dass es sich bei den Nachkommen immer um reine Ancon-Schafe handelte. Tatsächlich gibt Colonel Humphreys an, dass ihm nur „ein einziger fragwürdiger Fall gegenteiliger Natur" bekannt war. Hier liegt also ein bemerkenswertes und gut belegtes Beispiel dafür vor, dass nicht nur *per Saltum eine sehr unterschiedliche Rasse etabliert wurde* , sondern dass sich diese Rasse sofort „echt" fortpflanzte und keine Mischformen zeigte, selbst wenn sie mit einer anderen Rasse gekreuzt wurde.

Ancons beiderlei Geschlechts für die Zucht auszuwählen, wurde es leicht, eine äußerst gut ausgeprägte Rasse zu etablieren, die so eigenartig war, dass man feststellte, dass die Ancons, selbst wenn sie mit anderen Schafen zusammengehalten wurden, zusammenhielten, und es gibt alle Grund zu der Annahme, dass die Existenz dieser Rasse möglicherweise auf unbestimmte Zeit gedauert hat; aber die Einführung der Merinoschafe, die den Ancons nicht nur an Wolle und Fleisch weit überlegen waren, sondern auch genauso ruhig und geordnet waren, führte zur völligen Vernachlässigung der neuen Rasse, so dass Colonel Humphreys im Jahr 1813 Schwierigkeiten damit hatte um das Exemplar zu erhalten, dessen Skelett Sir Joseph Banks geschenkt wurde. Wir glauben, dass es in den Vereinigten Staaten seit vielen Jahren keine Überreste mehr davon gibt.

Gratio Kelleia war nicht der Stammvater einer Rasse sechsfingriger Männer, da Seth Wrights Widder zu einer Nation von Ancon-Schafen wurde, obwohl die Tendenz der Sorte, sich selbst zu verewigen, in dem einen Fall genauso stark gewesen zu sein scheint wie im anderen. Und der Grund für den Unterschied ist nicht weit zu suchen. Seth Wright achtete darauf, das Ancon-Blut nicht zu schwächen, indem er seine Ancon-Mutterschafe nur mit Männchen der gleichen Sorte zusammenbrachte, während Gratio Kelleias Söhne waren zu weit von der patriarchalischen Zeit entfernt, um mit ihren Schwestern zu heiraten. und seine Enkel scheinen von ihren sechsfingrigen Cousins nicht angezogen zu sein. Mit anderen Worten: In dem einen Beispiel wurde eine Rasse geschaffen, weil über mehrere Generationen hinweg darauf geachtet wurde, beide Elternteile des Zuchtbestands aus Tieren *auszuwählen* , *die eine Tendenz zur Variation in die gleiche Richtung zeigten, während in dem anderen Beispiel keine Rasse vorhanden war* entwickelt, weil keine solche Selektion durchgeführt wurde. Eine Rasse ist eine vermehrte Varietät, und da die Nachkommen aufgrund der Fortpflanzungsgesetze dazu neigen, die elterliche Form anzunehmen, ist es wahrscheinlicher, dass sie eine Variante vermehren, die beide Elternteile aufweisen, als die, die nur ein Elternteil besitzt.

Es gibt kein Organ im Körper eines Tieres, das nicht gelegentlich mehr oder weniger vom normalen Typ abweichen kann und dies auch nicht gelegentlich tut; und es gibt keine Variation, die nicht weitergegeben werden könnte und die, wenn sie selektiv weitergegeben würde, nicht zur Grundlage einer Rasse werden könnte. Diese große Wahrheit, die von Philosophen manchmal vergessen wird, ist praktischen Landwirten und Züchtern seit langem bekannt: und auf ihr basieren alle Methoden zur Verbesserung der Haustierrassen, die im letzten Jahrhundert in England mit so großem Erfolg angewendet wurden. Farbe , Form, Größe, Beschaffenheit des Haares oder der Wolle, Proportionen verschiedener Teile, Stärke oder Schwäche der Konstitution, Tendenz, dick zu werden oder mager zu bleiben, viel oder wenig Milch zu geben, Schnelligkeit, Stärke, Temperament, Intelligenz, besondere Instinkte; Es gibt keinen einzigen dieser Charaktere, dessen Weitergabe nicht zum alltäglichen Erlebnis von Viehzüchtern, Viehzüchtern, Pferdehändlern sowie Hunde- und Geflügelzüchtern gehört. Ja, erst neulich hat ein bedeutender Physiologe, Dr. Brown Sequard, der Royal Society seine Entdeckung mitgeteilt, dass Epilepsie, die bei Meerschweinchen auf eine von ihm entdeckte Weise künstlich hervorgerufen wurde, auf deren Nachkommen übertragen wird.

Aber eine einmal entstandene Rasse ist ebenso wenig eine feste und unveränderliche Einheit wie der Stamm, aus dem sie hervorgegangen ist; Unter seinen Mitgliedern entstehen Variationen, und da diese Variationen wie alle anderen weitergegeben werden, können aus den bereits bestehenden Rassen neue Rassen entstehen *ad infinitum* oder zumindest innerhalb einer derzeit festgelegten Grenze. Bei ausreichender Zeit und ausreichend sorgfältiger Auswahl ist die Vielzahl der Rassen, die aus einem gemeinsamen Stamm hervorgehen können, ebenso erstaunlich wie die extremen strukturellen Unterschiede, die sie aufweisen können. Ein bemerkenswertes Beispiel hierfür ist die Felsentaube, die Herr Darwin unserer Meinung nach zufriedenstellend als Stammvater aller unserer Haustauben nachgewiesen hat, von denen es sicherlich mehr als hundert gut ausgeprägte Rassen gibt . Die bemerkenswertesten dieser Rassen sind die vier großen Bestände, die der „Fantasie" als Tumblers, Pouters, Carriers und Fantails bekannt sind; Vögel, die sich nicht nur in der Größe, Farbe und Lebensweise, sondern auch in der Form des Schnabels und des Schädels auffallend unterscheiden ; in den Proportionen des Schnabels zum Schädel; in der Anzahl der Schwanzfedern; in der absoluten und relativen Größe der Füße; in Anwesenheit oder Abwesenheit der Uropygialdrüse; in der Anzahl der Rückenwirbel ; kurz, in genau den Merkmalen, in denen sich die Gattungen und Arten der Vögel voneinander unterscheiden.

Und es ist äußerst bemerkenswert und lehrreich zu beobachten, dass keine dieser Rassen nachweisbar durch die Einwirkung von Veränderungen in den sogenannten äußeren Umständen auf die wilde Felsentaube entstanden ist. Im Gegenteil, seit jeher haben Taubenzüchter im Wesentlichen ähnliche Behandlungsmethoden für ihre Haustiere angewendet, die in allen Taubenställen auf die gleiche Weise untergebracht, gefüttert, geschützt und gepflegt wurden . Tatsächlich gibt es keinen Fall, der besser geeignet ist als der der Tauben, um die Lehre zu widerlegen, die man von hoher Autorität vertreten sieht, dass „keine anderen Charaktere als diejenigen, die auf der Entwicklung von Knochen für die Befestigung von Muskeln beruhen", fähig sind Variation. Im genauen Widerspruch zu dieser voreiligen Behauptung beweisen die Untersuchungen von Herrn Darwin, dass sich das Flügelskelett der Haustauben kaum von dem des Wildtyps unterschieden hat; während andererseits gerade in solchen Beziehungen, wie der relativen Länge von Schnabel und Schädel, der Anzahl der Wirbel und der Anzahl der Schwanzfedern, Muskelanstrengung keinen wesentlichen Einfluss haben kann, dass die größtmögliche Variation stattgefunden hat.

Wir haben gesagt, dass die folgenden Eigenschaften, die physiologische Arten aufweisen, uns in Schwierigkeiten bringen würden, und an diesem Punkt beginnen sie offensichtlich zu werden; Denn wenn die Nachkommenschaft eines gemeinsamen Stammes infolge spontaner Variation und selektiver Züchtung in Gruppen aufgeteilt werden kann, die sich durch konstante, nicht sexuelle, morphologische Merkmale voneinander unterscheiden, ist es klar, dass die physiologische Definition von Arten wahrscheinlich ist mit der morphologischen Definition kollidieren. Niemand würde davor zurückschrecken, den Stumpf- und den Tümmler als verschiedene Arten zu bezeichnen, wenn sie als Fossilien gefunden würden oder wenn ihre Häute und Skelette importiert würden, wie es bei exotischen Wildvögeln üblich ist – und wenn man sie einzeln betrachtet, sind sie das ohne Zweifel auch gute und ausgeprägte morphologische Art. Andererseits sind sie keine physiologischen Arten, denn sie stammen von einem gemeinsamen Stamm ab, der Felsentaube.

Unter diesen Umständen, da von allen Seiten zugegeben wird, dass es in der Natur Rassen gibt, wie können wir dann wissen, ob scheinbar unterschiedliche Tiere tatsächlich verschiedenen physiologischen Arten angehören oder nicht, wenn man bedenkt, dass das Ausmaß des morphologischen Unterschieds kein sicherer Anhaltspunkt ist? Gibt es einen Test einer physiologischen Spezies? Die übliche Antwort der Physiologen ist ja. Es wird gesagt, dass ein solcher Test in den Hybridisierungsphänomenen zu finden sei – in den Ergebnissen der Kreuzung von Rassen im Vergleich zu den Ergebnissen der Kreuzung von Arten.

Soweit es derzeit Beweise gibt, brüten Individuen, von denen man mit Sicherheit weiß, dass sie nur durch Selektion entstandene Rassen sind, wie unterschiedlich sie auch erscheinen mögen, nicht nur frei miteinander fort, sondern die Nachkommen solcher gekreuzten Rassen sind auch vollkommen fruchtbar miteinander einander. So brüten der Spaniel und der Windhund, das Zugpferd und der Araber, der Schmollmund und der Tumbler in völliger Freiheit miteinander, und ihre Mischlinge sind, wenn sie mit anderen Mischlingen der gleichen Art verpaart werden, gleichermaßen fruchtbar.

Andererseits besteht kein Zweifel darüber, dass die Individuen vieler natürlicher Arten entweder völlig unfruchtbar sind, wenn sie mit Individuen anderer Arten gekreuzt werden, oder dass, wenn sie Hybridnachkommen hervorbringen, die so erzeugten Hybriden bei der Paarung unfruchtbar sind. Wenn beispielsweise Pferd und Esel gekreuzt werden, entsteht das Maultier, und es gibt keinen sicheren Beweis dafür, dass jemals ein männlicher und ein weiblicher Maultier Nachkommen hervorgebracht haben. Die Verbindungen der Felsentaube und der Ringtaube scheinen gleichermaßen ergebnislos zu sein. Hier haben wir also, sagt der Physiologe, ein Mittel, um zwei beliebige echte Arten von zwei beliebigen Varietäten zu unterscheiden. Wenn ein aus jeder Gruppe ausgewähltes Männchen und ein Weibchen Nachkommen hervorbringen und diese Nachkommen mit anderen auf die gleiche Weise erzeugten Nachkommen fruchtbar sind, handelt es sich bei den Gruppen um Rassen und nicht um Arten. Kommt es hingegen zu keinem Ergebnis oder sind die Nachkommen mit anderen auf die gleiche Weise erzeugten unfruchtbar, handelt es sich um echte physiologische Arten. Der Test wäre bewundernswert , wenn er erstens immer praktikabel wäre und wenn er zweitens immer Ergebnisse lieferte, die einer eindeutigen Interpretation zugänglich wären. Leider ist dieser Prüfstein für Arten in den allermeisten Fällen überhaupt nicht anwendbar.

Die Konstitution vieler Wildtiere wird durch die Gefangenschaft so verändert, dass sie sich nicht einmal mit ihren eigenen Weibchen fortpflanzen, so dass die negativen Ergebnisse, die sich aus Kreuzungen ergeben, wertlos sind und die Abneigung wilder Tiere verschiedener Arten gegeneinander, oder sogar Die Anzahl der wilden und zahmen Artgenossen ist normalerweise so groß, dass es aussichtslos ist, in der Natur nach solchen Verbindungen zu suchen. Der Hermaphrodismus der meisten Pflanzen, die Schwierigkeit, die Abwesenheit ihres eigenen Pollens oder die ordnungsgemäße Wirkung anderer Pollen sicherzustellen, sind nicht minder große Hindernisse bei der Anwendung des Tests auf sie. Und sowohl bei Tieren als auch bei Pflanzen kommt noch die weitere Schwierigkeit hinzu, dass Experimente über einen langen Zeitraum fortgesetzt werden müssen, um die Fruchtbarkeit der Mischlings- oder Hybridnachkommenschaft sowie der ersten Kreuzungen, aus denen sie hervorgehen, festzustellen.

Diese großen praktischen Schwierigkeiten liegen nicht nur in der Anwendung des Hybridisierungstests, sondern selbst wenn dieses Orakel in Frage gestellt werden kann, sind seine Antworten manchmal ebenso zweifelhaft wie die von Delphi. Beispielsweise werden von Herrn Darwin Fälle angeführt, in denen Pflanzen mit dem Pollen einer anderen Art fruchtbarer sind als mit ihrem eigenen; und es gibt andere, wie z. B. bestimmte *Fuci* , deren männliches Element die Eizelle einer Pflanze verschiedener Arten befruchten wird, während die Männchen der letzteren Art bei den Weibchen der ersten Art unwirksam sind. So dass im letztgenannten Fall ein Physiologe, der die beiden Arten auf eine Art kreuzen würde, zu dem Schluss kommen würde, dass es sich um echte Arten handelte; während ein anderer, der sie in umgekehrter Weise kreuzen würde, sie mit gleichem Recht gemäß der Regel für bloße Rassen erklären würde. Mehrere Pflanzen, von denen es guten Grund zu der Annahme gibt, dass sie bloße Varietäten sind, sind bei Kreuzung fast unfruchtbar; während sich sowohl Tiere als auch Pflanzen, die von Naturforschern immer als verschiedene Arten angesehen wurden, bei Anwendung des Tests als vollkommen fruchtbar erweisen. Auch hier scheint die Sterilität oder Fruchtbarkeit von Kreuzungen keinen Zusammenhang mit den strukturellen Ähnlichkeiten oder Unterschieden der Mitglieder zweier Gruppen zu haben. Herr Darwin hat diese Frage mit einzigartigem Können und Umsicht erörtert, und seine Schlussfolgerungen werden auf Seite 276 seines Werkes wie folgt zusammengefasst:

„Erste Kreuzungen zwischen Formen, die ausreichend unterschiedlich sind, um als Arten eingestuft zu werden, und ihren Hybriden sind im Allgemeinen, aber nicht allgemein, unfruchtbar. Die Sterilität ist unterschiedlich ausgeprägt und oft so gering, dass die beiden sorgfältigsten Experimentatoren, die je gelebt haben, durch diesen Test zu diametral entgegengesetzten Schlussfolgerungen in der Rangfolge gelangt sind. Die Sterilität ist bei Individuen derselben Art von Natur aus unterschiedlich und unterliegt äußerst günstigen und ungünstigen Bedingungen. Der Grad der Sterilität folgt nicht unbedingt einer systematischen Verwandtschaft, sondern unterliegt mehreren merkwürdigen und komplexen Gesetzen. Bei gegenseitigen Kreuzungen zwischen denselben beiden Arten ist es im Allgemeinen unterschiedlich und manchmal sehr unterschiedlich. Der Grad ist bei einer ersten Kreuzung und bei der aus dieser Kreuzung hervorgegangenen Hybride nicht immer gleich.

„So wie bei der Veredelung von Bäumen die Fähigkeit einer Art oder Sorte, eine andere zu übernehmen, von im Allgemeinen unbekannten Unterschieden in ihren vegetativen Systemen abhängig ist, ist auch bei der Kreuzung die größere oder geringere Fähigkeit einer Art, sich mit einer anderen zu vereinigen, zufällig." über unbekannte Unterschiede in ihren Fortpflanzungssystemen. Es gibt keinen Grund zu der Annahme, dass Arten speziell mit verschiedenen Graden der Unfruchtbarkeit ausgestattet wurden, um ihre Kreuzung und Vermehrung in der Natur zu verhindern, als zu der Annahme, dass Bäume speziell mit verschiedenen und einigermaßen analogen Schwierigkeitsgraden beim Zusammenpfropfen ausgestattet wurden um zu verhindern, dass sie sich in unseren Wäldern einnisten.

„Die Sterilität der ersten Kreuzungen zwischen reinen Arten, deren Fortpflanzungssystem perfekt ist, scheint von mehreren Umständen abzuhängen; in manchen Fällen weitgehend auf den frühen Tod des Embryos zurückzuführen. Die Unfruchtbarkeit von Hybriden, deren Fortpflanzungssystem unvollkommen ist und bei denen dieses System und ihre gesamte Organisation durch die Verbindung zweier verschiedener Arten gestört wurden, scheint eng mit der Unfruchtbarkeit verbunden zu sein, die so häufig reine Arten betrifft, wenn ihre natürlichen Lebensbedingungen vorherrschen gestört. Diese Ansicht wird durch einen Parallelismus anderer Art gestützt; nämlich, dass die Kreuzung von nur geringfügig unterschiedlichen Formen die Vitalität und Fruchtbarkeit der Nachkommen begünstigt ; und dass geringfügige Veränderungen in den Lebensbedingungen offenbar die Kraft und Fruchtbarkeit aller organischen Wesen begünstigen . Es ist nicht überraschend, dass der Grad der Schwierigkeit bei der Vereinigung zweier Arten und der Grad der Unfruchtbarkeit ihrer Hybridnachkommen im Allgemeinen übereinstimmen, wenn auch aus unterschiedlichen Gründen; denn beides hängt vom Ausmaß des Unterschieds zwischen den gekreuzten Arten ab. Es ist auch nicht verwunderlich, dass die Möglichkeit, eine Erstkreuzung durchzuführen, die Fruchtbarkeit der daraus hervorgegangenen Hybriden und die Fähigkeit, miteinander veredelt zu werden – obwohl diese letztere Fähigkeit offensichtlich von ganz unterschiedlichen Umständen abhängt – alle bis zu einem gewissen Grad parallel zu dieser verlaufen systematische Verwandtschaft der Formen, die dem Experiment unterzogen werden; denn systematische Affinität versucht, alle möglichen Ähnlichkeiten zwischen allen Arten auszudrücken.

„Erste Kreuzungen zwischen Formen, von denen bekannt ist, dass sie Varietäten sind oder die sich hinreichend ähneln, um als Varietäten betrachtet zu werden, und ihren gemischten Nachkommen sind im Allgemeinen, aber nicht ganz allgemein, fruchtbar. Diese nahezu allgemeine und vollkommene Fruchtbarkeit ist auch nicht überraschend, wenn wir uns daran erinnern, wie leicht wir dazu neigen, im Kreis über Varietäten in einem Naturzustand zu streiten; und wenn wir uns daran erinnern, dass die größere Anzahl von Varietäten unter Domestikation durch Selektion bloß äußerer Unterschiede und nicht durch Unterschiede im Fortpflanzungssystem entstanden ist. In jeder anderen Hinsicht, mit Ausnahme der Fruchtbarkeit, besteht eine große allgemeine Ähnlichkeit zwischen Hybriden und Mischlingen" (S. 276-278).

Wir stimmen voll und ganz mit dem allgemeinen Tenor dieser wichtigen Passage überein, aber so eindringlich diese Argumente auch sind und wie gering der Wert der Fruchtbarkeit oder Unfruchtbarkeit als Arttest auch sein mag, darf nicht vergessen werden, dass die wirklich wichtige Tatsache, soweit Bei der Untersuchung des Ursprungs der Arten geht man davon aus, dass es in der Natur Gruppen von Tieren und Pflanzen gibt, deren Mitglieder nicht in der Lage sind, sich mit denen anderer Gruppen fruchtbar zu vereinen. und dass es Hybriden gibt, die absolut unfruchtbar sind, wenn sie mit anderen Hybriden gekreuzt werden. Denn wenn solche Phänomene nur bei zwei der Ansammlungen lebender Objekte auftreten würden, denen der Name einer Art gegeben wird (sei es im physiologischen oder im morphologischen Sinne), müsste dies von jedem erklärt werden Die Theorie über den Ursprung der Arten wäre unvollkommen, und jede Theorie, die sie nicht erklären könnte, wäre bislang unvollkommen.

Bisher haben wir uns mit Tatsachen befasst, und die Aussagen, die wir dem Leser vorgelegt haben, enthalten nach unserem besten Wissen und Gewissen eine angemessene Darstellung dessen, was derzeit über die wesentlichen Eigenschaften von bekannt ist Arten, von allen, die sich mit der Frage befasst haben. Und was auch immer seine theoretischen Ansichten sein mögen, kein Naturforscher wird wahrscheinlich geneigt sein, der folgenden Zusammenfassung dieser Darstellung zu widersprechen:

Lebewesen, ob Tiere oder Pflanzen, lassen sich in eine Vielzahl klar definierbarer Arten unterteilen, die morphologische Arten sind. Sie lassen sich auch in Gruppen von Individuen unterteilen, die sich frei miteinander vermehren, dazu neigen, sich ihresgleichen zu vermehren, und physiologische Arten sind. Normalerweise sind die Nachkommen der Mitglieder dieser Arten aufgrund ihrer Ähnlichkeit mit ihren Eltern immer noch einer Variation unterworfen, und die Variation kann durch Selektion als Rasse aufrechterhalten werden, wobei diese Rasse in vielen Fällen alle Merkmale einer morphologischen Art aufweist. Aber es ist bis jetzt noch nicht bewiesen, dass eine Rasse jemals, wenn sie mit einer anderen Rasse derselben Art gekreuzt wird, dieselben Hybridisierungserscheinungen zeigt, die bei vielen Arten auftreten, wenn sie mit anderen Arten gekreuzt werden. Andererseits ist nicht nur nicht bewiesen, dass alle Arten *inter se unfruchtbare Hybriden hervorbringen* , sondern es gibt auch viele Gründe zu der Annahme, dass die Arten bei der Kreuzung alle Abstufungen von vollkommener Unfruchtbarkeit bis zu vollkommener Fruchtbarkeit aufweisen.

Dies sind die wesentlichsten Merkmale von Arten. Auch wenn der Mensch nicht zu ihnen gehörte – ein Mitglied desselben Systems und denselben Gesetzen unterworfen –, hätte die Frage nach ihrem Ursprung, ihrem kausalen Zusammenhang , das heißt mit den anderen Phänomenen des Universums, seine Aufmerksamkeit schon bald erregt haben müssen da seine Intelligenz über das Niveau seiner täglichen Bedürfnisse hinausgewachsen war.

Tatsächlich berichtet die Geschichte, dass dies der Fall war, und hat für uns die Spekulationen über den Ursprung der Lebewesen einbalsamiert, die zu den frühesten Produkten der beginnenden intellektuellen Aktivität des Menschen gehörten. In jenen frühen Tagen gab es kein positives Wissen, aber das Verlangen danach musste unter allen Umständen befriedigt werden, und je nach Land oder Gedankengang des Spekulanten entstand die Vermutung, dass alles Lebendige daraus entstanden sei Der Schlamm des Nils, der aus einem urzeitlichen Ei oder einer anthropomorpheren Substanz stammte, bot seiner Neugier einen ausreichenden Ruheplatz. Die Mythen des Heidentums sind so tot wie Osiris oder Zeus, und der Mann, der sie im Gegensatz zum Wissen unserer Zeit wiederbeleben würde, würde zu Recht verspottet werden; aber die zeitgenössischen Vorstellungen, die unter den unhöflichen Bewohnern Palästinas verbreitet sind und von Schriftstellern aufgezeichnet wurden, deren Name und Alter von jedem Gelehrten als unbekannt eingestanden werden, haben ihr Schicksal leider noch nicht geteilt, werden aber auch heute noch von neun Zehnteln beachtet der zivilisierten Welt als maßgeblicher Maßstab für Tatsachen und Kriterium für die Gerechtigkeit wissenschaftlicher Schlussfolgerungen in allem, was den Ursprung der Dinge und unter ihnen auch der Arten betrifft. In diesem neunzehnten Jahrhundert, wie zu Beginn der modernen Naturwissenschaften, ist die Kosmogonie des halbbarbarischen Hebräisch der Incubus des Philosophen und die Schmach des Orthodoxen. Wer soll die geduldigen und ernsthaften Wahrheitssucher von den Tagen Galileis bis heute zählen, deren Leben durch den falschen Eifer der Bibliolater verbittert und ihr guter Name in den Schmutz gezogen wurde? Wer zählt die Schar schwächerer Männer, deren Wahrheitssinn bei dem Versuch, Unmöglichkeiten in Einklang zu bringen, zerstört wurde – deren Leben bei dem Versuch verschwendet wurde, den großzügigen neuen Wein der Wissenschaft in die alten Flaschen des Judentums zu zwingen, gezwungen durch den Aufschrei von ... die gleiche starke Partei?

Es ist wahr, dass die Sache der Philosophen reichlich gerächt wurde, wenn sie gelitten haben. Ausgelöschte Theologen lügen über die Wiege jeder Wissenschaft wie die erwürgten Schlangen neben der des Herkules, und die Geschichte berichtet, dass Wissenschaft und Dogmatismus immer dann, wenn Wissenschaft und Dogmatismus ernsthaft im Widerspruch standen, blutend und zerschlagen, wenn nicht sogar vernichtet, aus der Liste verschwinden mussten; gebannt, wenn nicht getötet. Aber die Orthodoxie ist der Bourbon der Gedankenwelt. Es lernt nicht und kann auch nicht vergessen; und obwohl es derzeit verwirrt ist und Angst hat, sich zu bewegen, ist es so bereit wie eh und je, darauf zu bestehen, dass das erste Kapitel der Genesis den Anfang und das Ende der gesunden Wissenschaft enthält, und es mit so kleinen Blitzen zu besuchen, wie es seine halbgelähmten Hände schleudern können, diejenigen, die sich weigern, die Natur auf das Niveau des primitiven Judentums zu degradieren.

Philosophen hingegen haben keine derart aggressiven Tendenzen. Während sie den Blick auf das edle Ziel gerichtet haben, zu dem sie „per aspera et ardua " streben, können sie hin und wieder durch die unnötigen Hindernisse, mit denen Unwissende oder Böswillige sie aufhalten, zu vorübergehendem Zorn erregt werden, wenn sie es nicht verhindern können. der schwierige Weg; aber warum sollten ihre Seelen zutiefst betrübt sein? Die Majestät der Tatsachen ist auf ihrer Seite und die elementaren Formen der Materie arbeiten für sie. Kein Stern erreicht zum berechneten Zeitpunkt den Meridian, der aber von der Richtigkeit ihrer Methoden zeugt – ihr Glaube ist „eins mit dem fallenden Regen und dem wachsenden Mais". Durch Zweifel werden sie begründet, und offenes Nachforschen ist ihr engster Freund. Solche Männer haben keine Angst vor Traditionen, wie ehrwürdig sie auch sein mögen, und keinen Respekt vor ihnen, wenn sie boshaft und hinderlich werden; aber sie haben mehr als nur Antiquariatsgeschäfte in der Hand, und wenn ihnen Dogmen, die eigentlich fossil sein sollten, es aber nicht sind, nicht aufgezwungen werden, behandeln sie sie gerne als nicht existent.

Es gibt zwei Arten von Hypothesen über den Ursprung der Arten, die vorgeben, auf einer wissenschaftlichen Grundlage zu stehen und als solche ernsthafte Aufmerksamkeit erfordern. Die eine, die Hypothese der „besonderen Schöpfung", geht davon aus, dass jede Art aus einem oder mehreren Beständen entstanden ist, wobei diese nicht das Ergebnis der Veränderung irgendeiner anderen Form lebender Materie sind – oder durch natürliche Kräfte entstehen –, sondern als solche produziert werden , durch einen übernatürlichen schöpferischen Akt.

Die andere, die sogenannte „Transmutations"-Hypothese, geht davon aus, dass alle existierenden Arten das Ergebnis der Modifikation bereits existierender Arten und der ihrer Vorgänger durch ähnliche Wirkungskräfte sind wie diejenigen, die heute Sorten und Rassen hervorbringen also auf ganz natürliche Weise; und es ist eine wahrscheinliche, wenn auch nicht notwendige Konsequenz dieser Hypothese, dass alle Lebewesen aus einem einzigen Stamm entstanden sind. Was den Ursprung dieses Urbestands oder dieser Urbestände anbelangt, so ist die Lehre vom Ursprung der Arten offensichtlich nicht unbedingt betroffen. Die Transmutationshypothese zum Beispiel stimmt vollkommen überein, entweder mit der Vorstellung einer besonderen Schöpfung des Urkeims oder mit der Annahme, dass er als Modifikation anorganischer Materie durch natürliche Ursachen entstanden sei.

Die Lehre von der besonderen Schöpfung verdankt ihre Existenz größtenteils der angeblichen Notwendigkeit, die Wissenschaft mit der hebräischen Kosmogonie in Einklang zu bringen; Es ist jedoch merkwürdig zu beobachten, dass die Lehre, wie sie derzeit von Wissenschaftlern vertreten wird, mit der hebräischen Sichtweise ebenso hoffnungslos unvereinbar ist wie jede andere Hypothese.

Wenn es ein Ergebnis gibt, das aus geologischen Untersuchungen klarer hervorgeht als ein anderes, dann ist es, dass die große Reihe ausgestorbener Tiere und Pflanzen nicht, wie früher angenommen wurde, in verschiedene Gruppen unterteilt werden kann, die durch scharf markierte Grenzen getrennt sind . Es gibt keine großen Kluften zwischen Epochen und Formationen – keine aufeinanderfolgenden Perioden , *die durch das massenhafte Auftreten* von Pflanzen, Wassertieren und Landtieren gekennzeichnet sind . Jedes Jahr erweitert sich die Liste der Verbindungen zwischen den nach Ansicht der älteren Geologen weit voneinander entfernten Epochen. Erleben Sie die Klippen, die den Stollen mit den älteren Tertiären verbinden; die Maestricht-Schichten, die die Tertiäre mit der Kreide verbinden; die St. Cassian-Schichten weisen eine reiche Fauna gemischter mesozoischer und paläozoischer Typen auf, in Gesteinen aus einer Epoche, von der man einst annahm, dass sie äußerst arm an Leben sei; Zeuge schließlich sind die unaufhörlichen Streitigkeiten darüber, ob eine bestimmte Schicht als Devon oder Karbon, Silur oder Devon , Kambrium oder Silur zu rechnen ist .

Diese Wahrheit wird auf äußerst interessante Weise durch die unparteiische und äußerst kompetente Aussage von M. Pictet weiter veranschaulicht , aus dessen Berechnungen, wie viel Prozent der in einer Formation existierenden Tiergattungen während der vorhergehenden Formation lebten, hervorgeht, dass dies in keinem Fall der Fall ist der Anteil beträgt weniger als *ein Drittel* oder 33 Prozent. Es ist die Trias- Formation oder der Beginn des Mesozoikums , die dieses kleinste Erbe aus früheren Zeitaltern erhalten hat. Die anderen Formationen weisen nicht selten 60, 80 oder sogar 94 Prozent auf. von Gattungen, die mit denen gemeinsam sind, deren Überreste in ihren Vorgänger eingebettet sind. Dies ist nicht nur wahr, sondern die Unterteilungen jeder Formation weisen auch neue Arten auf, die für sie charakteristisch sind und nur in ihnen vorkommen, und in vielen Fällen, wie zum Beispiel in den Lias , zeichnen sich die einzelnen Schichten dieser Unterteilungen durch gut markierte und eigentümliche Merkmale aus Formen des Lebens. Ein 30 Meter dicker Abschnitt wird in verschiedenen Höhen ein Dutzend Ammonitenarten aufweisen, von denen keine über ihre besondere Zone aus Kalkstein oder Ton hinaus in die darunter liegende oder darüber liegende Zone gelangt; Daher müssen diejenigen, die die Lehre von der besonderen Schöpfung annehmen, bereit sein zuzugeben, dass der Schöpfer es in bestimmten Zeitabständen, entsprechend der Dicke dieser Schichten, für angebracht hielt, in den natürlichen Lauf der Dinge einzugreifen, um einen neuen Ammoniten zu erschaffen . Es ist nicht einfach, sich in die Geisteshaltung derjenigen zu versetzen, die eine solche Schlussfolgerung auf der Grundlage jeglicher Beweise akzeptieren können, es sei denn, sie sind eindeutig bewiesen. und es ist schwer zu erkennen, was damit erreicht werden soll, da es, wie wir bereits gesagt haben, offensichtlich ist, dass eine solche Sicht auf den Ursprung der Lebewesen völlig im Widerspruch zur hebräischen Kosmogonie steht. Verdient die angenommene Form der Hypothese der besonderen Schöpfung also keine Unterstützung durch die mächtige Bibliolatrie, so dass sie irgendeine Unterstützung durch Wissenschaft oder fundierte Logik erhält? Sicherlich nicht viel. Die zu seinen Gunsten vorgebrachten Argumente haben alle die gleiche Form: Wenn Arten nicht auf übernatürliche Weise geschaffen wurden, können wir die Tatsachen x , y oder z *nicht verstehen* ; wir können die Struktur von Tieren oder Pflanzen nicht verstehen, es sei denn, wir nehmen an, dass sie für besondere Zwecke geschaffen wurden; Wir können die Struktur des Auges nur verstehen, wenn wir annehmen, dass es zum Sehen geschaffen wurde. Wir können Instinkte nicht verstehen, es sei denn, wir gehen davon aus, dass Tiere auf wundersame Weise mit ihnen ausgestattet wurden.

Als Frage der Dialektik muss man zugeben, dass diese Art der Argumentation für diejenigen, die keine Angst vor Konsequenzen haben sollten, nicht sehr beeindruckend ist. Es ist ein argumentum ad ignorantiam

– nehmen Sie diese Erklärung an oder seien Sie unwissend. Aber angenommen, wir geben lieber unsere Unwissenheit zu, als eine Hypothese anzunehmen, die im Widerspruch zu allen Lehren der Natur steht? Oder nehmen wir an, wir geben die Erklärung für einen Moment zu und fragen uns dann ernsthaft, um wie viel klüger wir sind? Was erklärt die Erklärung? Ist es mehr als eine hochtrabende Art, die Tatsache zu verkünden, dass wir wirklich nichts über die Angelegenheit wissen? Ein Phänomen wird erklärt, wenn gezeigt wird, dass es sich um ein allgemeines Naturgesetz handelt; aber das übernatürliche Eingreifen des Schöpfers kann aufgrund der Natur des Falles kein Beispiel für ein Gesetz sein, und wenn Arten tatsächlich auf diese Weise entstanden sind, ist es absurd, zu versuchen, über ihren Ursprung zu diskutieren.

Oder fragen wir uns schließlich, ob die Menge an Beweisen, die uns die Natur unserer Fähigkeiten erlaubt, uns zu der Behauptung rechtfertigen kann, dass irgendein Phänomen außerhalb der Reichweite natürlicher Ursachen liegt. Zu diesem Zweck ist es natürlich notwendig, dass wir alle Konsequenzen kennen, die alle möglichen Kombinationen, über unbegrenzte Zeit hinweg, nach sich ziehen können. Wenn wir diese wüssten und niemanden finden würden, der in der Lage wäre, Arten hervorzubringen, hätten wir gute Gründe, ihren natürlichen Ursprung zu leugnen. Solange wir sie nicht kennen, ist jede Hypothese besser als eine, die uns in eine solch elende Vermutung verwickelt.

Aber die Hypothese einer besonderen Schöpfung ist nicht nur eine bloße Scheinmaske für unsere Unwissenheit; seine Existenz in der Biologie markiert die Jugend und Unvollkommenheit der Wissenschaft. Denn was ist die Geschichte jeder Wissenschaft anderes als die Geschichte der Beseitigung der Vorstellung von schöpferischen oder anderen Eingriffen in die natürliche Ordnung der Phänomene, die Gegenstand dieser Wissenschaft sind? Als die Astronomie noch jung war, „sangen die Morgensterne vor Freude", und die Planeten wurden auf ihren Bahnen von himmlischen Händen geleitet. Nun hat sich die Harmonie der Sterne gemäß den umgekehrten Quadraten der Entfernungen in Gravitation aufgelöst, und die Umlaufbahnen der Planeten lassen sich aus den Gesetzen der Kräfte ableiten, die es ermöglichen, dass der Stein eines Schülers ein Fenster zerbricht. Der Blitz war der Engel des Herrn; Aber es hat der Vorsehung in diesen modernen Zeiten gefallen, dass die Wissenschaft sie zum bescheidenen Boten des Menschen gemacht hat, und wir wissen, dass jeder Blitz, der an einem Sommerabend über den Horizont huscht, durch feststellbare Bedingungen bestimmt wird und dass seine Richtung und Helligkeit dies können , wenn unser Wissen darüber groß genug wäre, berechnet worden.

Die Zahlungsfähigkeit großer Handelsgesellschaften beruht auf der Gültigkeit der Gesetze, die nachweislich die scheinbare Unregelmäßigkeit jenes menschlichen Lebens regeln, das der Moralist als die unsicherste aller Dinge beklagt; Pest, Pestilenz und Hungersnot werden von allen außer Narren als das natürliche Ergebnis von Ursachen anerkannt, die zum größten Teil völlig unter der Kontrolle des Menschen liegen, und nicht als unvermeidliche Folter, die der zornige Allmächtige seinem hilflosen Werk zufügt.

Harmonische Ordnung, die den ewig kontinuierlichen Fortschritt regelt – das Netz und der Schuss aus Materie und Kraft, die sich in langsamen Schritten verweben, ohne dass ein Faden zerrissen wird, dieser Schleier, der zwischen uns und dem Unendlichen liegt – diesem Universum, das allein wir kennen oder wissen können; – so ist das Das Bild, das die Wissenschaft von der Welt zeichnet, und je mehr ein Teil dieses Bildes mit dem Rest übereinstimmt , desto sicherer können wir sein, dass es richtig gemalt ist. Wird die Biologie allein weiterhin im Widerspruch zu ihren Schwesterwissenschaften bleiben?

Solche Argumente gegen die Hypothese der direkten Entstehung von Arten lassen sich eindeutig aus allgemeinen Überlegungen ableiten, aber es gibt darüber hinaus Phänomene, die von den Arten selbst gezeigt werden und dennoch nicht so sehr Teil ihres eigentlichen Wesens sind, wie es früher erforderlich gewesen wäre Erwähnung, die im höchsten Maße verwirrend sind, wenn wir die allgemein akzeptierte Hypothese übernehmen. Dies sind die Tatsachen der räumlichen und zeitlichen Verteilung; die einzigartigen Phänomene, die durch das Studium der Entwicklung ans Licht gebracht werden; die strukturellen Beziehungen der Arten, auf denen unsere Klassifizierungssysteme basieren; die großen Lehren der philosophischen Anatomie, wie die der Homologie oder der Gemeinschaft des Strukturplans, die große Gruppen von Arten aufweisen, die sich in ihren Gewohnheiten und Funktionen sehr stark unterscheiden.

Die Tierarten, die das Meer auf den gegenüberliegenden Seiten der Landenge von Panama bewohnen, sind völlig verschieden; Die Tiere und Pflanzen, die die Inseln bewohnen, unterscheiden sich im Allgemeinen von denen der Nachbarinseln Festland und weisen dennoch eine Ähnlichkeit im Aussehen auf. Die Säugetiere des letzten Tertiärs in der Alten und Neuen Welt gehören zu denselben Gattungen oder Familiengruppen wie diejenigen, die heute in demselben großen geografischen Gebiet leben. Die Krokodilreptilien, die in der frühesten Sekundärepoche existierten, ähnelten in ihrer allgemeinen Struktur den heute lebenden Reptilien, weisen jedoch geringfügige Unterschiede in ihren Wirbeln , Nasengängen und ein oder zwei anderen Punkten auf. Das Meerschweinchen hat Zähne, die vor seiner Geburt abgeworfen werden, und kann daher niemals den Kauzweck erfüllen, für den sie scheinbar erfunden wurden, und in gleicher Weise hat das Dugong-Weibchen Stoßzähne, die niemals das Zahnfleisch durchschneiden. Alle

Mitglieder derselben großen Gruppe durchlaufen in ihrer Entwicklung ähnliche Bedingungen, und alle ihre Teile sind im Erwachsenenalter nach demselben Plan angeordnet. Der Mensch ähnelt eher einem Gorilla als ein Gorilla einem Lemur. Dies sind einige, zufällig ausgewählt aus der Vielzahl ähnlicher Tatsachen, die die moderne Forschung festgestellt hat; aber wenn der Student von den Anhängern der angenommenen Hypothese über den Ursprung der Arten eine Erklärung dafür sucht, erhält er als Antwort im Wesentlichen orientalische Einfachheit und Kürze : „ Mashallah! " es gefällt Gott so sehr!" Auf gegenüberliegenden Seiten der Landenge von Panama gibt es unterschiedliche Arten, da sie auf beiden Seiten unterschiedlich entstanden sind. Die pliozänen Säugetiere ähneln den existierenden, weil dies der Plan der Schöpfung war; und wir finden rudimentäre Organe und Ähnlichkeit im Plan, weil es dem Schöpfer gefallen hat, sich ein „göttliches Vorbild oder Archetyp" vorzustellen und es in seinen Werken zu kopieren; und etwas krank, meinen diejenigen, die diese Ansicht vertreten, in einigen von ihnen. Dass ein solcher verbaler Hokuspokus als Wissenschaft rezipiert werden sollte, wird eines Tages als Beweis für den niedrigen Stand der Intelligenz im 19. Jahrhundert gelten, so wie wir uns mit der Phraseologie über die Abscheulichkeit der Natur vor einem Vakuum begnügen, mit der sich Torricellis Landsleute zufrieden gaben Erklären Sie das Aufsteigen von Wasser in einer Pumpe. Und es sei daran erinnert, dass diese Art der Befriedigung nicht nur negative, sondern sogar positive Auswirkungen hat, indem sie die Forschung entmutigt und den Menschen so des Nießbrauchs an einem der fruchtbarsten Felder seines großen Erbes, der Natur, beraubt.

Die dargelegten Einwände gegen die Lehre vom Ursprung der Arten durch besondere Schöpfung müssen jedem, der sich ernsthaft und unabhängig mit dem Thema befasst hat, mit mehr oder weniger Nachdruck in den Sinn gekommen sein. Es ist daher kein Wunder, dass dieser Hypothese von Zeit zu Zeit Gegenhypothesen entgegentraten, die alle ebenso gut und einige besser begründet waren als sie selbst; und es ist merkwürdig zu bemerken, dass die Erfinder der gegensätzlichen Ansichten anscheinend sowohl durch ihre Kenntnisse der Geologie als auch durch ihre Vertrautheit mit der Biologie zu ihnen geführt wurden. Wenn der Geist einmal die Vorstellung akzeptiert hat, dass der gegenwärtige physische Zustand unseres Globus durch natürliche Ursachen, die über lange Zeiträume wirken, allmählich hervorgerufen wird, wird er kaum geneigt sein, zuzulassen, dass Lebewesen auf einem anderen Planeten aufgetaucht sind und die Spekulationen von De Maillet und seinen Nachfolgern sind die natürliche Ergänzung zu Scillas Demonstration der wahren Natur von Fossilien.

Maillet , ein Zeitgenosse von Newton und Leibnitz, nahm daher an der intellektuellen Aktivität des bemerkenswerten Zeitalters teil, in dem die moderne Naturwissenschaft ihren Anfang nahm. Er verbrachte ein langes

Leben als Konsularagent der französischen Regierung in verschiedenen Mittelmeerhäfen. Tatsächlich hatte er sechzehn Jahre lang das Amt des Generalkonsuls in Ägypten inne, und die wunderbaren Phänomene, die das Niltal zu bieten hatte, scheinen seinen Geist stark beeindruckt zu haben und seine Aufmerksamkeit auf alle Tatsachen ähnlicher Art gelenkt zu haben, die kam in seinen Beobachtungsbereich und veranlasste ihn zu Spekulationen über den Ursprung des gegenwärtigen Zustands unseres Globus und seiner Bewohner. Aber trotz all seiner Leidenschaft für die Wissenschaft scheint De Maillet gezögert zu haben, Ansichten zu veröffentlichen, die trotz der genialen Versuche, sie mit der hebräischen Hypothese im Vorwort zu „ Telliamed " in Einklang zu bringen (und die wir Herrn MacCausland zur Durchsicht empfehlen), dürften bei seinen Zeitgenossen wohl kaum auf positive Resonanz stoßen .

Aber es war nur kurze Zeit vergangen, seit mehr als einer der großen Anatomen und Physiker der italienischen Schule teuer für ihre Bemühungen bezahlt hatte , einige der vorherrschenden Irrtümer auszuräumen; und ihrem berühmten Schüler Harvey, dem Begründer der modernen Physiologie, war es in einem Land, das weniger von den betäubenden Einflüssen der Theologie unterdrückt war, nicht so gut ergangen, dass er irgendjemanden dazu verleitet hätte, seinem Beispiel zu folgen. Von diesen Überlegungen wohl nicht unbeeinflusst, behielt der Generalkonsul seiner katholischen Majestät für Ägypten ein langes Leben lang seine Theorien für sich, denn „ Telliamed ", das einzige wissenschaftliche Werk, das nachweislich aus seiner Feder stammt, wurde erst 1735 gedruckt. als sein Autor das reife Alter von neunundsiebzig Jahren erreicht hatte; und obwohl De Maillet drei Jahre länger lebte, wurde sein Buch erst 1748 der Welt vorgestellt. Selbst dann blieb es für diejenigen anonym, die nicht im Geheimnis des anagrammatischen Charakters seines Titels waren, und das Vorwort und die Widmung sind so formuliert , um dem Drucker im Bedarfsfall eine faire Chance zu geben, auf die Ausrede zurückzugreifen, dass das Werk lediglich für ein Jeu d'Esprit gedacht war.

Die Spekulationen des angeblichen indischen Weisen sind zwar genauso fundiert wie die vieler „Mosaik-Geologie", die sich außerordentlich gut verkaufen, haben aber keinen großen Wert, wenn wir sie im Lichte der modernen Wissenschaft betrachten. Ursprünglich soll das Wasser den ganzen Erdball bedeckt haben; die Gesteinsmassen, aus denen seine Berge bestehen, durch Prozesse abgelagert zu haben, die mit denen vergleichbar sind, die jetzt Schlamm, Sand und Kies bilden; und dann ihr Niveau allmählich gesenkt zu haben, wobei die Beute der tierischen und pflanzlichen Bewohner in den Schichten eingebettet blieb. Als das trockene Land erschien, sollen sich einige Wassertiere dort angesiedelt haben und sich allmählich an die Lebensweise auf der Erde und in der Luft angepasst haben.

Wenn wir jedoch den allgemeinen Tenor und Stil der Argumentation im Verhältnis zum damaligen Wissensstand betrachten, erscheinen zwei Umstände durchaus erwähnenswert. Erstens hatte De Maillet eine Vorstellung von der Veränderbarkeit lebender Formen (allerdings ohne genaue Informationen zu diesem Thema) und wie diese Veränderbarkeit für die Entstehung von Arten verantwortlich sein könnte; Zweitens, dass er die große moderne geologische Lehre, die von Hutton so stark betont und von Lyell so geschickt und umfassend dargelegt wurde, sehr klar verstanden hat, dass wir nach bestehenden Ursachen für die Erklärung vergangener geologischer Ereignisse suchen müssen. Die folgende Passage des Vorworts, in der De Maillet vom indischen Philosophen Telliamed , seinem *Alter Ego* , sprechen soll , könnte tatsächlich vom philosophischsten Uniformisten der Gegenwart geschrieben worden sein.

„Ce qu'il y a d'étonnant , est que pour ankommen à ces Kenner il semble avoir pervers L'ordre naturalel, puisqu'au lieu de s'attacher Suchen Sie nach einem Ort Der Ursprung unseres Globus begann mit der Arbeit an der Naturlehre . Mais à l'entendre , ce reversement de l'ordre a été pour lui Die Wirkung eines Geistes ist günstig, weil er von Anfang an zu den Erhabenen gehört . C'est de Zersetzt die Substanz dieser Welt durch einen Menschen Anatomie Accurate de toutes Diese Partys waren Premiere _ Informieren Sie sich über das Material, das Sie benötigen komponiert und geschrieben Arrangements ces Mêmes Matières beobachten zwischen ihnen . Ces Lumières Gelenke im Esprit des Vergleichs Heute Nécessaire à quiconque Entrepreneur de Percer Les Voiles Dont La Nature Aise à Se Cacher , Ontario Dienstleistungen als Leitfaden für unsere Philosophie, um Kennern und Interessierten zu helfen . Aufgrund der Materie und der Anordnung dieser Kompositionen soll es so aussehen avoir reconnu quelle est la véritable Der Ursprung dieser Welt ist, dass wir unsere Gewohnheiten haben , sagen wir es und sagen wir, dass es so weit ist Für mich ." —(S. xix. xx.)

Aber De Maillet war seiner Zeit voraus, und wie es einem passieren konnte, der vor Linné über eine zoologische und botanische Frage und vor Haller über ein physiologisches Problem spekulierte, beging er hier und da große Fehler; und daher vielleicht die allgemeine Vernachlässigung seiner Arbeit. Robinets Spekulationen hinken denen von De Maillet eher hinterher als ihnen voraus , und obwohl Linné mit der Transmutationshypothese gespielt haben mag, fand sie keine ernsthafte Unterstützung, bis Lamarck sie übernahm und sie in seiner „Philosophie Zoologique " mit großem Geschick vertrat.

Angetrieben von der Hypothese der Transmutation der Arten, teilweise durch seine allgemeinen kosmologischen und geologischen Ansichten; teilweise durch die Vorstellung einer abgestuften, wenn auch unregelmäßig verzweigten Skala des Seins, die aus seinem tiefgreifenden Studium der

Pflanzen und der niederen Formen des Tierlebens hervorgegangen war, machte Lamarck, dessen allgemeine Gedankenrichtung oft stark der von De Maillet ähnelt ein großer Fortschritt gegenüber der groben und lediglich spekulativen Art und Weise, in der dieser Autor sich mit der Frage nach dem Ursprung der Lebewesen befasst, indem er sich bemüht , physikalische Ursachen zu finden, die geeignet sind, jene Umwandlung einer Art in eine andere herbeizuführen, die De Maillet nur vermutet hatte. Und Lamarck glaubte, in der Natur solche Ursachen gefunden zu haben, die für den angestrebten Zweck völlig ausreichend waren. Es sei eine physiologische Tatsache, sagt er, dass Organe durch Aktivität größer werden und durch Untätigkeit verkümmern; Es ist eine weitere physiologische Tatsache, dass erzeugte Veränderungen auf die Nachkommen übertragbar sind. Ändern Sie daher die Handlungen eines Tieres, und Sie werden seine Struktur verändern, indem Sie die Entwicklung der neu in Gebrauch gebrachten Teile steigern und die weniger genutzten Teile vermindern; aber indem Sie die Umstände ändern, die es umgeben, werden Sie seine Handlungen ändern, und daher muss eine Änderung der Umstände auf lange Sicht zu einer Änderung der Organisation führen. Alle Tierarten sind daher nach Lamarcks Ansicht das Ergebnis der indirekten Einwirkung von Veränderungen der Umstände auf jene primitiven Keime, die seiner Ansicht nach ursprünglich durch spontane Zeugung in den Gewässern der Erde entstanden sind. Es ist jedoch merkwürdig, dass Lamarck so stark darauf besteht , wie er es getan hat, dass die Umstände niemals in irgendeiner Weise direkt die Form oder die Organisation von Tieren verändern, sondern nur dadurch wirken ، dass sie ihre Wünsche und folglich ihre Handlungen ändern; Denn dadurch stellt er sich die offensichtliche Frage: Wie werden Pflanzen, von denen man nicht sagen kann, dass sie Wünsche oder Handlungen haben, verändert? Darauf antwortet er, dass sie durch die Veränderungen ihrer Ernährungsprozesse, die durch sich ändernde Umstände hervorgerufen werden, verändert werden; und es scheint ihm nicht in den Sinn gekommen zu sein, dass solche Veränderungen auch bei Tieren stattfinden könnten.

Als wir sagten, dass Lamarck der Meinung war, dass bloße Spekulation nicht der Weg sei, um zum Ursprung der Arten zu gelangen, sondern dass es für die Etablierung einer fundierten Theorie zu diesem Thema notwendig sei, durch Beobachtung oder auf andere Weise eine *Vera Causa zu entdecken* , kompetent, sie hervorzubringen; dass er bestätigte, dass die wahre Reihenfolge der Klassifizierung mit der Reihenfolge ihrer Entwicklung zueinander übereinstimmt; dass er sehr stark auf der Notwendigkeit bestand, ausreichend Zeit einzuräumen ; und dass alle Arten von Instinkt und Vernunft von ihm auf dieselbe Ursache zurückgeführt wurden, die die Arten hervorgebracht hat, haben wir seine Hauptbeiträge zur Weiterentwicklung dieser Frage aufgezählt. Andererseits wurde Lamarck aufgrund seiner Unkenntnis jeglicher Kraft in der Natur, die in der Lage wäre, die Struktur von Tieren zu verändern, mit Ausnahme der Entwicklung von Teilen oder deren Atrophie infolge einer Änderung der Bedürfnisse, dazu gebracht, ihr unendlich viel größeres Gewicht beizumessen verdient diese Agentur, und die Absurditäten, in die er geführt wurde, haben verdientermaßen eine Verurteilung erfahren. Von dem Kampf ums Dasein, auf den Herr Darwin, wie wir sehen werden, so großen Wert legt, hatte er keine Ahnung; tatsächlich bezweifelt er, dass es wirklich ausgestorbene Arten gibt, es sei denn, es handelt sich um so große Tiere, die möglicherweise durch Menschenhand gestorben sind; und er denkt so wenig daran, dass noch andere zerstörerische Ursachen am Werk sein könnten, dass er bei der Erörterung der möglichen Existenz fossiler Muscheln fragt: „ Pourquoi. " d'ailleurs seroient-ils perdues dès que l'homme n / A pu Betreiber Leur Zerstörung?" („Phil. Zool.", Bd. I , S. 77). Vom Einfluss der Selektion hat Lamarck ebenso wenig Ahnung, und er macht keinen Gebrauch von den wunderbaren Phänomenen, die domestizierte Tiere zeigen und deren Kräfte veranschaulichen. Der enorme Einfluss von Cuvier wurde gegen die Ansichten Lamarcks eingesetzt, und da sich die Unhaltbarkeit einiger seiner Schlussfolgerungen leicht zeigte, gerieten seine Lehren sowohl in die Schmach der wissenschaftlichen als auch der theologischen Heterodoxie. Auch die in den letzten Jahren unternommenen Bemühungen, sie wiederzubeleben, trugen nicht dazu bei, ihren Kredit in den Köpfen vernünftiger Denker, die mit den Fakten des Falles vertraut waren, wiederherzustellen; tatsächlich kann man bezweifeln, ob Lamarck nicht mehr unter seinen Freunden gelitten hat als unter seinen Feinden.

Obwohl wir uns fragen, ob selbst die stärksten Befürworter der besonderen Schöpfungshypothese nicht hin und wieder das unbehagliche Bewusstsein hatten, dass nicht alles in Ordnung war, schien ihre Position vor zwei Jahren uneinnehmbarer denn je, wenn nicht sogar gerade deshalb eigene inhärente Stärke, jedenfalls durch das offensichtliche Scheitern aller Versuche, die unternommen wurden, um sie zu tragen. Andererseits sahen die wenigen, die sich intensiv mit der Frage der Arten beschäftigten, auch von den allgemein akzeptierten Dogmen abgestoßen sein mögen, sie sahen keinen Weg, ihnen zu entkommen, außer durch die Annahme von Vermutungen, die durch Experimente oder Experimente so wenig gerechtfertigt waren durch Beobachtung als mindestens ebenso geschmacklos; Die Wahl lag zwischen zwei Absurditäten und einem Mittelzustand des unbehaglichen Skeptizismus ; Letzteres war, so unangenehm und unbefriedigend es auch sein mochte, unter den gegebenen Umständen offensichtlich der einzig gerechtfertigte Geisteszustand.

sich am ersten Juli des Jahres 1858 in den Räumen der Linnæan- Gesellschaft versammelten, um zwei Vorträge von Autoren zu hören, die auf entgegengesetzten Seiten der Welt lebten , erarbeiteten ihre Ergebnisse unabhängig voneinander und behaupteten dennoch, ein und dieselbe Lösung aller mit Arten verbundenen Probleme gefunden zu haben. Einer dieser Autoren war ein fähiger Naturforscher, Herr Wallace, der seit einigen Jahren damit beschäftigt war, die Produktionen der Inseln des Indischen Archipels zu studieren, und der eine Abhandlung, in der seine Ansichten dargelegt wurden, an Herrn Darwin zur Weitergabe an das Vereinigte Königreich weitergeleitet hatte Linnæan- Gesellschaft. Bei der Lektüre des Aufsatzes war Herr Darwin nicht wenig überrascht, als er feststellte, dass er einige der Leitgedanken eines großartigen Werks verkörperte, das er zwanzig Jahre lang vorbereitet hatte und in dem Teile davon eine Weiterentwicklung genau derselben Ansichten enthielten wurde vor fünfzehn oder sechzehn Jahren von seinen privaten Freunden gelesen. Da er nicht wusste, wie er sowohl seinem Freund als auch sich selbst die volle Gerechtigkeit widerfahren lassen sollte, legte Herr Darwin die Angelegenheit in die Hände von Dr. Hooker und Sir Charles Lyell, auf deren Rat er der Linnæan Society eine kurze Zusammenfassung seiner eigenen Ansichten übermittelte , zur gleichen Zeit, als Mr. Wallaces Artikel gelesen wurde. Von dieser Zusammenfassung ist das Werk über die „Entstehung der Arten" eine Erweiterung, aber eine vollständige Darstellung der Lehre von Herrn Darwin wird in dem großen und gut illustrierten Werk erwartet, das er angeblich zur Veröffentlichung vorbereitet. [65]

Die darwinistische Hypothese hat den Vorzug, im Prinzip überaus einfach und verständlich zu sein, und ihre wesentlichen Positionen können in wenigen Worten dargelegt werden: Alle Arten sind durch die Entwicklung von Sorten aus gemeinsamen Beständen entstanden, durch deren Umwandlung zunächst in Durch den Prozess der *natürlichen Selektion* entstehen dauerhafte Rassen und dann neue Arten. Dieser Prozess ist im Wesentlichen identisch mit der künstlichen Selektion, durch die der Mensch die Rassen der Haustiere hervorgebracht hat – der *Kampf ums Dasein* , der an die Stelle des Menschen tritt und sich in ihnen ausübt Im Fall der natürlichen Selektion handelt es sich um die selektive Aktion, die er bei der künstlichen Selektion durchführt.

Die von Herrn Darwin zur Stützung seiner Hypothese vorgebrachten Beweise sind dreierlei Art. Erstens versucht er zu beweisen, dass Arten durch Selektion entstanden sein können; Zweitens versucht er zu zeigen, dass natürliche Ursachen für die Selektion zuständig sind. und drittens versucht er zu beweisen, dass die bemerkenswertesten und scheinbar anomalsten Phänomene, die sich in der Verteilung, Entwicklung und den gegenseitigen Beziehungen der Arten zeigen, aus der von ihm aufgestellten allgemeinen Lehre über ihren Ursprung in Kombination mit dem Bekannten ableitbar sind Fakten des geologischen Wandels; und dass, auch wenn derzeit nicht alle diese Phänomene damit erklärbar sind, keines notwendigerweise damit unvereinbar ist.

Es besteht kein Zweifel daran, dass die Untersuchungsmethode, die Herr Darwin gewählt hat, nicht nur strikt im Einklang mit den Grundsätzen der wissenschaftlichen Logik steht, sondern auch die einzig angemessene Methode ist. Kritiker, die sich ausschließlich auf klassische Philologie oder Mathematik spezialisiert haben und noch nie in ihrem Leben eine wissenschaftliche Tatsache durch Induktion aus Experimenten oder Beobachtungen festgestellt haben, schwadronieren gelehrt über die Methode von Herrn Darwin, die für sie tatsächlich nicht induktiv genug, nicht baconianisch genug ist. Aber selbst wenn ihnen die praktische Kenntnis des Prozesses der wissenschaftlichen Untersuchung verweigert wird, können sie durch die Lektüre von Herrn Mills bewundernswertem Kapitel „Über die deduktive Methode" lernen, dass es eine Vielzahl wissenschaftlicher Untersuchungen gibt, bei denen die Methode der reinen Induktion zum Einsatz kommt Hilft dem Ermittler aber nur sehr wenig.

„Die Art der Untersuchung" (sagt Herr Mill), „die aufgrund der nachgewiesenen Unanwendbarkeit direkter Beobachtungs- und Experimentiermethoden für uns die Hauptquelle des Wissens bleibt, das wir besitzen oder erwerben können, unter Berücksichtigung der Bedingungen und Gesetze der Wiederkehr von." Die Berechnung komplexerer Phänomene wird im allgemeinsten Ausdruck als deduktive Methode bezeichnet und besteht aus drei Operationen: der ersten, einer der direkten Induktion; das zweite der Ratiozinierung; und das dritte, der Verifizierung."

Nun sind die Bedingungen, die die Existenz von Arten bestimmt haben, nicht nur äußerst komplex, sondern liegen, soweit es die große Mehrheit von ihnen betrifft, zwangsläufig außerhalb unseres Wissens . Aber was Herr Darwin versucht hat, entspricht genau der von Herrn Mill aufgestellten Regel; er hat sich bemüht , bestimmte große Tatsachen induktiv, durch Beobachtung und Experimente zu bestimmen; er hat dann auf der Grundlage der so bereitgestellten Daten Schlüsse gezogen; und schließlich hat er die Gültigkeit seiner Überlegungen geprüft, indem er seine Schlussfolgerungen mit den beobachteten Tatsachen der Natur verglichen hat. Herr Darwin versucht induktiv zu beweisen, dass Arten auf eine bestimmte Weise entstehen. Deduktiv möchte er zeigen, dass, wenn sie auf diese Weise entstehen, die Tatsachen der Verteilung, Entwicklung, Klassifikation usw. erklärt werden können , d Klima, während eines unbestimmten Zeitraums. Und diese Erklärung oder das Zusammentreffen von beobachteten und abgeleiteten Tatsachen ist, soweit sie reicht, eine Bestätigung der darwinistischen Sichtweise.

Es gibt also keinen Fehler an der Methode von Herrn Darwin; aber es ist eine andere Frage, ob er alle durch diese Methode gestellten Bedingungen erfüllt hat. Ist tatsächlich zufriedenstellend bewiesen, dass Arten durch Selektion entstanden sein können? dass es so etwas wie natürliche Auslese gibt? dass keines der von Arten gezeigten Phänomene auf diese Weise mit der Entstehung der Arten unvereinbar ist? Wenn diese Fragen bejaht werden können, tritt Mr. Darwins Sichtweise aus der Reihe der Hypothesen in die Reihe der bewiesenen Theorien hinaus; Aber solange die derzeit vorgelegten Beweise nicht in der Lage sind, diese Behauptung zu bekräftigen, so lange muss sich unserer Meinung nach die neue Doktrin damit zufrieden geben, unter der früheren zu bleiben – eine äußerst wertvolle und im höchsten Maße wahrscheinliche Doktrin, in der Tat die einzige bestehende Hypothese, die aus wissenschaftlicher Sicht etwas wert ist; aber immer noch eine Hypothese und noch nicht die Theorie der Arten.

Nach langem Nachdenken und sicherlich ohne Voreingenommenheit gegenüber Herrn Darwins Ansichten sind wir klar davon überzeugt, dass es nach derzeitigem Stand der Beweise nicht absolut bewiesen ist, dass eine Gruppe von Tieren, die alle Merkmale aufweist, die auch Arten in der Natur aufweisen, jemals existiert hat durch Selektion entstanden, sei es künstlich oder natürlich. Gruppen mit dem morphologischen Charakter von Arten, in der Tat verschiedene und dauerhafte Rassen, sind auf diese Weise immer wieder entstanden; aber es gibt derzeit keine eindeutigen Beweise dafür, dass eine Gruppe von Tieren durch Variation und selektive Züchtung eine andere Gruppe hervorgebracht hat, die mit der ersten auch nur im geringsten Grad unfruchtbar war. Herr Darwin ist sich dieser Schwachstelle vollkommen bewusst und bringt eine Vielzahl genialer und wichtiger Argumente vor, um die Kraft des Einwands abzuschwächen. Wir erkennen den Wert dieser Argumente in vollem Umfang an; wir werden sogar so weit gehen, unsere Überzeugung zum Ausdruck zu bringen, dass von einem erfahrenen Physiologen durchgeführte Experimente sehr wahrscheinlich in verhältnismäßig wenigen Jahren die gewünschte Produktion gegenseitig mehr oder weniger unfruchtbarer Rassen aus einem gemeinsamen Stamm erreichen würden; Dennoch ist dieser „kleine Riss in der Laute" beim gegenwärtigen Stand der Dinge weder zu verschleiern noch zu übersehen.

Im übrigen von Herrn Darwins Argumentation hat es uns unser eigener privater Einfallsreichtum bisher nicht ermöglicht, Lücken von großer Bedeutung zu finden; und nach dem, was wir hören und lesen, scheinen andere Abenteurer auf demselben Gebiet nicht viel mehr Glück gehabt zu haben. Es wurde zum Beispiel betont, dass Herr Darwin in seinen Kapiteln über den Kampf ums Dasein und über die natürliche Auslese nicht so sehr beweist, dass natürliche Auslese tatsächlich stattfindet, sondern vielmehr, dass sie stattfinden muss; aber tatsächlich ist keine andere Art der

Demonstration möglich. Eine Rasse erregt unsere Aufmerksamkeit in der Natur erst dann, wenn sie aller Wahrscheinlichkeit nach schon seit längerer Zeit existiert, und dann ist es zu spät, nach den Bedingungen ihrer Entstehung zu forschen. Auch hier wird gesagt, dass es keine wirkliche Analogie zwischen der Selektion, die unter Domestizierung durch menschlichen Einfluss stattfindet, und jedem Vorgang, der von der Natur durchgeführt werden kann , da der Mensch intelligent eingreift. Auf seine Elemente reduziert impliziert dieses Argument, dass eine von einem intelligenten Akteur mit Mühe hervorgerufene Wirkung für einen unintelligenten Akteur *erst recht* problematischer, wenn nicht sogar unmöglich sein muss. Selbst wenn man die Frage beiseite lässt , ob die Natur, die nach bestimmten und unveränderlichen Gesetzen handelt, zu Recht als unintelligenter Akteur bezeichnet werden kann, ist eine solche Position völlig unhaltbar. Wenn man Salz und Sand mischt, wird es den weisesten Menschen mit seinen bloß natürlichen Mitteln, alle Sandkörner von allen Salzkörnern zu trennen, verwirren; aber ein Regenschauer wirkt sich in zehn Minuten auf dasselbe Objekt aus . Und während es für den Menschen vielleicht all seine Intelligenz beansprucht, jede entstehende Sorte zu trennen und selektiv daraus zu züchten, werden es die destruktiven Kräfte, die in der Natur unaufhörlich am Werk sind, tun, wenn sie feststellen, dass eine Sorte unter den Umständen löslicher ist als die andere wird es auf lange Sicht zwangsläufig beseitigen.

Ein häufiger und berechtigter Einwand gegen die Lamarcksche Hypothese der Transmutation von Arten beruht auf dem Fehlen von Übergangsformen zwischen vielen Arten. Aber gegen die Darwinsche Hypothese hat dieses Argument keine Kraft. In der Tat ist einer der wertvollsten und eindrucksvollsten Teile von Herrn Darwins Werk derjenige, in dem er beweist, dass das häufige Fehlen von Übergängen eine notwendige Folge seiner Lehre ist und dass der Bestand, aus dem zwei oder mehr Arten hervorgegangen sind, einer Anpassung bedarf Kein Respekt zwischen diesen Arten. Wenn zwei Arten aus einem gemeinsamen Stamm hervorgegangen sind, so wie beispielsweise der Träger und der Kropfer aus der Felsentaube entstanden sind, dann braucht der gemeinsame Stamm dieser beiden Arten nicht mehr zwischen den beiden zu liegen als der Felsen -Taube befindet sich zwischen Träger und Flügel. Wenn man sich die Kraft dieser Analogie klar vor Augen führt, werden alle Argumente gegen die Entstehung von Arten durch Selektion, die auf dem Fehlen von Übergangsformen beruht, hinfällig. Und wir glauben, dass Herr Darwins Position vielleicht noch stärker gewesen wäre, als sie ist, wenn er sich nicht mit dem Aphorismus „ *Natura non facit saltum* " blamiert hätte, der so oft auf seinen Seiten auftaucht. Wir glauben, wie wir oben gesagt haben, dass die Natur hin und wieder Sprünge macht, und die Anerkennung dieser Tatsache ist von nicht geringer Bedeutung, um viele kleinere Einwände gegen die Transmutationslehre auszuräumen.

Aber wir müssen innehalten. Die detaillierte Erörterung der Argumente von Herrn Darwin würde uns weit über die Grenzen hinausführen, auf die wir zu Beginn diesen Artikel beschränkt haben. Unser Ziel ist erreicht, wenn wir einen verständlichen, wenn auch kurzen, Bericht über die festgestellten Tatsachen im Zusammenhang mit Arten und über das Verhältnis der von Herrn Darwin angebotenen Erklärung dieser Tatsachen zu den theoretischen Ansichten seiner Vorgänger und seiner Zeitgenossen gegeben haben und vor allem an die Anforderungen der wissenschaftlichen Logik. Wir haben es gewagt, darauf hinzuweisen, dass es noch nicht alle diese Anforderungen erfüllt; Aber wir zögern nicht zu behaupten, dass sie jeder früheren oder zeitgenössischen Hypothese in Bezug auf den Umfang der Beobachtungs- und Experimentalbasis, auf der sie beruht, in ihrer streng wissenschaftlichen Methode und in ihrer Fähigkeit, biologische Phänomene zu erklären, ebenso überlegen ist wie die Hypothese des Kopernikus bis zu den Spekulationen des Ptolemäus. Es stellte sich jedoch heraus, dass die Planetenbahnen doch nicht ganz kreisförmig waren, und so großartig der Dienst war, den Kopernikus der Wissenschaft erwies, mussten Kepler und Newton ihm nachfolgen. Was wäre, wenn die Umlaufbahn des Darwinismus etwas zu kreisförmig wäre? Was wäre, wenn Arten hier und da Restphänomene aufweisen würden, die nicht durch natürliche Selektion erklärbar wären? Zwanzig Jahre später könnten Naturforscher in der Lage sein zu sagen, ob dies der Fall ist oder nicht; aber in jedem Fall werden sie dem Autor von „The Origin of Species" zu großem Dank verpflichtet sein. Wir würden beim Leser einen völlig falschen Eindruck hinterlassen, wenn wir ihn annehmen ließen, dass der Wert dieses Werks ausschließlich von der endgültigen Rechtfertigung der darin enthaltenen theoretischen Ansichten abhängt. Im Gegenteil, wenn sie morgen widerlegt würden, wäre das Buch immer noch das beste seiner Art – die umfassendste Darstellung sorgfältig gefilterter Fakten zur Artenlehre, die jemals erschienen ist. Die Kapitel über Variation, über den Kampf ums Dasein, über Instinkt, über Hybridismus, über die Unvollkommenheit der geologischen Aufzeichnungen, über geographische Verteilung sind nicht nur ihresgleichen, sondern, soweit wir wissen, auch keine Konkurrenten innerhalb der Bandbreite der biologischen Literatur. Und im Großen und Ganzen glauben wir nicht, dass seit der Veröffentlichung von Von Baers „Researches on Development" vor dreißig Jahren irgendein Werk geeignet erschien, einen so großen Einfluss auszuüben, nicht nur auf die Zukunft der Biologie, sondern auch auf deren Ausweitung Herrschaft der Wissenschaft über Bereiche des Denkens, in die sie bisher kaum vorgedrungen ist.

FUSSNOTEN:

[62] „Zur Osteologie der Schimpansen und Orangs." Transaktionen der Zoologischen Gesellschaft, 1858.

[63] Die Aussagen von Colonel Humphreys sind in diesem Punkt äußerst deutlich: „Wenn ein Ancon-Mutterschaf von einem gewöhnlichen Widder geschwängert wird, ähnelt die Vermehrung völlig entweder dem Mutterschaf oder dem Widder." Die Vermehrung des von einem Ancon-Widder geschwängerten Mutterschafs folgt völlig dem einen oder anderen, ohne die unterscheidenden und wesentlichen Eigentümlichkeiten beider zu vermischen. Es kam häufig vor, dass gewöhnliche Mutterschafe Zwillinge von Ancon-Widdern bekamen, wobei das eine die vollständigen Merkmale und Merkmale des Mutterschafs aufwies, das andere die des Widders. Der Kontrast wurde besonders auffällig, als man sah, wie ein kurzbeiniges und ein langbeiniges Lamm, die bei der Geburt zur Welt kamen, gleichzeitig am Muttertier saugten." – Philosophische Transaktionen, 1813, Pt. I. S. 89, 90.

[64] Siehe Phil. Zoologique , Bd. ich . P. 222, *ff.*

[65] Der Leser wird sich daran erinnern, dass Huxley im Jahr 1860 schrieb.

XIV

DIE DARWINISCHE HYPOTHESE.

DARWIN ÜBER DIE ENTSTEHUNG DER ARTEN

Es gibt eine wachsende Unermesslichkeit der wissenschaftlichen Spekulationen, mit der heutzutage kein menschliches Ding oder kein menschlicher Gedanke vergleichbar ist. Abgesehen von den Ergebnissen, die uns die Wissenschaft nach Hause bringt und sicher erntet, gibt es in ihren zaghaften Bemühungen eine expansive Kraft und einen Spielraum, der uns aus uns selbst heraushebt und unsere Sterblichkeit verklärt. Vielleicht haben wir eine Vorliebe für moralische Themen, wie der homerische Weise, der viel gesehen und gewusst hatte:

„Städte der Männer Und Manieren, Klima, Räte, Regierungen;"

Dennoch müssen wir dies abschließend bekennen

„Die windigen Wege der Männer Sind nur Staub, der aufsteigt Und wird wieder leicht gelegt",

im Vergleich mit dem Werk der Natur, das die Wissenschaft bezeugt, das aber keine zeitlichen oder räumlichen Grenzen hat, an die sich die Wissenschaft annähern könnte.

Es gibt etwas, das völlig außerhalb der Reichweite der Wissenschaft liegt, und doch ist der Umfang der Wissenschaft praktisch unbegrenzt. Daher kommt es, dass wir von Zeit zu Zeit von Theorien erschreckt und verwirrt werden, die in der verkrampften moralischen Welt ihresgleichen suchen; denn die Verallgemeinerungen der Wissenschaft breiten sich in immer größeren Kreisen aus, und immer aufstrebendere Flüge, obwohl eine grenzenlose Schöpfung. Während die Astronomie mit ihrem Teleskop über die bekannten Sterne hinausgeht und die Physiologie mit ihrem Mikroskop unendliche Kleinigkeiten unterteilt , können wir erwarten, dass unsere historischen Jahrhunderte als unzureichende Zähler in der Geschichte des Planeten behandelt werden, auf dem wir uns befinden. Wir müssen mit neuen Vorstellungen über die Natur und die Beziehungen ihrer Bewohner rechnen, wenn die Wissenschaft das Material für neue Verallgemeinerungen erhält; Wir brauchen uns auch nicht zu beunruhigen, wenn ein hochentwickeltes Wissen, wie das des bedeutenden Naturforschers vor uns, uns mit einer ebenso umfassenden wie neuartigen Hypothese konfrontiert. Diese Hypothese kann im weiteren Verlauf haltbar sein oder auch nicht; Es mag etwas anderem Platz machen, und die höhere Wissenschaft mag das umkehren, was die Wissenschaft hier mit so viel Geschick und Geduld aufgebaut hat, aber ihre Genügsamkeit muss *allein durch die Prüfungen der Wissenschaft geprüft werden* , wenn wir unsere Position als Erben behaupten wollen Bacon und die Freisprecher von Galilei. Wir müssen diese Hypothese in der kommenden Kontroverse streng abwägen, und zwar anhand der einzigen Tests, die angemessen sind, und nicht anhand anderer Tests.

Die Hypothese, auf die wir hinweisen und von der das vorliegende Werk von Herrn Darwin nur einen vorläufigen Entwurf darstellt, kann in seiner eigenen Sprache wie folgt ausgedrückt werden : „ *Arten entstanden durch natürliche Selektion oder durch die Erhaltung der Begünstigten .* " *Rennen im Kampf ums Leben .*" Um diese These verständlich zu machen, ist es notwendig, ihre Begriffe zu interpretieren. Was ist überhaupt eine Art? Die Frage ist einfach, aber die richtige Antwort darauf ist schwer zu finden, selbst wenn wir uns an diejenigen wenden, die am meisten darüber wissen sollten. Es handelt sich um alle Tiere oder Pflanzen, die von einem einzigen Elternpaar abstammen; es ist die kleinste klar definierbare Gruppe lebender Organismen; es ist eine ewige und unveränderliche Einheit; Es handelt sich lediglich um eine Abstraktion des menschlichen Intellekts, der in der Natur nicht existiert. Dies sind einige der mit diesem einfachen Wort verbundenen Bedeutungen, die aus maßgeblichen Quellen entnommen werden können; und wenn wir Begriffe und theoretische Feinheiten beiseite lassen, uns den Tatsachen zuwenden und versuchen , durch das Studium der Dinge, auf die in der Praxis der Name „Art" angewendet wird, einen Sinn für uns selbst zu finden, nützt uns das wenig. Denn die Praxis ist ebenso unterschiedlich wie die Theorie. Lassen Sie den Botaniker oder den Zoologen die Erzeugnisse eines Landes untersuchen und beschreiben, und einer wird mit ziemlicher Sicherheit mit dem anderen über die Anzahl, Grenzen und Definitionen der Arten, in die er dieselben Dinge gruppiert, uneinig sein. Auf diesen Inseln haben wir die Angewohnheit, die Menschheit als eine einzige Spezies zu betrachten, aber der Dampf von zwei Wochen wird uns in ein Land bringen, in dem Geistliche und Savanen , die sich ausnahmsweise einig sind, in der Lautstärke ihrer Behauptungen, wenn nicht sogar in ihrer Überzeugungskraft, miteinander wetteifern Beweis dafür, dass Menschen verschiedenen Spezies angehören; und insbesondere, dass die Spezies Neger sich so sehr von unserer unterscheidet, dass die Zehn Gebote tatsächlich keinen Bezug zu ihr haben. Selbst im ruhigen Bereich der Entomologie, wo Leidenschaft und Vorurteile irgendwo in dieser sündigen Welt den Geist nicht erregen sollten, wird ein gelehrter Koleopterologe zehn attraktive Bände mit Beschreibungen von Käferarten füllen, von denen neun Zehntel sofort deklariert werden von seinem Bruder, den Käferhändlern, überhaupt keine Art zu sein.

Die Wahrheit ist, dass die Zahl der unterscheidbaren Lebewesen fast die Vorstellungskraft übersteigt. Allein mindestens hunderttausend solcher Insektenarten wurden beschrieben und können in Sammlungen identifiziert werden, und die Zahl der trennbaren Arten von Lebewesen wird mit einer halben Million unterschätzt. Wenn man bedenkt, dass die meisten dieser offensichtlichen Arten ihre zufälligen Varietäten haben und dass sie oft in unmerklichen Graden in andere übergehen, kann man sich gut vorstellen, dass die Aufgabe darin besteht, zwischen dem, was dauerhaft ist, und dem, was flüchtig ist, zwischen dem, was eine Art ist, und dem, was eine bloße Varietät ist , ist ausreichend beeindruckend.

Aber ist es nicht möglich, einen Test anzuwenden, bei dem eine echte Art anhand einer bloßen Sorte erkannt werden kann? Gibt es kein Artenkriterium? Große Autoritäten bestätigen, dass dies der Fall ist – dass die Vereinigungen von Mitgliedern derselben Art immer fruchtbar sind, während die Verbindungen verschiedener Arten entweder unfruchtbar sind oder ihre Nachkommen, sogenannte Hybriden, unfruchtbar sind. Es wird nicht nur bestätigt, dass dies eine experimentelle Tatsache ist, sondern auch, dass es sich um eine Maßnahme zur Erhaltung der Reinheit der Arten handelt. Ein solches Kriterium wäre von unschätzbarem Wert; Aber leider ist nicht nur nicht klar, wie es in den meisten Fällen, in denen seine Hilfe benötigt wird, anzuwenden ist, sondern auch seine allgemeine Gültigkeit wird strikt geleugnet. Der Hon. und Rev. Mr. Herbert, eine höchst vertrauenswürdige Autorität, behauptet nicht nur als Ergebnis seiner eigenen Beobachtungen und Experimente, dass viele Hybriden genauso fruchtbar sind wie die Elternarten, sondern er geht sogar so weit zu behaupten, dass die besondere Pflanze *Crinum capense* ist viel fruchtbarer, wenn sie mit einer bestimmten Art gekreuzt wird, als wenn sie mit ihrem eigentlichen Pollen befruchtet wird ! Andererseits gelang es dem berühmten Gaertner, obwohl er sich die größte Mühe gab, die Schlüsselblume und die Schlüsselblume zu überqueren, in mehreren Jahren nur ein- oder zweimal; und doch ist es eine wohlbewiesene Tatsache, dass die Schlüsselblume und die Schlüsselblume nur Sorten derselben Pflanzenart sind. Auch hier sind Fälle wie die folgenden wohlbekannt. Das Weibchen der Art A ist bei Kreuzung mit dem Männchen der Art B fruchtbar, wird das Weibchen der Art B jedoch mit dem Männchen der Art A gekreuzt, bleibt es unfruchtbar. Tatsachen dieser Art zerstören den Wert des vermeintlichen Kriteriums.

Wenn der Forscher der endlosen Schwierigkeiten bei der Bestimmung von Arten überdrüssig ist und sich mit der groben praktischen Unterscheidung trennbarer Arten begnügt, versucht er, sie so zu studieren, wie sie in der Natur vorkommen – um ihre Beziehungen zu den sie umgebenden Bedingungen, ihren ..., zu ermitteln Angesichts der gegenseitigen Harmonien und Diskrepanzen der Struktur, des Bandes der Einheit ihrer Teile und ihrer vergangenen Geschichte findet er sich, den gängigen Vorstellungen zufolge, in einem gewaltigen Labyrinth wieder, und höchstens mit der vagesten Andeutung eines Plans. Wenn er mit einer klaren

Überzeugung beginnt, dann ist es die, dass jeder Teil eines Lebewesens auf geschickte Weise an einen besonderen Zweck in seinem Leben angepasst ist. Hat ihm sein Paley nicht gesagt, dass dieses scheinbar nutzlose Organ, die Milz, wunderbar angepasst ist, so wie eine Packung zwischen den anderen Organen? Und doch stellt er zu Beginn seiner Studien fest, dass für die Hälfte der Besonderheiten der Pflanzenstruktur überhaupt kein adaptiver Grund angegeben werden kann; er entdeckt auch rudimentäre Zähne, die nie verwendet werden, im Zahnfleisch des jungen Kalbes und im Zahnfleisch des fötalen Wals; Insekten, die nie beißen, haben rudimentäre Kiefer, und andere, die nie fliegen, haben rudimentäre Flügel; von Natur aus blinde Kreaturen haben rudimentäre Augen; und der Halt hat rudimentäre Gliedmaßen. Also wiederum nimmt kein Tier und keine Pflanze auf einmal seine perfekte Form an, sondern alle müssen vom gleichen Punkt ausgehen, wie unterschiedlich auch immer der Weg sein mag, den sie einschlagen müssen. Nicht nur Menschen und Pferde, Katzen und Hunde, Hummer und Käfer, Strandschnecken und Muscheln, sondern sogar Schwämme und Tiere beginnen ihre Existenz in Formen, die im Wesentlichen nicht zu unterscheiden sind. und das gilt für die unendliche Vielfalt der Pflanzen. Ja, mehr noch: Alle Lebewesen marschieren Seite an Seite auf dem Hauptweg der Entwicklung und trennen sich je später, je ähnlicher sie sind. wie Leute, die die Kirche verlassen, die alle den Gang hinuntergehen, aber sobald sie die Tür erreicht haben, gehen einige ins Pfarrhaus, andere gehen durch das Dorf und wieder andere gehen erst in der nächsten Pfarrei auf. Ein Mensch läuft in seiner Entwicklung für eine kurze Zeit parallel zur Gestalt des gemeinsten Wurms, geht aber nie durch diese hindurch, wandert dann eine Zeit lang neben dem Fisch und reist dann zusammen mit dem Vogel und dem Reptil für seine Mitreisenden ; und erst schließlich, nach einer kurzen Gesellschaft mit den Höchsten der vierfüßigen und vierhändigen Welt, erhebt er sich in die Würde der reinen Männlichkeit. Kein kompetenter Denker der Gegenwart träumt davon, diese unbestreitbaren Tatsachen durch die Vorstellung der Existenz unbekannter und unentdeckbarer Zweckanpassungen zu erklären. Und wir möchten diejenigen, die die Fakten nicht kennen und sich von Autorität leiten lassen müssen, daran erinnern, dass niemand die Inkompetenz der Lehre von den Endursachen in ihrer Anwendung auf Physiologie und Anatomie stärker behauptet hat als unser hervorragender Anatom Professor Owen , der über solche Fälle sagt (*On the Nature of Limbs* , S. 39, 40): „Ich denke, es wird offensichtlich sein, dass das Prinzip der endgültigen Anpassungen nicht alle Bedingungen des Problems erfüllt.“

Aber wenn uns die Lehre von den Endursachen nicht hilft, die Anomalien der Lebensstruktur zu verstehen, muss uns das Prinzip der Anpassung sicherlich dazu führen, zu verstehen, warum bestimmte Lebewesen in bestimmten Regionen der Welt vorkommen und in anderen nicht. Wie wir wissen, wachsen in unserem Klima weder Palmen noch Eichen in Grönland. Der weiße Bär kann nicht dort leben, wo der Tiger gedeiht, und *umgekehrt*, und je mehr die natürlichen Gewohnheiten von Tier- und Pflanzenarten untersucht werden, desto mehr scheinen sie im Großen und Ganzen auf bestimmte Provinzen beschränkt zu sein. Aber wenn wir uns die Tatsachen ansehen, die durch das Studium der geographischen Verbreitung von Tieren und Pflanzen gewonnen wurden, erscheint es völlig aussichtslos, die seltsamen und scheinbar launischen Beziehungen zu verstehen, die sie aufweisen. Man würde *a priori* annehmen, dass jedes Land auf natürliche Weise von den Tieren bevölkert sein muss, die am besten geeignet sind, darin zu leben und zu gedeihen. Und doch, wie können wir dieser Hypothese zufolge das Fehlen von Rindern in der Pampa Südamerikas erklären, als diese Teile der Neuen Welt entdeckt wurden? Es ist nicht so, dass sie für die Viehzucht ungeeignet waren, denn Millionen von Rindern laufen dort jetzt wild umher; und dergleichen gilt auch für Australien und Neuseeland. Es ist in der Tat ein merkwürdiger Umstand, dass die Tiere und Pflanzen der nördlichen Hemisphäre nicht nur genauso gut an das Leben auf der südlichen Hemisphäre angepasst sind wie ihre eigenen autochthonen Arten, sondern in vielen Fällen sogar noch besser angepasst sind und sie daher überrennen und ausrotten Ureinwohner. Es ist daher klar, dass die Arten, die ein Land natürlicherweise bewohnen, nicht unbedingt die am besten an das Klima und andere Bedingungen angepassten Arten sind. Die Bewohner von Inseln unterscheiden sich oft von allen anderen bekannten Tier- oder Pflanzenarten (siehe unsere jüngsten Beispiele aus der Arbeit von Sir Emerson Tennent über Ceylon), und doch haben sie fast immer eine Art allgemeine Familienähnlichkeit mit den Tieren und Pflanzen des nächstgelegenen Festlandes. Andererseits gibt es kaum eine Fisch-, Muschel- oder Krabbenart, die auf den gegenüberliegenden Seiten der schmalen Landenge von Panama verbreitet ist. Wohin wir auch schauen, die lebendige Natur bietet uns Rätsel mit schwierigen Lösungen, wenn wir annehmen, dass das, was wir sehen, alles ist, was man über sie wissen kann.

Aber unser Wissen über das Leben beschränkt sich nicht auf die existierende Welt. Was auch immer ihre geringfügigen Unterschiede sein mögen, die Geologen sind sich einig über die gewaltige Mächtigkeit der angehäuften Schichten, die den sichtbaren Teil unserer Erde bilden, und über die unvorstellbare Unermesslichkeit der Zeit, deren Ablauf sie als unvollkommene, aber einzig zugängliche Zeugen darstellen. Nun sind über den größten Teil dieser langen Reihe geschichteter Gesteine verstreut, manchmal sehr reichlich, Unmengen organischer Überreste, der Fossilien, verstreut Exuvien von Tieren und Pflanzen, die lebten und starben, während der Schlamm, aus dem die Felsen bestehen, noch weicher Schlamm war und sie aufnehmen und begraben konnte. Es wäre ein großer Fehler anzunehmen, dass es sich bei diesen organischen Überresten um fragmentarische Relikte handelte. Unsere Museen zeigen fossile Muscheln von unermesslichem Alter, so perfekt wie am Tag ihrer Entstehung, ganze Skelette ohne ein gestörtes Glied – ja, das veränderte Fleisch, die sich entwickelnden Embryonen und sogar die Fußstapfen urzeitlicher Organismen . So findet der Naturforscher in den Eingeweiden der Erde Arten, die ebenso gut definiert und in einigen Tiergruppen zahlreicher sind als diejenigen, die die obere Luft atmen. Aber seltsamerweise unterscheiden sich die meisten dieser begrabenen Arten völlig von den heute lebenden. Auch diese Ungleichheit ist nicht ohne Regel und Ordnung. Generell gilt: Je weiter wir in der Zeit zurückgehen, desto weniger ähneln die begrabenen Arten existierenden Formen. und je weiter die Gruppen ausgestorbener Lebewesen voneinander entfernt sind, desto weniger ähneln sie einander. Mit anderen Worten, es gab eine regelmäßige Abfolge von Lebewesen, wobei jede jüngere Gruppe im weitesten und allgemeinen Sinne eher denen ähnelte, die jetzt leben.

wurde angenommen, dass diese Abfolge das Ergebnis gewaltiger aufeinanderfolgender Katastrophen, Zerstörungen und massenhafter Neuschöpfungen gewesen sei ; aber Katastrophen sind mittlerweile aus geologischen oder zumindest paläontologischen Spekulationen fast ausgeschlossen; und es wird überall zugegeben, dass die scheinbaren Brüche in der Kette des Seins nicht absolut sind, sondern nur relativ zu unserem unvollkommenen Wissen; dass Arten die Arten ersetzt haben, nicht in Gruppen, sondern eine nach der anderen; und dass, wenn es möglich wäre, uns alle Phänomene der Vergangenheit präsentiert zu bekommen, die geeigneten Epochen und Formationen des Geologen, obwohl sie eine gewisse Deutlichkeit hätten, ineinander übergehen würden, mit Grenzen, die ebenso undefinierbar sind wie die des Unterschiedlichen und Dennoch trennbare Farben des Sonnenspektrums.

Dies ist eine kurze Zusammenfassung der wichtigsten Wahrheiten, die über Arten festgestellt wurden. Sind diese Wahrheiten endgültige und unauflösbare Tatsachen oder sind ihre Komplexität und Verwirrung lediglich Ausdruck eines höheren Gesetzes?

Viele Menschen gehen praktisch davon aus, dass die frühere Position richtig ist. Sie glauben, dass der Autor des Pentateuchs ermächtigt und beauftragt wurde, uns sowohl wissenschaftliche als auch andere Wahrheiten zu lehren, dass der Bericht, den wir dort über die Erschaffung von Lebewesen finden, einfach und wörtlich richtig ist und dass alles, was ihm zu widersprechen scheint, der Natur des Falles zufolge falsch. Alle beschriebenen Phänomene sind aus dieser Sicht das unmittelbare Produkt einer schöpferischen Tat und liegen daher überhaupt nicht im Bereich der Wissenschaft.

Ob sich diese Ansicht letztendlich als wahr oder falsch erweisen wird, wird jedenfalls derzeit nicht durch das gestützt, was gemeinhin als logischer

Beweis angesehen wird, selbst wenn er vernünftigerweise diskutiert werden könnte; und daher halten wir es für unbefugt, daran vorbeizugehen und uns jenen Ansichten zuzuwenden, die vorgeben, nur auf einer wissenschaftlichen Grundlage zu beruhen, und daher eine Argumentation zu ihren Konsequenzen zulassen. Und wir tun dies mit umso geringerem Zögern, als es so ist, dass diejenigen Personen, die praktisch mit den Fakten des Falles vertraut sind (eindeutig ein erheblicher Vorteil), es immer für angebracht gehalten haben, sich der letzteren Kategorie zuzuordnen.

Die Mehrheit dieser kompetenten Personen hat bis heute zwei Positionen vertreten: erstens, dass jede Art innerhalb bestimmter definierter oder definierbarer Grenzen fest und unfähig zur Veränderung ist; die zweite, dass jede Art ursprünglich durch einen bestimmten schöpferischen Akt entstanden ist. Die zweite Position lässt sich offensichtlich nicht beweisen oder widerlegen, da die direkten Handlungen des Schöpfers nicht Gegenstand der Wissenschaft sind; und es muss daher als eine Folgerung aus dem ersten betrachtet werden, deren Wahrheit oder Falschheit eine Frage des Beweises ist. Die meisten Menschen glauben, dass die Argumente dafür überwältigend sind; aber einige wenige Geister, und das muss man zugeben, Intellektuelle von nicht geringer Macht und Wissensbegreifen, haben sie nicht zur Überzeugung gebracht. Unter diesen Geistern nimmt der berühmte Naturforscher Lamarck, der mit den niederen Lebensformen besser vertraut war als jeder andere Mensch seiner Zeit, Cuvier nicht ausgenommen, und obendrein ein guter Botaniker war, einen herausragenden Platz ein.

Zwei Tatsachen scheinen den Gedankengang dieses bemerkenswerten Mannes stark beeinflusst zu haben – die eine, dass feinere oder stärkere Verwandtschaftsbeziehungen alle Lebewesen miteinander verbinden und dass so das höchste Geschöpf durch zahlreiche Stufen in das niedrigste aufsteigt; die andere, dass ein Organ durch besondere Anstrengung in bestimmte Richtungen entwickelt werden kann und dass einmal hervorgerufene Veränderungen übertragen und erblich werden können. Indem er diese Tatsachen zusammenfasste, versuchte Lamarck , die erste durch die Wirkungsweise der zweiten zu erklären. Bringe ein Tier in neue Umstände, sagt er, und seine Bedürfnisse werden sich ändern; Die neuen Bedürfnisse werden neue Wünsche hervorrufen, und der Versuch, diese Wünsche zu befriedigen, wird zu einer entsprechenden Veränderung der beanspruchten Organe führen. Machen Sie einen Mann zum Schmied, und seine Oberarmmuskeln werden sich entsprechend den an sie gestellten Anforderungen entwickeln , und in ähnlicher Weise, sagt Lamarck, „haben die Bemühungen eines kurzhalsigen Vogels, Fische zu fangen, ohne sich einzunässen, mit der Zeit und Ausdauer nachgegeben." Erhebt euch zu all unseren Reihern und langhalsigen Watvögeln."

Die Lamarcksche Hypothese ist längst zu Recht verurteilt worden, und es ist gängige Praxis, dass jeder Tyro seine Ferse gegen den Kadaver des toten Löwen erhebt. Aber es ist selten weder klug noch lehrreich, selbst die Fehler eines wirklich großen Mannes bloß lächerlich zu machen , und im vorliegenden Fall steht die logische Form der Lehre auf einer ganz anderen Grundlage als ihr Inhalt.

Wenn Arten wirklich durch das Wirken natürlicher Bedingungen entstanden sind, sollten wir in der Lage sein, diese Bedingungen jetzt am Wirken zu finden; Wir sollten in der Lage sein, in der Natur eine Kraft zu entdecken, die geeignet ist, eine bestimmte Tier- oder Pflanzenart so zu verändern, dass eine andere Art entsteht, die von Naturforschern als eigenständige Art anerkannt würde. Lamarck meinte, dass er diese *Vera Causa* in der anerkannten Tatsache entdeckt hatte , dass einige Organe durch körperliche Betätigung verändert werden können; und dass Veränderungen , sobald sie erzeugt wurden, zur erblichen Übertragung fähig sind. Es scheint ihm nicht in den Sinn gekommen zu sein, nachzufragen, ob es irgendeinen Grund zu der Annahme gibt, dass es Grenzen für das Ausmaß der erzielbaren Veränderung gibt, oder zu fragen, wie lange ein Tier wahrscheinlich versuchen wird, einen unmöglichen Wunsch zu befriedigen. Der Vogel in unserem Beispiel hätte sicherlich auf Fischessen verzichtet, lange bevor es die geringste Wirkung auf Beine oder Hals gehabt hätte.

Seit Lamarcks Zeiten überließen fast alle kompetenten Naturforscher die Spekulationen über den Ursprung der Arten solchen Träumern wie dem Autor der *Überreste* , durch dessen gut gemeinte Bemühungen die Lamarcksche Theorie in den Köpfen aller vernünftigen Denker endgültig verurteilt wurde. Trotz dieses Schweigens war die Transmutationstheorie, wie sie genannt wurde, für viele ehrliche Zoologen und Botaniker, deren Seele über die bloße Benennung getrockneter Pflanzen und Häute hinausging, ein „Skelett im Keller". Gewiss, so ein Gedanke, ist die Natur ein mächtiges und konsistentes Ganzes, und die von der Vorsehung in der Welt des Lebens geschaffene Ordnung muss, wenn wir sie nur richtig sehen könnten, mit der über die vielfältigen Formen der rohen Materie vorherrschenden Ordnung übereinstimmen. Aber was ist die Geschichte der Astronomie, aller Zweige der Physik, der Chemie und der Medizin anderes als eine Erzählung der Schritte, durch die der menschliche Geist oft gegen seinen Willen gezwungen wurde, das Wirken sekundärer Ursachen in zu erkennen? Ereignisse, bei denen Unwissenheit ein unmittelbares Eingreifen einer höheren Macht sah? Und wenn wir wissen, dass Lebewesen aus den gleichen Elementen bestehen wie die anorganische Welt, dass sie auf sie einwirken und reagieren, gebunden durch tausend Bande natürlicher Frömmigkeit, ist es dann wahrscheinlich, ja ist es möglich, dass sie, und zwar nur sie , sollten keine Ordnung in ihrer scheinbaren Unordnung, keine

Einheit in ihrer scheinbaren Vielfalt haben, sollten keine Erklärung durch die Entdeckung eines zentralen und erhabenen Gesetzes der gegenseitigen Verbindung erfahren ?

Fragen dieser Art sind sicherlich oft aufgekommen, aber es hätte möglicherweise lange gedauert, bis sie so geäußert worden wären, dass sie den Respekt und die Aufmerksamkeit der wissenschaftlichen Welt erregt hätten, wenn nicht die Arbeit veröffentlicht worden wäre, die Anlass zu diesem Artikel gegeben hätte. Sein Autor, Herr Darwin, Erbe eines einst berühmten Namens, erlangte seine Sporen in der Wissenschaft, als die meisten der heute ausgezeichneten jungen Männer waren, und hat in den letzten 20 Jahren einen Platz in der vordersten Reihe der britischen Philosophen inne. Nach einer Weltumsegelung , die er ausschließlich aus Liebe zu seiner Wissenschaft unternahm, veröffentlichte Herr Darwin eine Reihe von Forschungen, die sofort die Aufmerksamkeit von Naturforschern und Geologen erregten; Seine Verallgemeinerungen haben seitdem reichliche Bestätigung gefunden und finden heute allgemeine Zustimmung, und es steht auch außer Frage, dass sie den größten Einfluss auf den Fortschritt der Wissenschaft hatten. In jüngerer Zeit wandte Herr Darwin mit einer Vielseitigkeit, die zu den seltensten Gaben überhaupt gehört, seine Aufmerksamkeit einer höchst schwierigen Frage der Zoologie und der detaillierten Anatomie zu; und kein lebender Naturforscher und Anatom hat eine bessere Monographie veröffentlicht als die, die aus seinen Arbeiten hervorgegangen ist . Auf jeden Fall hat ein solcher Mann das Heiligtum nicht mit ungewaschenen Händen betreten, und wenn er uns die Ergebnisse von 20 Jahren Forschung und Nachdenken vorlegt, müssen wir zuhören, auch wenn wir bereit sind, zuzuschlagen. Bei der Lektüre seines Werkes muss man jedoch zugeben, dass die Aufmerksamkeit, die zunächst pflichtbewusst gegeben werden könnte, bald bereitwillig geschenkt wird, so klar ist der Gedanke des Autors, so deutlich ist seine Überzeugung, so ehrlich und gerecht ist der offene Ausdruck seiner Zweifel. Wer über das Buch urteilen möchte, muss es lesen; Wir werden uns nur bemühen , seine Argumentation und seine philosophische Position dem allgemeinen Leser auf unsere eigene Weise verständlich zu machen.

Der Baker-Street-Basar hat gerade sein bekanntes jährliches Spektakel gezeigt. Ochsen mit geradem Rücken, kleinen Köpfen und großen Läufen , die sich von jeder Wildart so sehr unterscheiden, wie man es sich nur vorstellen kann, kämpften um Aufmerksamkeit und Lob mit Schafen eines halben Dutzend verschiedener Rassen und Ställen aufgeblähter, absurder Schweine, die ihresgleichen suchen ein Wildschwein oder eine Sau, als ein Stadtrat ist wie ein Ourang -Outang. Der Viehschau folgte eine Geflügelschau, und vielleicht wird dies auch in Zukunft wieder der Fall sein, von deren krähenden und gackernden Wunderkindern nur mit Sicherheit vorhergesagt werden kann, dass sie den Ureinwohnern *Phasianus Gallus sehr unähnlich sein werden* . Wenn der Sucher nach Tieranomalien nicht zufrieden ist, wird er ein oder zwei Mal in Seven Dials davon überzeugt, dass die Taubenrassen ebenso außergewöhnlich und unähnlich untereinander und von ihren Elterntieren sind, während die Horticultural Society ihm eine beliebige Anzahl entsprechender Taubenrassen liefern wird pflanzliche Abweichungen von den Naturtypen. Mit nicht geringer Überraschung wird er im Laufe seiner Reisen auch erfahren, dass die Besitzer und Produzenten dieser tierischen und pflanzlichen Anomalien sie als eigenständige Arten betrachten, mit einem festen Glauben, dessen Stärke genau im Verhältnis zu ihrer Unwissenheit darüber steht wissenschaftliche Biologie, und das ist umso bemerkenswerter, als sie alle stolz auf ihre Fähigkeit sind, solche „Arten" *hervorzubringen* .

Bei sorgfältiger Untersuchung stellt sich heraus, dass alle diese und die vielen anderen künstlichen Rassen oder Rassen von Tieren und Pflanzen nach einer Methode erzeugt wurden. Der Züchter – und ein geschickter Züchter muss eine Person mit viel Scharfsinn und natürlichem oder erworbenem Wahrnehmungsvermögen sein – bemerkt bei einigen Individuen seines Stammes einen geringfügigen Unterschied, der, ohne zu wissen, wie entsteht, auftritt. Wenn er den Unterschied aufrechterhalten möchte , um eine Rasse zu bilden, in der die betreffende Besonderheit stark ausgeprägt ist, wählt er solche männlichen und weiblichen Individuen aus, die den gewünschten Charakter aufweisen, und züchtet daraus. Ihre Nachkommen werden dann sorgfältig untersucht, und diejenigen, die die Besonderheit am deutlichsten aufweisen, werden für die Zucht ausgewählt, und dieser Vorgang wird wiederholt, bis das gewünschte Maß an Abweichung vom ursprünglichen Stamm erreicht ist. Es zeigt sich dann, dass durch die Fortsetzung des Selektionsprozesses – immer die Zucht, d. Es ist auch nicht bekannt, wie hoch das Ausmaß der Divergenz sein kann, aber eines ist sicher: Wenn bestimmte Hunde-, Tauben- oder Pferderassen nur in fossilem Zustand bekannt wären, würde kein Naturforscher zögern indem man sie als verschiedene Arten betrachtet.

Aber in all diesen Fällen kommt es zu *menschlichen Eingriffen* . Ohne den Züchter gäbe es keine Selektion und ohne die Selektion keine Rasse. Bevor man die Möglichkeit zulässt, dass natürliche Arten auf ähnliche Weise entstanden sind, muss nachgewiesen werden, dass es in der Natur eine Macht gibt, die an die Stelle des Menschen tritt und *spontan eine Selektion durchführt* . Es ist die Behauptung von Herrn Darwin, dass er behauptet, die Existenz und den *Modus Operandi* dieser natürlichen Selektion, wie er sie nennt, entdeckt zu haben ; und wenn er Recht hat, ist der Prozess vollkommen einfach und verständlich und unwiderstehlich aus sehr bekannten, aber fast vergessenen Tatsachen ableitbar.

Wer hat zum Beispiel gebührend über alle Folgen des wunderbaren Kampfes ums Dasein nachgedacht, der täglich und stündlich unter den Lebewesen stattfindet? Nicht nur, dass jedes Tier auf Kosten eines anderen Tieres oder einer anderen Pflanze lebt, sondern die Pflanzen selbst befinden sich im Krieg. Der Boden ist voller Samen, die nicht zu Setzlingen heranwachsen können; Die Sämlinge rauben sich gegenseitig Luft, Licht und Wasser, wobei der stärkste Räuber den Sieg davonträgt und seine Konkurrenten auslöscht. Jahr für Jahr sind die wilden Tiere, in die der Mensch niemals eingreift, im Durchschnitt weder zahlreicher noch weniger zahlreich als zuvor; und doch wissen wir, dass die jährliche Produktion jedes Paares zwischen einem und vielleicht einer Million Jungtieren liegt – so dass es mathematisch sicher ist, dass im Durchschnitt so viele durch natürliche Ursachen getötet werden, wie jedes Jahr geboren werden, und nur diese entkommen die zufällig etwas besser geeignet sind, der Zerstörung zu widerstehen als solche, die sterben. Die Individuen einer Art sind wie die Besatzung eines gesunkenen Schiffes, und nur gute Schwimmer haben eine Chance, das Land zu erreichen.

Da dies zweifellos die notwendigen Bedingungen sind, unter denen Lebewesen existieren, entdeckt Herr Darwin in ihnen das Instrument der natürlichen Selektion. Nehmen wir an, dass inmitten dieser unaufhörlichen Konkurrenz einige Individuen einer Art (A) zufällige Variationen präsentieren, die ihnen zufällig ein wenig besser als ihre Artgenossen für den Kampf, in den sie verwickelt sind, passen, dann sind die Chancen günstig, nicht nur für Diese Individuen sind besser ernährt als die anderen, aber sie überwiegen ihre Artgenossen auf andere Weise und haben eine bessere Chance, Nachkommen zu hinterlassen, die natürlich dazu neigen, die Eigentümlichkeiten ihrer Eltern zu reproduzieren. Ihre Nachkommen werden aufgrund gleicher Überlegungen tendenziell die Vorherrschaft über ihre Zeitgenossen haben, und da (angenommen) kein Platz für mehr als eine Art wie A vorhanden ist, wird die schwächere Sorte schließlich durch den neuen zerstörerischen Einfluss, der hineingeworfen wird, zerstört die Waage, und der Stärkere wird seinen Platz einnehmen. Wenn die Umgebungsbedingungen unverändert bleiben, bleibt die neue Sorte (die wir B nennen können) – von der aus Gründen der Argumentation angenommen wird, dass sie für diese Bedingungen am besten geeignet ist und aus dem ursprünglichen Bestand gewonnen werden kann – unverändert, alle zufälligen Abweichungen vom Typ sofort ausgelöscht, da sie für ihren Posten weniger geeignet waren als B selbst. Die Tendenz von B, fortzubestehen, wird mit seiner Fortdauer über die aufeinanderfolgenden Generationen hinweg zunehmen, und es wird alle Merkmale einer neuen Art annehmen.

Wenn sich aber andererseits die Lebensbedingungen in irgendeiner Weise ändern, und sei sie noch so geringfügig, ist B möglicherweise nicht länger die

Form, die am besten geeignet ist, ihrem zerstörerischen Einfluss standzuhalten und durch ihren nachhaltigen Einfluss Nutzen zu ziehen; Sollte in diesem Fall eine kompetentere Sorte (C) entstehen, wird diese an ihre Stelle treten und eine neue Art werden. und so werden durch *natürliche Selektion die Arten B und C nacheinander von A abgeleitet.*

Dass diese äußerst geniale Hypothese es uns ermöglicht, einen Grund für viele offensichtliche Anomalien in der Verteilung von Lebewesen in Zeit und Raum anzugeben, und dass ihr nicht die Hauptphänomene des Lebens und der Organisation widersprechen, scheint uns bisher unbestreitbar zu sein Es muss zugegeben werden, dass es gegenüber allen seinen Vorgängern einen immensen Vorteil hatte. Aber es ist eine ganz andere Sache, im gegenwärtigen Stadium der Untersuchung absolut zu bestätigen, dass die Ansichten Herrn Darwins wahr oder falsch sind. Goethe hat einen hervorragenden Aphorismus, der den Geisteszustand definiert, den er *Thätige Skepsis nennt* – aktiven Zweifel. Es ist der Zweifel, der die Wahrheit so sehr liebt, dass er es weder wagt, im Zweifeln zu ruhen, noch sich durch ungerechtfertigten Glauben auszulöschen; und wir empfehlen diesen Geisteszustand denjenigen, die sich mit Arten befassen, im Hinblick auf Herrn Darwins oder jede andere Hypothese über ihren Ursprung. Die kombinierten Untersuchungen von weiteren 20 Jahren könnten es Naturforschern vielleicht ermöglichen, zu sagen, ob die modifizierenden Ursachen und die selektive Kraft, deren Vorhandensein in der Natur Herr Darwin zufriedenstellend gezeigt hat, alle Wirkungen hervorrufen können, die er ihnen zuschreibt, oder ob Andererseits wurde er dazu gebracht, den Wert seines Prinzips der natürlichen Selektion ebenso stark zu überschätzen, wie Lamarck seine *Vera causa* der Modifikation durch Übung überschätzte.

Aber es gibt auf jeden Fall einen Vorteil, den der neuere Autor seinem Vorgänger gegenüber besitzt. Herr Darwin verabscheut bloße Spekulation, so wie die Natur ein Vakuum verabscheut. Er ist genauso gierig auf Fälle und Präzedenzfälle wie jeder Verfassungsrechtler, und alle von ihm aufgestellten Grundsätze können durch Beobachtung und Experimente auf die Probe gestellt werden. Der Weg, den er uns vorschlägt, erweist sich nicht als eine bloße, aus idealen Spinnweben gezimmerte Spur, sondern als eine solide und breite Brücke von Fakten. Wenn es so ist, wird es uns sicher über viele Abgründe unseres Wissens führen und uns in eine Region führen, die frei von den Fallstricken dieser faszinierenden, aber unfruchtbaren Jungfrauen ist, der Letzten Ursachen, vor denen uns eine hohe Autorität so zu Recht gewarnt hat. „Meine Söhne, gräbt im Weinberg", waren die letzten Worte des alten Mannes in der Fabel; und obwohl die Söhne keinen Schatz fanden, machten sie ihr Vermögen mit den Trauben.

XV

EIN HUMMER; ODER DAS STUDIUM DER ZOOLOGIE.

Naturgeschichte ist der allgemein verwendete Name für das Studium der Eigenschaften natürlicher Körper wie Mineralien, Pflanzen und Tiere. Die Wissenschaften, die das Wissen verkörpern, das der Mensch auf diesen Gebieten erworben hat, werden im Gegensatz zu anderen sogenannten „physikalischen" Wissenschaften allgemein als Naturwissenschaften bezeichnet. und diejenigen, die sich besonders der Verfolgung solcher Wissenschaften widmen, wurden und werden allgemein als „Naturforscher" bezeichnet.

Linné war in diesem weiten Sinne ein Naturforscher, und sein „Systema Naturæ " war ein Werk über Naturgeschichte im weitesten Sinne des Wortes; darin verkörperte dieser große methodisierende Geist alles, was zu seiner Zeit über die charakteristischen Merkmale von Mineralien, Tieren und Pflanzen bekannt war. Aber der enorme Anreiz, den Linné der Erforschung der Natur gab, machte es bald unmöglich, dass irgendjemand ein anderes „Systema Naturæ " schreiben konnte, und machte es für jemanden äußerst schwierig , ein Naturforscher wie Linné zu werden .

So groß die Fortschritte aller drei Zweige der Wissenschaft waren, die früher unter dem Titel Naturgeschichte zusammengefasst wurden, es besteht kein Zweifel daran, dass Zoologie und Botanik in einem enorm größeren Verhältnis gewachsen sind als die Mineralogie, und daher, wie ich annehme , wurde der Name „Naturgeschichte" nach und nach immer eindeutiger mit diesen wichtigen Unterteilungen des Fachs verbunden, und mit „Naturalist" meinten die Menschen immer deutlicher, dass sie sich mit der Struktur und den Funktionen von Lebewesen befassen.

Wie dem auch sei, es ist sicher, dass der Fortschritt des Wissens den Abstand zwischen der Mineralogie und ihren alten Verbündeten allmählich vergrößert hat, während er Zoologie und Botanik näher zusammengebracht hat; so dass es sich in den letzten Jahren als zweckmäßig (und tatsächlich notwendig) erwiesen hat, die Wissenschaften, die sich mit der Vitalität und all ihren Phänomenen befassen, unter dem gemeinsamen Titel „Biologie" zusammenzufassen; und die Biologen lehnen jegliche Blutsverwandtschaft mit ihren Pflegebrüdern, den Mineralogen, ab.

Bestimmte umfassende Gesetze haben eine allgemeine Anwendung sowohl in der Tier- als auch in der Pflanzenwelt, aber der diesen Naturreichen gemeinsame Grund ist nicht sehr groß und die Vielfalt der Einzelheiten ist so groß, dass sich der Forscher der Lebewesen dazu verpflichtet fühlt seine Aufmerksamkeit ausschließlich dem einen oder dem anderen zu widmen. Wenn er sich entscheidet, Pflanzen zu studieren, wissen wir sofort, wie wir ihn nennen sollen, egal in welcher Hinsicht. Er ist Botaniker und seine Wissenschaft ist die Botanik. Wenn er sich jedoch für die Erforschung des Tierlebens entscheidet, wird der allgemein für ihn verwendete Name unterschiedlich sein, abhängig von der Art der Tiere, die er studiert, oder den besonderen Phänomenen des Tierlebens, auf die er seine Aufmerksamkeit beschränkt. Wenn das Studium des Menschen sein Ziel ist, wird er Anatom, Physiologe oder Ethnologe genannt; aber wenn er Tiere seziert oder die Art und Weise untersucht, in der ihre Funktionen ausgeführt werden, ist er ein vergleichender Anatom oder vergleichender Physiologe. Wenn er seine Aufmerksamkeit auf fossile Tiere richtet, ist er Paläontologe . Wenn sein Geist insbesondere auf die Beschreibung, spezifische Unterscheidung, Klassifizierung und Verteilung von Tieren gerichtet ist, wird er als Zoologe bezeichnet.

Für die Zwecke des vorliegenden Diskurses werde ich jedoch keinen dieser Titel anerkennen , mit Ausnahme des letzten, den ich als Äquivalent zu „Botaniker" verwenden werde, und ich werde den Begriff „Zoologie" als Bezeichnung für die gesamte Lehre vom tierischen Leben verwenden, im Gegensatz dazu Botanik, die die gesamte Lehre vom Pflanzenleben bedeutet.

In diesem Sinne lässt sich die Zoologie ebenso wie die Botanik in drei große, aber untergeordnete Wissenschaften unterteilen: Morphologie, Physiologie und Verbreitung, von denen jede weitgehend unabhängig voneinander untersucht werden kann.

Die zoologische Morphologie ist die Lehre von der Form oder Struktur von Tieren. Anatomie ist einer ihrer Zweige, Entwicklung ein anderer; während die Klassifizierung der Ausdruck der Beziehungen ist, die verschiedene Tiere zueinander in Bezug auf ihre Anatomie und ihre Entwicklung haben.

Die zoologische Verbreitung ist die Untersuchung von Tieren in Bezug auf die terrestrischen Bedingungen, die jetzt herrschen oder in einer früheren Epoche der Erdgeschichte herrschten.

Die zoologische Physiologie schließlich ist die Lehre von den Funktionen oder Handlungen von Tieren. Sie betrachtet Tierkörper als Maschinen, die von bestimmten Kräften angetrieben werden und eine Menge Arbeit verrichten, die sich in Form der gewöhnlichen Naturkräfte ausdrücken lässt. Das letzte Ziel der Physiologie besteht darin, einerseits die Tatsachen der Morphologie und andererseits die Tatsachen der Verteilung aus den Gesetzen der molekularen Kräfte der Materie abzuleiten.

Das ist der Umfang der Zoologie. Aber wenn ich mich mit der Formulierung dieser trockenen Definitionen begnügen würde, würde ich die Lehrmethode für diesen Zweig der Naturwissenschaften, die ich heute Abend vor allem empfehlen möchte, schlecht veranschaulichen. Wenden wir uns also von abstrakten Definitionen ab. Nehmen wir ein konkretes Lebewesen, ein Tier, je gewöhnlicher, desto besser, und sehen wir, wie die Anwendung des gesunden Menschenverstandes und der allgemeinen Logik auf die offensichtlichen Tatsachen, die es präsentiert, uns unweigerlich in alle diese Zweige der zoologischen Wissenschaft führt.

Ich habe einen Hummer vor mir. Wenn ich es betrachte, welcher Charakter erscheint mir am auffälligsten? Ich beobachte, dass dieser Teil, den wir den Schwanz des Hummers nennen, aus sechs verschiedenen harten Ringen und einem siebten Endstück besteht . Wenn ich einen der mittleren Ringe, sagen wir den dritten, abtrenne, finde ich, dass er auf seiner Unterseite ein Paar Gliedmaßen oder Fortsätze trägt, von denen jeder aus einem Stiel und zwei Endstücken besteht. Damit ich auf diese Weise einen Querschnitt des Rings und seiner Anhängsel auf der Diagrammtafel darstellen kann.

Wenn ich nun den vierten Ring nehme, finde ich, dass er die gleiche Struktur hat, ebenso wie der fünfte und der zweite; so dass ich in jedem dieser Abschnitte des Schwanzes Teile finde, die einander entsprechen, einen Ring und zwei Anhängsel; und in jedem Anhang ein Stiel und zwei Endstücke. Diese entsprechenden Teile werden in der Fachsprache der Anatomie „homologe Teile" genannt. Der Ring der dritten Abteilung ist das „Homologe" des Ringes der fünften, das Anhängsel des ersteren ist das Homolog des Anhängsels des letzteren. Und da jede Abteilung entsprechende Teile an entsprechenden Stellen aufweist, sagen wir, dass alle Abteilungen nach dem gleichen Plan aufgebaut sind. Doch nun betrachten wir die sechste Liga. Es ist den anderen ähnlich und doch anders. Der Ring ist im Wesentlichen derselbe wie in den anderen Divisionen; aber die Anhängsel sehen zunächst so aus, als wären sie ganz anders; Und doch, wenn wir sie genau betrachten, was finden wir? Ein Stiel und zwei Endabschnitte genau wie bei den anderen, aber der Stiel ist sehr kurz und sehr dick, die Endabschnitte sind sehr breit und flach und einer von ihnen ist in zwei Teile geteilt.

Ich kann daher sagen, dass das sechste Segment im Grundriss den anderen ähnelt, aber in seinen Details modifiziert ist.

Das erste Segment gleicht den anderen, soweit es seinen Ring betrifft, und obwohl sich seine Anhängsel von allen bisher untersuchten in der Einfachheit ihrer Struktur unterscheiden, entsprechen Teile dem Stamm und einer der Abteilungen der Anhängsel des anderen Segmente sind darin leicht zu erkennen.

also , dass der Schwanz des Hummers aus einer Reihe von grundsätzlich ähnlichen Segmenten besteht, obwohl jedes einzelne besondere Modifikationen des allen gemeinsamen Grundrisses aufweist. Aber wenn ich mich dem vorderen Teil des Körpers zuwende, sehe ich zunächst nichts als einen großen, schildähnlichen Panzer, technisch „Panzer" genannt, der vorne in einem scharfen Stachel endet, auf dessen beiden Seiten sich die seltsamen Facettenaugen befinden , auf den Enden kräftiger beweglicher Stiele befestigt. Dahinter, an der Unterseite des Körpers, befinden sich zwei Paar lange Fühler oder Antennen , gefolgt von sechs über dem Maul gegeneinander gefalteten Kieferpaaren und fünf Beinpaaren, von denen das vorderste die großen Zangen sind. oder Krallen des Hummers.

Auf den ersten Blick erscheint es ein wenig hoffnungslos, in dieser komplexen Masse eine Reihe von Ringen mit jeweils einem Paar Anhängseln zu finden, wie ich sie Ihnen am Bauch gezeigt habe, und doch ist es nicht schwierig, ihre Existenz nachzuweisen. Ziehen Sie die Beine ab, und Sie werden feststellen, dass jedes Paar an einem ganz bestimmten Abschnitt der Unterwand des Körpers befestigt ist; aber diese Segmente sind nicht, wie beim Schwanz, die unteren Teile freier Ringe, sondern solche Teile von Ringen, die alle fest vereint und miteinander verbunden sind; und das Gleiche gilt für die Kiefer, die Fühler und die Augenstiele, von denen jedes Paar auf seinem eigenen besonderen Segment getragen wird. So drängt sich uns nach und nach die Schlussfolgerung auf, dass der Körper des Hummers aus so vielen Ringen besteht, wie es Paare von Gliedmaßen gibt, nämlich insgesamt zwanzig, dass aber die sechs hintersten Ringe frei und beweglich bleiben, während die vierzehn vorderen Ringe frei und beweglich bleiben fest miteinander verlötet, ihre Rücken bilden einen durchgehenden Schild – den Panzer.

Einheitlichkeit des Plans, Vielfalt in der Ausführung ist die Lektion, die das Studium der Ringe des Körpers lehrt, und die gleiche Lektion wird noch nachdrücklicher von den Anhängseln vermittelt. Wenn ich den äußersten Kiefer untersuche, stelle ich fest, dass er aus drei verschiedenen Teilen besteht, einem inneren, einem mittleren und einem äußeren, die auf einem gemeinsamen Stiel montiert sind; und wenn ich diesen Kiefer mit den Beinen dahinter oder den Kiefern davor vergleiche, kann ich ganz leicht erkennen, dass es bei den Beinen der Teil des Fortsatzes ist, der der inneren Teilung entspricht, die entsteht in das umgewandelt, was wir allgemein als „Bein" kennen, während der mittlere Teil verschwindet und der äußere Teil unter dem Panzer verborgen ist. Es ist auch nicht schwieriger zu erkennen, dass in den Schwanzanhängen der mittlere Teil wieder auftritt und der äußere verschwindet; während dagegen im vordersten Kiefer, dem sogenannten Unterkiefer, nur die innere Abteilung übrig bleibt; und ebenso können die

Teile der Fühler und der Augenstiele mit denen der Beine und Kiefer identifiziert werden.

führt das alles ? Zu der sehr bemerkenswerten Schlussfolgerung, dass eine Einheit des Plans, von der gleichen Art, wie sie im Schwanz oder Bauch des Hummers erkennbar ist, die gesamte Organisation seines Skeletts durchdringt, so dass ich zu dem Diagramm zurückkehren kann, das jeden seiner Ringe darstellt den Schwanz, den ich auf das Brett gezeichnet habe, und indem ich jedem Glied eine dritte Unterteilung hinzufüge, kann ich ihn als eine Art Schema oder Plan für jeden Ring des Körpers verwenden. Ich kann allen Teilen dieser Figur Namen geben, und wenn ich dann irgendein Segment des Körpers des Hummers nehme, kann ich Ihnen genau zeigen, welche Änderung der Gesamtplan in diesem bestimmten Segment erfahren hat; welcher Teil ist beweglich geblieben und was ist an einem anderen befestigt; was übermäßig entwickelt und verwandelt wurde und was unterdrückt wurde.

Aber ich stelle mir vor, dass ich die Frage höre: Wie soll das alles überprüft werden? Zweifellos ist es eine hübsche und geniale Art, die Struktur eines Tieres zu betrachten, aber ist es mehr? Erkennt die Natur diese Einheit des Plans, die wir zu verfolgen scheinen, in irgendeiner tieferen Weise an?

Der durch diese Fragen angeregte Einwand ist sehr berechtigt und wichtig, und die Morphologie befand sich in einem unsicheren Zustand, solange sie auf der bloßen Wahrnehmung der Analogien beruhte, die zwischen vollständig ausgebildeten Teilen bestehen. Der ungezügelte Einfallsreichtum spekulativer Anatomen erwies sich als völlig fähig, aus denselben Tatsachen eine beliebige Anzahl widersprüchlicher Hypothesen zu entwickeln, und endlose morphologische Träume drohten, die wissenschaftliche Theorie zu verdrängen.

Glücklicherweise gibt es jedoch ein Kriterium der morphologischen Wahrheit und einen sicheren Test aller Homologien. Unser Hummer war nicht immer so, wie wir ihn sehen; Es war einst ein Ei, eine halbflüssige Eigelbmasse, nicht so groß wie ein Stecknadelkopf, in einer durchsichtigen Membran eingeschlossen und wies nicht die geringste Spur eines dieser Organe auf, deren Vielfalt und Komplexität beim Erwachsenen sind so überraschend. Nach einiger Zeit erschien auf einer Seite dieses Eigelbs ein zarter Fleck Zellmembran, und dieser Fleck war die Grundlage des gesamten Geschöpfs, der Ton, aus dem es geformt werden sollte . Nach und nach wurde das Eigelb umhüllt und durch quer verlaufende Einschnürungen in Segmente unterteilt, die Vorläufer der Ringe des Körpers. Auf der ventralen Oberfläche jedes der so skizzierten Ringe erschienen zwei knospenartige Vorsprünge – die Rudimente der Anhängsel des Rings. Anfangs waren alle Gliedmaßen gleich, aber als sie wuchsen, zeichneten sich die meisten von ihnen durch einen Stiel und zwei Endglieder aus, zu denen im mittleren Teil des Körpers ein dritter äußerer Glied hinzukam; und erst zu einem späteren Zeitpunkt erlangten die Gliedmaßen durch die Modifikation oder Abtreibung einiger dieser primitiven Bestandteile ihre vollkommene Form.

also , dass die Lehre von der Einheit des Plans nicht nur eine Einbildung ist, dass es sich nicht nur um eine Sichtweise auf die Sache handelt, sondern dass sie Ausdruck tief verwurzelter natürlicher Tatsachen ist. Die Beine und Kiefer des Hummers können nicht bloß als Abwandlungen eines gewöhnlichen Typs betrachtet werden – in der Tat und in der Natur sind sie es auch –, da das Bein und der Kiefer des jungen Tieres zunächst nicht zu unterscheiden sind.

Dies sind wunderbare Wahrheiten, umso mehr, als der Zoologe sie für universell anwendbar hält. Die Untersuchung eines Polypen , einer Schnecke, eines Fisches, eines Pferdes oder eines Menschen hätte uns, wenn auch vielleicht auf einem weniger einfachen Weg, zu genau demselben Punkt geführt. Überall verbirgt sich die Einheit des Plans unter der Maske der Strukturvielfalt – überall ist das Komplexe aus dem Einfachen hervorgegangen. Jedes Tier hat zunächst die Form eines Eies, und jedes Tier und jeder organische Teil durchläuft beim Erreichen seines erwachsenen Zustands Bedingungen, die anderen Tieren und anderen erwachsenen Teilen gemeinsam sind; und das führt mich zu einem anderen Punkt. Ich habe bisher so gesprochen, als ob der Hummer der einzige auf der Welt wäre, aber ich brauche Sie kaum daran zu erinnern, dass es unzählige andere tierische Organismen gibt. Einige von ihnen, wie Menschen, Pferde, Vögel, Fische, Schnecken, Nacktschnecken, Austern, Korallen und Schwämme, ähneln dem Hummer überhaupt nicht. Aber andere Tiere mögen sich zwar stark vom Hummer unterscheiden, sind ihm aber entweder sehr ähnlich oder ähneln etwas, das ihm ähnlich ist. Die Flusskrebse, die Languste, die Garnele und die Garnele zum Beispiel sind, wie unterschiedlich sie auch sein mögen, den Hummern doch so ähnlich, dass ein Kind sie im Gegensatz zu Schnecken und Nacktschnecken der Art Hummer zuordnen würde ; und diese letzteren würden wiederum eine eigene Art bilden, im Gegensatz zu Kühen, Pferden und Schafen, der Rinderart.

Aber diese spontane Gruppierung in „Arten" ist der erste Versuch des menschlichen Geistes, Dinge, die gleich sind, mit einem gemeinsamen Namen zu bezeichnen oder sie so anzuordnen, dass sie die Summe ihrer Ähnlichkeiten am besten suggerieren und Unähnlichkeiten zu anderen Dingen.

Diejenigen Arten, die keine weiteren Unterteilungen als die Geschlechter oder verschiedene Rassen umfassen, werden in der Fachsprache Arten genannt. Der Englische Hummer ist eine Art, unser Flusskrebs eine andere, unsere Garnele eine andere. In anderen Ländern gibt es jedoch Hummer, Flusskrebse und Garnelen, die unseren sehr ähnlich sind, aber dennoch genügend Unterschiede aufweisen, um eine Auszeichnung zu verdienen. Naturforscher drücken diese Ähnlichkeit und Vielfalt daher aus, indem sie sie als verschiedene Arten derselben „Gattung" gruppieren. Aber obwohl der Hummer und der Krebs zu verschiedenen Gattungen gehören, haben sie viele gemeinsame Merkmale und sind daher in einer Gruppe zusammengefasst, die man Familie nennt. Entferntere Ähnlichkeiten verbinden den Hummer mit der Garnele und der Krabbe, was dadurch zum Ausdruck kommt, dass man sie alle in die gleiche Reihenfolge bringt. Wiederum entferntere, aber dennoch sehr eindeutige Ähnlichkeiten verbinden den Hummer mit der Waldlaus, der Königskrabbe, dem Wasserfloh und der Seepocken und unterscheiden sie von allen anderen Tieren; Daher bilden sie zusammen die größere Gruppe oder Klasse *Crustacea*. Aber die *Krustentiere* weisen viele besondere Gemeinsamkeiten mit Insekten, Spinnen und Tausendfüßlern auf, so dass diese in die noch größere Ansammlung oder „Provinz" *Articulata eingeteilt werden*, und schließlich die Beziehungen, die diese zu Würmern und anderen niederen Tieren haben ausgedrückt durch die Zusammenfassung des gesamten riesigen Aggregats zum Unterreich *Annulosa*.

Wenn ich mich von einem Schwamm anstelle eines Hummers durchgearbeitet hätte, hätte ich festgestellt, dass er durch ähnliche Bindungen mit einer großen Anzahl anderer Tiere in das Unterreich der *Protozoen eingebunden war*; Hätte ich einen Süßwasserpolypen oder eine Koralle ausgewählt, hätten sich die Mitglieder dessen, was Naturforscher das Unterkönigreich *Cœlenterata nennen*, um meinen Typus gruppiert; Wäre eine Schnecke ausgewählt worden, hätten sich die Bewohner aller einschaligen und zweischaligen, Land- und Wassermuscheln, der Lampenschnecken, der Tintenfische und der Meeresschnecke nach und nach als Mitglieder desselben Unterreichs der *Mollusken mit ihr verbunden*; und schließlich, ausgehend vom Menschen, hätte ich gezwungen sein müssen, zuerst den Affen, die Ratte, das Pferd, den Hund in dieselbe Klasse aufzunehmen und dann den Vogel, das Krokodil, die Schildkröte, den Frosch und den Fisch. in dasselbe Unterreich der *Vertebrata*.

Und wenn ich alle diese verschiedenen Klassifizierungslinien vollständig befolgt hätte, würde ich am Ende feststellen, dass es kein Tier gibt, weder ein neues noch ein Fossil, das nicht sofort in das eine oder andere dieser Unterreiche fällt. Mit anderen Worten, jedes Tier ist nach dem einen oder anderen der fünf oder mehr Pläne organisiert, deren Existenz unsere Klassifizierung ermöglicht. Und die Struktur jedes einzelnen Tieres ist so eindeutig und präzise gekennzeichnet, dass es nach dem gegenwärtigen Stand unseres Wissens nicht den geringsten Beweis dafür gibt, dass es sich um eine

Form handelt, die auch nur im geringsten zwischen zwei der Gruppen *Vertebrata* , *Annulosa* und *Mollusca übergeht* , und *Cœlenterata* , existieren oder existierten während der vom Geologen aufgezeichneten Periode der Erdgeschichte. Da solche Übergangsformen nicht bekannt sind, dürfen Sie jedoch keinen Moment davon ausgehen, dass die Mitglieder der Unterreiche voneinander getrennt oder unabhängig voneinander sind. Im Gegenteil, in ihrem frühesten Zustand sind sie alle gleich, und die Urkeime eines Menschen, eines Hundes, eines Vogels, eines Fisches, eines Käfers, einer Schnecke und eines Polypen sind in keiner wesentlichen strukturellen Hinsicht unterscheidbar.

In diesem weiten Sinne kann man mit Fug und Recht sagen, dass alle lebenden Tiere und alle toten Geschöpfe, die die Geologie offenbart, durch eine alles durchdringende Einheit der Organisation miteinander verbunden sind , die denselben Charakter hat, wenn auch nicht gleich im Grad das, was es uns ermöglicht, ein und denselben Plan inmitten der zwanzig verschiedenen Körpersegmente eines Hummers zu erkennen. Es wurde tatsächlich gesagt, dass für ein klares Auge die kleinste Tatsache ein Fenster ist, durch das das Unendliche gesehen werden kann.

Lassen Sie uns nun von diesen rein morphologischen Überlegungen abgehen und untersuchen, wie uns das aufmerksame Studium des Hummers zu anderen Forschungsrichtungen drängt.

Hummer kommen in allen europäischen Meeren vor; aber an den gegenüberliegenden Ufern des Atlantiks und in den Meeren der südlichen Hemisphäre existieren sie nicht. Sie werden jedoch in diesen Regionen durch sehr nahe verwandte, aber unterschiedliche Formen vertreten – den *Homarus Americanus* und den *Homarus Capensis* , so dass wir sagen können, dass der Europäer eine Art von *Homarus hat* ; der Amerikaner, ein anderer; der Afrikaner, ein anderer; und so beginnen uns die bemerkenswerten Tatsachen der geographischen Verteilung zu dämmern.

Wenn wir wiederum den Inhalt der Erdkruste untersuchen, werden wir in den späteren Ablagerungen, die in vergangenen Zeiten als große Begräbnisstätten gedient haben, zahllose hummerähnliche Tiere finden, aber keines ist unserem lebenden Hummer so ähnlich Zoologen stellen sicher, dass sie überhaupt zur gleichen Gattung gehörten. Wenn wir noch weiter in der Zeit zurückgehen, entdecken wir in den ältesten Gesteinen überhaupt Überreste von Tieren, die nach dem gleichen allgemeinen Plan wie der Hummer gebaut sind und zu derselben großen Gruppe von *Krebstieren gehören* ; aber zum größten Teil völlig verschieden vom Hummer und in der Tat von jeder anderen lebenden Form von Krebstieren; und so gewinnen wir eine Vorstellung von der sukzessiven Veränderung der Tierpopulation auf der

Erde in vergangenen Zeitaltern, die die auffälligste Tatsache ist, die die Geologie offenbart.

Überlegen Sie nun, wohin uns unsere Nachforschungen geführt haben. Wir haben unseren Typ morphologisch untersucht, indem wir seine Anatomie und seine Entwicklung bestimmt haben, und indem wir ihn in dieser Hinsicht mit anderen Tieren verglichen haben, haben wir seinen Platz in einem Klassifikationssystem herausgefunden . Wenn wir jedes Tier auf ähnliche Weise untersuchen würden, könnten wir eine vollständige zoologische Morphologie erstellen.

Wieder untersuchten wir die Verbreitung unserer Art im Raum und in der Zeit, und wenn das Gleiche bei jedem Tier geschehen wäre, wären die Wissenschaften der geographischen und geologischen Verbreitung an ihre Grenzen gestoßen.

Aber Sie werden einen bemerkenswerten Umstand bemerken, dass die Frage nach dem Leben dieser Organismen bis zu diesem Punkt noch nicht in Betracht gezogen wurde. Morphologie und Verbreitung könnten fast genauso gut untersucht werden, wenn Tiere und Pflanzen eine besondere Art von Kristallen wären und keine der Funktionen besäßen, die Lebewesen so bemerkenswert auszeichnen. Aber die Fakten der Morphologie und Verteilung müssen berücksichtigt werden, und die Wissenschaft, deren Ziel es ist, sie zu erklären, ist die Physiologie.

Kehren wir noch einmal zu unserem Hummer zurück. Wenn wir das Geschöpf in seinem natürlichen Element beobachten würden, würden wir sehen, wie es mit seinen starken Beinen aktiv die untergetauchten Felsen erklimmt, zwischen denen es gerne lebt. oder durch kraftvolle Bewegungen seines großen Schwanzes schwimmend, dessen sechste Gliedmaßen zu einem breiten, fächerartigen Propeller ausgebreitet sind; Ergreife es und es wird dir zeigen, dass seine großen Klauen keine schwachen Angriffswaffen sind; Hängen Sie ein Stück Aas zwischen seinen Schlupfwinkeln auf, und es wird es gierig verschlingen und das Fleisch mit seinen zahlreichen Kiefern zerreißen und zerdrücken.

Angenommen, wir wüssten nichts vom Hummer als einer trägen Masse, einem organischen Kristall, wenn ich den Ausdruck verwenden darf, und könnten plötzlich sehen, wie er all diese Kräfte ausübt, welche wunderbaren neuen Ideen und neuen Fragen würden in unseren Köpfen auftauchen ! Die große neue Frage wäre: „Wie geschieht das alles?“ Die wichtigste neue Idee wäre die Idee der Anpassung an den Zweck – die Vorstellung, dass die Bestandteile tierischer Körper nicht bloß unzusammenhängende Teile, sondern Organe sind, die zu einem bestimmten Zweck zusammenarbeiten. Betrachten wir den Schwanz des Hummers noch einmal aus dieser Sicht. Die Morphologie hat uns gelehrt, dass es sich um eine Reihe von Segmenten handelt, die aus homologen Teilen bestehen, die verschiedenen Modifikationen unterliegen – darunter und durch die ein gemeinsamer Bildungsplan erkennbar ist. Aber wenn ich denselben Teil physiologisch betrachte, sehe ich, dass es sich um ein äußerst schön konstruiertes Fortbewegungsorgan handelt, mit dessen Hilfe sich das Tier schnell vorwärts oder rückwärts fortbewegen kann.

Doch wie kann diese bemerkenswerte Antriebsmaschine ihre Aufgaben erfüllen? Wenn ich plötzlich eines dieser Tiere töten und alle weichen Teile herausnehmen würde, würde ich feststellen, dass die Schale vollkommen träge ist und nicht mehr Bewegungskraft hat als die Maschinerie einer Mühle, wenn sie von ihr getrennt ist seine Dampfmaschine oder sein Wasserrad. Aber wenn ich es öffnen und nur die Eingeweide herausnehmen würde, so dass das weiße Fleisch übrig bliebe, würde ich erkennen, dass der Hummer seinen Schwanz genauso gut biegen und ausstrecken könnte wie zuvor. Wenn ich den Schwanz abschneiden würde, würde ich keine spontane Bewegung darin feststellen – aber wenn ich irgendeinen Teil des Fleisches kneife, würde ich feststellen, dass er eine sehr merkwürdige Veränderung durchmachte – jede Faser wurde kürzer und dicker. Durch diesen sogenannten Kontraktionsakt werden die Teile, an denen die Enden der Faser befestigt sind, natürlich angenähert – und entsprechend den Beziehungen ihrer Befestigungspunkte zu den Bewegungszentren der verschiedenen Ringe werden die Teile, an denen die Enden der Faser befestigt sind, angenähert Es kommt zu einer Biegung oder Streckung des Schwanzes. Eine genaue Beobachtung des frisch geöffneten Hummers würde bald zeigen, dass alle seine Bewegungen auf dieselbe Ursache zurückzuführen sind – die Verkürzung und Verdickung dieser fleischigen Fasern , die technisch Muskeln genannt werden.

Hier liegt also eine entscheidende Tatsache vor. Die Bewegungen des Hummers beruhen auf der Muskelkontraktilität. Aber warum zieht sich ein Muskel zu einem Zeitpunkt zusammen und zu einem anderen nicht? Warum zieht sich eine ganze Muskelgruppe zusammen, wenn der Hummer seinen Schwanz ausstrecken möchte, und eine andere Gruppe, wenn er ihn beugen möchte? Was ist es, das die Antriebskraft erzeugt , lenkt und kontrolliert?

Das Experiment, das große Instrument zur Wahrheitsfindung in der Naturwissenschaft, beantwortet diese Frage für uns. Im Kopf des Hummers befindet sich eine kleine Masse dieses besonderen Gewebes, das als Nervensubstanz bekannt ist. Schnüre aus ähnlicher Materie verbinden dieses Gehirn des Hummers direkt oder indirekt mit den Muskeln. Wenn nun diese Kommunikationsstränge durchtrennt werden und das Gehirn vollständig bleibt, wird die Fähigkeit, das auszuüben, was wir willkürliche Bewegung in den Teilen unterhalb des Abschnitts nennen, zerstört, und wenn andererseits die Stränge intakt bleiben, wird die Gehirnmasse zerstört , geht die gleiche freiwillige Mobilität gleichermaßen verloren. Daraus lässt sich zwangsläufig schließen, dass die Kraft, diese Bewegungen hervorzurufen, im Gehirn liegt und sich entlang der Nervenstränge fortpflanzt.

Bei höheren Tieren wurden die Phänomene untersucht, die diese Übertragung begleiten, und es wurde festgestellt, dass die Ausübung der besonderen Energie, die in den Nerven steckt, mit einer Störung des elektrischen Zustands ihrer Moleküle einhergeht.

Wenn wir die Bedeutung dieser Störung genau abschätzen könnten; Wenn wir den Wert einer bestimmten Nervenkraftanstrengung ermitteln könnten, indem wir die Elektrizitäts- oder Wärmemenge bestimmen, der sie entspricht; Wenn wir feststellen könnten, von welcher Anordnung oder von welchem anderen Zustand der Moleküle der Materie die Manifestation der Nerven- und Muskelenergien abhängt (und zweifellos wird die Wissenschaft diese Punkte eines Tages klären), hätten die Physiologen hierin ihr endgültiges Ziel erreicht Richtung; sie hätten das Verhältnis der Antriebskraft der Tiere zu den anderen in der Natur vorkommenden Kraftformen bestimmt; und wenn derselbe Prozess erfolgreich für alle Vorgänge durchgeführt worden wäre, die im und durch den Tierkörper durchgeführt werden, wäre die Physiologie perfekt, und die Tatsachen der Morphologie und Verteilung wären aus den Gesetzen, die Physiologen aufgestellt haben, zusammen abzuleiten mit denen, die den Zustand des umgebenden Universums bestimmen.

Es gibt kein Fragment des Organismus dieses bescheidenen Tieres, dessen Studium uns nicht in so große Gedankenbereiche führen würde wie die, die ich Ihnen kurz eröffnet habe; aber was ich gesagt habe, hat Ihnen, wie ich vertraue, nicht nur ermöglicht, sich eine Vorstellung vom Umfang und Zweck der Zoologie zu machen, sondern es hat Ihnen auch ein unvollkommenes Beispiel dafür gegeben, wie meiner Meinung nach diese Wissenschaft, oder auch jede andere, funktioniert Physikalische Wissenschaften können am besten gelehrt werden. Das Wichtigste besteht darin, den Unterricht real und praktisch zu gestalten, indem man die Aufmerksamkeit des Schülers auf bestimmte Tatsachen lenkt. Gleichzeitig sollte er jedoch umfassend und umfassend gestaltet werden, indem ständig auf die Verallgemeinerungen Bezug genommen wird, die alle einzelnen Tatsachen veranschaulichen. Der Hummer diente als Vorbild für das gesamte Tierreich, und seine Anatomie und Physiologie haben uns einige der größten Wahrheiten der Biologie veranschaulicht. Der Student, der die von mir beschriebenen Tatsachen einmal selbst gesehen hat, sich ihre Zusammenhänge erklärt hat und sie klar verstanden hat, verfügt bisher über Kenntnisse der Zoologie, die real und echt sind, so begrenzt sie auch sein mögen, und Das ist mehr wert als all das bloße Lesewissen der Wissenschaft, das er sich jemals aneignen könnte. Seine zoologischen Informationen sind bislang Wissen und nicht bloßes Hörensagen.

Und wenn es meine Aufgabe wäre, Sie für das von dieser Abteilung verliehene Zertifikat in Zoologie zu befähigen, würde ich einen Kurs verfolgen, der im Prinzip genau dem ähnelt, den ich heute Abend belegt habe. Ich sollte einen Süßwasserschwamm, einen Süßwasserpolypen oder einen *Cyanæa*, eine Süßwassermuschel, einen Hummer und ein Geflügel als Typen der fünf Hauptabteilungen des Tierreichs auswählen. Ich sollte ihre Struktur sehr ausführlich erläutern und zeigen, wie jedes einzelne die großen Prinzipien der Zoologie veranschaulicht. Nachdem ich diesen Grund sehr sorgfältig und vollständig durchgegangen bin, hätte ich das Gefühl, dass Sie über eine sichere Grundlage verfügen, und ich würde Sie dann auf die gleiche Weise, aber weniger detailliert, durch ähnlich ausgewählte illustrative Typen der Klassen führen; und dann sollte ich Ihre Aufmerksamkeit auf die besonderen Formen lenken, die in diesem Lehrplan unter der Überschrift „Typen" aufgeführt sind, und auf die anderen dort erwähnten Tatsachen.

Das wäre im Großen und Ganzen mein Plan. Aber ich habe es mir zur Aufgabe gemacht, Ihnen die beste Art und Weise zu erläutern, wie man sich zoologische Kenntnisse aneignen und weitergeben kann, und Sie können mich daher durchaus um eine ausführlichere und präzisere Darstellung der Art und Weise bitten, wie ich Ihnen die von mir genannten Informationen zukommen lassen möchte Zu.

Mein eigener Eindruck ist, dass das beste Modell für alle Arten der Ausbildung in den Naturwissenschaften dasjenige ist, das die an den medizinischen Fakultäten angewandte Methode des Anatomieunterrichts bietet . Diese Methode besteht aus drei Elementen: Vorlesungen, Demonstrationen und Prüfungen.

Der Zweck von Vorlesungen besteht in erster Linie darin, die Aufmerksamkeit und Begeisterung des Studenten zu wecken; und ich bin mir sicher, dass dies durch den mündlichen Diskurs und den persönlichen Einfluss eines angesehenen Lehrers weitaus stärker erreicht werden kann als auf jede andere Weise. Zweitens haben Vorlesungen den doppelten Zweck, den Studenten zu den wesentlichen Punkten eines Themas zu führen und ihn gleichzeitig dazu zu zwingen, sich mit dem Ganzen zu befassen und nicht nur mit dem Teil, der ihm gefällt. Und schließlich bieten Vorlesungen dem Studenten die Möglichkeit, nach Erklärungen für die Schwierigkeiten zu suchen, die im Laufe seines Studiums auftreten werden und auch auftreten sollten.

Damit ein Student jedoch den größtmöglichen Nutzen aus den Vorlesungen ziehen kann, sind mehrere Vorsichtsmaßnahmen erforderlich.

Ich habe den starken Eindruck, dass der Diskurs als Rede umso schlechter ist, je besser er als Vortrag ist. Der Fluss des Diskurses treibt Sie voran, ohne dass Sie seinem Sinn die nötige Beachtung schenken; Sie lassen ein Wort oder einen Satz fallen, Sie verlieren für einen Moment die genaue Bedeutung, und während Sie sich bemühen, sich wieder zu erholen, ist der Sprecher zu etwas anderem übergegangen.

Die Praxis, die ich in den letzten Jahren bei meinen Vorlesungen vor Studenten übernommen habe, besteht darin, den Inhalt der einstündigen Rede in ein paar trockenen Sätzen zusammenzufassen, die langsam gelesen und aus dem Diktat übernommen werden; Auf die Lektüre jeder einzelnen Lektüre folgt ein freier Kommentar, in dem der Satz erweitert und illustriert, Begriffe erklärt und etwaige Schwierigkeiten, die auf diese Weise angreifbar sein könnten, beseitigt werden, und zwar durch grob angefertigte Diagramme, die unter der Hand des Dozenten wachsen. Auf diese Weise stellen Sie in jedem Fall die Mitarbeit des Studierenden in gewissem Umfang sicher. Er kann den Hörsaal nicht völlig leer lassen, wenn das Anfertigen von Notizen erzwungen wird, und ein Student muss übernatürlich langweilig und mechanisch sein, wenn er sich Notizen machen und sie richtig erklären hören und dennoch nichts lernen kann.

Welche Bücher soll ich lesen? ist eine Frage, die der Schüler dem Lehrer ständig stellt. Meine Antwort lautet normalerweise: „Keine; Schreiben Sie Ihre Notizen sorgfältig und vollständig auf. bemühen Sie sich, sie gründlich zu verstehen; Kommen Sie zu mir, wenn Sie etwas erklären möchten, was Sie nicht verstehen können, und es wäre mir lieber, wenn Sie Ihren Geist nicht durch Lesen ablenken würden." Eine ordnungsgemäß zusammengestellte Vorlesungsreihe sollte so viel Stoff enthalten, wie ein Student in der für die Vorlesung aufgewendeten Zeit verarbeiten kann; und der Lehrer sollte immer daran denken, dass es seine Aufgabe ist, den Intellekt zu nähren und nicht zu stopfen. In der Tat glaube ich, dass ein Student, der sich durch eine Vorlesungsreihe die einfache Gewohnheit aneignet, seine Aufmerksamkeit auf eine definitiv begrenzte Reihe von Tatsachen zu konzentrieren, bis diese vollständig beherrscht sind, einen Schritt von unermesslicher Bedeutung gemacht hat.

Aber wie gut Vorlesungen auch sein mögen und wie umfangreich die anschließende Lektüre auch sein mag, sie sind nur Beiwerk zum großen Instrument des wissenschaftlichen Unterrichts – der Demonstration. Wenn ich unermüdlich, ja sogar fanatisch auf der Bedeutung der Naturwissenschaften als pädagogischem Instrument beharre, dann deshalb, weil das Studium eines Wissenschaftszweigs, wenn er richtig durchgeführt wird, meiner Meinung nach eine Lücke füllt, die alle anderen Bildungsmethoden hinterlassen. Ich habe den größten Respekt und die größte Liebe zur Literatur; Nichts würde mich mehr betrüben, als die literarische Ausbildung als einen sehr wichtigen Zweig der Bildung zu sehen; in der Tat wünschte ich, dass der wirklichen literarischen Disziplin viel mehr Aufmerksamkeit geschenkt würde , als sie ist; Aber ich kann die Augen nicht vor der Tatsache verschließen, dass es einen gewaltigen Unterschied zwischen Männern mit einer rein literarischen und solchen mit einer fundierten wissenschaftlichen Ausbildung gibt.

Wenn ich nach der Ursache dieses Unterschieds suche, stelle ich mir vor, sie in der Tatsache zu finden, dass in der Welt der Buchstaben Lernen und Wissen eins sind und Bücher die Quelle beider sind; wohingegen in der Wissenschaft wie im Leben Lernen und Wissen verschieden sind und das Studium der Dinge und nicht der Bücher die Quelle des Letzteren ist.

Alles, was die Literatur zu bieten hat, kann durch Lektüre und durch praktische Übung im Schreiben und Sprechen erlangt werden; Aber ich übertreibe nicht, wenn ich sage, dass auf diese Weise keine der besten Gaben der Wissenschaft gewonnen werden kann. Im Gegenteil, der große Nutzen, den eine wissenschaftliche Ausbildung bringt, sei es als Schulung oder als Wissen, hängt davon ab, inwieweit der Geist des Schülers in unmittelbaren Kontakt mit Fakten gebracht wird – von dem Grad, in dem er sich diese zur Gewohnheit macht Er appelliert direkt an die Natur und erlangt mit seinen Sinnen konkrete Bilder jener Eigenschaften der Dinge, die in der menschlichen Sprache vorhanden sind und immer nur annähernd zum Ausdruck kommen werden. Unsere Art, die Natur zu betrachten und über sie zu sprechen, variiert von Jahr zu Jahr; Aber eine einmal gesehene Tatsache, ein Zusammenhang von Ursache und Wirkung, wenn man sie einmal demonstrativ erfasst, sind Besitztümer, die sich weder ändern noch vergehen, sondern im Gegenteil feste Zentren bilden , um die sich andere Wahrheiten durch natürliche Affinität zusammenschließen.

Daher besteht die große Aufgabe des wissenschaftlichen Lehrers darin, die grundlegenden, unumstößlichen Tatsachen seiner Wissenschaft nicht nur durch Worte in den Geist einzuprägen, sondern durch sinnliche Eindrücke in das Auge, das Ohr und die Berührung des Schülers, und zwar in so vollständiger Form eine Art und Weise, dass jeder verwendete Begriff oder jedes ausgesprochene Gesetz anschließend lebendige Bilder der jeweiligen strukturellen oder anderen Tatsachen hervorrufen sollte, die die Demonstration des Gesetzes oder die Illustration des Begriffs lieferten.

Nun kann dieser wichtige Vorgang nur durch ständige Demonstration erreicht werden, die in gewissem unvollkommenen Umfang während einer Vorlesung stattfinden kann, die aber auch selbständig durchgeführt werden sollte und an jeden einzelnen Schüler gerichtet werden sollte, wobei der Lehrer bestrebt ist , nicht so sehr, dem Lernenden etwas zu zeigen, um ihn dazu zu bringen, es selbst zu sehen.

Ich bin mir durchaus darüber im Klaren, dass wirksame zoologische Demonstrationen mit großen praktischen Schwierigkeiten verbunden sind. Das Zerlegen von Tieren ist nicht gerade angenehm und erfordert viel Zeit; Es ist auch nicht einfach, eine ausreichende Versorgung mit den benötigten Exemplaren sicherzustellen. Der Botaniker hat hier einen großen Vorteil; seine Exemplare sind leicht zu bekommen, sauber und gesund und können sowohl in einem Privathaus als auch anderswo präpariert werden; und daher glaube ich, dass die Botanik viel leichter und besser gelehrt wird als ihre Schwesterwissenschaft. Aber ob es schwierig oder einfach ist, wenn man die Zoologie richtig studieren will, muss man sie demonstrieren und dementsprechend sezieren. Ohne sie kann kein Mensch über wirklich fundierte Kenntnisse der Tierorganisation verfügen.

Allerdings lässt sich viel erreichen, ohne dass der Student tatsächlich seziert, indem er Proben und Präparate demonstriert, und aller Wahrscheinlichkeit nach wäre es nicht sehr schwierig, Sammlungen solcher Objekte zu organisieren , die für alle ausreichend wären, wenn die Nachfrage ausreichend wäre für den Grundschulunterricht zu einem vergleichsweise günstigen Preis. Auch ohne diese könnte viel bewirkt werden , wenn die zoologischen Sammlungen, die der Öffentlichkeit zugänglich sind, nach dem sogenannten „typischen Prinzip" geordnet würden; Das heißt, wenn die der Öffentlichkeit zugänglichen Exemplare so ausgewählt wären, dass die Öffentlichkeit etwas von ihnen lernen könnte, anstatt wie bisher nur durch ihre Vielfalt verwirrt zu sein. Beispielsweise enthält die große ornithologische Galerie im British Museum zwischen zweitausend und dreitausend Vogelarten und manchmal fünf oder sechs Exemplare einer Art. Sie sind sehr hübsch anzusehen und einige der Gehäuse sind tatsächlich prächtig; aber ich möchte sagen, dass niemand außer einem erfahrenen Ornithologen jemals viele Informationen aus der Sammlung gesammelt hat. Sicherlich wusste niemand unter den Zehntausenden Besuchern, die durch diese Galerie gingen, jemals mehr über die wesentlichen Besonderheiten der Vögel, als er die Galerie verließ, als wenn er sie betrat. Aber wenn es irgendwo in dieser riesigen Halle ein paar Präparate gäbe, die die wichtigsten strukturellen Besonderheiten und die Entwicklungsweise eines gewöhnlichen Geflügels veranschaulichen; wenn die Typen der Gattungen, die führenden Modifikationen im Skelett, im Gefieder in verschiedenen Altersstufen, in der Art der Nidifikation und dergleichen bei Vögeln dargestellt würden; und wenn die anderen Exemplare an einem Ort aufbewahrt würden, wo die Männer der Wissenschaft, für die sie allein von Nutzen sind, freien Zugang zu ihnen haben könnten, kann ich mir vorstellen, dass diese Sammlung ein großartiges Instrument der wissenschaftlichen Ausbildung werden könnte.
[66]

Das letzte Instrument des Lehrers, auf das ich hingewiesen habe, ist die Prüfung – ein Erziehungsmittel, das mittlerweile so gründlich verstanden ist, dass ich kaum näher darauf eingehen muss. Ich bin der Meinung, dass sowohl schriftliche als auch mündliche Prüfungen unerlässlich sind und durch die Anforderung der Beschreibung von Proben als Ergänzung zur Demonstration dienen können.

Das ist die umfassendste Antwort, die ich in der mir zur Verfügung stehenden Zeit auf die Frage geben kann: Wie kann man sich am besten Kenntnisse in der Zoologie aneignen und sie weitergeben?

Aber es gibt noch eine frühere Frage, die möglicherweise verschoben wird und von der ich weiß, dass viele dazu neigen, sie zu verschieben. Es stellt sich die Frage, warum Lehrmeister dazu ermutigt werden sollten , sich Kenntnisse in diesem oder einem anderen Zweig der Naturwissenschaften anzueignen. Welchen Nutzen hat es angeblich, wenn man versucht, die Naturwissenschaften zu einem Zweig der Grundschulbildung zu machen? Ist es nicht wahrscheinlich, dass Lehrer durch solche Studien von der Aneignung wichtigerer, aber weniger attraktiver Kenntnisse abgehalten werden? Und selbst wenn sie unbeschadet ihrer Nützlichkeit etwas über Naturwissenschaften lernen können, welchen Nutzen hat es dann, wenn sie versuchen, dieses Wissen Jungen zu vermitteln , deren eigentliche Aufgabe darin besteht, Lesen, Schreiben und Rechnen zu lernen?

Diese Fragen werden und werden sehr häufig gestellt, denn sie entspringen der tiefen Unkenntnis des Wertes und der wahren Stellung der Naturwissenschaften, die den Geist der am höchsten gebildeten und intelligentesten Klassen der Gesellschaft befällt. Aber wenn ich nicht sicher wäre, dass sie leicht und zufriedenstellend beantwortet werden können; dass sie immer wieder beantwortet wurden; und dass die Zeit kommen wird, in der Männer mit liberaler Bildung erröten werden, solche Fragen zu stellen – ich sollte mich heute Abend meiner Position hier schämen. Ohne Zweifel ist es Ihre große und sehr wichtige Aufgabe, die Grundschulbildung durchzuführen; Ohne Frage wäre alles, was die treue Erfüllung dieser Pflicht Ihrerseits beeinträchtigen würde, ein großes Übel; und wenn ich dachte, dass Ihr Erwerb der Elemente der Naturwissenschaften und Ihre Vermittlung dieser Elemente an Ihre Schüler irgendeine Art von Beeinträchtigung Ihrer eigentlichen Pflichten bedeuten würde, wäre ich der Erste, der dagegen protestiert, dass Sie dazu ermutigt werden die Art.

Aber ist es wahr, dass der Erwerb der vorgeschlagenen wissenschaftlichen Kenntnisse und die Weitergabe dieser Kenntnisse dazu dienen, Ihren Nutzen zu schwächen? Oder darf ich nicht lieber fragen, ob es Ihnen möglich ist, Ihre Aufgaben ohne diese Hilfsmittel ordnungsgemäß zu erfüllen?

Was ist der Zweck der intellektuellen Grundbildung? Ich vermute, dass sein erstes Ziel darin besteht, die Jugend im Umgang mit jenen Werkzeugen zu schulen, mit denen Menschen aus der ständig wechselnden Abfolge von Phänomenen, die vor ihren Augen ablaufen, Wissen gewinnen; und dass sein zweites Ziel darin besteht, sie über die grundlegenden Gesetze zu informieren, die durch Erfahrung den Lauf der Dinge bestimmen, damit sie nicht nackt, wehrlos und zur Beute der Ereignisse, die sie kontrollieren könnten, in die Welt hinausgeschickt werden .

Einem Jungen wird beigebracht, seine eigene und andere Sprachen zu lesen, damit er Zugang zu einem unendlich größeren Wissensschatz hat, als er jemals durch mündlichen Verkehr mit seinen Mitmenschen erschlossen werden könnte; Er lernt schreiben, damit seine Kommunikationsmöglichkeiten mit dem Rest der Menschheit auf unbestimmte Zeit erweitert werden und er das erworbene Wissen aufzeichnen und speichern kann. Ihm werden elementare Mathematik beigebracht, damit er alle Zahlen- und Formbeziehungen verstehen kann, auf denen die Transaktionen von Menschen in komplizierten Gesellschaften basieren, und damit er sich im deduktiven Denken üben kann.

Alle diese Operationen des Lesens, Schreibens und Chiffrierens sind intellektuelle Werkzeuge, deren Verwendung vor allem erlernt und gründlich erlernt werden sollte; damit der Jugendliche in die Lage versetzt wird, sein Leben so zu gestalten, wie es sein sollte, einen kontinuierlichen Fortschritt im Lernen und in der Weisheit.

Aber darüber hinaus ist die Grundschulbildung bestrebt , einen Jungen mit einer gewissen Ausrüstung an positivem Wissen auszustatten. Ihm werden die großen Gesetze der Moral beigebracht; die Religion seiner Sekte; so viel Geschichte und Geographie, dass er erfahren kann, wo die großen Länder der Welt liegen, was sie sind und wie sie zu dem geworden sind, was sie sind.

Zweifellos sind dies alles die passendsten und besten Dinge, die man einem Jungen beibringen kann; Es würde mir sehr leidtun, wenn ich eines davon in einem System der intellektuellen Grundbildung auslassen würde. Das System ist soweit hervorragend.

Aber wenn ich es genau betrachte, entsteht ein merkwürdiges Spiegelbild. Ich nehme an, dass vor fünfzehnhundert Jahren dem Kind eines wohlhabenden römischen Bürgers genau diese Dinge beigebracht wurden; Lesen und Schreiben in seiner eigenen und vielleicht der griechischen Sprache; die Elemente der Mathematik; und die Religion, Moral, Geschichte und Geographie seiner Zeit. Darüber hinaus glaube ich nicht, dass ich mich irre, wenn ich behaupte, dass, wenn ein solcher christlich-römischer Junge, der seine Ausbildung abgeschlossen hat, in eine unserer öffentlichen Schulen versetzt werden könnte und deren Unterricht durchlaufen könnte, er keinen treffen würde einzelner, unbekannter Gedankengang; Trotz all der neuen Fakten, die er lernen müsste, würde niemand eine andere Sichtweise auf das Universum vorschlagen als die, die zu seiner Zeit üblich war.

Und doch gibt es sicherlich einen großen Unterschied zwischen der Zivilisation des vierten Jahrhunderts und der des neunzehnten und noch mehr zwischen den intellektuellen Gewohnheiten und dem Ton des Denkens von damals und heute?

Und was hat diesen Unterschied gemacht? Ich antworte furchtlos: Die erstaunliche Entwicklung der Naturwissenschaften in den letzten zwei Jahrhunderten.

Die moderne Zivilisation beruht auf der Naturwissenschaft; Nehmen Sie ihre Gaben an unser eigenes Land weg, und unsere Position unter den führenden Nationen der Welt ist morgen verloren. Denn nur die Naturwissenschaft macht Intelligenz und moralische Energie stärker als rohe Gewalt.

Das gesamte moderne Denken ist von Wissenschaft durchdrungen; Es hat seinen Weg in die Werke unserer besten Dichter gefunden, und selbst der bloße Literat, der vorgibt, die Wissenschaft zu ignorieren und zu verachten, ist unbewusst von ihrem Geist durchdrungen und verdankt seine besten Produkte ihren Methoden. Ich glaube, dass die größte intellektuelle Revolution, die die Menschheit bisher erlebt hat, jetzt langsam durch ihre Hilfe stattfindet. Sie lehrt die Welt, dass die ultimative Berufungsinstanz Beobachtung und Experiment ist und nicht Autorität; sie lehrt es, den Wert von Beweisen einzuschätzen; Sie schafft einen festen und lebendigen Glauben an die Existenz unveränderlicher moralischer und physikalischer Gesetze, deren vollkommener Gehorsam das höchstmögliche Ziel eines intelligenten Wesens ist.

Aber all das nimmt Ihr altes stereotypes Bildungssystem nicht zur Kenntnis. Die physikalische Wissenschaft, ihre Methoden, ihre Probleme und ihre Schwierigkeiten werden dem ärmsten Jungen auf Schritt und Tritt begegnen, und doch erziehen wir ihn auf eine Weise, dass er auf die Welt kommt, ohne die Existenz der Methoden und Fakten der Wissenschaft zu kennen der Tag, an dem er geboren wurde. Die moderne Welt ist voller Artillerie; und wir lassen unsere Kinder darin kämpfen, ausgerüstet mit dem Schild und dem Schwert eines alten Gladiators.

Die Nachwelt wird uns beschämen, wenn wir diesen beklagenswerten Zustand nicht beheben. Nein, wenn wir zwanzig Jahre länger leben, wird unser eigenes Gewissen uns beschämen.

Ich bin fest davon überzeugt, dass die einzige Möglichkeit, Abhilfe zu schaffen, darin besteht, die Elemente der Naturwissenschaften zu einem integralen Bestandteil der Grundschulbildung zu machen. Ich habe mich bemüht, Ihnen zu zeigen, wie dies für den Zweig der Wissenschaft geschehen kann, den es zu verfolgen meine Aufgabe ist; und ich kann nur hinzufügen, dass ich den Tag, an dem jeder Schulmeister in diesem Land ein Zentrum echten, wenn auch rudimentären wissenschaftlichen Wissens war, als eine Epoche in der Geschichte des Landes betrachten sollte.

Aber ich möchte Sie bitten, sich an meine letzten Worte zu erinnern. Bloßes Buchlernen in den Naturwissenschaften ist eine Täuschung und eine Täuschung – was Sie lehren, müssen Sie zuerst wissen, es sei denn, Sie wollen Betrüger sein; und echtes Wissen in der Wissenschaft bedeutet persönliche Kenntnis der Tatsachen, seien es wenige oder viele.

FUSSNOTEN:

[66] Seitdem diese Bemerkungen gemacht wurden, wurde die Natural History Collection des British Museum nach South Kensington verlegt, und Huxley selbst schrieb später: „Der Besucher des Natural History Museum im Jahr 1894 braucht nicht weiter als bis zur Großen Halle zu gehen, um sie zu sehen." die Verwirklichung meiner Hoffnungen durch den jetzigen Direktor."

9 789359 253992